CONSPIRACION EN LATINOAMERICA

GERMÁNICO VACA MICHELENA

Publicado en Estados Unidos por Sunlight Publishing

Aunque el autor de este estudio y los publicadores o editoriales del mismo han hecho todo esfuerzo posible para que la información contenida en este trabajo literario sea absolutamente verdadera y completa, mucho del contenido está basado en documentos desclasificados, en artículos de prensa, en libros que están listados claramente en la lista de referencia y por ende pudiesen haber sido obtenidos de esa base, así no podemos asumir responsabilidad por cualquier error, omisión, inferencia o referencia a individuos, lugares, organizaciones e instituciones que han sido nombradas en esa base y que han servido de referencia. Al mismo tiempo que personajes políticos por su carácter de servicio público sus acciones deben ser del escrutinio de los ciudadanos.

Artículo de la declaración de los Derechos Humanos. Todo individuo tiene derecho a la libertad de opinión y expresión; este derecho incluye el de no ser molestado a causa de sus opiniones, el de investigar y recibir informaciones y opiniones, y el de difundirlas, sin limitación de fronteras, por cualquier medio de expresión. Declaración Universal de los Derechos humanos, adoptada por la Asamblea General de las naciones Unidas el 10 de Diciembre de 1948 en Paris.

Atención Organizaciones, escuelas, universidades, clubes o grupos: Este libro es disponible para compras de cincuenta unidades o más para quien desee ordenar para su institución. Para mayor información envie un correo electrónico a <u>author98@aol.com</u>

Germánico Vaca Michelena

Germánico Vaca Michelena

CONSPIRACIÓN EN LATINOAMERICA

Germánico Vaca Michelena

CONSPIRACIÓN EN LATINOAMERICA

INTRODUCCIÓN

De acuerdo a los manuales de investigación policial existen dos maneras infalibles de llegar a la verdad. La primera propone responder una pregunta esencial: ¿Quién se beneficia? Esto conlleva a *seguir el dinero* como el catalizador del crimen y por medio de ello establecer quién se beneficia de dicho cometido. Al saber el objetivo, se puede establecer los pasos que se llevaron a cabo en la secuencia del acto.

Indudablemente, en el proceso de investigación las indagaciones incluirán todo tipo de factores; económicos, psicológicos, ambientales etc. Pero una investigación en el contexto de naciones es más complejo. Sin embargo, he tratado de combinar el proceso científico de descubrimiento, con técnicas de investigación científica, más técnicas de investigación criminal, para intentar llegar a la verdad de lo que propongo es un atentado contra la soberanía de Ecuador.

Si vamos a preguntar, ¿quién se beneficia? Estamos hablando de dinero. En el caso de países, entonces debemos incluir riqueza de recursos minerales y petroleros como punto de partida. A esto sin duda, se incluirá servicios y empresas (electricidad, gas, teléfonos, agua).

Al hablar de dinero, primero se debe establecer que el dólar norteamericano juega un papel sumamente importante en la economía mundial y mucho más en las economías latinoamericanas. Por ello expongo cosas que todo latinoamericano debería entender y en su mayoría se ignoran o pasan desapercibidas en Latinoamérica cuando se habla del Imperialismo Norteamericano.

En mi investigación del dólar pude verificar que dicha moneda es una moneda creada y controlada por La Reserva Federal, la cual es una entidad legal independiente de Estados Unidos de América de propiedad de banqueros internacionales.

Es una realidad lastimosamente no muy bien comprendida que, así como Estados Unidos carece de moneda propia, a la vez carece de poder propio. Mucho más Ecuador que al adoptar el dólar como moneda, renuncia a controlar su política económica. Es sumamente importante entender que el Presidente de Ecuador no puede ni toma las decisiones económicas del país. Solamente el Congreso o la Asamblea Constituyente podrían aprobar que Ecuador se salga de la dolarización.

De hecho, la Reserva Federal al ser una institución independientemente constituida de Estados Unidos de América, para **todo efecto, es una entidad falsificadora omnipotente que: crea el dinero de la nada, se concede crédito ilimitado,** emite el dólar, paga por su impresión al departamento del tesoro y cobra un porcentaje por su uso a Estados Unidos.

El poder de Estados Unidos de América es aquel que la sociedad le da, además de lo que puede confiscar de tiempo en tiempo con algún pretexto u otro. No existe ninguna otra fuente de la que se pueda derivar el poder de Estados Unidos. Por lo tanto, toda presunción sobre el poder de Estados Unidos, sea mediante donación o la toma e incautación, deja a la sociedad con mucho menos poder. Nunca puede, ni podrá existir, ningún fortalecimiento del poder de Estados Unidos sin una reducción drástica a un equivalente aproximado y correspondiente de poder en la sociedad.

Así debemos tener en claro que existe un grupo de banqueros y una organización secreta que controla en pleno secreto el destino económico de Estados Unidos desde 1930. En consecuencia, controla el destino económico de Ecuador desde el año 2000. Es la misma que financió el nazismo y el fascismo para promover la guerra, por ser el suelo fértil que alimenta sus industrias de metales, armas, químicos y farmacéuticos. La guerra es un gran negocio para ellos (http://www.informationclearinghouse.info/article4069.htm). Es la misma que controla el comunismo internacional, ahora camuflado bajo el nombre de socialismo XXI. Ese cabal de industriales y banqueros controlan a la vez el complejo industrial militar (armas, mercados financieros y bancos) en Estados Unidos y Europa.

Por tanto, se debe entender que el pueblo estadounidense es tan víctima como el resto del mundo, porque el gobierno de Estados Unidos es más bien un instrumento manejado por ese conglomerado, que es artífice de dichas políticas. Indudablemente, el tema es demasiado extenso y complejo, por ende aquí hago referencia en el contexto que afecta a nuestras naciones latinoamericanas y para dejar en claro que cuando hablo de influencia extranjera, no me refiero ni acuso al gobierno de Estados Unidos. Así como tampoco a ninguna institución especifica, porque la misma CIA y NSA pueden representar ciertos intereses de la ultraderecha, neocons y un cabal que conforman un grupo secreto que controla verdaderamente el destino estadounidense y que tiene como objetivo controlar Bolivia, Colombia, Ecuador, Perú y Venezuela por sus recursos.

Este estudio propone estudiar los efectos y acciones que esa élite financiera mundial conduce a través de: La Reserva Federal (*Federal Reserve*), el Consejo de Relaciones Internacionales (*Council On Foreign Relations*), las Naciones Unidas (*United Nations*), el Fondo Monetario Internacional (*International Monetary Fund*), la Comisión Trilateral (*Trilateral Commission*), la Organización de Comercio Mundial (*World Trade Organization*) etc., etc., las cuales son organizaciones que vienen trabajando con el único propósito de crear un gobierno global bajo el control de una sola entidad. En otras palabras el pueblo norteamericano es tan víctima como los ciudadanos latinoamericanos. No se puede estudiar la situación de Ecuador sin relacionarse a la estrategia o plan global para la región de apoderarse de los recursos de las naciones y de eliminar las fronteras, ya que es precisamente la combinación que representan los recursos petroleros, minerales y humanos que le dan importancia a Latinoamérica.

Así, el propósito de este estudio no es declarar culpable, o acusar de ningún acto específico. Es más bien presentar la evidencia ante todos los latinoamericanos y al introducirla, considerar la posibilidad de que los eventos políticos e históricos que están aconteciendo en los países latinoamericanos requieren de un mayor escrutinio de su parte. Al escribir no tengo intención alguna de perseguir ninguna carrera política o puesto gubernamental. Mi amor por mi patria es algo que me lleva a la profunda convicción de hacer algo por ella y espero que esta sea mi contribución. Quizás existe la posibilidad que este estudio sea ignorado, pero tengo la esperanza que cuando algunos años después se revise la historia, se compruebe cuan certero es mi pronóstico.

Independientemente, de si el lector de este estudio decide investigar más profundamente el panorama demostrado aquí, o si hay acuerdo o desacuerdo con las premisas expuestas, tengo la firme convicción que este libro ayudará a que cualquier persona piense más cautelosamente con respecto a su gobierno y las leyes que propongan. Nuestra idiosincrasia latinoamericana es diferente en cada país, sin embargo, existe una cultura digna de ser rescatada. No podemos aceptar que nuestras sociedades sean amoldadas al gusto de una élite financiera que quiere convertirnos en una sociedad de consumerismo. Nuestra cultura se basa en la familia, en la dedicación al conocimiento, en compartir con la comunidad.

Este libro no pretende ser una declaración categórica de, "así es como es el mundo y ya"; es solamente un estudio y con ello, una interpretación de que, lo que está aconteciendo en nuestros países y los acontecimientos de nuestras vidas, es en última instancia subjetiva. En la presentación de esta interpretación alternativa de nuestro mundo, simplemente me he concedido el derecho de libre expresión para expresar una " teoría" de la conspiración que está sucediendo en Ecuador; esto es una versión de la historia con respeto a las fuerzas dominantes que se han apoderado de nuestras economías, nuestros recursos, nuestra política, nuestra historia.

Germánico Vaca Michelena

Mi estudio tiene la intención de responder las preguntas que siempre han estado flotando en nuestra sociedad, por qué es que las cosas suceden así, por qué es que siendo tan ricos en recursos hay tanta pobreza, por qué hay tanta corrupción en nuestros países. Y sin embargo, nuestra cultura es algo tan digno de ser rescatado que debemos luchar para mantenerla. En tan pocos años estamos perdiendo la identidad de nuestra música. La cumbia, salsa, merengue, pasillos, valses cada vez más están desapareciendo y siendo reemplazados por una mezcla de techno, pop, swing, y rock. Pero eso no es vital más que como una muestra de cómo existen tan escasas explicaciones a los acontecimientos de nuestras últimas décadas.

Los latinoamericanos nos hemos convertido en aves de migración, gitanos del trabajo en búsqueda de mejores horizontes, cuando al emprender el viaje tenemos que renunciar a nuestra lengua, nuestras raíces y nuestra cultura. Al pasar los años, terminamos perdiendo nuestra identidad y terminamos como gente sin nación, porque somos vistos como extranjeros por nuestros propios compatriotas y siempre seremos extranjeros en el país donde vivimos.

Puesto simplemente, tengo la esperanza que con este estudio la gente busque una explicación más viable a lo que acontece en nuestras naciones, porque los resultados hasta hoy no son nada buenos. Todos los millones de latinoamericanos que estamos viviendo en otros países somos testigos de vivir una vida de trabajo y sacrificios y finalmente nos hemos convertido en consumidores. Pero existe un gran vacío que nunca lo podemos llenar. Ese vacío de nuestra cultura, nuestra gente, nuestro lenguaje, nuestras raíces.

Si bien algunas personas pueden pensar que este estudio es negativo por lo que se expone, sólo puedo pedir al lector que utilice esta experiencia para ver el mundo desde todos los ángulos porque hay muchas maneras de mirar a nuestro mundo. Por eso, este estudio ha comprendido la descripción básica de los acontecimientos recientes en la política y economía de Ecuador. En la segunda fase se ha expuesto los antecedentes de operaciones de la CIA, la tercera parte ha sido demostrar la perspectiva de una posible conspiración. La hipótesis y teoría nos llevan demostrar como este plan concertado se está desarrollando. Más allá de los métodos y de las operaciones, se pueden establecer que el objetivo final puede desencadenarse en lo que se propone será una guerra civil sea en Ecuador o Venezuela, y al final no es diferente al objetivo que se persigue en Colombia aunque el método sea completamente distinto. Si bien por la naturaleza del proyecto este plan se mantiene secreto y fuera del alcance de nuestro conocimiento, no por eso se puede escapar ver muy claramente que los conceptos básicos que caracterizan este tipo de conspiración es evidente, este grupo y élite financiera pretenden utilizar en la manipulación de los grupos grandes de la población el arma para nuestra propia destrucción. No puede caber duda que tal como Alemania, Irak, y Cuba han terminado como sociedades atrapadas en sistemas impuestos por esa misma élite financiera, han sido víctimas del desenlace final por haber sido creyentes del inventado proceso de cambio.

El escritor no puede escapar sus experiencias y ciertamente las opiniones contenidas en este estudio pueden abarcar apreciaciones que son muy personales, como mi estimación por la gente norteamericana. He vivido 27 años en Estados Unidos y he conocido gente maravillosa, digna, sincera, honesta, responsable. Igualmente, he vivido en carne propia discriminación, racismo, xenofobia; así como he visto y constatado ignorancia, falta de conocimiento y un enorme vacío en aspectos culturales por parte de la mayoría de gente norteamericana. He sido extremadamente crítico de sus gobiernos y del sistema educativo, del consumerismo y de las acciones llevadas a cabo por la CIA. En Estados Unidos no hay cultura, se vive esclavos del trabajo y del gobierno. Sin embargo, a todo mundo le gusta vivir bajo la noción de que son libres, aunque esas libertades son tan escasas que dista poco de vivir en un estado opresivo. La gente vive en una sociedad de consumo absoluto. La igualdad es apenas latente y muy superficial.

No obstante, tengo la firme convicción que al llegar la hora verdadera de cambio Universal cuando en Diciembre 21 del 2012 el planeta tierra se alinee con el centro de la galaxia, son los países latinoamericanos quienes tendrán la responsabilidad de cambiar y salvar el mundo.

9

Conspiración en Latinoamérica

Los científicos saben que ese momento está llegando, los cambios del planeta no son producto del llamado calentamiento terrestre, al final de cuentas, una erupción del volcán Sangay produce más dióxido de carbono que toda la contaminación de un año entero.

La historia del mundo no es lo que nos han enseñado los libros. Nuestros sistemas educativos han sido diseñados para hacernos creer la agenda que promueve una élite central. Nos convencen que la prensa y nuestros gobiernos están trabajando para nuestro mejor futuro. Pero lo que ha sucedido en el mundo nos entrega una verdad diferente. Existen seis mil millones de habitantes en este planeta y lamentablemente, 75% de esa población está viviendo en la pobreza, 25% de ellos están muriendo de hambre. Millones de nuestros ciudadanos están viviendo como refugiados. Es hora que pongamos fin a esa conspiración.

Lo cierto es que una fuerza negativa está manipulando los acontecimientos de nuestras vidas con el único propósito de enriquecerse y lograr sus objetivos extremos. Este estudio explora así la manera que ese "cabal" de la élite financiera se ha involucrado en el ápice de las actividades bancarias y de la industria, el funcionamiento de los gobiernos y los medios, controlando la situación política, social y personal a tan extenso grado, hasta el punto de querer el control completo y absoluto. Esta élite ha estado persiguiendo sus ambiciones por siglos y está funcionando bajo una agenda global a largo plazo que protege solamente sus intereses y los de sus familias. Ha manipulado despiadadamente naciones, culturas, razas, religiones, políticas, economías por medio de la desestabilización estratégica de los pueblos. Es esta élite la que está en un proceso de reorganización de las naciones estado; y su último objetivo es globalizar no solamente la economía pero la cultura, haciendo desaparecer la diversidad cultural y racial de los humanos. Hasta que la tierra haya sido moldeada lentamente a convertirse en una masa de consumidores bajo su control centralizado.

Los medios principales para extender su propio prototipo de desarrollo para la cultura del mundo se basan en el sistema que han impuesto en Estados Unidos; un sistema de valores culturales que se está ampliando e implementando sistemáticamente a través del mundo, eliminando progresivamente las culturas, las etnias, los lenguajes, las costumbres autóctonas, las tradiciones folklóricas, las comidas tradicionales, la literatura, las artes, las creencias religiosas y en su lugar, se impone una cultura superficial donde la gente se desenvuelve tras máscaras que ponen ante la sociedad para conformarse a ella. Las apariencias y el consumo reinan supremas, las leyes, regulaciones y la vigilancia constante en todo aspecto de la vida.

Germánico Vaca Michelena

CAPÍTULO I
LA VERDADERA SITUACIÓN ECUATORIANA

"Dame control de la moneda de una nación, y poco importa quien haga las leyes" (Nathan Mayer Rothschild)

Hipótesis

Como todo estudio científico debemos partir de una hipótesis y analizar todas las posibilidades y circunstancias para llegar a conclusiones acertadas. Así, combinando los hechos, las conjeturas y la evidencia establecemos la hipótesis siguiente.

Rafael Correa es solamente el representante de una fuerza externa que desea destruir Ecuador como nación. Rafael Correa y su partido quieren solamente una cosa: El poder total que les permita destruir definitivamente todo vestigio de Constitución, de estado de derecho y de ley en Ecuador. Correa pretende instaurar un régimen totalitario, inescrupuloso, ladrón de recursos, ladrón de la propiedad privada y de la tierra, usurpador de derechos civiles y humanos. Correa fácilmente puede instaurar un gobierno cruel y tirano que destruiría todo derecho de los ciudadanos ecuatorianos. La posición de Estados Unidos ha sido ignorar a Correa, adoptando una posición de total contradicción histórica a sus antecedentes de intervensionismo pleno y absoluto en la política ecuatoriana. La Asamblea Constituyente de Ecuador ya ha aprobado artículos de la Nueva Constitución, a ser aprobada en referéndum por el pueblo, donde declaran al gobierno ecuatoriano el dueño y propietario hasta del "patrimonio genético y del patrimonio cultural de sus ciudadanos". Correa ha hecho un pacto desde el poder con las fuerzas del Comunismo Internacional camufladas de socialismo XXI.

Estableciendo Fundamentos

Si bien el fascismo y el nazismo fueron derrotados en la Segunda Guerra Mundial, no debemos olvidar que dichas fuerzas fueron financiadas por 'banqueros Illuminati o el cabal secreto dueños, de bancos y del complejo industrial militar. (http://clamormagazine.org/issues/14/feature3.php) (*The Secret War Against the Jews: How Western Espionage Betrayed the Jewish People*). Esas mismas fuerzas vienen controlando los destinos de Latinoamérica. Es este cabal que puso de moda los golpes de estado en las décadas sesenta y setenta (Chile, Argentina, Ecuador, Paraguay, Bolivia, Perú). Todos cayeron en gobiernos totalitarios militares. Después establecieron de moda el regreso a la democracia; luego vino el neoliberalismo y la globalización. Las políticas súbitamente se duplican en parámetros iguales en cada país latinoamericano. Las mismas medidas se adoptan, el patrón es el mismo. Como por arte de magia las mismas soluciones asoman. Ante cada fracaso y cada miseria creada, nuevas soluciones se presentan y los países siguen cayendo más precipitadamente al fondo del fango económico.

Ahora esas mismas fuerzas están financiando este nuevo llamado socialismo XXI que le puede brindar a Rafael Correa las credenciales seudo-ideológicas para asesinar, robar, violar impunemente todos los derechos de los ciudadanos y para destruir en forma definitiva todo el acervo cultural, espiritual, histórico, moral y jurídico de nuestra República del Ecuador.

Conspiración en Latinoamérica

Al analizar cuidadosamente las políticas supuestamente izquierdistas de Rafael Correa, no se puede llegar a otra conclusión que dichas políticas obedecen a intereses extranjeros de une élite económica. La misma que apunta a un conglomerado o grupo oscuro económico que persigue desestabilizar la región, promover la guerra, eliminar las fronteras y eventualmente destruir la nación.

El mismo patrón de medidas aplicadas en Cuba en 1960 ahora están siendo reinventadas (http://www.amigospaís-guaracabuya.org/oagsg022.php). Súbitamente son renovadas e implementadas en Venezuela, luego son reiteradas en Bolivia, perfeccionadas después en Ecuador, y países como Paraguay y República Dominicana parecen destinados a seguir la experiencia. Al final las consecuencias serán las mismas de siempre.

Es demasiado ingenuo apuntar el dedo a la CIA como el único culpable aunque tampoco se debe descartar participación. Después de todo, esta es la misma organización que solo cuatro días después del 9/11 presentó un plan completo para la invasión de Afganistán, el mismo que había sido escrito años antes y detallaba cómo conducir la operación para destruir a AlQaeda y usar fuerzas opuestas al Talibán.

http://www.pbs.org/wgbh/pages/frontline/darkside/themes/afghanistan.html).

El plan fue usado, implementado y ejecutado por operativos de la CIA. El plan tenía el objetivo de tomar control de Afganistán destruyendo al Talibán, pero la meta final era tomar control de Afganistán para firmar el contrato de construcción del Oleoducto para que Exxon pueda sacar el petróleo de Kazhestan. Solo par de días después de que se anunció que el Talibán había sido derrotado se firmó precisamente el contrato para la construcción del oleoducto.

La CIA conduce más de 10,000 operaciones clandestinas de espionaje anuales y estas sirven los intereses de quienes usan el servicio para obtener sus objetivos particulares en el país o región donde se conducen las acciones. Por su naturaleza secreta, no hay forma de saber quien realmente ordena cierta operación. La CIA sirve a la Casa Blanca, a la oficina del Presidente y el Vicepresidente, al Senado, al Congreso, al Pentágono, a varios Subcomités de inteligencia, seguridad, y antiterrorismo, al Departamento de Justicia, a la secretaría de Seguridad Nacional, a la secretaría de Justicia, etc.

Los antecedentes y operaciones en Latinoamérica para cometer actos subversivos, de infiltración, de espionaje e inclusive asesinato han sido bien documentados en varios libros que exhiben una serie de documentos desclasificados de varias operaciones, asesinatos, conspiraciones, torturas. Uno de los libros más detallados es escrito por agentes rusos Tarasov, Konstanten and Zubenko, Vyacheslav. The CIA in Latin America.

Entre las tantas operaciones están PBFortune en Guatemala y la operación "Cóndor" en varios países (http://www.gwu.edu/~nsarchiv/NSAEBB/NSAEBB8/ch23-01.htm) allí consta que es nada menos los mismos Estados Unidos a través de la CIA que financió organizaciones laborales, cívicas y aún sus propios medios de prensa. Pero por sobre todo, fue la CIA la que estableció movimientos izquierdistas, creó partidos socialistas y comunistas en varios países: El documento claramente establece lo siguiente:

Operación cóndor fue creada para recopilar, intercambiar y almacenar datos de inteligencia concernientes a los tal llamados "izquierdistas" comunistas y marxistas, la misma que **"fue establecida"** entre servicios cooperativos de inteligencia en Sur América en orden a eliminar actividades marxistas terroristas en el área. Copia del documento en, (http://www.gwu.edu/~nsarchiv/NSAEBB/NSAEBB8/ch23-01.htm).

La tercera fase y la más secreta de Operación Cóndor implican la formación de equipos especiales de países miembros, quienes podrán viajar a cualquier parte del mundo **para conducir desde sanciones hasta asesinatos contra la persona que determinen**

Equipos especiales operaban con documentos falsos facilitados por países miembros.

Germánico Vaca Michelena

No puede caber duda alguna que es entonces Estados Unidos por intermedio de operaciones como "Cóndor" que inicia el proceso vergonzoso en Argentina, Chile y varios países que dan como resultado miles de desaparecidos, miles de abusados y asesinados, sea por militares o por esos "equipos especiales".

El mismo asesinato de Orlando Letelier en Washington D.C., a pocos bloques de la Casa Blanca, fue conducido por uno de estos equipos especiales. Es la CIA que controló la turbulencia de nuestras sociedades con la manipulación de agrupaciones "izquierdistas" falsas. No existe forma de saber si tales llamados comunistas y marxistas eran reales o eran los agentes infiltrados de la CIA que promovían huelgas, paros, golpes de estado y así controlaron las acciones de caos político que se vivió en esas décadas en Latinoamérica.

Increíblemente es el mismo gobierno de Estados Unidos que a lo largo de la historia lamenta la corrupción imperante en nuestros países. Pero es corrupción que está siendo alimentada con dineros de la CIA. Gran parte de la corrupción es producto de estas operaciones clandestinas, operaciones de infiltración, de robo de documentos, operaciones para implicar a personal del gobierno, traición inducida por dineros, espionaje y grabaciones no autorizadas. Sin embargo es Estados Unidos quien califica a nuestros países de corruptos, deplorando "los abusos del gobierno", abusos que la misma CIA está promoviendo y ayudando a cometer, esto es evidenciado en una carta al gobierno chileno por parte del General Brent Scowcroft al Presidente Pinochet, presionando al gobierno chileno cuando la CIA operaba en Chile, (http://www.gwu.edu/~nsarchiv/NSAEBB/NSAEBB8/ch04-01.htm). La carta dice: "*Durante el año y medio pasado hemos hecho lo que se puede para apoyar al gobierno chileno en sus esfuerzos por defenderse contra la posible agresión peruana al norte. Al mismo tiempo, hemos dejado en claro a la GOC sobre los problemas que crea para nosotros los continuos informes y críticas de los negados abusos de derechos humanos. Ambos, el presidente y el secretario han expresado a los representantes del gobierno chileno su apoyo y solidaridad en la reconstrucción de la nación*".

Igualmente, existen documentos desclasificados donde se verifica que Alberto Fujimori era controlado por lo que el mismo documento de la CIA admite "LA CIA PERUANA" (http://www.gwu.edu/~nsarchiv/NSAEBB/NSAEBB37/01-02.htm)

En este estudio analizaré 'EL Proyecto Camelot' creado por la CIA en 1964. Propongo que esta es la base bajo la cual se está dominando a Venezuela y Ecuador en estos momentos. Precisamente los objetivos de ese proyecto eran determinar la posibilidad de crear y desarrollar un sistema socialista de gobierno (socialismo XXI) que permita y haga posible el control del país influenciando el cambio político, el cambio social en las naciones subdesarrolladas. Es el manual que ahora pretende usar Correa.

Ahora la CIA sigue conduciendo todo tipo de operaciones en Latinoamérica y proveen hasta financiamiento por medio de organizaciones como The National Endowment for Democracy, The Summer Institute of Linguistics, The Office for Public Safety la cual es una división del Internacional Development Agency, National Democratic Institute, Office Transition Iniciatives (USAID) el AFL-CIO, AIFLD, etc.

Pero al mismo tiempo, debemos tener en claro que la CIA no es quien gana financieramente de estas operaciones, no es tampoco el autor intelectual de las operaciones, las conduce con propósitos dictaminados de alguna fuente del gobierno de Estados Unidos. Nuevamente, esto nos conlleva a esta élite financiera que controla secretamente y ha estado manipulando los destinos del mundo desde hace mucho tiempo.

Este grupo conspirador desconoce fronteras; sobrepasa las leyes nacionales e internacionales; controla cada aspecto de la política, el comercio, la religión, la industria, los bancos, los seguros, la industria minera, las compañías farmacéuticas, y la industria de la droga. Es este grupo poderoso que ha controlado cada evento mundial por medio de sus corporaciones, planes secretos, agencias gubernamentales y sus varios movimientos que controlan para dominar el mundo.

En este estudio pretendo demostrar que grandes eventos mundiales han sido manipulados y controlados por esta élite financiera. Si bien es cierto que toda la evidencia es circunstancial, la evidencia es abrumadora e indica que tanto la Primera y Segunda Guerra Mundial fueron acciones manipuladas. Por ende, debemos analizar las posibilidades de que Ecuador está siendo manipulado por esas fuerzas.

Por eso pretendo demostrar que cada aspecto de la política, la economía, los bancos, el petróleo ecuatoriano, han sido dominados y controlados por esta élite financiera. La evidencia es demasiado clara como para poder ignorar la violación a la constitución y al estado de derecho debe ser repudiada por cada ciudadano ecuatoriano y latinoamericano.

En las palabras de Jaime Roldós Aguilera, "Saber conocer la historia y el mandato de ella, es saber conocer nuestras raíces y obligaciones con la patria....Es nuestro pasado que define nuestro presente."

La conducta traicionera de algunos líderes de nuestra nación en servicio de los intereses de esa fuerza externa de ese grupo británico o norteamericano debe ser rechazada. Solamente el conocimiento y la verdad nos pueden liberar del yugo del subdesarrollo al que nos someten con el socialismo, el capitalismo, la globalización, el neoliberalismo, el fascismo y los planes de apoderarse de nuestros recursos y eliminar nuestras naciones. Es demasiado conveniente que se nos ofrezca el socialismo XXI como la solución a los problemas y retos que enfrentan nuestras naciones. El socialismo XXI no es más que la recopilación de ideas promulgadas en el manifiesto comunista escrito en 1848 por un judío alemán y son recicladas como nuevos conceptos por un sociólogo alemán. Su objetivo es mantener a nuestros países en la confusión, la confrontación política, los intentos vanos de reinventar nuestras democracias, el desechar cada institución democrática para reinventarla y al final obtener el mismo resultado.

Para quienes dudan de las verdades deben hacerse estas preguntas:

- ¿Quién introdujo y creó el SIDA?

- ¿Quién creó la Reserva Federal?

- ¿Quién financió el fascismo, el nazismo y el comunismo?

- ¿Quien creó el sistema de impuestos?

- ¿Quién ha mantenido a nuestros países en el subdesarrollo, la ineficacia, el desorden político, la deuda económica?

- ¿Quien creó las Naciones Unidas y el Banco Mundial para controlar las naciones?

- ¿Quién introdujo Bretton Woods y el sistema financiero usando el dólar para devaluar las monedas y apoderarse de los recursos?

- ¿Quién controla el socialismo y el comunismo?

- ¿Quién controlaba la esclavitud y colonización de los pueblos?

- ¿Quién inventó el concepto de "Un Nuevo Orden Mundial"?

Para poder entender lo que está sucediendo en nuestros países debemos entender la secuencia y desarrollo de políticas creadas para influenciar y amoldar a sus intereses las administraciones democráticas legalmente constituidas.

Germánico Vaca Michelena

Expansión del Intervencionismo en Latinoamérica.

Fue en los 50's que la era McCarthy creó el subcomité del senado para la seguridad interna con el propósito "subversivo" de manipular las administraciones de Roosevelt y Truman. En la era de McCarthy operaciones secretas del FBI amenazaban, intimidaban, acusaban y prohibían la publicación de libros escritos por cualquier persona de inclinación socialista y comunista. Sin embargo, el director del FBI había dicho: "El Bureau no tiene ningún deseo o interés particular en el proceso de interrogaciones concernientes a infiltración comunista en el campo de publicación; no obstante, si el comité tiene un plan de acción y desea discutir con el Bureau, hablaremos con ellos para ver si podemos servir de ayuda". Al extremo que ellos mismos conducían las operaciones y ellos mismos establecieron los comités para investigar las protestas de sus propias acciones.

Esto ayuda a los servicios de inteligencia a formular nuevas estrategias. Por ello debo explicar con un ejemplo. Los principios del espionaje y las técnicas para recopilar evidencia, nombres y controlar acciones son brillantes en muchos aspectos.

Estados Unidos quería y tenía la necesidad de recopilar los nombres de todos los partidos, agrupaciones y organizaciones comunistas, marxistas, izquierdistas y aún aquellos con inclinaciones socialistas. Con ese propósito estudiaron las alternativas y los costos que eso representaría para investigar a cada organización y persona. Aparte que tendrían que depender y trabajar conjuntamente con fuerzas militares y fuerzas policiales de otros países. Para ello necesitarían aprobación de la Casa Blanca, del Congreso, del Senado. Se enfrentaban a toda clase de impedimentos por violar leyes de soberanía, no había personal para llevar a cabo el proyecto, tendría que aprobarse la creación de un departamento que organice y desarrolle el proyecto, tendría que crearse instituciones que permitan crear el frente de cooperación y después de todo, se verían enfrentados al constante cambio de políticas y gobiernos en Latinoamérica. Falta de agentes bilingües y personal entrenado. El presupuesto y costo sería enorme. Sin embargo, los resultados serían desastrosos, todo tipo de problemas y complicaciones astronómicas pudieron ser previstos. Las posibilidades de obtener información correcta eran casi nulas.

Siguiendo ese razonamiento se creó un plan en el cual se crearía y usaría la técnica del caballo de Troya. La misma técnica se ha venido usando y perfeccionándola desde las décadas de los 50 en todo Latinoamérica. Inicialmente era infiltrar partidos socialistas y comunistas hasta lograr que los mismos líderes en realidad estén trabajando para los intereses norteamericanos. De esta manera se tendría una lista completa de cada miembro, cada socialista y comunista, cada persona que tenga sentimientos anti americanos podría ser controlado solamente si Estados Unidos lograba controlar estos grupos. Los caballos de Troya serían los mismos partidos comunistas y sus líderes. Aquellos que tengan verdaderas creencias e intenciones socialistas, marxistas y comunistas no tendrían idea alguna que la operación *Cóndor,* el proyecto *Camelot* y otras varias operaciones en todo país latinoamericano estaban creando sus agrupaciones "izquierdistas" propias, o que en lo más mínimo las tenían infiltradas. A todo esto se complementaba el financiar e infiltrar la prensa, grupos civiles, uniones de trabajadores, fuerzas militares y de policía, aparte de gente clave en los gobiernos democráticos.

Pero para detener a la Unión Soviética se necesitaba ir más lejos, se reclutaría una persona inteligente, con enorme carisma y con ambiciones de megalomanía, egocentrista; con ambiciones de ser un líder. La CIA podía encontrar, entrenar, crear ese individuo o inventarlo. Qué mejor forma de detener la expansión de la Unión Soviética que crear un gobierno comunista, con un líder carismático y convencer a los soviéticos que basándose en los logros de ese régimen se pueda influenciar a los demás países. Pero al mismo tiempo, la Unión Soviética nunca en realidad tuvo control de ninguna organización comunista, marxista y socialista, era los mismos

Estados Unidos. Nunca en realidad podía triunfar la tan aclamada influencia de Fidel Castro porque era precisamente el principal caballo de Troya sirviendo los intereses de esa élite financiera. Así, la evidencia demuestra que la Unión Soviética nunca logró absolutamente nada en todo Latinoamérica. Nunca pudo influenciar políticamente, nunca logró ganar financieramente de petróleos o minería, o industrias. La misma llamada *revolución cubana* fue creada ante los ojos del mundo por Fidel Castro, en la realidad eso no podía existir ni suceder porque ni siquiera la Unión Soviética sabía quien era Castro. La gran revolución Cubana de Fidel Castro es en realidad la Gran Mentira cubana creada por la CIA. Por eso, no importaba sacrificar un poco de mediática con el líder que era su propia creación. Ahora se pretende lo mismo en Venezuela y Ecuador. Ahora la CIA ya se graduó de sembrar caos y cosechar miseria en Cuba, ahora controlan los caballos de Troya en Venezuela y Ecuador.

El objetivo es demasiado claro, precisamente los recursos naturales que tanto hablan de proteger estos gobiernos izquierdistas liderados por estos caballos de Troya son la razón principal de interés económico y existe un interés estratégico por la posición estratégica del país. Pero las políticas del gobierno de Correa son extremadamente contraproducentes para todos los ciudadanos ecuatorianos y para el país, tanto en los ámbitos nacional e internacional. Así, al final de este estudio es usted quien debe llegar a sus propias conclusiones. La principal tarea de mi estudio es buscar, descubrir y demostrar quiénes son específicamente los que se favorecen de estas políticas; quienes realmente están detrás de este gobierno y cuál su justificación.

Analizando Antecedentes

La verdad no puede ser descubierta abiertamente. Pero, la evidencia de documentos desclasificados nos da un claro indicio que las operaciones *Cóndor* y *Camelot* fueron solamente la semilla sembrada, han germinado en algo diferente para la eventual cosecha que se pretende hacer de Latinoamérica. Si aplicamos la lógica y el razonamiento podremos deslumbrar lo que está pasando. Se debe tomar en cuenta que no se trata de probar la hipótesis correcta, más bien se investiga si está equivocada.

La esperanza de los pueblos es usada como arma de convencimiento para venderles las medidas erradas como soluciones a las constantes crisis creadas e inventadas por la misma CIA. Sin duda que eso no nos libra de culpa ni de pecado, pues al final de cuentas, somos los latinoamericanos quienes adoptamos estas medidas, son ciudadanos de nuestros países quienes se dedican al secuestro como industria; a conformar guerrillas; a trabajar para los intereses extranjeros.

Al mismo tiempo que el mundo cambió con los sucesos del 11 de septiembre del 2001 en Nueva York y Washington, el ataque terrorista que causó la destrucción de las torres gemelas y causó daños en el pentágono es una anomalía sin explicación lógica. La nación con el sistema de seguridad más avanzado, con sistemas de protección computarizado, radares de alta tecnología, satélites, aviones AWAC de rastreo, medidas de seguridad asombrosas y el ejército, fuerza aérea y la naval más poderosa en el mundo fue *aparentemente* burlada por 19 terroristas. Sin embargo, mientras gastaron más de 85 millones de dólares investigando si Bill Clinton había mentido acerca de sus relaciones sexuales, la comisión que investigó 9/11 gasto menos de diez millones de dólares, dejando la interrogante para el mundo que dicho evento nunca pudo suceder sin participación, colaboración y aprobación de las más altas esferas del gobierno norteamericano porque una cantidad imposible de errores, coincidencias y absurdos tenían que suceder al mismo tiempo para que eso sea posible.

Por todos esos antecedentes, no se puede descartar que 9/11 fue el inicio de una nueva era en el mundo, donde una élite financiera mundial demostró que no había lugar ni país, ni nada que impida su plan. Las estelas de guerra siguieron cuando se logró vender una invasión a Irak basada en mentiras y en operaciones de la CIA. Entonces se debe considerar que es mucho más posible aún inventar un sistema socialista que sea implementado por propios ciudadanos de nuestros países aunque su objetivo final sea el desenlace de una guerra civil o guerra entre naciones. Debido al paralelo que se ve en el desarrollo de relaciones de Venezuela, Colombia y Ecuador debemos entonces analizar cada situación detenidamente.

Si tomamos como indicio algunos antecedentes de interés debemos brevemente analizar:

a. Que *el socialismo XXI es el comunismo reinventado:* el socialismo propone desarrollo político y económico para beneficio de las masas. El comunismo es el que propone apoderarse, apropiarse e intervenir en todos los medios de producción, recursos y subyugar a las masas a un solo partido. Correa y Acuerdo País están practicando una versión de socialismo creada para beneficio de los banqueros internacionales con nuevas reglas que no tienen nada de socialismo, como enormes impuestos de hasta 35%, de hecho, Correa proponía 75% a la herencia. Es así un socialismo virulento que busca destruir toda institución democrática, todo partido político y toda práctica económica del libre comercio o del mercado libre.

b. Que *el proyecto Camelot proponía crear un sistema socialista donde todo el control lo ejerce el gobierno:* Exactamente como lo está haciendo el gobierno de Correa. Un estado socialista implementado como revolución ciudadana cuando el control absoluto y totalitario lo ejerce el gobierno con la única meta de crear una guerra social entre los ciudadanos para eventualmente tomar control absoluto de los recursos de la nación.

c. Que Rafael Correa *obtuvo enormes cantidades de dinero para su campaña nada menos que en efectivo* (a pesar que la ley prohíbe cualquier contribución mayor a los quinientos dólares). Los contribuyentes a su campaña son nada menos que de los sectores ricos del país e inclusive del Partido Social Cristiano que es la ultra derecha del Ecuador. No existe datos fehacientes de contabilidad y existe un sinnúmero de irregularidades en los manejos monetarios. (Aparte de datos en los computadores de las FARC que hablan de contribuciones a la campaña de Correa el 21 de Noviembre del 2006 por la cantidad de $100,000 dólares).

d. Que el plan del partido de Correa *ni siquiera hizo gastos en hacer campaña para representantes del Congreso* porque planeaban de antemano destruir la institución del Congreso. (¿Como es posible que les haya salido tan bien el plan? aparte de extraño es insólito que lo hayan logrado).

e. Que en el proceso de apoderarse del control absoluto del gobierno han ido *eliminando otros partidos políticos.*

f. Que cuando no han logrado vencer en las urnas han usado la intimidación, escándalos, implicaciones de corrupción y muy posiblemente sicarios, criminales, chantajes, videos, decretos para eliminar y doblegar a la oposición.

g. Que han hecho un gasto enorme como nunca antes visto en mercadeo, propaganda y difusión de su plan.

h. Que está eliminado en poco tiempo todos los derechos civiles de los ciudadanos y los derechos de libre expresión de la prensa.

i. Que está eliminando paulatinamente toda institución democrática legalmente constituida. Al igual que han eliminado o se han apoderado de organismos de control que los han convertido en una brazo político.

j. Que han infiltrado organizaciones indígenas, organizaciones civiles para poder influenciar sus acciones.

k. Que han eliminado la independencia de organismos que deben ser y estar libres de influencia gubernamental como la misma Asamblea Constituyente que fue elegida por el pueblo con el único fin de redactar una constitución y ahora es usada por el gobierno de Correa como arma para crear mandatos anticonstitucionales (pues sin haber redactado una nueva constitución dichos mandatos están en violación de la constitución vigente. La asamblea no puede eliminar el poder legislativo y autonombrarse el poder legislativo del país). Por ende está supuesta a servir los intereses de todos los ciudadanos y no crear una constitución del partido de gobierno en plena práctica de la partidocracia, y en pleno servicio de Rafael Correa para mover su agenda.

l. Que han intentado usar la confrontación como arma política donde se destruye cualquier posibilidad de estabilidad democrática, económica y social. Ecuador no puede trabajar conjuntamente porque las divisiones entre todos estos sectores se han agrandado, causando una lucha social, promoviendo la división regional, división política y división económica.

m. Sospechosas acciones y declaraciones con el único propósito de desestabilizar al país. Como por ejemplo cuando Correa amenazó con no pagar la deuda externa, cuando el pago era el 14% del balance de exportaciones de Ecuador. Porcentaje de los más bajos en todo Sur América y por ello, Correa canceló los 135 millones pero causó serias pérdidas anunciando algo que trajo nerviosismo a inversionistas.

n. Que por su naturaleza en operaciones subversivas y clandestinas, los servicios de inteligencia no dejan huella alguna. Para descubrir si hay servicios de inteligencia infiltrados, un gobierno debe usar todo mecanismo legal y sus instituciones y organismos de investigación y justicia para atrapar a los espías. Pero en el gobierno de Correa hay un claro comportamiento sospechoso que usa la desinformación. Qué mejor manera de burlar a un pueblo que diciéndole que Correa ha descubierto que la CIA ha infiltrado los organismos militares y de policía, cuando al hacerlo todo mundo le creería incapaz de involucrase. Sin embargo, en la realidad, no presenta ninguna evidencia; no presenta ni un solo culpable; ya ha anunciado antes que encontraron aparatos de grabación en ciertos ministerios; les da tiempo a los servicios de inteligencia a que se reorganicen y que oculten cualquier evidencia. Anunciar al viento la posibilidad no representa ningún beneficio para Ecuador. Haberlos investigado exhaustivamente para encontrar los culpables y enjuiciar y encarcelar a quienes estén involucrados hubiese demostrado que Correa no es parte de lo que precisamente acusa. Al mismo tiempo se libra de responsabilidad. Eso es desinformación excelente y Correa más bien demuestra que puso a un lado los intereses del país y su anuncio tiene como fin solamente ganar la confianza de las masas.

Germánico Vaca Michelena

Revisión de las Propuestas y Acciones Que Proponen PNAC y Camelot.

Finalmente, aquí pretendo demostrar que los eventos que están sucediendo en Colombia, Ecuador, Bolivia y Venezuela no son eventos aislados pero parte de un mismo plan intervencionista en nuestros países. Todos estos manejos del presidente Rafael Correa tienen un origen extremamente parecido al plan Illuminati. Sus acciones son como el cumplimiento a punto seguido del proyecto Camelot y hay enormes similitudes al plan de PNAC (Project of the New American Century), donde se propone ganar control de los recursos de nuestros países por medio de la manipulación de sus gobiernos. La propuesta es usar a las masas para conseguir sus propios fines. Mientras se les promete a las masas una cosa, el objetivo está lejos de la promesa. Ejemplos claros son estos:

1. Mientras se le promete al país tomar control de los recursos naturales, estos se los pone en control de empresas estatales ineficaces donde todo el dinero desaparece sin explicación alguna y lejos de mejorar la situación económica se incrementa la deuda. En el caso de Ecuador, se propone pasar leyes donde se **garantiza 100% el pago de "gastos de inversión"** de las compañías, eliminando así el riesgo de las compañías y asumiendo los gastos que históricamente han sido de los inversionistas. Aparte de insólito y estúpido es una fórmula para el desastre, pues es exactamente lo que se ha estado practicando en Irak y que Halliburton se ha beneficiado (con razón ahora Halliburton a demostrado interés de participar en Ecuador).

2. Mientras se promete a las masas que se crearán leyes tributarias ecuánimes, se imponen enormes impuestos a los sectores productivos y comerciales ya afectados por altas tasas de interés. Con ello, lejos de promover industria, comercio e inversión se incrementa el desempleo. En un mandato contrario a lo que promueve el socialismo que es la igualdad de las masas, Correa aprobó tasas de interés altísimas para ciertas clases de la sociedad. Así un empresario en Ecuador se ve enfrentado a pagar 18% o más de interés por un préstamo y 35% de impuesto a la renta, más impuestos empresariales. La gente no puede pagar impuestos y el estado se apropia de las tierras; se criminaliza a sus ciudadanos; se crea una burocracia enorme para cobrar impuestos debido a las diferentes tasas, pruebas de rentas, impuestos de propiedad etc. De esta forma se elimina cualquier incentivo de crear empresas o negocios, se destruye fuentes de empleo, se elimina incentivos para el progreso y desarrollo del país. Al mismo tiempo está comprobado que incrementos de impuestos reduce y hasta elimina cualquier posibilidad de que sus propios ciudadanos puedan invertir en su propio país.

3. Mientras se habla de percibir mayores ganancias de los recursos del país, se inicia un proceso de desapropiación de tierras, eliminación de concesiones mineras, y concesiones petroleras que afectan tanto a extranjeros como a nacionales.

4. Mientras se habla de eliminar el abuso de las multinacionales, el gobierno decreta mandatos por intermedio de la Asamblea Constituyente (en plena violación de la constitución vigente ya que la asamblea fue elegida únicamente para redactar una nueva constitución), que el gobierno de Correa sabe perfectamente violan varios acuerdos internacionales de los cuales Ecuador es partícipe, porque saben que esto les brinda los mecanismos a las multinacionales para que puedan **fácilmente ganar demandas millonarias**

contra el estado ecuatoriano. Tal como el pago realizado de más de 100 millones de dólares, que el gobierno de Correa acaba de entregar a la Occidental quien se ha beneficiado de semejante pago sin hacer absolutamente nada. Ante los ojos del mundo parece una simple estupidez del gobierno nacional ecuatoriano. En la realidad es un plan concertado ya que ciertos decretos violan leyes de acuerdos de inversión y de comercio bilateral que permiten estas demandas y que tanto en Venezuela, Bolivia y Ecuador, han permitido que varias compañías multinacionales reciban cantidades de dinero gratuitamente. Así, en el caso de Occidental Petroleum, el gobierno ecuatoriano pagó nada menos que 100 millones de dólares y posiblemente pagará aún mucho más, pues hay otra demanda. Pero en todo momento se le miente al pueblo que el gobierno está velando el interés del pueblo y que es para su beneficio. Al final solo existe la promesa de que ahora el dinero del petróleo servirá los intereses del pueblo, y en su propia cara le están pagando a Occidental por nada.

5. Mientras se habla de crear un país de paz y de unidad nacional se han descubierto lazos a las FARC, al gobierno de Hugo Chávez, a intereses comunistas iberoamericanos como el Congreso Bolivariano, el cual después de varias investigaciones en varios países demuestran que ser patrocinados por las FARC y tenían como objetivo ganar legitimidad.

6. Las políticas de Correa tienen el mismo epicentro que las políticas de Hugo Chávez.

7. En el mejor ejemplo de cómo el poder de Correa está destruyendo todo los derechos de sus ciudadanos, la Asamblea Constituyente ha aprobado el artículo 3 de la nueva constitución, definiendo a los ecuatorianos como recurso natural no renovables: *Art. 3. El Estado ecuatoriano es propietario y ejerce soberanía en especial sobre los recursos naturales no renovables que se encuentren en su territorio, incluidos el agua, los yacimientos minerales y de hidrocarburos; así como la biodiversidad y su patrimonio genético*

8. Nuevamente debo apuntar al hecho que el objetivo es apoderarse del mercado latinoamericano. Lo difícil es deslumbrar quien está detrás de todo esto. Por un lado se puede alegar que las mismas fuerzas que motivaron la creación de la Unión Europea están detrás de estos actos. Después de todo, si se logró convencer a los italianos, franceses y alemanes que si borraban sus fronteras y su autonomía eran incapaces de poder seguir funcionando como naciones, la meta en Latinoamérica es precisamente eso. CREAR LAS CIRCUNSTANCIAS QUE CONVENZAN A NUESTROS PAÍSES A ACEPTAR RENDIR NUESTRAS PATRIAS, AUTONOMÍA Y LIBERTADES.

9. Uno de los factores sin duda es usar a nuestros países como amortiguador de la enorme deuda (sobre 275 trillones de dólares de deuda de los bancos de los siete países industriales).

10. No se puede descartar a la Reserva Federal de Estados Unidos que es la organización más secreta del mundo. La Reserva Federal es quien controla la política económica de Ecuador con la dolarización. Nadie sabe quienes en verdad son los dueños y se presume que son banqueros internacionales, quienes verdaderamente controlan la política económica de Estados Unidos y así del mundo.

11. Es algo muy importante que deben entender los ecuatorianos. **Correa no tiene control alguno de la política ni decisiones económicas de Ecuador**. Al estar dolarizado está en manos de la Reserva Federal de Estados Unidos de Norteamérica. El enorme déficit comercial y la enorme deuda son factores que no pueden ser ignorados. Así se pretende usar los recursos de países que se percibe incapaces de defenderse ante el poderío militar norteamericano. (Después de todo, Argentina no pudo hacer mucho contra Inglaterra en las Malvinas). Y es que la riqueza de recursos no es la única prioridad, pero el ecosistema del Amazonas funciona como el pulmón de la tierra y hacen de esta la zona más importante para el futuro del mundo y es sumamente vital para sus intereses controlar dichos países. Así Ecuador, Colombia, Venezuela, Perú y Bolivia, son el campo de un experimento que fue muy bien planeado y delineado claramente en el Proyecto Camelot y los principios establecidos, promulgados en el proyecto Project for the New American Century (http://www.ratical.org/ratville/CAH/BushTE.html). Por eso, no me sorprende encontrar a uno de sus autores William Kristol siendo publicado por varios periódicos de Ecuador y Venezuela.

12. Extrañamente el proyecto PNAC desde 1998 hasta el 2005 ha publicado cantidad de artículos que mencionan las metas propuestas por este cabal imperialista. Según investigaciones realizadas se ha encontrado evidencia de esta realidad (http://www.oilempire.us/PNAC.html). No se debe olvidar que PNAC proponía específicamente invadir Irak y peor todavía, hablaba de que era necesario un ataque dentro de Estados Unidos para crear el pretexto de atacar e invadir Afganistán e Irak con la finalidad de crear una guerra entre musulmanes y cristianos – tal como lo había planeado el líder Illuminati Albert Pike, quien dejó el plan para las tres guerras mundiales - que potencialmente podría promover la guerra mundial que garantice la mayor ganancia del cabal de ultraderecha que controla las economías del mundo y el complejo industrial militar y sus varias industrias de armas. Indudablemente, las compañías más favorecidas por la invasión de Afganistán y de Irak son todas las compañías de armamentos, petróleo y de seguridad.

En el proceso de investigación, los planes del grupo Illuminati y planes similares de PNAC parecen proclamar lo que a continuación he resumido basado en cantidad de documentos que los puede encontrar en el índice de referencia. Aunque suena como algo de una novela de ficción, lo que se predica es lo siguiente:

a. Que era **imprescindible crear la guerra entre países latinoamericanos,** en primer lugar para sostener el complejo militar industrial que es vital para la supervivencia de Estados Unidos de Norteamérica. En pocas palabras, la única industria verdaderamente sostenible de EE.UU. es las armas: atómicas, biológicas, químicas, convencionales y armas de destrucción masiva; un ejemplo claro es que la suma de 3,200 millones de dólares anuales se la pasa como asistencia económica de Estados Unidos a Colombia. La mayoría de dicha asistencia ha sido en helicópteros militares, armas, entrenamiento, logística, mercenarios que se ha entregado en un país donde la violencia, el asesinato y las matanzas son cosa común, que tienen como producto más de 35,000 muertos extrajudicialmente. Basta ver las armas que traen los paramilitares y la cantidad de armas que tienen las FARC para responderse quién se está beneficiando. ¿Quién o qué compañía se está beneficiando con la fumigación en Colombia? ¿Cuál es el propósito de erradicar a las guerrillas de la selva? ¿Por qué semejante asistencia militar y la creación del ejercito más numeroso en Sur América? Lo que ha logrado es desalojar a millones de colombianos de sus hogares y ahora viven en la completa pobreza de refugiados a lo largo de la frontera, sin educación formal, sin acceso a agua potable, alcantarillado, luz eléctrica, teléfonos. De esta manera la sociedad y cultura se deshace. La respuesta nuevamente es porque la Occidental está explotando el petróleo en esa región. El gobierno ecuatoriano debería poner atención que con la nueva tecnología de perforación horizontal es posible estar sacando y explotando petróleo ecuatoriano desde el lado colombiano o peruano. Mientras Correa clama que quiere que le paguen para no explotar el petróleo.

b. Que era imprescindible **apoderarse de los recursos de las naciones** como Bolivia, Colombia, Ecuador, Venezuela donde se habla de que las reservas son bastante considerables, pero que en la explotación generalmente se ha logrado rescatar en la mayoría de los casos sobre el 25% al 35% más de lo que se les ha informado a los países.

c. Que es imprescindible **aprovechar las ganancias de la droga**, ganar dinero creando conflictos que traen miseria y luego ganar más dinero presentando soluciones para salir de la miseria, mientras se les mantiene en la miseria. Ejemplo claro: La misma CIA ha estado envuelta en comprar cantidad de cocaína, en armar a los paramilitares, (Irán-contras que envolvió a Irán, Israel, Honduras, Nicaragua, Panamá y Colombia) y en el tráfico ilícito de drogas compradas al por mayor, lavado de dinero para narcotraficantes, venta y compra de armas ilegalmente.

d. Que era preciso **crear el ambiente necesario de pobreza** y miseria en las naciones para eventualmente lograr que los pueblos acepten como solución convertirlos en un solo país, eliminar fronteras. (Chávez a menudo menciona esto como un gran objetivo bolivariano).

e. Que era necesario **promover la división de religiones** en países Latinoamericanos para quebrantar uno de los aspectos de unidad de los pueblos. Al igual que en India, China, Malasia, Filipinas que son imposibles de controlar gracias a sus enormes poblaciones y por ende, ahí se debía promover la división de religiones para que se eliminen entre ellos, y la pobreza, hambre y desnutrición es otro factor que puede eliminar otro sector de la población.

f. **Manipular la prensa y las fuerzas políticas** para destruir a las clases pudientes que podrían intentar defender las naciones. Al crear división de las clases sociales y crear un vacío de poder, de líderes se puede controlar más fácilmente las masas mientras se les involucra en una guerra civil, guerra ideológica y guerra política.

g. **Incentivar sectas** como la mormona y otras sectas evangelistas para dividir a la población.

h. **Promover el socialismo, el comunismo, fascismo como armas de destrucción de las naciones** para preparar a la gente al colapso financiero. Después del colapso, las masas serán más dóciles al control y hasta la posibilidad de que acepten ser controlados como colonias de las fuerzas económicas, que inicialmente y camufladamente promovieron la destrucción en primer lugar.

i. **Implementar políticas que promuevan el gasto público** tal como la creación de asambleas constituyentes, continuas elecciones para congreso, eliminar congresos ya constituidos tan solo para crear la noción que se elegirá uno nuevo que sea más eficiente. Crear referéndos, incentivar el enorme gasto de propaganda de los gobiernos para hacer populares las políticas izquierdistas.

j. **Contrarrestar la deflación y devaluación del dólar estadounidense** por medio de tratados de libre comercio donde se crea la noción de que el mercado norteamericano se abre para productos latinoamericanos, y a cambio, se obliga a países tal como Brasil a comprar bonos norteamericanos que son tácitamente inservibles pues son nada más que la deuda, déficit e inflación norteamericana.

k. **Incrementar el costo del petróleo**: Bush decretó doblar la cantidad de reservas de petróleo que EE.UU. almacena en reserva, creando una demanda de petróleo, que combinada con la enorme demanda de petróleo que el ejército norteamericano usa en Irak, es la principal culpable de los elevados precios del petróleo. En realidad, no existe tal demanda cuando varios países han reemplazado plantas eléctricas termales que usaban diesel con fincas de viento, plantas hidráulicas, etc. Al mismo tiempo, esto ayuda a la creación de crisis políticas, reducción de producción de países productores de petróleo. La meta es que el incremento del costo del petróleo cause una crisis inflacionaria en países latinoamericanos y del tercer mundo, que permitan mejorar el déficit comercial norteamericano. Mientras al mismo tiempo causará el genocidio de millones de humanos que no tendrán alimentos.

La recesión económica mundial a punto de desatarse por la enorme deuda y la crisis de los mercados financieros que han sido reducidos a ser casinos de juego, causará enormes reducciones en necesidades básicas de alimentos, demanda energética, incremento de servicios. De este modo, se aspira **inducir la quiebra fiscal de estas naciones**, que se verán forzadas a incrementar sus deudas y con ello, facilitar la apropiación de los recursos de las naciones, al igual que los bienes y servicios latinoamericanos por las trasnacionales norteamericanas.

No se puede olvidar que los autores de este maléfico plan y miembros de estas organizaciones secretas, en muchos casos ocupan cargos de enorme poder en el gobierno norteamericano y en casi todos los países del mundo.

En el caso de PNAC muchos de los miembros que firmaron el documento son: Dick Cheney, ex ejecutivo de Halliburton; Richard Perle, llamado el príncipe de la oscuridad; Paul Wolfowitz; que fue el arquitecto de la guerra de Irak; Donald Rumsfeld, que en 1970 entregó las armas químicas a Hussein y como Secretario de Defensa de EE.UU. condujo la guerra de Irak; Scooter Libby; Jeff Bush; William Kristol, periodista y uno de los principales autores del documento. Paúl Wolfowitz fue el arquitecto de la invasión a Irak y prometía que el petróleo de Irak pagaría de inmediato cualquier costo de la invasión. Estuvo totalmente errado, pero como premio fue como director del Banco Mundial tan solo para terminar aislado por un estúpido error dando salario abrumador a su amante.

Sin embargo, la planificación y los brazos de este cabal económico pretenden crear una crisis energética mundial a su favor, a través de la saturación de petróleo de Irak y el control de recursos en Latinoamérica.

En otras palabras han utilizado el socialismo XXI, los sentimientos anti americanos o anti imperialistas, la pobreza de los pueblos, las divisiones regionales, las ideologías comunistas y de izquierda (que han estado manipulando y creando ellos mismo con el proyecto Cóndor y tantos otros proyectos) para obtener sus propósitos. Líderes como Chávez en Venezuela; Morales en Bolivia; Correa en Ecuador están siendo utilizados para conducir el trabajo sucio de crear constituciones que quiten los derechos a sus ciudadanos, y que cumplan todos los puntos del plan para apoderarse de los recursos de las naciones, empiecen a fomentar la eliminación de fronteras, reestructurar la economía y los bancos.

El pretexto utópico es que dichas naciones explotarán dichos recursos para el beneficio de los pueblos, pero hay una clave a todo esto. ¿Quién controla la tecnología?

Precisamente las mismas multinacionales que supuestamente están perdiendo los derechos de explotación, son los únicos que pueden construir las refinerías y tienen las tecnologías para explotar los recursos. Estados Unidos aún controla la tecnología. Una simple regulación de rehusar vender taladros de BHQ causaría una seria crisis pues sin la tecnología no se puede explotar el petróleo. Mientras tanto, estos gobiernos, tanto Chávez como Correa, están creando leyes que garantizan los pagos del 100% de la inversión, algo que antes era un riesgo que las multinacionales y los inversionistas tenían que correr.

En el caso de Ecuador, al estar dolarizado, la política económica de la nación está siendo dictada desde Washington o al menos por el Banco Federal de Dallas Texas. Mientras que la relación comercial de Venezuela con el MERCOSUR y la CAN sienta las bases para afectar por medio de la intervención económica indirecta. Todo esto tiene el propósito de debilitar y desintegrar la Región.

Para muchos es nefasto enfrentarse a la verdad y rehúsan creer en lo que consideran conspiraciones, pero no es mentira que George W. Bush creó su primera compañía con cincuenta mil dólares del hermano de Osama Bin Laden. Tampoco quieren admitir que Osama Bin Laden fue considerado el mejor operativo de la CIA en Afganistán y hombre crucial para derrotar a la Unión Soviética.

Indudablemente, para muchos latinoamericanos de tendencia ideológica izquierdista se les hace imposible ver el enorme fracaso del experimento cubano. Fidel Castro deja una Cuba quebrada porque fue un fracaso económico que nunca creó una base económica y vivió de subsidios de la Unión Soviética. Sin embargo Castro también deja casi intactos los recursos mineros y de petróleo que tiene Cuba en su territorio y en la Bahía de Zapata.

En todo Latinoamérica muchos ingenuos al hablar de Cuba se deslumbran ante la red de educación y salud pública que desarrolló Fidel Castro, sin percatarse o pasan por alto, que eso fue un producto de la Unión Soviética quien financiaba ese desarrollo de Cuba con el propósito de ser la vitrina para cautivar a América Latina, objetivo que se cumplió con creces. Pero ni el alemán Karl Marx era tan ingenuo como para creer que se puede establecer una sociedad sin tener una base económica que pueda sustentar la economía. Antes de tener Salud Pública y Educación, hay que comer y sobrevivir. Sin esa base económica, la gente apenas puede sobrevivir y no son capaces de pagar esa educación y esa salud. Cuba fue capaz de hacerlo solamente por el subsidio de la USSR.

En al caso de Hugo Chávez, goza de tanto petróleo que hasta hoy ha podido crear la imagen de "una brillante economía", pero oculta detrás enormes perdidas, despilfarro, mal manejo de fondos y enormes deudas. Ahora mientras niños mueren de hambre, desnutrición y falta de cuidado médico en Cuba, los médicos cubanos trabajan en una Venezuela que poco a poco va quedando desnuda ante la realidad que su gente vive en medio de la escasez, el desempleo y la corrupción del gobierno chavista. Mientras, Chávez reparte dinero del petróleo venezolano en otros países como Bolivia donde sin más entregó dinero en efectivo.

La Cuba de Fidel jamás ha sobrevivido por sí misma sino que siempre ha tenido que ser subsidiada y mantenida para la supervivencia del pueblo cubano. Se puede evitar lo más obvio: Que la gran potencia del mundo no haya hecho nada contra una simple isla a solo millas de distancia de sus fronteras; se puede dejar olvidado el hecho que una isla caribeña se involucró en varias guerras de África donde eventualmente se establecieron gobiernos capitalistas (Somalia, Angola, Etiopia). La realidad es que Fidel Castro jugó un papel importante en la Guerra Fría y fue usado tanto por la Unión Soviética como por Estados Unidos en mantener a los países latinoamericanos y algunos africanos comprando armas, y en diferentes bandos. Nadie quiere siquiera preguntarse, ¿cómo sería la forma más efectiva de desapropiar billones de dólares a la mafia? O acaso nadie se ha preguntado, ¿cómo es que un simple hombre de una isla en el Caribe pudo influenciar a otras naciones? Simplemente se creó la noción de que Castro era un líder comunista mundial, pero fue un acto planeado y ejecutado por la CIA norteamericana (http://www.ratical.org/ratville/CAH/JCS1962abc.html) en su propia versión de su caballo de Troya.

En términos reales la verdad está ante los ojos del mundo. La CIA ha venido conduciendo miles de operativos en cada país latinoamericano y casi siempre han triunfado. Cuando fracasan, la CIA hace hasta lo imposible para mantener esa información en secreto, precisamente para proteger a sus espías, para evitar repercusiones legales y para volver a intentar lograr sus propósitos. Nadie sabe el número exacto de operaciones de la CIA pues es secreto, pero extrañamente las operaciones en Cuba, las cuales eran supuestamente las más importantes en la década de los sesenta, operaciones como Zapata, operación Mongoose, etc., son un total fracaso y la CIA, no solamente ha dejado que todo mundo se entere pero se ha divulgado ampliamente esa información.

La única respuesta acertada es que eran actos de contraespionaje. El fracaso de esas misiones continúa manteniendo a Fidel Castro como el gran enemigo de EE.UU., ganándose así mayor confianza de cualquier izquierdista latino y manteniendo la relación con la Unión Soviética. Sin embargo, en las mismas palabras de muchos agentes de la KGB, nunca existió perfecta confianza y muchos agentes sostenían que Castro era espía para EE.UU. La única explicación es que los atentados contra Castro eran un acto teatral que nunca fueron creados para triunfar, pero que tenían que fallar para crear la leyenda de Castro como líder contra los yanquis.

La orquestada y fallida invasión en la Bahía de Cochinos y el supuesto conflicto de misiles atómicos establece a Castro como líder latinoamericano que de alguna manera derrotó a los Estados Unidos. Si se mira el acto detenidamente fueron unos pocos botes, con unos cuantos cubanos entrenados por la CIA y sin la asistencia de ninguna otra fuerza. Igualmente la única prueba que existe de los misiles es unas fotos y la decisión de Krushev y Kennedy.

Estados Unidos ha permitido, y de hecho ha promovido, la existencia de la leyenda de Castro porque al final sabían que una pequeña isla en el Caribe no representaba peligro alguno, porque era esencial para mantener la venta de armas. Castro necesitaba asomar como el embajador del comunismo para Latinoamérica y con ello almacenar, recopilar, y mantener todos los datos de todo movimiento, plan y proyecto soviético en Latinoamérica. Es por eso que Fidel se vuelve **el gran amigo** de cada izquierdista, comunista y Cuba asoma como el gran beneficiario de toda causa izquierdista, comunista y marxista en Latinoamérica, toda compra de armas de cualquier grupo izquierdista se canalizaba por intermedio de Castro. Pero así la CIA podría saber hasta el número de armas que cada grupo armado tenía. Es por eso que Castro enviaba cubanos a morir en África o en cualquier otra parte del mundo a nombre del comunismo. Pero su participación, como la evidencia lo demuestra, garantizaba el fracaso de cualquier plan. Es por eso que un comunista verdadero como el Ché Guevara no cabía en el gobierno de Castro.

Debemos preguntarnos, ¿Quién a la final se ha beneficiado de la existencia de Castro en Cuba? Únicamente el complejo industrial militar de EE.UU. Olvidado ha quedado el hecho que los mismos Estados Unidos ayudó a la revolución cubana porque la Revolución fue creada fundamentalmente para **restablecer el sistema democrático, para acabar con una dictadura y darle al pueblo posibilidades de que se realizara, con instituciones libres, dentro de lo que es el Estado de Derecho.** Esa fue la premisa bajo la cual muchos líderes y revolucionarios lucharon. Estos fueron traicionados, asesinados o puestos en prisión por Castro quien impuso una dictadura degradante y perjudicial para el pueblo cubano.

Revisión de las Acciones de Correa

Es precisamente el paralelo de personalidad de Fidel Castro, Hugo Chávez y Rafael Correa que les hace líderes de sus respetivos países. La evidencia en la investigación demuestra que Fidel Castro por su personalidad escogió el camino del comunismo, no porque él haya vivido las experiencias que conducen a muchos a ella. Tampoco por ideología, pues Castro nunca fue ni miembro del partido comunista de Cuba antes de la revolución, y negó ser comunista por varios años aún después de la revolución. Después de todo, Castro era oligarca, su padre era un español judío dueño de una enorme hacienda. Su educación fue en colegios jesuitas. Su vida fue de privilegio y por sus aptitudes físicas fue un deportista distinguido. Su matrimonio a Díaz de Balart lo ligaron a una de las familias más ricas de Cuba y con vínculos al gabinete del gobierno de Batista. Así, Castro escoge el comunismo porque es la única forma que le permitiría ejercer poder ilimitado como su admirado Mussolini en la juventud de Castro. En todas las bibliografías de Castro queda claramente demostrada su admiración desde la niñez por el fascista Mussolini. Es impresionante el paralelo de personalidades de Castro, Chávez y Correa. Los tres comparten características en su personalidad de ser egocentristas, y su ambición sobrepasa aún su megalomanía.

Correa pretende implementar una supuesta revolución ciudadana que tiene parentesco increíble a la forma que Castro y Chávez consolidaron su poder. Si se analiza en detalle las cosas, ya se puede prever que Correa va a dejar a Ecuador en ruinas porque su plan es la implementación delineada en el proyecto Camelot. Si bien previas acciones de otros gobiernos crearon el ambiente para que los ecuatorianos acepten la dolarización, en la realidad, la deuda ecuatoriana apenas llegaba al 38% de su GDP. Como comparación, la deuda actual del gobierno norteamericano sobrepasa varias veces su GDP (al menos el número real y aún si no se toma en cuenta que la deuda de los gobiernos estatales, municipales y de condados es más del 80% de su GDP).

Por eso no es sorpresa que Correa inició con la industria principal de Ecuador: el petróleo, que ahora empieza a ir a la deriva sin inversión o está siendo reducido al control de la empresa estatal, donde los dineros del petróleo se esfuman y se ha caracterizado y distinguido por la corrupción, el mal manejo económico, destrucción del medio ambiente y enormes gastos donde los dineros desaparecen.

Toda industria ecuatoriana está siendo reducida en producción, en inversión, en ganancias. Se promueve la industria eléctrica por medio de ambiciosos y multimillonarios proyectos hidroeléctricos sin haber hecho estudios del impacto ambiental y peor, sin considerar si la inversión es sustentable; si se considera que en 20 años los mismos ríos donde se va a construir los proyectos hidroeléctricos pueden ser reducidos considerablemente debido a más del 30% de pérdida de los glaciares ecuatorianos. Pero eso poco importa porque el plan del socialismo XXI es hacer gastar al país en infraestructura y endeudarlo en medida de los proyectos. Una vez concluida esa fase, los préstamos dejaran de ser aprobados, medidas serán tomadas para causar el colapso financiero y muy convenientemente vendrán las multinacionales con centavos de dólar, a tomarse todos los recursos y la infraestructura a través de cómodos remates en un nuevo proceso de neoliberalismo.

Correa ha entregado contratos a los conglomerados de propiedad de miembros del cabal que está detrás de todo esto. Correa ha repartido millonarios contratos sin importar si los precios estipulados están claramente sobre valorados en comparación a proyectos similares en otros países. Las favorecidas son las compañías multinacionales sin haber cambiado en lo absoluto las condiciones y las leyes laborales para que se exija que dichas compañías usen mano de obra ecuatoriana. Así los dineros de Ecuador se escapan a pagar proyectos que se están firmando sin un proceso transparente de contratación y sin concurso alguno. Todo contrato que Correa firma es a gusto y placer del "él", quien se cree el todopoderoso de la nación. Mientras tanto, el pueblo sigue la retórica de Correa y compran la propaganda del socialismo XXI como hace unas décadas los alemanes compraron la retórica del socialismo nacional alemán vendido por Adolfo Hitler.

A Correa solo le interesa "él" y no le importa la nación. Lo único que a él le interesa es su "yo", en este instante, lo que él siente y piensa en un momento dado se vuelve la política externa del país. Como fue evidenciado en la crisis de marzo del 2008 con Colombia. Un ataque de Colombia en contra de las FARC (algo que ya ha pasado frecuentemente por varios años), Correa ha distorsionado como un evento sin precedentes y la ha tachado de ser una invasión, una agresión territorial, un acto de guerra, etc. La realidad es que Ecuador y Colombia podían resolver el asunto en una forma más civilizada, tal como ya han solucionado previas escaramuzas y aprovechar la situación para resolver serias crisis de los dos países que están creando millones de refugiados a los largo de la frontera por el conflicto de fumigaciones, FARC, paramilitares y narcotraficantes.

Pero esos son asuntos que al cabal económico no le interesa resolver y por ende, Correa, Uribe, Chávez lo ignoran. En todo el conflicto de guerrillas, narcotráfico, paramilitares y fumigaciones, los únicos beneficiados son las compañías que venden las armas, las que proveen químicos y realizan las fumigaciones con enormes pagos usando un químico que en Estados Unidos fue prohibido.

Correa actúa maliciosamente cuando ha convertido el incidente con Colombia en la nueva política externa del país, clamando ser víctima de un ataque agresor de la soberanía del Ecuador. Con ese fin, utiliza la confrontación y abandona la diplomacia; la burla e insultos al gobierno colombiano y diplomáticos; desmiente estar involucrado con las FARC o haber recibido dinero de las FARC para su campaña, sin embargo, es Correa quien mintió ante la OEA; prometiendo crear una comisión que investigue las evidencias de los computadores. Es Correa quien mintió en México, clamando que el ciudadano ecuatoriano solamente había conducido a los mexicanos al campo de Reyes; esto fue desmentido por la propia sobreviviente mexicana Lucia Morett. Mientras Correa dejó que la ciudadana mexicana salga libremente de Ecuador sin acusación alguna, en video divulgado por las mismas fuerzas militares ecuatorianas demuestra que Morett se declaraba a sí misma guerrillera y hasta declaraba sus planes de crear una fuerza guerrillera en México.

Correa no siente la necesidad de explicar absolutamente sus dudosas acciones y en un acto desesperado de tirar la pelota a otro lado, anuncia sin evidencia alguna que él ha descubierto lazos con la CIA en las fuerzas militares. Su estrategia tiene como único propósito crear una crisis en las fuerzas militares y crear la desconfianza del pueblo ecuatoriano en sus fuerzas militares. Un perfecto ejemplo de desinformación. Pero nuevamente, las masas de ingenuos se olvidan de ver que si algo fuera cierto, entonces Correa debía como comandante en jefe de las fuerzas militares, llevar a la justicia a quienes hayan cometido semejantes actos de espionaje y de traición. El mismo acto de acusar y no presentar culpables bordea en un acto irresponsable del mandatario ecuatoriano.

Pero el propósito es demasiado evidente aunque a los ecuatorianos se les escapa ver lo que es tan claro. Tan simple evento está siendo usado para iniciar una carrera armamentista. Los presupuestos de comprar armas, la reestructuración de los ejércitos, nueva planificación, proyectos de poner ejércitos de las Naciones Unidas, incrementar cooperación entre Venezuela y Ecuador. Preparar a los pueblos al espectro de la guerra. Todo por un evento que ha venido aconteciendo por cincuenta años desde que las guerrillas colombianas han existido.

Correa ha tomado varias decisiones que muy claramente demuestran serios traumas emocionales. Por ejemplo, Correa decretó dejar libres y no perseguir enjuiciar a mulas del narcotráfico como que con ese acto quitaba responsabilidad y libraba a su propio padre, quien fue condenado a prisión por narcotráfico en Estados Unidos y pagó su condena con varios años de cárcel en Miami, Florida.

A los pocos meses, el resultado es que el índice del crimen en Ecuador ha subido como nunca antes en su historia. Quito y varias ciudades se ven plagadas de sicarios, ladrones y criminales, mientras las acciones de Correa han precipitado serias crisis al Poder judicial y a las fuerzas armadas del Ecuador.

Para Correa sin embargo, él cree ser poseedor de la verdad. A menudo en sus discursos ha denigrado a periodistas, miembros de la oposición, aún al gobierno de Colombia lo ha acusado de "cantinfladas". Sin embargo, lo que ha demostrado es que en su deseo de sobresalir por arriba de absolutamente todo el mundo, es incapaz de admitir un error y aunque el mundo entero lo puede ver, Correa es incapaz de admitir la verdad o sus errores porque nunca se ha dado cuenta que el que sabe de verdad, sabe también que tiene que escuchar, delegar, dudar, contrastar sus opiniones con las de los demás, dar crédito a quienes crean nuevas propuestas e ideas y no robar las ideas y clamarse el dueño de ellas como lo viene haciendo Correa. Nadie es infalible y no por ser presidente tiene derecho a usar hasta material que está con derechos de autor. Precisamente en un conflicto se necesita de un intercambio diplomático de opiniones para llegar a un acuerdo. Al ego de Correa no le cabe ni un alpiste de duda sobre sí mismo.

Igualmente, se puede percibir las mentiras del gobierno y la pésima administración cuando los ministerios ha sido un desfile de figuras y un constante intercambio de posiciones de los amigos del clan Correa que se han repartido los ministerios de gobierno, minas, economía. Se promete mejoras en todo y sin embargo los profesores actuales de las instituciones educativas no reciben sus salarios a tiempo y reciben sus sueldos aún con meses de retraso. Las escuelas no tienen suficientes libretas ni libros ni lápices; en algunas provincias los padres de familia han tenido que organizar colectas o campañas para levantar fondos y poder pagar la luz eléctrica para mantener a las escuelas abiertas. Los edificios se deterioran y no reciben los dineros para la administración y operación de escuelas y colegios, ni hay el mantenimiento apropiado por la falta de fondos y recursos y la constante falta de seriedad en la distribución de presupuestos. El deterioro de los edificios, las escuelas y las instituciones pronto se verá reflejado en el deterioro de la educación. Cuando llegue la crisis seguramente Correa apuntará el dedo a la oposición, aunque en estos momentos nadie puede tomar decisión que sea aprobada si no es por el partido de gobierno. En algún momento se desatará una crisis definitiva.

Al igual que sus predecesores, Castro en Cuba y Chávez en Venezuela, Correa ha hecho un uso excelente de la prensa, la televisión, la radio y aún los medios del Internet, no sólo para desarrollar el culto a su personalidad histriónica, sino para el adoctrinamiento de todo un pueblo.

El pueblo ecuatoriano no puede caer en la ingenuidad de creer que los cuatro jinetes del Apocalipsis ecuatoriano son Correa, Acosta, Patiño y Larrea. La revolución ciudadana obedece a un plan muy concreto de fuerzas externas que tienen el firme propósito de usar a las masas para obtener sus claros objetivos.

El triunfo de Acuerdo País y de Rafael Correa para asomar como una revolución ciudadana no es el producto de su esfuerzo personal único, sino de un plan muy claramente concertado que está siendo implementado en combinación con personas infiltradas en las agrupaciones indígenas, en los partidos comunistas y partidos de izquierda y hasta la mano negra de enormes contribuciones de miembros del partido de derecha a la campaña de Correa.

De esta forma, el plan involucra y maneja la labor de cantidad de ciudadanos que han querido el cambio real del país y han creído en ciertos conceptos nacionalistas, pero que poco a poco empezarán a deslumbrar la mentira y el atentado de fuerzas externas, en un plan global de apoderarse de los recursos del país y eliminar las fronteras. Cuando eso ocurra, algunos empezarán a desertar y tal cual ha sucedido en las previas experiencias cubanas y venezolanas, no tardarán en acontecer extrañas muertes, accidentes y hasta enfermedades raras que se convertirán en eventos normales en la administración de Correa.

Correa y su partido están practicando la partidocracia cuando todo poder, toda institución, toda decisión tanto estatal, municipal, provincial se canaliza por el partido de gobierno y en ningún momento Correa ni la Asamblea ha tratado de trabajar conjuntamente con ningún sector del país. No se ha involucrado a grupos industriales, ni agrupaciones civiles y ciertamente hasta se ha eliminado consultar aún a los militares en asuntos importantes de defensa del país. Todo se oculta con la existencia de las supuestas mesas de trabajo de la Asamblea, que sin embargo no aprueban nada sin consultas y órdenes de Correa, Patiño, Acosta o Larrea. Al extremo de poner a su secretario personal y periodista de profesión como Ministro de Defensa.

Poco a poco todas las esferas del país van cayendo lentamente bajo el afilado cuchillo de Acuerdo país. Primero fue el Congreso de la nación, que con un simple papel firmado por 80 pinochos de Correa quedó eliminado. El pueblo se quedó atónito y nadie reclamó que los representantes de todo el pueblo, elegidos en la misma fecha que el Presidente haya sido desechado.

Luego siguieron varias instituciones y organismos del estado que si no fueron eliminadas terminaron con personal nombrado personalmente por el mandatario para evitar toda investigación y que más bien sirvan como arma de control e intimidación contra otros partidos como la contraloría, el tribunal anticorrupción, el tribunal de votación (que impuso enormes cifras, multas y sanciones a otros partidos, mientras solo ante enormes evidencias empieza a investigar lentamente las irregularidades del partido de gobierno).

A eso se suman los escándalos constantes de corrupción que han paralizado al poder judicial, y ahora a las fuerzas militares. La mayoría de acusaciones por parte de Correa vienen por lo general sin un solo documento de prueba. Correa esgrime acusaciones contra fuerzas policíacas, fuerzas militares, y hasta el servicio de inteligencia del país acusadas de estar infiltradas por la CIA o por servicios de inteligencia de otros países. Pero cualquier persona inteligente debe pensar claramente en esas acusaciones y preguntarse, ¿Cómo es que Correa pretende que pase desapercibido ante el mundo lo ilógico de su acusación?

En la realidad y ante tan graves acusaciones que involucran *espionaje, traición a la patria, atentado contra la seguridad y soberanía de la patria*", un gobernante cuerdo y racional hubiera usado cualquier prueba para investigar exhaustivamente, con el fin de atrapar, encarcelar y enjuiciar a los *"traicioneros de la patria"*. Correa al anunciar a los cuatro vientos sus acusaciones les da un aviso con trompetas a todo el aparato de espías y servicios de inteligencia para que eliminen cualquier prueba, desaparezcan cualquier implicado y se prepare una defensa de llegar a haber algún acusado. Lejos de ser algo que favorece al país, sirve para ocultar cualquier posible evidencia que haya existido y haya sido descubierta por investigadores de la policía y el servicio de inteligencia. Así es Correa quien se adelanta en desprestigiar y dañar la credibilidad de las fuerzas que defienden al país. Es el equivalente a encontrar un ladrón en su casa y avisarle que "la policía ya viene". Pero los ingenuos creen que Correa está defendiendo a la nación. Aunque por sus acciones ni un solo "espía o traicionero de la patria irá a prisión".

Pero al igual que la relación de Cuba y los Estados Unidos se han caracterizado por la confrontación y la constante mediática verbal entre Castro y cualquier mandato de turno estadounidense, ahora Correa quiere establecer esa mediática verbal. Al igual que la supuesta confrontación bélica entre Cuba y Estados Unidos es un circo porque nadie se da por percatado que Estados Unidos ha mantenido siempre una base militar en Cuba. En dicha base de Guantánamo, Estados Unidos ha podido hacer y deshacer cuanto desea sin que ningún otro gobierno diga absolutamente nada. Es el equivalente a tener su casa de torturas en la casa de su enemigo, pero alas nadie se ha dado cuenta. Igualmente ahora en el exacto paralelo de Castro que tanto vociferaba contra Guantánamo, la base se ha mantenido. Cuando llegue el momento,

Correa culpará algún evento que suceda como un nuevo ataque de las FARC, alguna incursión del Perú, algún evento que sirva de pretexto para mantener la base de Manta.

El régimen castrista ha sido tremendamente exitoso en dos campos: la represión y la publicidad. El régimen castrista derrotó cualquier intento violento de desalojarlos del poder (aunque las operaciones de la CIA estaban diseñadas para fracasar). La creación de las milicias, el desarrollo de una fuerza militar descomunal con el apoyo y financiamiento de la URSS, la creación de los CDR (de los comités de vigilancia de barrio) y el desarrollo de un aparato de inteligencia y contrainteligencia al servicio de Castro que se convirtió en uno de los mejores del mundo, fueron los artífices de la imbatibilidad militar del régimen. Ahora Correa pretende hacer lo mismo en Ecuador, un ejemplo claro es que las supuestas mesas de la Asamblea Constituyente están sirviendo para redactar y pasar leyes que sirven únicamente el interés de Correa. Luego son puestas ante la Asamblea sabiendo perfectamente que serán aprobadas ya que Correa controla el 80% de los votos. Así se crea la noción falsa de que existe democracia cuando se avanza cada vez más la agenda de Correa y con ello, de la élite financiera que controla el mundo.

En otro paralelo de Rafael Correa con sus homólogos Fidel y Chávez, se ha convertido en el artífice del triunfo publicitario del régimen ecuatoriano. Correa llega a la genialidad en lo que se refiere a la publicidad de su imagen, aprovechándose hasta de la muerte de un terrorista ecuatoriano vinculado a las FARC para clamar ser víctima de las políticas de la CIA, EE.UU., Colombia, sin él brindar ni tan siquiera una explicación fehaciente o confiable de sus propios vínculos a las FARC.

Sin temor alguno y convencido de su pleno derecho de gastar cuanto se le pegue en gana, Correa no ha escatimado gastos millonarios en campañas publicitarias, campañas políticas y campañas para ganar hasta el referéndum de aprobación de la constitución, aún antes de que una constitución este aprobada por su marioneta de Asamblea Constituyente.

Pero Correa comete graves errores que delatan su virtud de ser representante de fuerzas extranjeras cuando la Asamblea quiere aprobar que el dólar conste en la misma constitución del país. En el ejemplo más inaudito de vender la patria, no puede caber que un país ponga en los propios estatutos de su constitución el uso de una moneda que tiene cuatro centavos de respaldo económico por dólar y es de propiedad de una institución independiente, ni siquiera es o pertenece al gobierno de Estados Unidos, por ende si un presidente pretende pasar estatutos en la constitución cuando no sabe ni siquiera lo que es dicha moneda, demuestra ineptitud astronómica, mucho más cuando Correa no esta conduciendo ni dirigiendo la política económica del país.

Correa está por ejemplo, usando el conflicto con Colombia como el pretexto de ampliar su imagen internacional. Igualmente emplea recursos desproporcionados del estado para cultivar una reacción favorable a *su persona* en el ámbito exterior como cuando sin estudio alguno, anunció la construcción de una refinería con Venezuela a un costo de más de cinco mil millones de dólares. Valga mencionar que una refinería casi idéntica en capacidad a la propuesta por Correa, la compañía Valero vendió en San Antonio a solamente quinientos millones de dólares a finales del año 2005, incluyendo toda la infraestructura y oleoducto de distribución de gas y gasolina.

Correa intenta cultivar la imagen de ser gran amigo, colega, compañero de Hugo Chávez, aunque para lograrlo compre una refinería de un país que no tiene antecedente de ser constructor de refinerías; todo mundo tiene carro eso no hace de dichas personas mecánicos, igualmente que Venezuela tenga petróleo no le hace experto en refinerías. Pero en la mente de Correa, él pretende usar esos lazos de amistad para jactarse de importancia que muy claramente el líder psicópata de Venezuela no está dispuesto a compartir, como lo demostró en República Dominicana cuando se dio un estrecho abrazo con Álvaro Uribe y con la sonrisa de oreja a oreja, dejaron a un lado a un Rafael Correa al punto de explotar.

Otros dos ingredientes que Correa ha usado con éxito han sido la explotación del nacionalismo o patriotismo ecuatoriano combinado con un sentimiento antiamericano. Para ello ha usado constantemente declaraciones inflamatorias en contra de la Base de Estados Unidos en Manta, llamándola una violación a la soberanía del país, a pesar que fue un tratado –aunque sumamente desventajoso, porque no pagaron ni tan siquiera lo que le pagaban a Panamá-. Pero en todo caso, dicha base cumple las mismas funciones que bases como Aviano en Italia, y otras bases en Alemania, y Arabia Saudita etc. Pero sus reacciones son estrictamente un sainete político para convencer a las masas, ya que Ecuador está dolarizado y por ende, su política económica está siendo dictada desde Estados Unidos. En la realidad de los hechos eso es algo mucho más grave para la soberanía ecuatoriana. Porque mientras Correa ganó las elecciones con la promesa de abolir el decreto de la dolarización, después su metamorfosis a favor del dólar cambió de la noche a la mañana, clamando haber hecho un exhaustivo análisis económico. Correa cree ser experto en toda materia económica y por ello clamó que Ecuador se mantendría en la dolarización para evitar, "Una crisis económica… una revolución ciudadana", (aunque ese es el lema de sus políticas), las dos declaraciones no tenían una sola página de estudio, lo inventó del aire y la gente le creyó, cuando la evidencia demuestra que el eventual colapso del dólar es inevitable.

Al igual que Castro en Cuba y Chávez en Venezuela, Correa se ha disfrazado de David que enfrentan al Goliat imaginario del Imperio Norteamericano, aunque dicho imperio es posiblemente víctima del mismo cabal que está apoderándose de nuestros países. Es sumamente importante entender que igualmente la política económica de Estados Unidos es dictada por la Reserva Federal, no por el presidente norteamericano.

Poco importa para estos agentes de intereses extranjeros la verdad y usan la miopía de las masas pobres para mantener a sus propios países en la ceguera y oscuridad económica, alimentándose de la esperanza que la demagogia y las falsas promesas de cambio de los políticos de turno traigan las soluciones tan ambicionadas y esperadas.

En la realidad son estas políticas intervencionistas las principales responsables de mantener la pobreza y refundir a los pueblos en la peor decadencia de nuestros países latinoamericanos, porque más que nunca se está implementando y concretando los verdaderos objetivos de estos gobernantes, y con ello, de esta élite financiera que desea desaparecer las naciones.

Igualmente, es por ello que nuevamente se intenta lanzar trompetas del supuesto sueño bolivariano. La verdad es que Simón Bolívar nunca **liberó** a los pueblos latinoamericanos. Deberíamos admitir la verdad con respecto al "Libertador Simón Bolívar", simplemente el movimiento bolivariano logró la **Independencia** del territorio suramericano de España, pero no la **libertad** para los pueblos de América. Porque precisamente las políticas adoptadas en la formación de la Gran Colombia representó una transferencia de propiedades de los españoles a los criollos y mestizos hijos de españoles, quienes se repartieron las grandes haciendas, pero mantuvieron generalmente las mismas condiciones para los trabajadores: Los indios se quedaron en los mismos huasipungos, y los negros se les mantuvo de esclavos, las clases marginadas no logran aún ahora tener los mismos derechos que corresponden a todo ciudadano.

En el caso de Ecuador fue Antonio José de Sucre quien luchó con el ejército colombiano y miles de valerosos ecuatorianos (que incluían mestizos, criollos, mulatos, indios y negros) para "independizar" la Real Audiencia de Quito, creada bajo autoridad del Gobernador Cristóbal Vaca de Castro en 1635, y quien como emisario del Rey de España Carlos V fue quien instauró las primeras cortes y leyes de justicia en nuestros países.

En la realidad, Simón Bolívar obtuvo el crédito aunque no participó más que en una sola guerra y eso para doblegar a Agualongo después de que Ecuador ya ganó la independencia. Acaso por eso la historia habla más de la conquista de Bolívar a Manuela Sáenz.

Pero el control de las empresas, industrias, plantaciones, y la sociedad civil se mantuvo prácticamente de la misma manera. En Ecuador al igual que en la mayoría de los países, la "independencia" no cambió demasiado la vida, ni derechos, ni condiciones laborales, sociales y económicas para los indios, los negros y las familias pobres. En Ecuador por ejemplo, muchos de los generales y coroneles de la llamada "independencia" se repartieron las haciendas y como es el caso del General Febres Cordero venido de Venezuela, pasó a ser una de las familias más adineradas de Guayaquil. Cantidad de familias provenientes de Colombia y Venezuela fueron a través del mismo proceso. Simón Bolívar sin embargo, decidió unilateralmente entregar la Provincia de Popayán y Nariño a Colombia como pago por la independencia. Por eso tengo la firme convicción que Ecuador no necesita participar del gran sueño bolivariano. Ecuador es nación libre y soberana y debe mantenerse como tal y ciertamente cualquier cosa es mejor a estar bajo el liderazgo de Hugo Rafael Chávez.

Por lo expuesto se vuelve imperativo analizar a fondo las verdaderas consecuencias para los pueblos de los experimentos socialistas de Cuba y Venezuela.

La evidencia demuestra que gracias a Castro, Cuba ha vivido cerca de cincuenta años de opresión, de derramamiento de sangre, de hambre, de injusticias vividas por miles de miles de cubanos a quienes se les quitó la libertad o fueron asesinados por mantenerse firmes a los ideales de la democracia. Cuba vivió por varias décadas en dependencia paupérrima de la Unión Soviética y de los subsidios de estos para su supervivencia.

La evidencia demuestra que el pueblo Venezolano vive en la pobreza. La hambruna, la escasez de alimentos, la falta de libertades siendo el país más rico en recursos petroleros en Sur América.

La evidencia demuestra que Correa en tan solo un año y medio de gobierno ha subyugado a Ecuador a su peor desarrollo económico en los últimos cincuenta años, a pesar que en su gobierno los ingresos del petróleo y el costo de venta del petróleo deberían haber creado una prosperidad envidiable para la nación.

Nunca antes en la historia de ningún país latinoamericano se puede observar un plan tan sistemático de deshacer toda institución democráticamente constituida, tomar el control de toda industria, crear un nuevo sistema de impuestos, deshacer todas las leyes mineras, petroleras, reestructurar la división política y geográfica de la nación, instaurar leyes y reglas opresivas, eliminar derechos constitucionales y civiles. Exactamente como el plan Camelot lo premeditaba. Hay que ser bastante ingenuo para pensar que es coincidencia y por ello, cada ecuatoriano debe al menos enterarse de lo que puede estar sucediendo en Ecuador.

Las compañías petroleras han abandonado Ecuador paulatinamente y las que se quedan podrán cobrar los contratos garantizados de explotación y pueden estar perforando huecos al doquier pues no necesitan encontrar el petróleo si Correa pasa la ley de pagar 100% garantizados los gastos de exploración.

Por medio de la Asamblea Constituyente, Correa ha decretado que se eliminan cantidad de concesiones mineras y con un simple anuncio decretó que se paralicen todas las actividades mineras del país por un lapso de 180 días, dejando a miles de personas desempleadas. Eliminando millonarias inversiones de compañías canadienses, creando un desprestigio del que difícilmente se podrá recuperar el país.

La propuesta es crear una compañía minera nacional que este *"involucrada en todos los aspectos de la explotación minera"*. Algo que aparte de irracional bordea en la ignorancia y estupidez pues es ilógico que las compañías multinacionales estén dispuestas a compartir software, diseños, tecnología, equipos en algunos casos protegidos por patentes con un gobierno adepto a anunciar con unas cuantas firmas que hay un nuevo decreto que elimina concesiones, elimina derechos de explotación, elimina leyes y promete crear nuevas. A breves rasgos la gente quiere creer que todo esto favorecerá al país. Pero la realidad es que si países como Canadá, Australia, China, Noruega (los más ricos financieramente en estos momentos) después de décadas de experiencia en exploración y explotación petrolera y minera han llegado a la conclusión que los riesgos, los gastos y el establecimiento de compañías ineficaces nacionales es mejor dejar que la tecnología, los inversionistas, los empresarios y las multinacionales realicen la exploración, explotación, refinación y comercialización de recursos mineros. Porque requieren de: **Tecnologías sumamente caras y de enormes inversiones con alto riesgo**, y el gobierno se debe limitar a hacer lo que todo gobierno debe hacer, crear las leyes que protejas a sus ciudadanos, el ambiente y la propia distribución de la riqueza de la nación.

Correa comete un craso error al querer imponer un sistema socialista creado por esa élite que controla el mundo, y que con el título del sociólogo alemán que se cree el iluminado por Marx, ha creado la gran formula del desastre en su interpretación del nuevo comunismo, para querer imponerla sobre una cultura compuesta de tantas etnias y valores diferentes como es Latinoamérica. Pero como todo humano somos fruto de nuestras propias experiencias. Correa es el producto de su infancia y su ambiente que lo han cegado a apreciar su país como es verdaderamente. Así, Correa gobierna con sus fobias y sus complejos de la infancia, el hijo de un traficante de drogas abandonado por su madre y viviendo con su abuela. El estudiante distinguido que ha guardado tanto rencor contra los "pelucones" que con tan solo su presencia ahora le hierve la sangre. Pero su mayor error es su entrenamiento como economista. Para él solo cuenta el dólar, el prestigio del título, y el ser mas alto que Nebot y la mayoría de sus compatriotas, ("*Nebot no me llega ni al hombro*") pero para él no cuenta el hombre y la mujer ecuatorianos. Su entrenamiento le han hecho pensar que lo que importa en la economía es el capital que le permitirá comprar maquinaria, construir infraestructura que le permitirá hacerse el faraón para ocultar la verdad, que él no tiene control de la moneda ni de la economía del país. Así Correa cree que puede poner el velo sobre los ecuatorianos y crear su propia formula de triunfo. Su meta es confiscar el poder absoluto del estado y reinar supremo ante los ojos del mundo cuando en la realidad tiene que obedecer los dictámenes de la Reserva Federal. En el proceso se ha olvidado que el recurso más importante de una nación es su gente, ese recurso humano que conforma la nación soberana de Ecuador. Esas mujeres capaces e inteligentes sin importar que sean peluconas o morlacas, o pastusas. Esos hombres artistas, ingenieros y doctores que hacen grande a nuestra patria. Todo lo que ha creado el hombre no es por capital, todo nace de una idea y del trabajo del hombre. Así mientras Correa suprime cada día los derechos de los ciudadanos, mientras se inviste de mayor poder y mientras desprecia a sus propios ciudadanos repartiendo contratos a las multinacionales, deja de ser el presidente de la nación y es lo que es. El representante de los intereses extranjeros, el caballo de Troya que fiel a su entrenamiento y a sus antecedentes pretende ser el líder de la nación.

Al igual que la revolución de Fidel Castro deja una Cuba en ruinas sin ninguna base económica, sin ninguna industria establecida, sin ninguna organización y estructura económica y social. Pero en la historia muy claramente estará establecido que Fidel fue el gran líder cubano por cincuenta años, aunque no hay una sola gloria que se le pueda atribuir. En Ecuador la revolución ciudadana de Correa empieza el proceso de destrucción de la nación ecuatoriana. Queda en los ecuatorianos defender su patria, sus libertades, sus derechos, su constitución.

CAPITULO II

ANTECEDENTE HISTÓRICO DE LA CIA EN ECUADOR

El recientemente fallecido Philip Agee, fue el primer ex agente de la CIA en detallar la vida cotidiana de un espía y las operaciones que realizaban específicamente en Ecuador y en otros países sur americanos. Son precisamente sus acciones, las que obligaron a Washington a crear una ley, que prohíbe a todos sus agentes divulgar sus acciones como agentes de la CIA.

Se hace necesario mencionar palabras expresadas en un informe de actividades y acciones de la CIA ante el Congreso de Estados Unidos *Latin America & Empire Report*, Julio - Agosto 1974, pp. 6-8: "Under the Cloak and Behind the Dagger," para entender como la CIA opera en los países latinoamericanos:

"*.. La función y composición de la red de la Embajada cambia dependiendo de la situación política del país. Agentes son regados a través de diferentes secciones de la estructura diplomática dependiendo de las áreas correspondientes con la sociedad local las cuales necesitan ser infiltradas, penetradas o ayudadas en alguna forma por Estados Unidos. Así, agentes pueden ser ubicados en la sección política, económica, laboral, AID (ayuda), y relaciones culturales. La distribución de personal de la Agencia no solamente provee una mejor forma de encubrir a los agentes, pero facilita la penetración en múltiples niveles de todos los sectores de la sociedad*".

Es precisamente la evidencia dejada por Philip Agee que sirve de legado para analizar cuidadosamente la realidad actual ecuatoriana. Pienso que la mayoría de la población ecuatoriana, al leer este resumen de lo que habla Agee, podrán ver los paralelos de las actividades y técnicas de espionaje que ahora usa Correa.

Es más, creo que queda evidenciado muy claramente las acciones de Correa; el proceso bajo el cual se logra que un partido -recién creado por Correa- llegue a establecerse como una fuerza política en el país de la noche a la mañana; se explica como se crea la increíble popularidad que le llevó al poder; como se logra inventar el carisma, los fanáticos y seguidores de Correa; de donde se origina realmente el plan completo de crear un partido de la nada y como por arte de magia cual Voldemort, o debería decir acaso cual Camelot, en pocos meses controla totalmente todo organismo, institución y organización del Ecuador.

Este agente de la CIA, Agee describió en detalle las actividades y operaciones que el personalmente condujo y estuvo envuelto en Ecuador, con cantidad de otros agentes que coordinaron actividades en todos los países latinoamericanos. Agee denuncia como su trabajo fue infiltrar y prácticamente controlar las acciones de organizaciones "izquierdistas" del país, e inclusive menciona, que muchas **fueron creadas por la misma CIA,** mientras mantenían firme control de los partidos de derecha. El razonamiento para estas acciones es que son estas organizaciones las que condenan el analfabetismo, la pobreza, el capitalismo, y obviamente atraen a gente que tienen tendencias anti americanas. Al mismo tiempo es en estas organizaciones que se puede atraer a gente que por su personalidad y por sus ambiciones puedan trabajar a favor de los intereses norteamericanos. Cuando la CIA encuentra personal idóneo, esa persona recibe una beca para estudiar en Estados Unidos o Europa, luego recibirá un cargo donde puede influenciar el pensamiento y establecer credenciales, (especialmente como profesores de la Universidad) luego puede trabajar arduamente para implementar el plan de la CIA. (¿Alguien empieza a darse cuenta de los paralelos?).

En 1960 Ecuador sufría de subdesarrollo y estaba en el fondo de prosperidad económica. La sociedad ecuatoriana de 1960 tenía un 1% de gente que ganaba comparativamente igual que la clase rica de Estados Unidos, mientras que el 75% de la población ganaban el equivalente a diez dólares al mes. Pero el descubrimiento de petróleo en el país hace que el país gane importancia para las compañías petroleras norteamericanas y la necesidad de controlar sus órganos políticos, son las razones que hacen de Ecuador otra base de operaciones de la CIA.

Precisamente, las acciones del líder populista José Maria Velasco Ibarra y la reacción de la CIA a dichas acciones, dan otro indicio con respecto a Cuba y a la situación actual de Ecuador. De hecho, por principio y acciones Velasco Ibarra mantenía una ideología derechista y quería tomar acciones que precisamente debían ser de beneplácito para Washington, D.C. Lo más impresionante es que después de tantas operaciones de la CIA, eventualmente hacen exactamente lo que Velasco Ibarra quería hacer desde el momento que asumió el mandato. Velasco no era socialista y se oponía rotundamente al comunismo y lo quería eliminar, inclusive proponía prohibir el comunismo en Ecuador y arrestar a los activistas comunistas; Velasco estaba opuesto al socialismo y deseaba romper relaciones con Cuba y Fidel Castro. La CIA, lejos de estar contentos iniciaron las operaciones para sacarle del poder. ¿Cómo se puede explicar que la CIA tome acciones exactamente contradictorias cuando un gobierno sur americano quería romper relaciones con Castro?

El libro de Philip Agee describe con detalle las acciones subversivas que se llevaron a cabo, infiltrando todo organismo, tanto de la derecha como de la izquierda, hasta lograr gente en las más altas esferas del gobierno. Por un lado, para saber quiénes eran anti americanos y crear la lista que eventualmente serviría para arrestarlos al instaurar la junta militar; por otro lado, servía para instigar y coordinar acciones contra el gobierno de Velasco Ibarra. En las palabras de Agee que parece como si describiese lo que está haciendo Correa ahora: *"Si, en algún momento, no había la organización que pueda realizar actividades de nuestras prioridades y que sirvan nuestras necesidades, entonces se creaba una"*. De esta manera, se crearon grupos de *"ciudadanos concientes"*, que publicaban artículos en la prensa denunciando al gobierno y presentando demandas. Al mismo tiempo que editores y columnistas que trabajaban para la CIA publicaban artículos preparados por la CIA.

En una de las anécdotas de Agee menciona el hecho que en una ocasión un oficial de la CIA había creado una organización ficticia llamándola "Frente Anti Comunista Ecuatoriano" tan solo para descubrir que la organización existía realmente.

Entre las operaciones que llevaban a cabo en ese entonces era invitar a líderes de las Uniones de Trabajadores a clases dictadas tanto en Ecuador como en Estados Unidos con todos los gastos pagados, el propósito era seleccionar posibles agentes y así apoderarse del liderazgo nacional.

Aquí no se debe pasar por alto que en repetidas ocasiones Rafael Correa supuestamente fue ofrecido varias becas, que sin embargo le gusta decir que no las tomó, ¿Porque mencionar en su hoja de vida que no hizo uso de una beca que le ofreció el gobierno norteamericano? ¿Por qué dar importancia a las becas que le ofrecieron? Cuando apenas menciona que todo estudio que realizó en el exterior fue con beca, tanto en Bélgica como en Estados Unidos.

En otro evento, prácticamente repetido en Ecuador en estos últimos meses. La CIA usaba sus actividades en Ecuador para involucrarse e infiltrase con otras organizaciones verdaderamente izquierdistas y comunistas en todo Latinoamérica. Así, la CIA podía adquirir nombres de todas las organizaciones izquierdistas, comunistas y simpatizantes de estas en todo el continente. En Ecuador se podía entonces verificar cualquier dato y organización que realice actividades con Cuba. La CIA podía controlar las acciones de las organizaciones izquierdistas y para este fin, organizaban eventos laborales y congresos o conferencias internacionales en Ecuador. Aunque los participantes nunca estén informados del verdadero propósito de dichos eventos y sean brillantemente ignorantes del verdadero objetivo, sin que se enteren quien es quien y el porque de todo esto, asistían a los eventos en Ecuador. Caso similar con el Congreso Bolivariano. (Nótese que hace tres años descubrí que los sitios webs de varias organizaciones indígenas estaban registrados a nada menos que a agentes de instituciones de inteligencia, usted puede chequear quienes son en realidad los dueños o quienes registran y mantienen ciertos sitios web de organizaciones supuestamente de la comunidad ecuatoriana. En otro acto impresionante es que muchos comunistas y socialistas peruanos, argentinos y venezolanos que participaron en el Congreso Bolivariano, ni se percataron que gracias a haber atendido el evento de Ecuador, ahora la CIA mantiene sus nombres en la lista de gente que requiere posible atención.

Es precisamente en la década de los 60 que la CIA ya implementó el apoderarse de varios periódicos en Latinoamérica, de estaciones de radio y hasta su propia agencia de noticias en Latinoamérica. Desde entonces la CIA ha mantenido periodistas que reparten noticias de acuerdo a los intereses de la CIA y al mismo tiempo que controlan la desinformación, conducen a crear la atmósfera y el sentimiento de la población con respecto a ciertos individuos. Esto es sumamente importante para entender cómo un economista como Rafael Correa se haya ganado la fama de inmediato y gane notoriedad de Ecuador y del mundo por servir poco más de tres meses de ministro de Economía en Ecuador. Categóricamente me atrevo a decir que si fuese a escribir una novela de ficción y dijese que un personaje llega a ser presidente gracias a su trabajo de tres meses como ministro de economía, no creo sinceramente que nadie pensaría que es una trama muy creíble. Pero he ahí, algunos ecuatorianos creen que el carisma de Correa es el responsable para que haya obtenido el poder. Simplemente, tal cosa es imposible sin el aparato de desinformación de la CIA.

En 1960, cada departamento del gobierno ecuatoriano estaba prácticamente infiltrado por gente que cooperaban con la CIA, sea por dinero o por sus propios intereses personales. Al punto que la CIA logró poner su propio personal en la Presidencia y Vicepresidencia del país. Ejemplo de esto fue las concesiones petroleras y mineras otorgadas por Otto Arozemena Gómez, las mismas que aceptaban un pago tan minúsculo por el petróleo, que el costo de esta página posiblemente cueste más.

La CIA precisamente usaba la tecnología para obtener beneficios a través de interceptar teléfonos, equipos especializados de audífono, grabaciones secretas etc., que podía compartir con sus agentes permitiendo que dicho personal gane prestigio y promociones, consolidando así el completo control de la política ecuatoriana. Ahora que existen oficinas de la NSA en Ecuador, se puede decir que tácitamente toda llamada telefónica en el país está siendo escuchada por la NSA.

Es precisamente las experiencias claramente detalladas por Agee que nos demuestran que Correa no puede ser más que un agente de los intereses de los Estados Unidos, porque precisamente cuando cualquier ministro, militar o oficial del gobierno de alto rango no estaba de acuerdo con la política norteamericana, esa persona se volvía el blanco de propaganda negativa de todo el aparato de noticias, radio, televisión, prensa y de los grupos tanto de izquierda y derecha que estaban infiltrados en el país. Así, se ejercía tremenda presión contra esa persona o se obligaba al Presidente a destituirle del cargo. Muy claramente el gobierno de Correa se caracteriza por prácticamente haber eliminado mágicamente toda la oposición. La prensa real ecuatoriana apenas presenta una mínima oposición a Correa. Estados Unidos ha sido extremadamente cauteloso, paciente y de hecho en la forma más extraña que haya visto, la Embajada norteamericana, el Departamento de Estado y el mismo presidente Bush, jamás han hecho declaraciones en contra de Correa a pesar de serias acusaciones de Correa. ¿A qué obedece ese cambio radical? Nuevamente el libro de Agee nos lo demuestra cuando habla de Julio Arozemena Monroy y Otto Arozemena.

De acuerdo al libro de Agee, el director de Correos Nacionales, además de varios empleados, también recibían un sueldo de la CIA, de esta manera el correo podía ser interceptado, leído, analizado, y la información controlada por la CIA. Igualmente el director de inmigración y aduanas mantenían a la CIA informada de cualquier entrada de armas o personal de interés a la CIA. En algunos casos, se usaba esos medios para implantar evidencia contra cualquier persona que no sea de agrado de la CIA y así se le "encontraban" documentos que atentaban contra la seguridad del país, contra el partido al que pertenecían, o contra el mismo cargo que ocupaban. La misma radio y prensa controlada por la CIA rápidamente informaban al país del arresto de cualquier persona no grata a la CIA y poco o nada tenía que ver los verdaderos intereses del país.

Es extremadamente extraño como muchas características del gobierno de Rafael Correa semejan a una operación clandestina y son obviamente planeadas al modus operandi de la Agencia Central de Inteligencia. Ahora se está viviendo eventos similares. Se necesita ser bastante ingenuo para creer que toda clase de comunistas, izquierdistas y gente con tendencias guerrilleras puedan ingresar al país, viajar a reuniones con nada menos que las FARC, y en el caso de Lucia Morett sea atendida en el hospital militar y aún ante la evidencia, video y declaraciones de la misma guerrillera, sea permitida salir del país sin que el gobierno haga absolutamente nada. El propósito es que a la CIA le sirve más en libertad que en prisión en Ecuador, porque puede conducir a la CIA a cualquier célula guerrillera en México.

En otro ejemplo de cómo la CIA mantenía el control del gobierno de Velasco, habían contratado los servicios del médico personal de Velasco el Doctor Felipe Ovalle. De esta manera, la CIA sabía cada cosa y prescribía cualquier medicina que pueda aún alterar o calmar los nervios del Presidente.

Quizás es una de las revelaciones más interesantes de Agee en su libro es los relatos que son parte de los recuerdos de infancia y juventud de muchos ecuatorianos, presumo que mucha gente se identificaría con sus propias experiencias. Para mí sin duda es así y esas experiencias constan en mi novela "El Laberinto de la Vida".

Agee cuenta las experiencias que parecen ser el inicio del desencanto con la CIA. En 1960, agentes de la CIA, incluyendo Agee, participaron en bombardear iglesias, organizaciones de derecha para involucrar a la iglesia católica y aparentar que las fuerzas izquierdistas estaban provocando una guerra entre las clases. Al mismo tiempo, participaban en marchas de izquierda con pancartas y eslóganes insultando a las fuerzas armadas para crear el antagonismo anti militar y evitar un golpe de estado. Esa forma de operar para desinformar es demasiado similar a toda la mediática de Correa en contra de los pelucones, en contra de Estados Unidos y en contra de los partidos de derecha. Igualmente, Correa ha acusado a las fuerzas armadas de estar infiltradas por la CIA. El propósito es crear la desconfianza del pueblo en las fuerzas armadas para que estas no puedan intentar siquiera un golpe de estado en defensa del verdadero estado de derecho ecuatoriano. Pero al revisar la historia es demasiado evidente qué intereses representa Correa.

Es notable que en 1960 Velasco Ibarra estaba conciente de las acciones de la CIA y de la situación del país, y de hecho, Velasco hizo arrestar a dos agentes de la policía que servían intereses de la CIA y pidió que el jefe de la agencia en el Ecuador en ese tiempo Bob Weathermax salga del país.

Otra notable información en el libro de Agee es que, el embajador norteamericano no era informado de las actividades de la CIA. De acuerdo a Agee, el embajador realmente creía sus palabras, aunque estas causaron carcajadas a los varios agentes de la CIA en el país. El embajador había dicho, "Los únicos agentes que son pagados por Estados Unidos son los técnicos invitados por el gobierno norteamericano para contribuir al incremento del estándar de vida de los ecuatorianos".

En Noviembre de 1961, después de varios meses complicados de gobierno y supuestos intentos de golpe de estado que solo tenían el propósito de preparar al pueblo para esa eventualidad, Velasco Ibarra fue obligado a abandonar el país y fue reemplazado por Carlos Julio Arosemena Monroy. Aunque la Cámara del Congreso había querido elegir al Rector de la Universidad Central de Quito, la CIA de inmediato había creado la noticia de que sus principales partidarios eran el partido comunista de Ecuador y un grupo izquierdista juvenil. La noticia había sido difundida por un columnista de prestigio en el principal diario del país. Con ello la CIA había asegurado que su hombre gane la presidencia. Arosemena sin embargo, había sido un desastre para la CIA y en una muestra de honor patriótico, había recibido al nuevo embajador de Estados Unidos en la playa y en terno de baño y le había preguntado si deseaba la compañía de "boys or girls". Al mismo tiempo, había rehusado obedecer las órdenes de la CIA a pesar de una constante amenaza de golpes de estado. Entre el caos político y económico, el pueblo ecuatoriano desesperado había finalmente tomado las calles en protestas multitudinarias, con armas que no eran más que piedras y palos. En su mayoría grupos estudiantiles de la Universidad, del Colegio Mejía de Quito y sindicatos de chóferes conjuntamente con algunas agrupaciones de izquierda, pero la CIA sabía cada uno de sus movimientos pues estaban totalmente infiltrados y se enfrentaron a los batallones mejor entrenados por Estados Unidos. Sin embargo, la prensa reportó que un atentado de elementos armados por Cuba había intentado dar un golpe de estado; responsabilizando al partido comunista del intento golpista y atentado contra la democracia ecuatoriana. La junta militar tomó control del gobierno, declaró ley marcial en el país, arrestaron cientos de izquierdistas y comunistas que la CIA había recopilado en datos de años de operaciones. Una vez que las libertades civiles fueron eliminadas se suspendió las elecciones de 1964.

Los eventos del pasado se repiten en el presente. En forma idéntica como Agee describe, que en 1965 la Agencia de Desarrollo había tomado control absoluto de la Confederación Campesina de Chile para controlar todas sus acciones. Entonces, la CIA había logrado infiltrar las varias organizaciones izquierdistas, campesinas y laborales tanto en Chile como en Ecuador. Tal cual como ahora sucede y se puede confirmar.

Es casi imposible que las organizaciones indígenas de Ecuador no estén infiltradas. Un claro indicio son los sitios en la red global de Internet donde las organizaciones indígenas exhiben tremenda información en varios lenguajes y con todo tipo de detalles, de cada actividad, reunión, personas involucradas, es tan detallado que avisan cada paso que van a dar, incluyen detalles hasta de reuniones y llamadas telefónicas. Toda actividad y acción política o económica del país en perfecto inglés, en español y en quechua.

Acaso se pasa por alto que no existe un quechua/quichua estándar, hay tantos dialectos quechua/quichua que en Imbabura el Kiwa no se parece al quechua de los Otavalo, tampoco es el mismo de los Saraguros, ni siquiera de las otras etnias de Imbabura peor de otras regiones de Ecuador. Igualmente las tribus del oriente como los Huaoranis, Cofanes, Sachas hablan otras lenguas.Todo esto cuando solamente el 5% de los indígenas en Ecuador tienen computadores y menos todavía tienen acceso al Internet, más del 70% carece de educación formal y se han graduado de la secundaria. Pero en su afán de desinformar, se vende la idea de que toda dicha información en esos sitios webs es para mantener a las etnias indígenas informadas.

Todo esto sirve para justificar y vender la idea al mundo que los grupos indígenas son poderosos políticamente, aunque están infiltrados y están siendo manipulados en la forma exacta que describe Agee y que por eso los mantienen divididos en sus diferentes agrupaciones, en su fórmula constante de dividir y conquistar.

Sin duda estoy orgulloso y reconozco la labor de muchos indígenas ecuatorianos, pero basta ver la información en los sitios web para darse cuenta que dicha información está creada para consumo exterior no para los indígenas del país.

Existe un interrogante interesante, ¿Cómo es que el sitio de Internet y toda la información de todos los grupos indígenas más poderosos del país y los movimientos indígenas: CONAIE, Pachakutik, Ecuarunari, Fedecin inclusive de Dolores Cahuango son de propiedad de Marc Becker? Al menos están registrados, y son administrados por un profesor de Truman University. (Harry Truman fue quien autorizó la creación de la CIA). Pero no solamente eso, los websites afiliados a la misma persona contienen la información histórica súper detallada del socialismo y comunismo en Ecuador, eventos históricos y nombres de cada agrupación indígena. Increíblemente, en todos esos documentos no existe una sola referencia del intervencionismo de la CIA en Ecuador, de las infiltraciones de los grupos sociales y comunistas. Es extraño que la documentación con respecto a la historia de cada socialista y comunista en Ecuador se encuentre en los otros sitios web de propiedad de la misma persona. Categóricamente, una cantidad de sitios webs de las agrupaciones indígenas son de propiedad de Marc Becker. Debo aclarar que no acuso que dicha persona sea de la CIA, pero sinceramente encuentro muy sospechosa la información. Obedece solamente al interés de informar u obedecen a otros intereses. Una cosa no puede ser negada, la CIA necesitaría solamente contactarse con el profesor Becker para saber quién es quién en los movimientos indígenas de Ecuador porque él tiene toda la información.

Una cosa notable es que en todos esos años de la década 60, Ecuador pasa desapercibido para la prensa mundial y no existen artículos de la prensa en el New York Times o en el Washington Post. No existe una sola mención de operación alguna de la CIA en Ecuador en todo este tiempo.

Ahora la diferencia es marcada, como nunca antes un presidente ecuatoriano recibe amplia cobertura internacional. En la ausencia de Castro ahora los caballos de Troya rebuznan turnándose en sus anuncios de pedir cosas tan utópicas que nunca se pueden realizar por ser extremos, como la ley de Correa del 99%-1%. A nadie con dos células de inteligencia en el cerebro le puede caber en la mente que un país pueda percibir el 99% de las ganancias y el 1% a la compañía petrolera. Por obvias razones, pues si el impuesto a los recursos es 15%, si las regalías son otro 15% y no hay compañía en el mundo que pueda operar si no hay un diferencial de al menos el 30% para ganancia de los inversionistas, 30% para gastos de operación, administración, salarios etc., 30% para costos de impuestos, y un 10 % para otros gastos como gastos legales, investigaciones, etc. Así, el supuesto 99% a 1% ni siquiera tienen sentido y es una simple "propaganda flotante de Correa". Tal como a diario se leen reportes, propuestas, mandatos, expropiaciones de tierras, acusaciones, insultos de uno de los números 66: Rafael Chávez, o Rafael Correa. Sin embargo, al ver detalladamente sus acciones se encuentra que por atrás están entregando y regalando la riqueza de las naciones de Ecuador y Venezuela.

La evidencia aquí presentada es otro indicio para sospechar que Correa está sirviendo otros intereses menos los de Ecuador, porque a pesar de la mediática bastante ofensiva de Correa hacia Estados Unidos, en su mayor parte la embajada, el Departamento de Estado, Condoleeza Rice y el mismo George Bush apenas se han pronunciado acerca de Correa. Mucho menos ha habido acciones de la CIA en contra de Correa, pues como demuestra esta evidencia es la CIA quien mueve los grupos indígenas a tomar acciones y llevar a cabo manifestaciones; es la CIA quien financia las protestas de trabajadores; es la CIA quien manipula la prensa y la oposición; es la CIA quien tiene infiltrado y controlado el aparato político. Después de todo, si tienen control absoluto del caballo de Troya, no hace falta hacer mucho contra él.

Germánico Vaca Michelena

CAPÍTULO III

LA VERDAD CUBANA

Cuba siempre ha estado bajo control absoluto de Estados Unidos. En un libro muy interesante "La Gran Mentira Cubana", se expone la verdad de cómo Batista fue escogido, entrenado y manejado por una élite financiera que conducía los destinos de Cuba. Para 1958, la Unión Soviética iniciaba una expansión del comunismo que conducirían a la confrontación inevitable con EE.UU. por la supremacía del mundo. La CIA necesitaba crear un espía que por un lado este aislado del mundo para controlarlo, al mismo tiempo que se vuelva miembro del plan expansionista de la USSR para así, mantenerse informados de cualquier plan y mantener el control absoluto de toda persona con inclinaciones comunistas en Latinoamérica. La mejor manera era crear un líder comunista que sirva los intereses de Estados Unidos. La única forma de lograrlo era inventarse un comunista que se oponga al capitalismo y a EE.UU.

El experimento en Cuba en 1959 necesita ser recreado ahora que Fidel Castro tiene poco tiempo para vivir. Así se puede ver el paralelo con Hugo Rafael Chávez pero por su volatilidad muy claramente se crea la necesidad de tener el suplente Rafael Correa.

Al hacer un análisis de cómo se logró consolidar a Fidel Castro como el gran líder cubano, tengo que admitir que parece una novela de ficción y sinceramente es impresionante que Castro haya logrado mantenerse cerca de cincuenta años en el poder, sirviendo muy claramente a intereses extranjeros. Pero como se podrá ver claramente una vez que se descubre la verdad es imposible escapar la realidad que Castro ha sido el mejor agente secreto en la historia del espionaje.

Las incongruencias y contradicciones son tan grandes que Fidel Castro se le puede llamar un acertijo envuelto en un enigma. Para que usted mismo responda y encuentre la lógica y la respuesta acertada debemos hacer preguntas:

- ¿Cómo es posible que el hijo de un rico hacendado, educado en colegio de Jesuitas se hiciera comunista?

- ¿Cómo es que un abogado cubano rico, casado a una familia adinerada y que vivió un tiempo en Estados Unidos se hizo revolucionario?

- ¿Cómo es que alguien que vivió una vida privilegiada pueda entender siquiera la lucha del pueblo cubano?

- ¿Cómo es que entre sus amigos antes de la revolución cubana estaban el agente de la CIA William Wieland, quien financió el viaje de Fidel Castro y su amigo homosexual Guevara (no el Ché Guevara y no hay relación familiar) al Bogotazo en Colombia en 1958?

- ¿Cómo es que no se sabe cómo vivió y qué hizo Fidel Castro cuando vivió en Nueva York por año y medio?

- ¿Cómo es posible que Estados Unidos haya reconocido a Fidel Castro como el nuevo líder de Cuba el 7 de Enero de 1959, un día antes de que Castro llegue de regreso a la Habana?

- ¿Cómo es posible que el jefe de la CIA en Cuba haya sido Pro Castro y haya facilitado ayuda de Estados Unidos a Castro con entregas de armas, evitando que el Congreso norteamericano tome acciones contra Castro?

- ¿Cómo es posible que el NYT, a través de Herbert Matthews, haya escrito y reportado tan extensamente acerca de Fidel Castro?

De acuerdo a datos desclasificados tanto en Estados Unidos como en la USSR, ahora se sabe que la misma KGB tenía serias dudas de que Fidel Castro sea comunista, porque no tenían conocimiento alguno de Fidel y el partido comunista de Cuba se había opuesto a Castro. Por ello, sospechaban que sea una espía ya que no "cumplía con el proceso estándar de confianza". Sus sospechas se basaban en que el 12 de Octubre de 1948, mientras aún era estudiante de la Universidad de la Habana, se casó con Mirtha Díaz Balart. A los pocos meses de su graduación, Castro viaja con su esposa a Nueva York donde no existen datos algunos de donde residió, vivió o qué hizo en todo ese tiempo. Castro jamás ha hablado de su tiempo viviendo en Estados Unidos. Es por eso que muy posiblemente la CIA inventa el rumor de que Castro fue jugador de béisbol para un equipo norteamericano, pero no existe ningún dato que indique que eso sea cierto. En todos estos años, nadie incluyendo sus familiares y amigos ha podido dar cuenta de ese tiempo en la vida de Castro. Más extraño aún porque es el único periodo en la vida de Castro, quien durante toda su vida se había caracterizado por llamar la atención y vivir de la admiración de los demás, que en ese tiempo, no haya hecho absolutamente nada al punto de que no haya ningún rastro de lo que hizo y no exista record alguno de su vida.

Igualmente, al analizar el reconocimiento del gobierno de Castro por parte de los Estados Unidos es irreconciliable que lo hayan hecho, ya que el gobierno de Batista cayó el primero de Enero de 1959 y el mismo embajador de Estados Unidos en Cuba, Earl T. Smith un amigo personal de John F. Kennedy, había cuestionado las razones porqué existía el apuro en reconocer a Castro como el nuevo líder de Cuba. Inclusive, ante el congreso de Estados Unidos Smith había acusado a agentes de la CIA de ayudar, contribuir y patrocinar a Castro ya que habían suministrado cincuenta mil dólares a hombres de Fidel en Santiago de Cuba y habían entregado armas y municiones a Castro en las montañas de la Sierra Maestra por intermedio de Internacional Armaments Corporation, una corporación creada por Samuel Cummings, un ex operativo de la CIA. Cuando Estados Unidos reconoce el nuevo gobierno y a Castro como su líder, no solamente que Castro aún no estaba en la Habana siquiera, pero el gobierno no estaba en sí operando todavía. De hecho, a lo largo de la historia Estados Unidos ha reconocido otros gobiernos únicamente cuando otros gobiernos latinoamericanos hayan reconocido a dicho gobierno y cuando haya recibido garantías de que el nuevo gobierno cumplirá las obligaciones internacionales y acuerdos bilaterales. En el caso de Castro, Estados Unidos lo reconoció en ausencia.

Es sus memorias el embajador de Estados Unidos Smith comenta que, durante su misión en la Habana, era tan evidente la asistencia de la CIA a Castro que de broma le llamaba al jefe de la estación en la embajada "fidelista". Bajo juramento y en testimonio ante el congreso en Agosto 30 de 1960, Smith afirmaba que la CIA ayudó, cooperó y financió a Castro. Igualmente, que fue la CIA quien estaba incentivando y promoviendo revueltas de oficiales navales de Cuba en contra de Batista. El Embajador no solamente acusó, pero responsabilizó al Departamento de Estado, a varios periodistas, a miembros del Congreso, a la CIA de ser los directos responsables de que Castro haya logrado el poder.

Igualmente, en un análisis de agentes de la KGB con respecto a la fallida invasión de Abril 7 de 1961, llegaron a la conclusión que la operación de la CIA fue llevada a cabo para destruir la oposición de 1,400 exiliados cubanos. De acuerdo a ciertos detalles de dichas conclusiones, se creía que la operación de la CIA estaba destinada a librarse de esa gente que podía crear seria oposición a Castro, podría convertirse en una fuerza vociferante en Miami y podía llamar la atención mundial a la verdad cubana. Analistas contrainsurgentes de la KGB estaban extremadamente molestos pero increíblemente, sus superiores decidieron mantener las relaciones con Castro.

El análisis de la KGB concluía que la operación tenía que haber sido creada para el fracaso, los analistas basaban las conclusiones en que las armas que fueron provistas a la Brigada 2506 de exilados cubanos eran de 30 diferentes tipos de municiones. Todas fueron en una sola embarcación que fue la primera en hundirse. El transporte aéreo era obsoleto, los botes y embarcaciones eran totalmente decrépitos bajo el pretexto de que era para que nadie se de cuenta que habían sido proveídos por Estados Unidos, aunque tal cosa era imposible ocultar pues todo mundo sabía que los exilados cubanos estaban en Estados Unidos. El mismo concepto de que 1,400 hombres podían ganar control de un país de siete millones de habitantes y enfrentarse a un ejército de más de 400,000 hombres que Castro clamaba tener en 1960 es un plan absolutamente imposible.

Quizás la prueba contundente de que la operación era más bien para beneficiar a Castro es que el mismo análisis de la operación mencionaba que "en el evento que la invasión falle el prestigio y fuerza de Castro se verían reesforzada consistentemente. El mismo subsecretario Chester Bowles había cuestionado al secretario de estado Rusk que la operación parecía diseñada y planeada para fallar, lo cual solo podía ser contraria al objetivo de la operación y lograr dar prestigio a Castro.

A todo eso se junta los documentos desclasificados de la CIA en donde se ha verificado que en 1960 Richard M. Bissell, Jr., como subdirector de la CIA era responsable del Frente Unido de exilados cubanos anti castristas llamado "Consejo Revolucionario Cubano" basado en Estados Unidos y coordinaba las acciones de más de 100 organizaciones anti castristas. Todos junto con los líderes de la invasión fueron mantenidos en una base militar en Florida, sin comunicación alguna por varios días antes de la invasión, no fueron informados ni se les permitía comunicación fuera de la base durante la operación y se les comunicó solamente después de haber fallado la invasión, evitando así que haya cualquier contacto entre los exilados y la gente en Cuba. De esa manera, se evitó que puedan alertar de alguna forma a células anti castristas dentro de Cuba.

Extrañamente, el libro publicado en 1960 por John F. Kennedy, "La Estrategia para la Paz" comparaba la revolución de Castro a la revolución norteamericana, aludiendo además que era un legado de Simón Bolívar. Es muy interesante que aún ahora la CIA pretenda que Kennedy quería destruir a Castro, cuando en su libro demuestra admiración y sus acciones hicieron todo lo posible para que Castro pueda triunfar sobre los exilados.

Al mirar la secuencia de los hechos es demasiado claro y obvio que sin las acciones de Estados Unidos, Castro jamás hubiese ganado legitimidad ni credibilidad alguna. No solamente que la invasión ayudó a crear una imagen positiva de Castro, pero al mismo tiempo, destruyó totalmente el movimiento anti castrista, tanto en Cuba como en Estados Unidos. Es gracias a la invasión que se logró neutralizar la oposición y se neutralizó a las voces que más se oponían a Castro. Extrañamente, Mario Díaz Balart se convirtió en congresista de Estados Unidos y ahora sus dos hijos, Mario Díaz Balart, Hijo y Lincoln Díaz Balart, son congresistas de Estados Unidos.

Los analistas de inteligencia soviéticos sabían que ni el Imperialismo Yankee, ni las condiciones económicas de Fidel Castro podían ser las causas y razones del supuesto sentimiento comunista de Fidel Castro. Más extraño aún era el hecho que el mismo partido comunista de Cuba nunca se opuso al gobierno de Batista y más bien se oponía a fuerzas guerrilleras como las de Castro. La pregunta al enigma es cómo es que un país donde el partido comunista se oponía a la revolución se haya convertido en comunista.

En una de las incongruencias más grandes de la historia, Fidel Castro se mantuvo por casi 50 años en un constante enfrentamiento con el país más poderoso del mundo. Mientras ha habido más de 10,000 operaciones de la CIA por año y gobiernos latinoamericanos, caribeños, africanos, asiáticos han ido cayendo a gusto y disgusto de la CIA, Castro se ha mantenido inmovible sin consecuencias personales. Es el pueblo cubano el que ha sido afectado. Mientras se han publicado libros y artículos de supuestas operaciones de la CIA en Cuba, y mientras la CIA no ha dejado frontera sin remover, ni nunca ha encontrado presupuesto muy costoso para sus operaciones, o jamás ha encontrado obstáculos militares para efectuar operaciones en Cuba teniendo una de sus bases más secretas en Guantánamo nunca han hecho nada contra Castro.

No me cabe duda alguna que Fidel Castro fue entrenado como agente, y que siempre ha sido un agente secreto de la CIA. Fidel Castro es quizás el mejor y más efectivo agente de espionaje que ha habido en la historia y robándose el libreto de Troya, la CIA ahora quiere crear dos "caballos" más con Chávez y Correa.

E. Howard Hunt, The Last Confession of E. Howard Hunt by Erik Hedegaard. Y Tarpley http://www.tarpley.net/bush8b.htm involucran muy claramente a George H.W. Bush como uno de los ejes de varios acontecimientos mundiales. Sin duda es asombroso ver la posibilidad de que George Bush haya estado involucrado de alguna manera en la invasión de la Bahía de Cochinos, al asesinato de John F. Kennedy, al robo de Watergate, al atentado contra el Presidente Ronald Reagan, a la venta de drogas y compra de armas ilegales de Irán-Contra.

Tal como promulga PNAC que se necesita crear los pretextos perfectos para mantener el poderío militar de Estados Unidos. Tal como se inventó el cuento de los Contras en Nicaragua y se clamaba la posible invasión de los sandinistas a Estados Unidos. Muchos se preguntarán cuál es el motivo. La razón está ante sus ojos. El perfecto espía norteamericano Fidel Castro hubiera sido el primero en saber cualquier plan soviético de ataque a Estados Unidos. Es precisamente por eso que Castro mantenía constante contacto de todos los izquierdistas de Latinoamérica. Es precisamente Castro quién facilita el trabajo de la CIA desde 1960, porque gracias a Castro tienen los nombres de todo grupo subversivo, de todo plan socialista, de todo grupo que se oponga a la voluntad de Estados Unidos.

A todo esto se complementaba todos los datos e información recopilada por la operación Cóndor y operaciones similares en todo país latinoamericano. La evidencia demuestra que el socialismo, comunismo y marxismo nunca ha triunfado, hasta ahora cuando se implementa el proyecto Camelot, pero el triunfo del socialismo XXI obedece a que eso es exactamente lo que había diseñado la CIA en 1964; crear un estado socialista para eventualmente crear la guerra civil y entre países, para después de manufacturar el colapso social y económico, que no puede dar otro resultado que la pobreza y miseria de los pueblos, entonces será Estados Unidos quien asomará como el gran amigo, el gran asistente que nos brindará las soluciones. La nueva democracia, las nuevas privatizaciones, las nuevas aperturas del mercado, el nuevo neoliberalismo.

Todo plan izquierdista ha sido un fallo total hasta que asoma el caballo de Troya Chávez. Ahora que Castro está llegando a su crepúsculo de la vida se necesitaba reemplazarlo con gente del mismo tipo de personalidad. Chávez y Correa son paralelos exactos. Desde 6 letras en sus nombres; la misma personalidad egocentrista, la misma megalomanía, la misma admiración por Mussolini; las mismas ambiciones de ser líderes de sus países por mucho tiempo; las mismas fobias, complejos y traumas psicológicos de no ser reconocidos como las grandes eminencias que creen ser; la misma capacidad de memorizar las cosas; la misma habilidad de seducir a la gente con su carisma y su discurso (aunque esto sea producto del aparato propagandista de la CIA).

En un ejemplo muy claro de cómo se cambia la historia, como se nos dice qué pensar y como se manipula la opinión pública es el evento de misiles en Cuba. En Estados Unidos se habla de este evento como un momento heroico por parte de Kennedy al haber evitado "el fin del mundo y la primera confrontación nuclear". Pero al leer las siguientes cartas se puede ver claramente que Castro había enviando cartas a Khrushchev en Octubre 26, no solamente sugiriendo que la USSR debía atacar a Estados Unidos, pero como se puede ver en la respuesta del líder soviético, dictaminando así la destrucción total de Cuba y su gente, en lo que el mismo Khrushchev le dice, es algo opuesto a las creencias del socialismo y aún la ideología marxista.

Carta de Fidel Castro:

…Si los imperialistas invaden Cuba con el objetivo de ocuparla, el peligro que esa política de agresividad posa contra la humanidad es tan grande que siguiendo ese evento, la Unión Soviética nunca debe permitir que en esas circunstancias los imperialistas lancen el primer golpe nuclear./ Le digo esto porque creo que la agresión imperialista es extremadamente peligrosa y si ellos de hecho atacan e invaden Cuba en violación de la ley y la moral internacional, ese sería el momento para eliminar ese peligro para siempre a través de un acto claro y legítimo de defensa, sin importar que tan grave y terrible sea la solución, porque no hay otra.

La respuesta de Khrushchev a Castro en Octubre 30 dice así:

En su cable de Octubre 27 usted propone que nosotros seamos quienes lancemos el primer ataque nuclear contra el territorio del enemigo. Usted, por supuesto, debe darse cuenta donde eso conduciría. Antes que un simple ataque, sería el inicio de una Guerra mundial termonuclear. Estimado Camarada Fidel Castro: Yo considero esa propuesta incorrecta, aunque entiendo su motivación. Nosotros hemos vivido a través del momento más serio donde una Guerra nuclear pudiese haber empezado. Obviamente, en ese caso, Estados Unidos hubiera sostenido enormes pérdidas, pero la Unión Soviética y todo el campo socialista hubieran sufrido grandemente. En cuanto a Cuba, es difícil decir en términos generales lo que esto significaría para ellos. En primer lugar, Cuba hubiera sido quemada en el fuego de la Guerra. No hay duda alguna que la gente cubana hubiera luchado valerosamente o que hubieran muerto heroicamente. Pero nosotros no estamos luchando contra el imperialismo para morir, sino para tomar ventaja de todas nuestras posibilidades, para perder menos en la lucha y ganar más para sobrellevar y lograr el triunfo del comunismo.

No puede caber duda alguna que a pesar del carácter totalitario del gobierno soviético, el argumento esencial de Khrushchev es claramente la oposición a la Guerra como instrumento de lucha contra el imperio norteamericano. No puede caber duda que el líder soviético está más bien reprendiendo a Castro y dejando en claro que "uno debe estar listo a morir por el país, pero no dejar al país morir por mí".

Castro sin embargo le contesta a Khruschev así:

Yo no sugería, Camarada Khrushchev, que en medio de la crisis la Unión Soviética debería atacar, lo cual es lo que su carta parece decir; más bien, que siguiendo un ataque imperialista, la USSR debería atacar sin vacilación y nunca debe cometer el error de permitir que las circunstancias se desarrollen para que el enemigo ataque con bombas nucleares primero contra la USSR. En ese sentido, Camarada Khrushchev, yo mantengo mi punto de vista, porque entiendo que es la verdad y una justa evaluación de la situación específica. Usted puede convencerme que estoy equivocado, pero no puede decirme que estoy equivocado sin convencerme.

En Estados Unidos existe un término que dice que a todo mundo le gusta jugar a ser el "Monday quarterback" es decir, que después de que todo ha pasado le gusta hacer conjeturas. Pero en el caso del Dr. Fidel Castro Ruz considero que al enumerar sus logros se demuestra que fue, es y siempre ha sido un agente secreto o encubierto de Estados Unidos que logró infiltrar la Unión Soviética:

Convenció a la USSR a construir la base de misiles que como se demuestra en las cartas anteriores, promovió para que los rusos cometan errores. Después del enorme gasto de construir los misiles, antes de que sean puestos en sus plataformas de lanzamiento y el mismo día de estar siendo transportados, muy conveniente fueron fotografiados por la CIA.

Cuba recibió subsidios de petróleo, gas, metales, aluminio y varios recursos como incentivo para promover el comunismo.

Cuba recibió armamentos, entrenamientos militares, entrenamiento para miles de médicos y profesionales en todas las ciencias financiado en su totalidad por la Unión Soviética.

Castro infiltró y mantuvo contacto, planeamiento, logística e intercambio de inteligencia con todo grupo izquierdista, comunista, marxista, subversivo de todos los países latinoamericanos, garantizando así su eventual destrucción.

Castro infiltró varios grupos comunistas y terroristas africanos. Casi sin excepción, poco tiempo después de la presencia cubana en los países africanos, los revolucionarios eran destruidos.

Castro garantizó la destrucción del sandinismo porque la CIA siempre tenía conocimiento del tipo de armas, la cantidad de municiones, las estrategias que los sandinistas intentaban.

Castro ha mantenido contacto, venta de armas, y estrategia logística con las FARC de Colombia, garantizando que tengan armas y se mantengas como un elemento destructivo de la sociedad, pero siempre en la incapacidad de hacer algo significativo.

Castro ha ayudado a financiar a Chávez inicialmente, y ahora al movimiento bolivariano.

Germánico Vaca Michelena

CAPÍTULO IV
OPERACIÓN SINIESTRA: SOCIALISMO CREADO PARA DESTRUIR NACIONES

"**Todas las verdades pasan por tres fases. Primero, se la ridiculiza; segundo es opuesta violentamente; y tercero, es aceptada como evidente en sí misma".** Arthur Schopenhauer

Ivan Illich solía escribir que todo paciente debe tener miedo y precaución de las enfermedades "iatrogénicas" – Aquellas causadas por los médicos que pretenden curarlos. Por los dos últimos siglos Latinoamérica ha estado adoptando y siguiendo los consejos de Europa o Estados Unidos para curar los males económicos y sociales de nuestros países. Igualmente, hemos estado adoptando alguna ideología foránea porque han posado como médicos que pueden curar nuestros males. En el siglo pasado, Estados Unidos ha sido el gran sacerdote de la economía y ha posado como el gran curandero. Pero sin duda el conflicto de intereses han hecho que sus soluciones sean desatinadas y por ello, al igual que cualquier curandero ahora ha sido desacreditado. Quizás es hora que empecemos a librarnos de usar sus servicios.

La desclasificación de documentos, anteriormente clasificados como secretos por el gobierno norteamericano, permite determinar claramente la verdad. No son conjeturas ni suposiciones lo que expongo a continuación, pero es la revelación de un proyecto siniestro que fue creado en 1964, fue anunciado como un proyecto cancelado para 1965, pero ha seguido existiendo clandestinamente hasta hoy día y se está implementando en nuestros países. Aquí se puede ver la determinación por parte del aparato de política extranjera de los Estados Unidos, de intervenir en cualquier país del mundo donde los movimientos populares puedan amenazar los intereses económicos y estratégicos de Estados Unidos. Con ese propósito se crearon planes y proyectos para llevar a cabo operaciones que, aunque en su presentación sean introducidos como "estudios investigativos científicos", no son más que planes subversivos de espionaje que viola la soberanía, la ley internacional, la independencia y la libertad de los pueblos.

En 1965 la existencia del Proyecto Camelot fue puesta al descubierto por el diario chileno "El Siglo". Al ser expuestos ante los medios de prensa se obligó a que sus participantes clamen haber cancelado el proyecto. Pero a través de la Ley de Divulgación de la Información (*Freedom of Information Act*) se ha descubierto que eso claramente nunca sucedió. Simplemente los agentes de espionaje cambiaron los nombres de las operaciones, de las agencias gubernamentales, e inclusive el Departamento de Estado permitió que más de 1500 agentes de la CIA asomen como empleados del Departamento de Estado y así podían trabajar libremente en las embajadas. Lejos de cancelar el proyecto, reestructuraron el proyecto, y se crearon nuevas corporaciones ficticias y nuevos estudios académicos donde toda la información, datos y resultados han dado origen a un plan que ahora está siendo implementado en Ecuador y muy posiblemente en otros países. Muchos semblantes de este proyecto están saliendo a la luz y solamente en la última semana de Abril, el New York Times reportó sobre la existencia de un "caballo de Troya" en la prensa de Estados Unidos y de varios países del mundo, por ello hubo un bloqueo enorme de varios periódicos en todo el mundo en la última semana de Abril del 2008. Categóricamente puedo reportar que no tuve acceso de Internet ni al diario El Comercio, ni el Universo de Ecuador en toda esa semana.

El Proyecto Camelot es precisamente la creación contemporánea de un **caballo de Troya,** pues es crear un sistema socialista, para poner en el poder un gobierno socialista que defienda los intereses norteamericanos. No solamente que este proyecto continuó a pesar de las anunciadas cancelaciones del proyecto en 1965, pero eventualmente se determinaron las etapas de implementación del proyecto, el plan se concretó hasta en cómo organizar un sistema socialista; así nace **socialismo XXI**, cómo crear un partido socialista que lleve a un líder a ser presidente de una nación, cómo eliminar el congreso para eliminar cualquier poder de oposición de otros partidos, cómo destruir cada organización e institución democrática creando conflicto en el poder de justicia, cómo apoderarse del poder legislativo creando una nueva asamblea y cómo determinar nuevas leyes creando una nueva constitución para hacer del estado el propietario absoluto y total de sus ciudadanos, sus recursos, su economía y su patrimonio cultural y genético. Así se podrá conducir, desarrollar e implementar Camelot. Sin duda se escogió a otro país que no sea Chile donde quedó descubierto en 1965. En Ecuador se han dado exactamente estos pasos a renglón seguido.

Documentos desclasificados demuestran que las agencias de espionaje condujeron varios operativos bajo el pretexto de "investigación sociológica" en países como: Ecuador, Venezuela, Uruguay, Colombia, Senegal, Nigeria, India, Vietnam, y Laos.

Valga mencionar que el Proyecto Camelot tuvo un enorme presupuesto e inicialmente fue dado tanta importancia como el Manhattan Project. Así, se inicia como un estudio con parámetros claramente definidos para determinar cómo desarrollar un sistema en el modelo socialista, que permita y haga posible desarrollar cambios políticos, sociales y económicos en las naciones subdesarrolladas. Los objetivos delineados específicamente en estos documentos dicen así y son:

Primero: Crear procedimientos para determinar el potencial de promover guerras internas entre sociedades nacionales creando un sistema socialista que controle el gobierno.

Segundo: Identificar cómo tomar acciones que ese gobierno conduzca para ir incrementando la confianza, para que luego puedan crear las condiciones identificadas, las cuales son determinadas cómo para levantar el potencial para guerra interna; y

Finalmente: Determinar la posibilidad de prescribir características del sistema para obtener y usar información esencial necesaria para hacer las dos cosas anteriores.

El proyecto inicial fue concebido con una duración de cuatro años, en gran parte porque la mayoría de países latinoamericanos tienen elecciones cada cuatro años y por ello está determinado que hay cuatro años para implementar las fases del proyecto. El plan inicial requería la participación del Departamento de Estado, el Departamento de Defensa, el Ejército, y varias agencias del gobierno como la CIA. No cabe duda que Ecuador nuevamente es el paralelo de Cuba que tiene la base de Guantánamo, de igual forma que al tener la base de Manta, se podía consolidar mucho más fácilmente el proyecto. En la fase inicial del proyecto se requiere la enorme recopilación de datos en los países que se planeaba implementar el proyecto, así como también el uso de la extensa información de datos sociales, políticos, económicos y la manipulación de partidos políticos. Tal como la evidencia del capítulo anterior demuestra, Ecuador ha sido totalmente infiltrado, estudiado e investigado, al punto que toda esa información ahora puede ser usada para poner en práctica este plan. El plan fue creado para ser implementado en un país latinoamericano. En Chile se trató de iniciar el proceso y como expongo a continuación hay claras indicaciones que así sucedió.

El proyecto siguió desarrollándose por años y todo lo que está aconteciendo en los países suramericanos puede ser parte de este plan siniestro. Es simplemente imposible que Estados Unidos haya gastado millones de dólares, años de recopilar información, haya formulado planes y haya usado alta tecnología para crear juegos de computadora a fin de predecir posibles eventos para eventualmente descartarlos y dejarlos a un lado. No debería caber duda alguna que ahora estamos viviendo la implementación de dichos planes. Los años de planificación que abarcó cantidad de académicos, varias agencias, varios departamentos con un enorme presupuesto son los que crearon el plan de gobierno de Rafael Correa.

Germánico Vaca Michelena

El Proyecto Camelot, al igual que toda operación norteamericana, fue justificado en la necesidad de detener la gran amenaza del comunismo. Como demostraré en la evidencia que presento de Venezuela, se hace imposible ignorar el objetivo final. No importa como quiera verse y analizar la situación, el resultado final siempre nos lleva a que las cosas que se están implementando en el país no puede servir más que de ventaja a ese grupo de banqueros e industriales que controlan el mundo. Todo en realidad es parte de la política extranjera de intervencionismo en Latinoamérica. Una verdad evidente y sin embargo ignorada es que el estado totalitario fue inventado en Norte América en 1917, con la introducción del Estado de Guerra de Woodrow Wilson, que convenientemente es llamado el patriarca de la política extranjera norteamericana. Es en ese entonces que se crean políticas de represión doméstica con poderes dictatoriales investidos en el presidente de Estados Unidos, como nunca antes aprobados en Europa o cualquier otra parte del mundo. En su obra, "Nacimiento de Una Nación" es demasiado notable el racismo de Wilson. Pero como a menudo sucede en todo evento que implica la élite mundial, siempre hay una historia detrás de la historia. Lo impresionante es que lo que está sucediendo en Ecuador y lo que Correa está implementando en Ecuador parece el espejo de lo que sucedió en Estados Unidos en 1912.

Es en el año de 1912 que se crea el Consejo de Relaciones Exteriores (*CFR, por sus siglas en inglés*) por los mismos banqueros que crearon el Sistema de la Reserva Federal. Desde el inicio hubo intervención Británica. Cecil Rhodes, el magnate de diamantes, en coordinación con Nathan Mayer Rothschild habían conformado para entonces una organización secreta llamada *La Mesa Redonda de Londres*. Su objetivo era avanzar el control económico desde Inglaterra hacia todo el mundo y establecer el Imperio Británico como el Imperio Supremo. Pero necesitaban involucrar ciudadanos norteamericanos para controlar las políticas dentro de Estados Unidos y al mismo tiempo, ocultar la influencia británica en las políticas norteamericanas. Era importante entonces crear su propia organización y por eso la creación del CFR. Así es como su enviado especial Jacobo Schiff y su hermano, ya habían infiltrado el sistema bancario y establecido una red de poder al otorgar los préstamos a Rockefeller, Carnegie y Morgan. Luego logran conformar el CFR con los siguientes miembros: George Peabody, J.P. Morgan, Andrew Carnegie, Nicholas M Butler y Edgard House. También se cree que Rockefeller fue miembro.

En una de las más increíbles revelaciones de cómo estas organizaciones creadas por los banqueros han creado la guerra y han manipulado los países, se encuentra nada menos que en datos de reuniones de la organización creada por Andrew Carnegie. Esta organización que hablaba y lleva el nombre de paz promovía activamente la guerra. La fundación, llamada Fundación Cargenie para la Paz Internacional (*Carnegie Endownment for Internacional Peace*). En las minutas de reuniones hablan específicamente de cómo involucrar y mantener a Estados Unidos en la guerra y concluyen así: "Nosotros debemos controlar la maquinaria diplomática de Estados Unidos..controlando el Departamento de Estado".

En el proceso de investigación me quedé simplemente anonadado al descubrir que, los eventos que están sucediendo en Ecuador desde que Correa asumió el poder son exactamente el paralelo de lo que sucedió en Estados Unidos en 1912-1917. En el manual escrito por Edgard House en 1911 titulado, *Philip Dru: Administrador,* la secuencia de eventos y las leyes aprobadas son prácticamente la copia y réplica del gobierno de Correa.

El libro *Philip Dru: Administrator* es un plan ficticio de cómo conquistar y apoderarse del aparato político, económico y social de Estados Unidos. El mismo autor dice exactamente estas palabras, "*La implementación de este plan es un trabajo para concretar el socialismo soñado por Karl Marx*". El plan demuestra pasos a seguirse para lograr control del partido demócrata y republicano, el proceso gradual de establecer nuevos impuestos por medio de leyes tributarias, impuestos a la herencia para apoderarse de las riquezas, creación del Banco Central y medidas para centralizar el gobierno (federal) quitando los poderes y funciones de los gobiernos de cada estado. En Ecuador, Correa está haciendo exactamente lo mismo. Las leyes tributarias aprobadas son un grave atentado contra los ecuatorianos porque aprueban impuestos que tienen el firme propósito de destruir la sociedad. En un país que las ventas de petróleo producen sobre nueve trillones de dólares, los cuales se esfuman y el país apenas clama percibir alrededor de 4 mil millones, Correa clama haber liberado a la gente de pagar impuestos a quien gane menos de ocho mil dólares. La simple verdad es que con la devaluación del dólar, diez mil dólares es el equivalente a solamente $1,500 en 1960. Cómo un economista puede pretender que su gente, que los ciudadanos de su país vivan en la total pobreza. Para quienes defienden el porcentaje de impuestos de hasta el 35% de la renta, no parecen percatarse que Ecuador no tiene grandes ejércitos, guerra de Irak, grandes proyectos de protección del ambiente, enormes programas de revitalización de ciudades o programas de incentivo a la industria. En Estados Unidos, el impuesto a la renta federal es de sólo el 14%, el total llega a cerca de 30% debido principalmente a otros impuestos como los de cada estado, seguro social, FICA, retiros, ganancias capitales, ganancias de inversión, etc., más hay tantas deducciones que rebajan la cifra considerablemente. El 35%, 25%, 20%, 15% de impuestos en Ecuador es un crimen contra sus ciudadanos porque el estado ecuatoriano no tiene esos gastos ni ofrece ningún cambio para la sociedad, otra que el control completo y absoluto de la patria.

Varios artículos de prensa y varios autores han comentado al respecto y la mayoría de ideas expresadas en ese libro de Philip Dru, se convirtieron en la política de Estados Unidos en las administraciones tanto de Woodrow Wilson como de Franklin Delano Roosevelt. En 1918, Franklin K. Lane, el secretario del interior en la administración de Woodrow Wilson había dicho *"Al final de cuentas todo lo que el presidente dijo e hizo...viene de Philip Dru"*.

Otra muestra de las verdaderas intenciones de la Reserva Federal, el CFR y los banqueros internacionales son las palabras de Andrew Carnegie quien en su último libro dice estas palabras, *"Estamos destinados a tener paz, a través del establecimiento de intereses nacionales en el mundo. Al principio una coalición entre América e Inglaterra –la unión de las razas que hablen inglés – Después, un Estados Unidos de Europa. Finalmente, la unificación de toda la raza humana"*. Este es el mismo hombre que creó cantidad de fundaciones para educación y era el vicepresidente de la liga anti imperialista.

Otro dato que mucha gente pasa por alto es que muchos de los maestros 33 de los masones han sido banqueros, y hasta presidentes de naciones, entre ellos está Paul Warburg, Henry Moregenthau, Jacob Schiff. En Ecuador varios presidentes incluyendo Eloy Alfaro fueron maestros masones de grado 33.

Es precisamente donde constan las raíces de esa ideología de intervención política/militar como medio para "mejorar el mundo", aunque realmente debería decir para mejorar el control y poder absoluto de esa élite financiera. Los principios que se establecen desde entonces son más bien amoldar el mundo a los intereses de esa élite financiera que desde entonces controla el mundo, y los mismos Estados Unidos por intermedio de la CFR, FED, FMI, BID, BM y las organizaciones, fundaciones que aunque hablan de promover la paz, la democracia, y la libertad, trabajan constantemente para subyugar y oprimir a los pueblos. Woodrow Wilson, Frank Delano Roosevelt, Harry Truman, e inclusive Ronald Reagan y los dos George Bush han desarrollado, expandido y mantenido esa política intervencionista que han hecho del mundo en que vivimos el laboratorio de los banqueros y del Complejo Militar Industrial, quienes dictan lo que acontece en el mundo.

Para 1960 se expandió toda clase proyectos como estudios académicos. En parte para justificar millones de dólares que fueron usados como asistencia a fundaciones, como dineros destinados a la educación y universidades. En la realidad, millones de dólares eran asignados a estudios y proyectos como Camelot, Simpático, Task, Alliance etc., los cuales solo podían servir al Complejo Industrial Militar. La CIA así reclutó científicos y académicos para que estudien desde los efectos de LSD, cocaína, y todo tipo de drogas en voluntarios que en muchos casos, no eran informados de lo que verdaderamente podía suceder.

Germánico Vaca Michelena

El proyecto más ofensivo y que cualquier humano decente debe sentirse ofendido es el proyecto Monarca, el mismo que fue la continuación del Proyecto Nazi Paperclip. Este proyecto fue descrito por el médico militar Teniente Coronel Michael Aquino, PhD, quien había participado en las Operaciones Psicológicas de la Fuerza Aérea norteamericana y la Inteligencia Militar. Este había participado en calidad de especialista en control del pensamiento. Las víctimas fueron niños norteamericanos de entre 15 a 20 guarderías infantiles y orfanatos establecidas dentro de las bases de la Fuerza Aérea de Estados Unidos. Los terribles y sucios experimentos se efectuaron por dos décadas. Parte del estudio experimental incluía violaciones sexuales de niños de hasta cinco años, prostitución infantil, ritos satánicos, control mental, control hipnótico entre otras asquerosas prácticas que jamás pudieron ser investigadas porque estaban protegidas bajo el manto de la seguridad nacional del estado.

La CIA al mismo tiempo, llevó en efecto planes y experimentos llamados MK-ULTRA, 150 diferentes experimentos secretos se llevaron a cabo simultáneamente para la formación de suicidas y asesinos programados como experimentos de control mental.

El proyecto Camelot fue inicialmente creado como un estudio académico. Aunque era demasiado obvio su objetivo de estudiar a fondo la posibilidad de que el ejército norteamericano pueda implementar la política intervensionista norteamericana **infiltrando la sociedad para motivar los cambios que sirvan a los intereses estratégicos y económicos de Estados Unidos.** Es por eso demasiado evidente que el proyecto Camelot se llevó a cabo en combinación de otras operaciones con objetivos de contrainsurgencia en países latinoamericanos. Poniéndose gran importancia y énfasis en las acciones que se puedan tomar para reducir y eliminar los grupos que pudiesen coordinar cambios en contra de los intereses norteamericano. Eventualmente, se convierte en un estudio de cómo crear, controlar, y dictaminar esos cambios sociales y económicos de Latinoamérica. Al punto que se mencionan actividades concretas que por su naturaleza no podrían más que crear violencia, guerra civil y la autodestrucción de las naciones.

La lista de científicos sociales, sociólogos e intelectuales que contribuyeron a esto proyecto Camelot es extensa y abarcó instituciones educativas tales como la Universidad de Harvard, la Universidad Americana, etc. Es incomprensible que estos académicos hayan cooperado con entusiasmo a un plan de destrucción de la sociedad. Son ellos quienes crean los instrumentos científicos –el plan concreto de cómo destruir un país-, las armas ideológicas capaces de instalar un gobierno con su propio caballo de Troya, al mismo tiempo que detectar y destruir cualquier grupo de resistencia anti imperialista. Talcott Parsons, Walt Rostow, Samuel Huntington fueron partícipes de un plan concertado de destruir las esperanzas de justicia y libertad verdadera.

"El choque de civilizaciones y la reconfiguración del orden mundial" escrito y publicado en 1996 por Samuel Huntington, director del Institute for Strategic Studies de la Universidad de Harvard y miembro del Consejo de Seguridad Nacional en 1977 y 1978. Esta obra es otra demostración del continuo trabajo del Proyecto Camelot porque las premisas conceptuales del libro fueron expuestas varias veces y en diferentes conferencias desde 1992 hasta 1996, como consta en el archivo del American Enterprise Institute. El libro está basado en las experiencias, operaciones y conclusiones del Proyecto Camelot.

La misión inicial del ejército norteamericano de ayudar a "construir naciones" se convierte en una misión directa de controlar las naciones. Pero después de haber sido expuesto en Chile en 1965, el plan Camelot deja de ser una actividad de estudio y se convierte en un proyecto secreto donde la participación de la CIA era inevitable. Así, se anunció ante el mundo que el Proyecto Camelot había sido cancelado, pero toda clase de documentos desclasificados, así como los fondos de estudio y los tales académicos involucrados en el proyecto continuaron su trabajo.

Para 1965 hasta finales del siglo pasado, proyectos similares continuaron en varios países. En Colombia el proyecto se llamó Simpático, en Perú la operación Task tenía los mismos objetivos. Cada proyecto auspiciado por SORO y fundado por el DoD. En Ecuador se llevaron a cabo varias misiones, muchas de las cuales se continúan llevando a cabo hasta hoy día. Profesores supuestamente izquierdistas y comunistas han patrocinado toda clase de proyectos, mantienen un estudio tan profundo del desarrollo del socialismo y comunismo en Ecuador que no hay nombre que se les escape. Cantidad de artículos, estudios, análisis y documentación tan completa que ponen en vergüenza a toda la Biblioteca Nacional, el Banco Central y a cualquier Universidad ecuatoriana pues el contenido es envidiable. Para quien le quepa duda alguna, la misma agencia del DoD admitió ante el congreso de Estados Unidos de Norteamérica que ni un sólo estudio o proyecto de cambio de comportamiento e intervención en Latinoamérica, y peor todavía que ni uno solo de sus proyectos en países latinoamericanos haya sido terminado o cancelado. Uno de los informes publicado y que habla de estas investigaciones, fue publicado por el grupo de investigación de la institución del Smithsonian bajo el titulo, "Social Science Research and National Security," editado por Ithiel de Sola Pool. Otro informe es parte de una conferencia, "The U.S. Army's Limited-War Mission and Social Science Research." Inclusive la Universidad Católica de American University publicó documentos de su propio departamento de la Oficina de Investigaciones y Operaciones.

El proyecto Camelot es el más claro ejemplo de la corrupción, de las tales llamadas "ciencias de comportamiento", al extremo de que algunos académicos hicieron dinero vendiendo libros como, "Project Camelot and the Science of Man." De esta manera, estos intelectuales que posaban de ser científicos sociales se dedicaron por décadas a la creación de un sistema socialista que pueda ser aplicado en un país latinoamericano, pero con el fin y propósito exclusivo de ir destruyendo la sociedad existente, la democracia prevalerte e implementar ese sistema creado para crear la constitución, el esquema de gobierno que permita destruir la sociedad desde adentro hasta que eventualmente, se logre que la sociedad termine en guerra civil absoluta y se destruyan a sí mismos, hasta que los recursos y la nación queden para quienes crearon el sistema socialista en primer lugar, con la doble partida de desprestigiar el sistema socialista. Por eso es que es demasiado ingenuo creer que Rafael Correa es el arquitecto de esta "revolución ciudadana" porque el proyecto Camelot fue formulado en varias décadas de estudio e implementación y experimentos para lograr lo que ahora se propone en Ecuador. En un impresionante despliegue de lo que en verdad conlleva las mismas expresiones tales como, "la revolución ciudadana, la patria ya es de todos, camaradas contra el imperialismo" son expresiones bien tratadas en el proyecto Camelot.

Así, estos académicos se entregaron a la agenda gubernamental, abandonando todo aspecto ético al participar en proyectos de espionaje que no podía dar otro resultado que eventualmente crear violencia, tortura, desparecidos, como fue el resultado en Chile y Argentina. Poco importa los muertos cuando convenientemente en ese tiempo se vendió el concepto de "daño colateral". Muchos académicos simplemente han negado su participación o se libran de responsabilidad como el mismo Nisbet cuando en su libro, *Social Change and History*, donde niega la capacidad humana y las leyes mismas bi-direccionales de la sociedad humana que evoluciona constantemente. En su defecto, argumenta que el progreso de la sociedad no es resultado de la evolución, pero que, es más bien el resultado de guerras, intrusiones, accidentes, comercio y otros "eventos discretos" inherentes al cambio y progreso social. De esta forma, cual Poncio Pilatos se lava las manos de las consecuencias de acciones que han creado miseria en todos los países donde los proyectos han dejado sus secuelas sucias.

Quizás los desastres militares de Estados Unidos en Corea, Vietnam, Irán, Líbano, y Granada no solamente fueron un fracaso militar, pero un fracaso específicamente de sus políticas burocráticas, militaristas, e imperialistas. Pero como todo proceso, el "absolutismo" del ejército norteamericano en creer que puede experimentar creando cambios sociales, políticos, económicos sin importar las consecuencias domésticas y las repercusiones de sus acciones han agravado las condiciones de los países donde han operado.

Germánico Vaca Michelena

Al igual que todas las operaciones de la CIA que utilizan el espionaje como instrumento de su política intervensionista, cuando se involucran en estos experimentos de manufacturar su propio marxismo y comunismo para crear una guerra social interna, tal como queda delatado en los tantos libros de ex agentes y los libros de los académicos que estuvieron involucrados en este experimento de Camelot, en ese momento violan la soberanía de los pueblos y van más allá de los intereses estratégicos y económicos de Estados Unidos. Pero son partícipes de crear inestabilidad y miseria de otros pueblos, sin que sean responsables de lo que esas acciones desatan. Ahora estamos viendo que esos proyectos están siendo implementados en Latinoamérica. No debería caber duda que ahora están siendo implementados en Ecuador, y muy posiblemente sea la misma fórmula que haya sido aplicada en Venezuela, en Bolivia, en Paraguay. Es demasiada coincidencia que eventos similares se comiencen a dar en todos nuestros pueblos.

Robert Nisbet habla precisamente de las consecuencias domésticas de las políticas imperialistas en la política extranjera. La revelación de todos los documentos desclasificados demuestra que en muchos aspectos la implosión social en Latinoamérica, el subdesarrollo, el tumulto político, la corrupción imperante han sido alimentados y financiados por la CIA. Los proyectos Cóndor, Camelot, Simpático, Alliance y tantos otros proyectos de la CIA son los verdaderos catalizadores de la inestabilidad política, social y económica de nuestros pueblos.

No solamente han traído consecuencias temporarias de cambiar un gobierno, o cambiar un presidente, pero se han convertido en disrupciones que han quebrantado las economías de nuestros países. Son estas intervenciones las que han causado el retraso del cambio social verdadero y han destruido el proceso normal del desarrollo cultural. Las operaciones y proyectos de la CIA no tienen oposición alguna en Estados Unidos, porque sus ciudadanos creen, equivocadamente, que son necesarios para la defensa de su seguridad.

Pero como la evidencia de esos proyectos demuestran los proyectos ante subversivos han sido lo que realmente alimenta la insurgencia armada de nuestros países. Mientras en Estados Unidos se le vende a la gente la propaganda que todo gasto es necesario y toda acción imprescindible para defender a la nación del peligro marxista, comunista, y ahora terrorista, es Estados Unidos a través de su agencia de la CIA y la NSA que ha estado creando esos problemas, inventando los enemigos para –al final de cuentas- justificar su carrera armamentista, para justificar los trillones de dólares gastados en defensa al punto de llegar al absurdo de construir bombas que puedan destruir al mundo mil veces. A la inoperancia irresponsable de crear armas biológicas y químicas que violan toda regla que los mismos Estados Unidos promulga. Mientras que Estados Unidos inició la guerra de Irak y Afganistán acusando a otros países de la "posibilidad" de que tengan armas químicas, biológicas y nucleares, es Estados Unidos que las posee. Quizás cuando la gente norteamericana se entere de todas estas acciones de su gobierno entiendan que su gobierno debería comprar más libros y medicinas para sus propios ciudadanos, quizás educando más al mundo entero y repartiendo escuelas y hospitales en el mundo pudiese lograr mucho más que las miles de operaciones clandestinas.

Por hoy, la herencia de la CIA es que mientras la CIA condujo Irán-Contra, los carteles de la droga de Medellín y Cali vivieron sus mejores momentos, mientras coincide que el uso de droga y las pandillas de drogas estaban en su cúspide en varias ciudades de Estados Unidos. No hay acciones que puedan conducirse independientemente de otras en este mundo globalizado. Cuando incrementa la venta de drogas ha incrementado la cantidad de prisioneros en Estados Unidos.

El director del proyecto Camelot en 1965 había sido Rex Hopper, él había viajado a Chile con un ciudadano americano de nacimiento chileno quien se había convertido en agente de la CIA, su nombre es Hugo C. Nuttini. Entrenado en la escuela naval había ido a Chile a proponer a 25 académicos chilenos participar en el aclamado proyecto, con salarios de sobre dos mil dólares al mes equivalentes a más de diez mil dólares actuales, además de todo tipo de equipos necesarios para diferentes departamentos de las universidades.

Conspiración en Latinoamérica

El proyecto había sido propuesto con suma cautela y con palabras que le hacían parecer muy inocente, pero académicos chilenos entrenados en Europa habían sido prevenidos por académicos y sociólogos europeos que habían rehusado trabajar en dicho proyecto por considerarlo un acto de espionaje de la más severa violación a los derechos humanos y de soberanía de una nación. Los académicos chilenos habían rehusado participar y expusieron el contenido a colegas de todo el mundo.

Los gobiernos de los países latinoamericanos habían sido avasallados con enorme presión por parte del Estados Unidos que deseaba imponer sus deseos como parte de su Fuerza Inter-Americana de Defensa. Una prueba contundente de esta política intervencionista pretendiendo establecer gobiernos de sombra, como finalmente lo han logrado, se puede encontrar en el documento ahora desclasificado 520.1 (22) del Ministerio de Relaciones Internacionales de Brasil, donde demuestra que el gobierno de Castelo Branco firmó el acuerdo con el gobierno de Estados Unidos para establecer el proyecto Camelot en Brasil. En dicho documento el gobierno brasileño se compromete a preparar la documentación necesaria para demostrar actividades subversivas, para poder establecer la necesidad de llevar a cabo el proyecto Camelot. Las pruebas de infiltración extremista es de carácter norteamericano, pero culpado a fuerzas izquierdistas y comunistas tal cual como se ha venido haciendo en las más altas esferas de nuestros países. El mismo gobierno brasileño proponía que se esperaba que la presentación de esos hechos sea beneficiosa para influenciar a los representantes de la Conferencia de Río de Janeiro. Pero no solamente eso, en el acuerdo de Itamarati se esperaba establecer una alianza aceptada por la mayoría de países latinoamericanos. Increíblemente, Brasil estaba ayudando a que se pueda influenciar a otros gobiernos como por ejemplo a Uruguay, a aceptar los términos de esas alianza por medio de presiones económicas.

La existencia de ese documento demuestra y constituye una evidencia más de la insolencia cínica y depravada de intervención de Estados Unidos y sus agencias serviles de esos nefastos intereses del gobierno sombra que utiliza a dichas agencias como su instrumento de ataque, y consolidación de su poder e influencia en los asuntos internos de nuestras naciones latinoamericanas. No se puede dejar a un lado los acontecimientos en Chile en el año de 1973, aunque hayan sucedido varios años después de que el proyecto Camelot haya sido cancelado, es prueba que no solamente se siguió realizando el proyecto, pero que el golpe de estado fue con el respaldo completo de la CIA.

La prueba absoluta de que el golpe de estado a Salvador Allende fue parte del proyecto Camelot es debido a la participación de Clark Abt, uno de los principales asesores del proyecto Camelot y dueño de la organización Abt Associates, de Cambridge, Massachussets, En 1965, el DoD contrató Abt Associates para diseñar un juego de computadora con la más alta y sofisticada tecnología como parte del estudio de la Agencia para Proyectos de Investigación Avanzada [*Advanced Research Projects Agency (ARPA)*]. El juego se llamó "Política", el propósito del juego era cargarlo de todas las variables sociales psicológicas en países latinos para determinar: Grado de unidad colectiva, niveles de auto confianza, actitud hacia las autoridades, nivel de regionalismo, actitud con la autoridad de policía y del ejército, etc. Después debía predecir y describir los resultados con todos los variables que indiquen como lograr el control de ciertos eventos, como por ejemplo, un conflicto revolucionario, un golpe de estado, ciertas medidas económicas, etc.

En el caso de Chile, uno de los inventores del juego fue Daniel del Solar quien eventualmente decidió declarar la verdad y de acuerdo a él, los resultados del juego eventualmente dieron la luz verde a quienes tomaron la decisión de asesinar a Salvador Allende y derrocar el gobierno izquierdista de Allende. El juego "Política" había predicho acertadamente, que a pesar de un golpe de estado militar y del asesinato de Allende, el gobierno se mantendría estable provisto que se lleve a cabo lo establecido en el juego. El carácter de esa estabilidad es demostrado ahora con todos los documentos desclasificados y se resume a los arrestos masivos, miles de asesinatos políticos, miles de desaparecidos, y una serie de ajustes económicos prometiendo el cambio a los estratos más pobres de la sociedad, cuando en realidad, fueron el blanco de la persecución del gobierno de Augusto Pinochet. El juego "Política" había comprobado ser acertado y fue útil a los planificadores del golpe de estado.

Precisamente la ejecución del golpe de estado en Chile fue realizada en plena sincronización de varios eventos que se llevaban a cabo al mismo tiempo, no por coincidencia. Tal cual como el juego había determinado que toda contingencia sea prevista. Por ello, el golpe de estado sucedió mientras las fuerzas navales de Estados Unidos llevaban a cabo maniobras conjuntas con la naval chilena. Así, el llamado golpe de estado fue una operación conjunta de la CIA, fuerzas militares de Estados Unidos y de Chile. La coordinación estuvo a cargo de la Defense Intelligence Agency del Pentágono, la ejecución estuvo coordinada por la Naval Intelligence Agency, que sirvió como centro principal de operaciones y procesó los datos de las fuerzas militares chilenas, y de las otras agencias de inteligencia involucradas en la operación. En Chile, la coordinación había estado a cargo de la dirección política superior del Consejo Nacional de Seguridad.

Evidentemente, el golpe de estado de Chile fue solamente parte de una secuencia continua del proyecto Camelot. Mientras, se condujo el proyecto Cóndor, Simpático, Task, y otros proyectos descritos por Philip Agee donde el personal de espionaje de la CIA estaba inventando grupos izquierdistas, socialistas y comunistas, recopilando así la información, creando las listas de penetración en la sociedad chilena. Para los inicios de 1970, las operaciones cambiaron a operaciones y acciones clandestinas contra-subversivas basadas precisamente en el análisis y años de recopilar datos, sin que se haya abandonado al mismo tiempo, el mantener las organizaciones izquierdistas infiltradas y en muchos casos con el mismo líder trabajando para intereses norteamericanos. Por eso no debemos preguntarnos demasiado porqué nuestros países no han cambiado mucho.

El Proyecto Camelot Trabajando en las Sombras.

A. *Asalto suburbano y rural de nuestros países*

Al igual que se crearon cantidad de organizaciones ficticias, supuestos estudios académicos, compañías ficticias y fundaciones de asistencia económica y social, de la misma forma se crearon Los Cuerpos de Paz, los cuales son perfectas estructuras para la CIA. No solamente provee el contacto con la clase trabajadora que es donde se puede encontrar la información vital para la CIA. Los Cuerpos de paz no son controlados por la CIA, pero trabajan desde las embajadas de Estados Unidos. Es precisamente el primer director del Cuerpo de Paz en Chile que igualmente sirve de ejemplo absoluto de como opera la CIA. Nathaniel Davis fue el primer director en Chile y como premio a su labor, fue nombrado nada menos que Embajador de Estados Unidos a Chile después del golpe de estado a Allende. Bajo dirección y guía de Davis, los jóvenes voluntarios de los Cuerpos de Paz se entregaban a sus labores de envolverse con las familias pobres, viviendo con las familias, observando sus costumbres, analizando sus inclinaciones políticas, sus costumbres y tradiciones. Después, estos voluntarios entregaban informes completos de sus experiencias. Muchos de esos jóvenes del Cuerpo de Paz jamás siquiera se dieron cuenta que muchos de sus informes pueden haber sido la sentencia de muerte para miles de desaparecidos en Chile, Argentina y varios países.

De esta forma, no era necesario tener agentes en los Cuerpos de Paz, únicamente dónde la información y los informes eran catalogados. De esta forma, miles de voluntarios del Cuerpo de Paz sin tener conocimiento de ello, han actuado de espías para el proyecto Camelot que para entonces continuaba trabajando secretamente y han usado voluntarios del Cuerpo de Paz para recopilar información, mientras muchos han creído que han ayudado a los chilenos o a los ciudadanos de los países donde han estado, muchos han entregado información que la CIA ha usado para sus propios propósitos. Muchos de los agentes que procesaron la información de los Cuerpos de Paz estaban concientes de que al envolverse con la gente estaban nombrando e identificando los futuros líderes izquierdistas, como los futuros derechistas que podían trabajar para los intereses norteamericanos.

Eran esos agentes que estaban evaluando la conciencia, el pensamiento, las reacciones a las reformas del gobierno y las políticas norteamericanas. Muchos voluntarios del Cuerpo de Paz eventualmente han sido reclutados y han trabajado como agentes de la CIA, tal es el caso de Michael Townley, que trabajó para los Cuerpos de Paz en la década de los 60 y regresó a Chile en 1970 como el contacto de la CIA con Patria y Libertad. Es precisamente usando el Cuerpo de Paz que muchas veces la CIA ha traficado drogas y armas, la evidencia es que Ellis Carrasco, el sucesor de la dirección del Cuerpo de Paz en Chile, había sido acusado de trafico ilegal de armas. El ejército norteamericano súbitamente había donado radios y trasmisores de onda corta a los Cuerpos de Paz. Estos mismos radios y trasmisores habían sido usados durante el golpe de estado para facilitar la coordinación de la junta.

B. La Verdad de las Fundaciones:

Varias compañías norteamericanas, así como algunas agencias de asistencia, asesoría y varias sucursales de supuestas organizaciones son únicamente frentes de la CIA. Quizás la más conocida es la Agencia de Desarrollo Internacional, International Development Foundation, la cual clama ser una Fundación de Nueva York. Pero el representante de esta fundación en Chile había cometido un grave error al hacer ciertas declaraciones y olvidando que el auditorio es a veces la pared que tiene oídos. Él había declarado lo siguiente: "Nuestros Representantes," había dicho, "pueden infiltrar los liderazgos de las organizaciones, aún partidos políticos. Si actuamos inteligentemente, no solamente seriamos capaces de neutralizar acciones marxistas, pero también controlar las más importantes organizaciones del país".

La razón más importante y el objetivo a cumplirse es el infiltrar y manipular los movimientos campesinos. Sus tácticas consisten en seleccionar líderes campesinos, entrenarlos en la ideología y de esta forma, controlar la conciencia de los movimientos campesinos. De esta forma el IDF fue el principal promotor de la Confederación Nacional Campesina en Chile, la cual fue financiada por USAID. La Confederación Campesina lo que hizo es mantener a las uniones campesinas separadas, impulsando la idea de cooperativas y argumentando que el mayor impacto en la lucha campesina es presionar al gobierno. Caso similar ocurre ahora cuando se mantiene a las organizaciones indígenas divididas en diferentes organizaciones.

Al igual que The International Development Foundation y The Peace Corps fueron dos frentes usados para infiltrase en la vida cotidiana de los ciudadanos y la sociedad chilena, ecuatoriana y venezolana, muchos frentes han sido usados por la CIA en todo Latinoamérica, aparte de más de 1500 agentes de la CIA que posan como trabajadores del Departamento de Estado. Otras agencias y organizaciones que han financiado proyectos en Ecuador son: The American Institute for Free Labor Development (AIFLD), The American Institute for Democracy, International Trade Secretariats (ITS), Agency for International Development, Alliance for Progress Ecuador Project, Inter-American Coordinating, Fellowship in International Development, International Communications Agency Funding.

Todos estos organismos recopilan información en la clase trabajadora y en todos los sectores de nuestros países. A esto no se puede descartar de su participación en varios institutos que mantienen reporteros y personal que escriben para los diarios del país.

Germánico Vaca Michelena

Expansión e Implementación del Plan en Latinoamérica

Fidel Castro está en los últimos años de su vida y su salud le obligó a retirarse. Así era de esperarse que la CIA encuentre un candidato óptimo para continuar su influencia y manejo de los destinos de países latinoamericanos. Es muy claro que existen matices del plan de PNAC, del proyecto Camelot y la participación de miembros de PNAC y las agencias de CIA y NSA. No debemos pasar por alto cinco cosas notables:

Todos los miembros de PNAC han tenido posiciones de enorme poder en la administración de George W. Bush. Por ello, todas las propuestas de PNAC se han llevado a cabo tal como está delineado en el plan. Richard (Dick) Cheney como vicepresidente de Estados Unidos, Donald Rumsfeld como secretario de Defensa, Paul Wolfowitz como consejero de Bush y luego como director del Banco Mundial. Varios cargos sumamente importantes de muchos de los miembros de PNAC desde donde han podido influenciar la implementación de su plan.

El presupuesto de defensa de Estados Unidos no solamente se cumplió, pero sobrepasa lo que proponía PNAC. Es impresionante que Estados Unidos gaste ahora más del doble de lo que gastaba en la Guerra Fría.

El proyecto de PNAC hacía hincapié que necesitaba un nuevo "Pearl Harbor" para poder implementar su plan y ese evento sucedió en Septiembre 11, del 2001.

La mayoría de la gente desconoce que en Septiembre 10 habían tres portaviones en las costas de Afganistán, que NORAD estaba llevando a cabo ejercicios militares bajo la dirección y el comando de Richard Cheney; que Septiembre 10 se terminó el contrato de seguridad de las torres gemelas a cargo de la compañía de Neil Bush, (hermano del presidente George W. Bush); que solo semanas antes, el dueño del consorcio de las torres gemelas de NY compró un enorme seguro de nada menos que siete billones de dólares en caso de ataque terrorista y que ese dinero fue pagado de inmediato por el gobierno de Bush; que diez de los supuestos terroristas hicieron trabajos para la CIA en Afganistán, en Kosovo y en otras regiones y la CIA impidió que sean arrestados en algunas ocasiones; que todos los terroristas recibieron entrenamiento en vuelos de avión en centros de entrenamiento usados con anterioridad por la CIA; que en solo 48 horas el FBI y Homeland Security produjo fotos de los supuestos terroristas, detalles de su vida, historial completo de sus actividades.

Solo pocos días después del atentado se presentó y aprobó el Patriot Act al Congreso, el documento es de miles de hojas que cambian las leyes, desconocen derechos humanos y civiles, permiten la tortura, y de hecho cambiaron cantidad de cosas en Estados Unidos, creando toda clase de leyes que sientan las bases para la tortura, arrestos ilegales, operaciones de secuestro, arrestos en Guantánamo, etc.

La Invasión de Afganistán e Irak era parte central del plan de PNAC y su propósito era el control del petróleo, la construcción del oleoducto en Afganistán para extraer el petróleo de Kachestan, lo cual fue firmado el día que se instauró el gobierno de Afganistán.

Debemos aceptar la lógica y seguir los pasos. Si el plan de PNAC es un plan global donde miles de millones de dólares son usados en el medio oriente, solo entonces se puede entender los miles de millones que se está gastando en Colombia para generar el conflicto. Y solo entonces se puede entender que el proyecto Camelot está siendo implementado en Ecuador y Venezuela. Es demasiado obvio que las FARC hace mucho tiempo dejaron de ser una fuerza ideológica, ahora son un grupo de criminales que secuestra y se dedica al narcotráfico. ¿Pero se puede creer que con los más sofisticados radares y aviones AWAC y satélites, Estados Unidos es incapaz de rastrear los aviones que llevan la droga, pero puede encontrarle el campamento de Raúl Reyes en medio de la Selva? O Acaso los socios del tráfico de droga son parte de la élite financiera, o de lo contrario, ¿Como se puede explicar de otra manera que el fallecido alias Raúl

Conspiración en Latinoamérica

Reyes mantuvo reuniones hasta con Grosso el magnate banquero de Wall Street? El propósito de controlar Latinoamérica se mantiene en cinco puntos centrales:

- Controlar los recursos naturales (agua, material bioquímico imprescindible para medicinas), minerales (oro, plata, cobre, manganeso, uranio), hidrocarburos (gases, petróleo).

- Controlar sus gobiernos y política para dirigir enormes gastos públicos que favorecen al dólar, y así mantener las economías sumisas al dólar y de las políticas económicas de Washington, D.C.

- Crear el ambiente social, político y económico para que existan guerras, conflictos armados que mantengan los gastos públicos y compras de armas, mientras mantienen la pobreza de su gente.

- Mantener las condiciones de Latinoamérica que es lo que permite el endeudamiento de sus economías mientras, Bancos Centrales de países suramericanos se mantienen comprando bonos de Estados Unidos que no son más que la deuda, la inflación y el déficit norteamericano.

- Controlar la tecnología, el desarrollo científico y el progreso de los países para que de esta forma, Estados Unidos pueda tomar ventaja. Cuando existe gente de capacidad y desarrollo científico, Estados Unidos aprovecha y las mejores mentes latinoamericanas terminan trabajando en Estados Unidos, sus inventos y contribuciones terminan de propiedad de compañías norteamericanas.

Mucha más importancia gana Latinoamérica debido a los retos que se presentan ahora por la competitividad mundial. Por la falta de capacidad productiva y de manufacturación de Estados Unidos, que se ha reducido a la venta de armamento militar y equipos y materiales para ciertas tecnologías principalmente mineras y petroleras (taladros, plataformas de perforación petrolera marinas y terrestres etc.). Además, la alta tecnología de computación y nano-tecnología y aunque sigue siendo el líder en investigaciones químicas, biológicas y farmacéuticas, la manufacturación generalmente ya es hecha en otros países. La mitad de recursos en hidrocarburos del mundo se han agotado y el control de ellos es vital para la supervivencia y supremacía de Estados Unidos. La enorme devaluación del dólar fruto de la deuda astronómica de Estados Unidos, le hace confrontar los peligros de la hiperinflación, deflación y colapso económico. La combinación de factores reducen la riqueza de Estados Unidos pues la moneda europea, el yuan, el yen, el real, los dólares australiano y canadiense van ganando valor, ofrecen mejor respaldo económico que el dólar del FED puede ofrecer. A esto se adiciona la capacidad de manufacturación avanzada de Japón; el desarrollo industrial de China y los países asiáticos, más la competitividad del comercio chino. Esto requiere a que Estados Unidos implemente el plan para apoderarse de los recursos de Latinoamérica. Esto a su vez hacen de Venezuela y Ecuador los dos candidatos de mayor importancia. Colombia está siendo doblegada de otra manera.

Así podemos encontrar claros indicios que Venezuela fue el primer país donde Camelot volvió a la vida. La evidencia de reportes e informes ante el congreso norteamericano han revelado que la CIA y consejeros militares norteamericanos que participaron en el proyecto, eventualmente condujeron operaciones desde el cuartel militar Fuerte Tiuna. Es precisamente donde Hugo Chávez recibió su entrenamiento o deberíamos decir adoctrinamiento. Siguiendo la misma formula que ha sido el sello de la CIA en varias operaciones de Latinoamérica, Hugo Chávez eventualmente se convirtió en Edecán de los presidentes Jaime Lusinchi y Carlos Andrés Pérez, donde al igual que otros edecanes en otros países podía usar la posición como tablero de exposición para saltar a la audiencia venezolana. Basta mencionar que varios presidentes latinoamericanos que han llegado al poder por acciones de la CIA fueron edecanes primero: Omar

Germánico Vaca Michelena

Torrijos, Manuel Antonio Noriega en Panamá; Rodríguez Lara, Lucio Gutiérrez en Ecuador; Augusto Pinochet en Chile.

Tal como revela los documentos de las operaciones Cóndor y el proyecto Camelot, la CIA ha mantenido control o ha tenido gente infiltrada en todos los gobiernos latinoamericanos desde la década sesenta. Por ende es inverosímil que las decisiones tomadas por presidentes venezolanos no hayan estado al tanto de los intentos de conspiración del comandante Hugo Chávez quien fraguó sus acciones precisamente en el Fuerte Tiuna.

Otra evidencia que apunta en la dirección que se propone aquí y que claramente deja serias dudas de que Hugo Chávez sea el líder de lo que sucede en Venezuela, es el informe al Ministro de Defensa Fernando Ochoa Antech, por el mayor Madrid Benítez en 1992. Dicho informe, contiene una lista de nombres, fechas y lugares de quienes estaban planeando un golpe de estado. El resultado es que todas las personas que habían cumplido su trabajo y habían informado al gobierno y al ministro de defensa o sus superiores del posible golpe de estado por parte de Hugo Chávez habían sido dados de baja, o se les había ordenado atenerse a exámenes psiquiátricos. Entre esas personas cuentan: El director de la Dirección de Inteligencia Militar (DIM), general de brigada Herminio Fuenmayor; el general Carlos Julio Peñalosa Zambrano; el general Pedro Remigio Rangel Rojas; el general Esdrá González Beltrán; el general José de La Cruz Pineda, el general Manuel Heinz Azpúrua y el general Alberto Esqueda Torres.

Nuevamente, en Venezuela se puede ver muy claramente facetas que solo pueden ser parte de un plan concertado a largo plazo. Al igual que las operaciones descritas por Philip Agee en Ecuador, donde se hizo intentos de golpe de estado contra Velasco tan solamente para preparar al pueblo de esa eventualidad y finalmente reemplazar definitivamente al presidente. En Venezuela se hace una copia del evento. Un golpe de estado como el propiciado el 4 de febrero de 1992 sirve para reemplazar el mandato militar. De esta manera, se substituye el comando con gente que sirva los intereses necesarios, para el eventual triunfo absoluto de quien había sido indoctrinado para ello. En un acto sin precedentes, Hugo Chávez fue perdonado de todo cargo sin juicio alguno para que no exista impedimento constitucional que le impida ejercer el cargo de presidente y se le concedió un retiro honroso del ejército.

Al igual que el juego de computadora "Política" en Chile sirvió para tomar decisiones con respecto a Allende, los adelantos en computación y de juegos electrónicos han creado juegos tan sofisticados que han permitido que el Pentágono mantenga todo tipo de escenarios y contingencias que se pueden adoptar de acuerdo a las circunstancias imperantes en cada país. Es demasiado obvio que no se podía repetir la experiencia chilena, pero se podía satisfacer las esperanzas del pueblo y alcanzar lo que es verdaderamente importante para Estados Unidos: La riqueza de recursos de los países latinoamericanos se convierte en punto central de las propuestas tanto de PNAC como el objetivo del proyecto Camelot. Tal como se delineaba en el proyecto Camelot, Estados Unidos empezó a usar la información adquirida en las décadas anteriores y se puso a buscar y entrenar al líder que sea totalmente fiel, que cumpla su misión incondicionalmente y en total secreto en servicio de Estados Unidos.

La manipulación de las masas ha sido perfeccionada de tal manera que se usan los héroes de la nación, los sentimientos anti americanistas, y los líderes claman ser la personificación misma de la justicia, la verdad y el patriotismo. Poco importa la mediática que se emplea cuando la gente pobre se traga el veneno con gusto porque escuchan la retórica, que aunque lejos de ser verdad y más lejos aún de poder crear una sociedad más justa, tiene el propósito absoluto de causar la guerra eventual que se desatará en Venezuela, en Ecuador, en Bolivia. Porque un país no puede escapar sus raíces, su historia, su origen, su propia sangre derramada grita por una Latinoamérica más verdadera y justa.

Al igual que los arrestos masivos en Chile, en Venezuela se han vivido años de arrestos, enjuiciamientos, desaparecidos, abusos que terminan refundidos en la impunidad. El plan Camelot y los caballos de Troya son la nueva modalidad de controlar los países. Se necesita levantar la voz, se necesita descubrir las verdades y exigir el respeto a los pueblos, a la soberanía de los pueblos.

El proyecto Camelot ahora está siendo implementado en Ecuador, sin duda alguna. Por esta razón se puede ver claramente cada acción tomada por Correa, el objetivo no cambia, y así estas son las cosas que suceden o sucederán en el país. Lo he puesto a forma de pregunta y respuesta para que sea más ilustrativo. Las operaciones de la CIA por varias décadas son la base que se ha fundado para poder efectuar esta operación de crear un sistema socialista y controlar una nación. Tampoco podemos pasar por alto que el Plan Colombia fue creado por la misma corporación que ha estado permanentemente tanto en el plan Camelot como de contratista de la CIA y de la Nacional Security Research, la famosa Rand Corporation. Quienes crearon el plan fueron siete economistas y matemáticos.

Objetivos del Proyecto Camelot: Lo que deben hacer los Caballos de Troya.

¿Por qué el socialismo XXI?

Al igual que el ataque de las torres gemelas en Nueva York les cayó como anillo al dedo para los planes de PNAC, que explícitamente declaraban la necesidad de un evento como Pearl Harbor para poder llevar a cabo todos sus propósitos, la obra Socialismo Siglo XXI de Heinz Dieterich Steffan, un sociólogo alemán que titula a Marx y Engels como genios que escribieron libros "sagrados", les sirve como el anillo de Frodo Baggins en Lord of the Rings. Socialismo XXI les sirve para la implementación del proyecto Camelot, y para cumplir sus objetivos a largo plazo de desacreditar el socialismo, y proponer nuevamente otra versión de privatizaciones y neoliberalismo a desatarse tan pronto como se acabe de construir la infraestructura para explotar los recursos. Su objetivo principal es crear el eventual colapso de un país que desemboque en la guerra civil, sus reglas son desconocidas, en consecuencia puede crear la incertidumbre general, o en su defecto puede ser alterado a gusto de su líder.

¿Por qué la eliminación del Congreso?

El proyecto Camelot necesita imponer nuevas leyes en forma de mandatos constitucionales que no tengan que ser aprobados, reprobados o legislados. Al eliminar el poder legislativo se elimina el cuerpo que regula las leyes del país; se elimina a los representantes legales del pueblo; se elimina el poder constitucional de derecho. Al eliminar el congreso se puede violar la constitución clamando "plenos poderes" de una nueva asamblea; al eliminar el congreso se puede eliminar las leyes vigentes y aprobadas; al eliminar el congreso se puede revertir, rechazar y eliminar contratos establecidos; se puede incumplir acuerdos bilaterales. Es exactamente lo que está sucediendo en el Ecuador que se ha convertido en un feudalismo donde el rey Correa hace o deshace leyes y decretos que son certificados por las Asamblea. Es exactamente lo que está sucediendo en el Ecuador que se ha convertido en un feudalismo donde el rey Correa hace o deshace leyes y decretos que son certificados por las Asamblea.

¿Porque la creación de Asamblea Constituyente?

Al crear un cuerpo de plenos poderes entonces se puede gobernar con poderes dictatoriales plenos y absolutos y en plena violación del estado de derecho. Se puede decretar nuevas leyes y mandatos sin que el país, la oposición o el poder judicial tengan recurso alguno de ejercer poder democrático. Se puede sobrepasar las leyes y violar la constitución bajo el argumento que su trabajo es crear una nueva constitución.

¿Por qué la retórica anti americana, anti imperialismo y la mediática?

La confrontación mediática y la confrontación logran consolidar varios objetivos entre los cuales se puede citar: Eliminar sospechas que el gobernante sea en realidad el caballo de Troya; eliminar la inversión extranjera al crear la inestabilidad política y económica; crear el ambiente para tener el pretexto de iniciar compras de armas y endeudamiento armamentista; ocultar que se está beneficiando compañías multinacionales con toda clase de contratos millonarios en toda clase de servicios y contratación para la construcción de infraestructura sin que exista un proceso de contratación apropiada o de beneficio al país y con pagos garantizados, aunque puede suceder como en Brasil que después de una enorme inversión una presa hidráulica se resquebrajo a meses de iniciar su funcionamiento con perdidas de billones de dólares.

¿Por qué los escándalos y conflictos del poder judicial?

Al crear un conflicto dentro del poder judicial se establece la impunidad, se degenera a la sociedad, se retrasa los procesos legales, se incrementa la violencia y la corrupción en el país. En la realidad esto generalmente es por acción directa de servicios de inteligencia pues no existe razón ni motivo para entidades verdaderas de la nación a involucrarse batallando contra el poder judicial, especialmente como se pretende hacerlo en el Ecuador cuestionando la designación de jueces.

¿Por qué la confrontación con la prensa?

El objetivo es eliminar una relación clara con los medios de prensa para evitar responder preguntas, al mismo tiempo que se inicia el proceso de ir eliminando la libertad de expresión, reducir la libertad de prensa nacional mientras se logra mayor cobertura internacional. Así mientras en Ecuador y Venezuela la gente dentro del país se informa menos, los líderes súbitamente adquieren constante cobertura internacional. El objetivo es degenerar las noticias a escándalos, tal como viene sucediendo en el país. La prensa cae en la trampa y reporta solamente los conflictos con el presidente, olvidándose de reportar e investigar a fondo los verdaderos problemas del país que afectan a la ciudadanía.

¿Por qué los referéndum y constantes elecciones?

Uno de los objetivos importantes del proyecto Camelot, del socialismo XXI es generar enormes gastos públicos. Especialmente en el caso de Ecuador que usa el dólar como su moneda, dadas las condiciones económicas de Estados Unidos tanto gasto es favorable para el dólar.

A raíz de eso, las elecciones y referéndum terminan siendo un gran negocio para la Reserva Federal pues cuestan millones de millones de dólares y en realidad son actos anómalos dentro de la democracia. La elección de lideres implica que el pueblo los ha elegido y conferido en ellos el liderazgo del país para que encuentren las soluciones necesarias para la nación, el realizar referéndum es el equivalente a admitir que son incompetentes e incapaces de tomar las decisiones, y por ende recurrir al pueblo constantemente para que tomen las decisiones que generalmente tienen índole político, como es el caso de elegir una asamblea cuando ya existía un cuerpo legislativo.

Pero lo que logran es mantener a las masas ocupadas y con la esperanza falsa de que existe un proceso de cambio. En realidad no se hace más que cambiar espejismos. Ejemplo concreto: La elección de los representantes del congreso lleva meses de campaña y enormes gastos electorales; seguidas de un referéndum de consulta para un sí o no de elegir una asamblea, las misma que mantuvo los gastos electorales y gastos de campaña; seguida por elecciones para elegir los asambleístas que mantiene enormes gastos de campaña y gastos electorales; la nueva asamblea elimina el Congreso y debe redactar una nueva carta constitucional; seguido por nuevo referéndum para la aprobación de la constitución redactada por la veintésima primera vez; seguida por nuevas elecciones, nuevos gastos electorales y gastos de campaña para elegir nuevo congreso. Es muy probable que tras todo ese proceso el nuevo congreso termine con una constitución similar en un noventa por ciento a las 21 anteriores y que con un congreso similar al que haya sido elegido anteriormente. La realidad es que el único beneficiado aquí es el dólar de la FED porque se produce tantos gastos que al final no cambiaran nada. Simplemente se ha seguido un proceso, pero es un proceso infértil que no produce desarrollo económico, industrial, o comercial. Es un proceso de gasto y de política que desgasta a la nación.

¿Por qué la emisión de nuevas leyes a forma de mandatos constitucionales?

La constante emisión de leyes permite la formación de una enorme burocracia con el pretexto de ejecutar las nuevas leyes, mientras se crea la inestabilidad del estado porque nadie sabe a que atenerse. Así se cambia la ley tributaria, la ley de transporte, las leyes migratorias, las leyes petroleras, las leyes mineras, las leyes educativas, se reestructura la conformación política, se cambia la estructura municipal, estatal, provincial. Todo solo puede traer el caos porque toda ley se pasa tan apresuradamente que la ley tributaria se aprobó con pocos días de consulta antes de Navidad.

¿Por qué los cambios a la ley minera y petrolera?

La prospección minera fue hecha con fondos de subsidios de Canadá y de países europeos, la mayoría de la exploración ha sido hecha por las compañías dueñas de concesiones. Al quitar cientos de concesiones estas tienen un solo propósito, el quitar del camino a las compañías que realizaron la inversión y transferir la explotación a las compañías que desea el estado. Al mismo tiempo, la entrega de cien mil millones de dólares a la Occidental comprueba que ciertas decisiones de expropiación de tierras o concesiones son patrocinadas por fuerzas extranjeras, el propósito es entregar dineros a Estados Unidos.

El país no tiene nada que ganar, en realidad PetroEcuador mantenía control de la producción de sobre 350,000 barriles, así la Occidental producía alrededor de cien mil barriles diarios. Las leyes de desapropiación de tierras, concesiones mineras y petroleras y la supuesta indemnización de propiedades es una jugada sucia a nuestros países. La misma razón de eliminación de concesiones sirve de prueba. Por un lado se elimina las concesiones mineras aludiendo que estas son desventajosas para el país (ciertamente lo son, pero eso solo llama a crear leyes apropiadas), pero al eliminar concesiones sin seguir los pasos apropiados de cumplimiento con acuerdos internacionales y bilaterales de inversión, en vez de haber permitido que el poder legislativo reestructure las leyes mineras, se crea un conflicto legal que puede ser aprovechado por las multinacionales para ganar enormes sumas de dinero.

¿Por qué la nacionalización, privatización de la industria petrolera y minera?

No se debe olvidar que el plan Camelot es un plan a largo plazo, por ende inicialmente se anuncia que se han quitado las concesiones y que una compañía nacional será quien conduzca la inversión, la exploración, explotación de los recursos petroleros y mineros.

Sin embargo, eso es imposible pues sin inversión extranjera y sin capitales el único resultado será el endeudamiento inicial para iniciar el proceso de explotación y la construcción de la infraestructura, paro la eventual quiebra de las empresas nacionales, tras lo cual se las venderá en remate.

Tal cual sucedió en la década de los setenta, un agresivo endeudamiento del estado permitió el desarrollo e infraestructura, pero los préstamos terminaron cuando se concluyeron los proyectos y las compañías extranjeras pudieron comprar las empresas estatales por sumas insignificantes de dinero, pero con todo el beneficio de la infraestructura ya terminada y todo estaba listo para la explotación.

Sin embargo, en la mayoría de casos, las multinacionales tendrán a su beneficio toda la infraestructura sin costo adicional a la valoración de la empresa, cuando esta ha sido financiada, construida y pagada por el estado a costos de millones de dólares y así es entregada gratuitamente a las compañías que participan en la privatización.

La misma situación se está dando y Correa ha entregado contratos a varias compañías que se beneficiarán de carreteras, estudios sísmicos, redes eléctricas que han costado al país miles de millones de dólares y ahora son entregadas sin costo alguno. En pocos años podremos ver un nuevo ciclo de privatizaciones obligadas a nuestros países. Para entonces la gente culpará al socialismo y la gente abrazará y dará la bienvenida nuevamente al capitalismo y neoliberalismo.

De hecho es la formula más vieja que se ha venido usando en todo Latinoamérica, cada golpe de estado ha hecho exactamente eso repetidamente, quizás en mejores condiciones porque muchos gobiernos han ofrecido pagar la indemnización de las expropiaciones al costo exacto que las compañías hayan declarado en los impuestos. Ahora Chávez y Correa ofrecen pagar enormes sumas para que las compañías supuestamente abandonen el país.

La maquina de propaganda de Estados Unidos siempre ha enviado su propia demanda con su cifra de demanda, seguida muchas veces por un bloqueo económico aludiendo las expropiaciones sin indemnización. Ahora se usa los supuestos mediadores financieros donde convenientemente se le pasa al país el monto a pagar, Correa ha creado las circunstancias para que esto suceda con frecuencia y las demandas no tardaran en fraguarse en los centros de mediación. Al igual que Jamil Mahuad, seguramente Correa terminará dictando clases en Harvard por su brillante actuación como caballo de Troya.

¿Por qué anunciar que la CIA esta infiltrada en las fuerzas militares?

El anuncio de Correa tiene un doble propósito y doble efecto. Primero, le permite a Correa poner gente escogida de antemano por la CIA o quienes sirvan los intereses del proyecto Camelot; segundo, le permite a Correa librarse de sospechas que es un caballo de Troya. En cuanto a los efectos, el primero es que logra que la gente tenga desconfianza de las fuerzas militares y con el ello, logra el segundo efecto de evitar que las fuerzas militares actúen en su contra, pues han sido desprestigiadas como posibles servidoras de los intereses que en realidad Correa defiende.

Los Efectos a las Medidas

Con todos estos pasos se logran crear efectos secundarios que comienzan causar la crisis completa de la sociedad, para eventualmente desembocar en el objetivo final del proyecto Camelot y crear la guerra civil en el país. Entre otras cosas se sentirán los siguientes efectos:

Incumplimiento de pagos a los municipios del país para que en su defecto esos gobiernos sean incapaces de cumplir las obras públicas y sanitarias, creando una atmósfera de ineptitud de los gobiernos locales que preparen a la gente a levantarse contra estos gobiernos locales.

Incumplimiento de pagos a profesores y a establecimientos de educación, en muchos casos aún el incumplimiento de pagos para gastos imprescindibles como pagos eléctricos para causar el deterioro de la educación.

Continuos y prolongados apagones de luz, de agua, de servicios sanitarios y telefónicos induciendo a la población a un constante estado de incertidumbre.

Aprobación y contratación de enormes proyectos hidroeléctricos o construcción de enormes refinerías sin estudios previos ni contratación, con el único fin de entregar cantidades masivas del dinero del estado a compañías extranjeras, sin que se hayan creado leyes que exijan el empleo de mano de obra local y generen empleos para la nación. Ejemplos claros es que el mismo edificio de la Asamblea y todo proyecto han sido entregados a compañías extranjeras.

Aprobación de la construcción de autopistas entre ciudades que no son prioridades económicas para el país. Solo importa generar los gastos necesarios para entregar los contratos a las multinacionales.

Las constantes leyes de nacionalización y privatización crearan la atmósfera de iniciar el proceso de expropiación masiva de tierras. Tal como en Venezuela, el proceso se ha degenerado en expropiación de haciendas, fincas, mataderos, frigoríficos, carnicerías, supermercados, clínicas, colegios privados, bancos, fabricas, almacenes, etc. De esa manera, se apoderan del sector privado, se destruye la capacidad de generar empleos y se complementa el proceso de inestabilidad que eventualmente creará la guerra civil de los pueblos:

- Constantes invasiones y expropiaciones a la propiedad privada por decretos del gobierno.

- Escándalo, corrupción, inestabilidad del poder judicial que creará la impunidad judicial.

- Nuevas leyes y regulaciones que establezcan obligaciones de mantener seguros de auto, vida y vivienda que favorece intereses de las compañías de seguros trasnacionales.

- Crear nuevas leyes, nuevo sistema y regulaciones que privatice la salud pública, eliminando la capacidad de los médicos de ofrecer servicios independientemente y creando pólizas de seguros que la gente no puede evitar y debe pagar. Estas medidas han sido la razón principal del deterioro de servicios de salud en Estados Unidos.

- La combinación de leyes tributarias, bancarias y gubernamentales hacen que quienes tengan dinero inviertan en el exterior, que es precisamente de beneficio solamente para gobiernos extranjeros y para el dólar de la Reserva Federal. La fuga de capitales merma el comercio y la industria nacional y elimina miles de empleos.

- Se propone garantizar 100% de los pagos de gastos de inversión, un riesgo que todo inversionista debe correr en todo el resto del mundo; sin embargo, Correa que clama defender los intereses del país, propone leyes que solo pueden beneficiar a compañías internacionales.

- Se propone regulación de precios de servicios básicos, supuestamente en defensa del pueblo, pero son las mismas medidas del gobierno que en muchos casos han creado la escasez.

- Compañías como Halliburton han demostrado interés en el país porque saben perfectamente que sus intereses están protegidos cuando tienen al caballo de Troya en su bolsillo.

La medida de romper relaciones con Colombia como un acto patriótico es una de las más patéticas medidas tomadas por Correa, quien sabe perfectamente que ha habido cantidad de incidentes a lo largo de los cincuenta años de historia de las guerrillas. En repetidas ocasiones, el ejército colombiano se ha pasado la frontera persiguiendo a las guerrillas. Pero ahora se intenta crear un conflicto mayor cuando no existe conflicto porque Colombia ha pedido disculpas por las acciones militares. Ciertamente se debe defender la patria, pero su defensa incluye la resolución apropiada de conflictos limítrofes por medio de la diplomacia, no lanzando una guerra de burlas hacia el país vecino.

Germánico Vaca Michelena

CAPÍTULO V

COLOMBIA: UNA HISTORIA DE DROGAS, VENGANZA Y CORRUPCIÓN

Es demasiado claro que en Colombia se protegen los intereses de ese conglomerado de una manera diferente a la adopción del proyecto Camelot. El conflicto fronterizo entre Ecuador y Colombia precisamente demuestra que existe una fuerte intervención del ejército norteamericano y un rol menos preponderante de la CIA. Pero al mismo tiempo, ha expuesto una larga historia turbia de los partícipes en ella, aunque todo mundo ha ignorado la "razón principal por la cual esto ha sucedido". La historia oficial colombiana y norteamericana es imposible de verificar, pero supuestamente todas las actividades conjuntas entre el ejército norteamericano y colombiano son solamente con el propósito loable de erradicar miles de hectáreas de producción de coca, las mismas que supuestamente han sido destruidas por el cómodo costo anual de 3,200 millones de dólares.

Por supuesto, nada de eso se puede verificar, pues los dos países mantienen que no pueden dar mucha información por la protección de la seguridad nacional. Lo que si ha sido verificado es más de 35,000 muertos cada año entre guerrilleros, paramilitares, miembros del ejército colombiano y ciudadanos víctimas de cualquiera de los grupos anteriores, dependiendo quien emita la versión. Más de 500,000 colombianos viven de refugiados a lo largo de la frontera ecuatoriana y otros miles han emigrado y establecido negocios en todo Ecuador, varios miles más han emigrado a Europa y Estados Unidos. Muchos por haber sido afectados directamente en consecuencia de fumigaciones sobre miles de hectáreas de tierra cultivable con peligrosos químicos como *roundup ultra,* el cual contiene cosmoflux 411-F, que según los datos, ha sido fumigado en concentraciones cien veces más fuertes de lo que es legal en Estados Unidos en cantidad de 3.9 litros por hectárea. Nadie parece siquiera haber pensado en las repercusiones que esto conlleva para el Río Amazonas ya que todos los Ríos de esa zona, el Río Blanco, Río Negro, Río Ángel desembocan en el Río Putumayo, que eventualmente desemboca en el Amazonas. El daño al sistema ecológico del Amazonas no tiene nombre. Esto está causando escasez de comida, envenenamiento del agua, y una epidemia de enfermedades especialmente en los niños y ancianos. El nivel de pobreza se ha incrementado notablemente creando un clima favorecedor para las guerrillas de las FARC. Las repercusiones ecológicas demoran más en ser detectadas, sin duda que cuando epidemias y bacterias ataquen al sistema del Amazonas les culparán a quien sea, menos a quien fumigó el veneno.

Como todo conflicto armado en el que interviene Estados Unidos, siempre existe el factor del conflicto, que precisamente se lo deja fuera de mención. En este caso, la Occidental está explotando petróleo en toda la zona afectada donde se realizan las fumigaciones. Nuevamente vale recordar que con la nueva tecnología de perforación petrolera dirigible horizontal, las petroleras bien pudiesen estar extrayendo petróleo ecuatoriano desde el lado colombiano sin que los ecuatorianos se den cuenta.

El actual presupuesto de Estados Unidos en la llamada asistencia a Colombia ha ido creciendo desde 1,300 millones de dólares en el año 2000; 860 millones para asistencia militar, 290 millones para operaciones de inteligencia, 132 millones para asistencia humanitaria. El presupuesto actual es nada menos que 3.200 millones de dólares, de los cuales 2,580 millones son asistencia militar, más de 600 millones al año son para operaciones de inteligencia y apenas 130 millones son para asistencia económica, la misma que bien se puede decir que es repartida entre la élite de Colombia pues no se ve asistencia alguna para los más de 500,000 colombianos viviendo en la frontera norte de Ecuador.

Las operaciones anti drogas conducidas por Estados Unidos han sido marcadas por la corrupción de las más altas esferas de gobierno de Colombia, Estados Unidos, y otros países que se han visto involucrados. Indudablemente que la participación de la CIA en el oscuro capítulo de los Irán-Contra tiene mucho que ver con la situación actual. Es sumamente importante entender que las personas involucradas en aquel entonces son ahora personajes claves de la historia. En 1981, Estados Unidos controlaba y rastreaba todo envío, avión y embarcación de Latinoamérica a Estados Unidos desde la base aérea de Panamá. Esa base aérea de Panamá fue reemplazada por la base aérea de Manta, pero se debe notar que las operaciones no cambiaron ni la relación de operativos de la CIA y del ejército norteamericano. En documentos e información ante el congreso de Estados Unidos, las fuerzas especiales y unidades del Comando Sur operan en cooperación con 5,000 tropas ecuatorianas de las brigadas de infantería 19th Napo y la Brigada 21st Cóndor. Al mismo tiempo que otras fuerzas operan estaciones de radar, sobrevuelos de aviones AWAC y varios puestos de intercepción de voces y comunicaciones de celulares y teléfonos, que inclusive la Nacional Security Agency NSA tiene oficinas en Quito para monitorear a las FARC y las operaciones de los carteles de la droga. Una pregunta clave aquí es, ¿Cómo es que Rafael Correa no se da por enterado de ese pequeño detalle que consta como parte del acuerdo bilateral de uso de la base de Manta?

Pese a las varias negativas de muchas de las personas involucradas, la evidencia hace imposible no relacionar al director de aviación civil de Colombia en 1981; quien concedía permisos a cualquier avión para salir de Colombia era nada menos que Álvaro Uribe Vélez. Cantidad de vuelos entrando y saliendo de Colombia con drogas y armas no podían haber pasado desapercibidas por una persona que parece distinguirse por su atención a los detalles. Lo que es innegable es los carteles de Medellín y de Cali, quienes coincidentemente mantenían excelentes lazos de amistad con el presidente colombiano, pues los hermanos Ochoa eran amigos desde la infancia, al igual que Montoya y Pablo Escobar Gaviria. Todos prosperaron como nunca antes ninguna organización criminal haya prosperado. Para 1984 y a través de las operaciones de compra/venta de drogas y armas de Irán-Contra, el representante del cartel de Medellín Ramón Milian Rodríguez mantenía contacto con varios de los personajes del proyecto Irán-Contra e inclusive, había hecho una enorme donación de dinero a la campaña de George Bush. Pablo Escobar incluso llegó a ser Senador de Colombia y Álvaro Uribe, aparte de haber sido el director de Aviación Civil de Colombia, fue Alcalde de Medellín, posteriormente senador por el Departamento de Antioquia, después gobernador de dicha Provincia y eventualmente Presidente de la República. Cabe notar que es precisamente el Departamento de Antioquia desde donde la mayoría de envíos de droga se hacían al menos para Irán-Contra. Cabe notar además, que el presidente de la republica Turbay Ayala, con amplio conocimiento de los extraños y turbios enlaces de amistad y hasta relación de sangre de Uribe Vélez, le destituyó del cargo de alcalde, pero nunca se presentaron cargos contra él. La pregunta que todo mundo debe hacerse es, ¿Estamos supuestos a creer que Estados Unidos no sabía ni podía capturar a todos los aviones que traficaban drogas, cuando tenían y tienen todos los más sofisticados radares, implementación de rastreo con satélites, implementación de la tecnología de GPS y la base militar aérea en Panamá dotado de aviones AWAC, prácticamente pocas millas desde donde salían los aviones de los carteles de droga? La base que reemplazó a la de Panamá es la base de Manta en Ecuador, desde donde los más sofisticados aviones, satélites y sistemas de rastreo han sido utilizados.

En realidad, para entender el por qué de la muerte de Raúl Reyes debemos remontarnos a 1983 cuando el padre de Álvaro Uribe murió en manos de las FARC. Tras la muerte de Alberto Uribe, la familia de Álvaro Uribe Vélez perdió 24 de las 25 haciendas que tenía propiedad su padre en toda la provincia de Antioquia, por lo cual su padre se movilizaba en su helicóptero personal y donde Pablo Escobar Gaviria se transportaba en sus helicópteros y aviones personales. Se necesita ser sumamente ingenuo para no darse cuenta que si Álvaro Uribe fue el director de aviación civil de Colombia en ese entonces, no solamente fue quien emitía todo permiso de vuelo y licencia de los aviones y helicópteros que volaban en la provincia. El mismo helicóptero del padre de Uribe Vélez fue hallado eventualmente en la hacienda de Tranquilandia de propiedad de Pablo Escobar Gaviria.

Álvaro Uribe en realidad ha logrado cumplir su promesa en la tumba de su padre de vengar su muerte. Su vida política ha estado marcada por su deseo de combatir a los rebeldes que dieron muerte a su padre hace más de 25 años. Las circunstancias de la muerte de Alberto Uribe nunca fueron muy claramente establecidas aparte de nombrar a las FARC como los responsables. Al mismo tiempo, el hermano de Álvaro Uribe había estado herido de gravedad y la hermana fue secuestrada. Pero inclusive el día de la muerte de su padre, Álvaro Uribe había utilizado un helicóptero de propiedad de Pablo Escobar para intentar llegar al lugar de los hechos, pero por el mal tiempo no había podido hacerlo.

Debemos igualmente citar que en documentos del Departamento de Estado de Estados Unidos y una lista de la DIA (Defense Intelligence Agency) en 1991 consta que Álvaro Uribe Vélez tenía nexos con el cartel de Medellín y estaba listado como el traficante de drogas número 82 (http://es.wikipedia.org/wiki/Alvaro_Uribe). Nada menos que tres sitios debajo de Pablo Escobar Gaviria quien era su primo. Los vínculos de Álvaro Uribe Vélez al narcotráfico son muchos, tanto por sangre, negocios, política y transacciones e intercambio de haciendas. Los vínculos de sangre que lo relacionan a Pablo Escobar son muy claros ya que su otro primo hasta lleva el apellido Uribe Escobar. Pero vínculos de amistad, donde creció y tuvo amistad con los hermanos Montoya y Ochoa. Según acusaciones de Virginia Vallejo, la amante de Pablo Escobar, quien cuenta que Escobar le había dicho a ella que sin Álvaro Uribe nunca se hubiera hecho millonario, pues Álvaro Uribe estuvo a cargo de la dirección aeronáutica de Colombia en 1981 y 1982, cuando Pablo Escobar estableció el tráfico de drogas por avión desde Colombia a Estados Unidos con los miembros del cartel de Medellín, ciudad donde posteriormente Álvaro Uribe desempeña todo cargo de importancia como se citó anteriormente. Álvaro Uribe Vélez es en realidad la única persona que después de haber sido citado como uno de los principales del cartel de Medellín, haya terminado de presidente de la Republica de Colombia y la única respuesta razonable es que Álvaro Uribe se convirtió en el principal agente de la CIA en Colombia.

En 1998 erupcionó un escándalo de la corrupción que representaba el narcotráfico y sus continuos lazos al gobierno colombiano, las fuerzas armadas de Colombia, los paramilitares y la participación de las llamadas guerrillas colombianas, que poco a poco se fueron convirtiendo en los traficantes y productores de la misma droga. Ese año se reveló que cantidad de asesinatos fueron conducidos por los "grupos de la muerte" al mando del general Iván Ramírez Quintero, que tenía lazos con la CIA y era el director las unidades de inteligencia militar. Mientras en realidad, las FARC ganaron más territorio, más poder y consolidaron control del proceso de drogas en Colombia. Fue en el mismo año 1998 que el gobierno de Pastrana y Clinton acordaron en el plan Colombia, un plan creado por siete economistas y matemáticos de la Corporación Rand, una de las artífices de varios planes siniestros en los países subdesarrollados donde les gusta jugar a ser dioses, que pueden alterar la vida de los demás a pretexto de proteger sus Intereses. Cabe destacar que el plan fue aprobado en combinación de un pago de 2,7 mil millones de dólares al gobierno de Pastrana. Tras aprobación en el Congreso en 1999, se inició su implementación para el año 2000, mucho más antes que reciba la atención que la prensa le ha dado en nuestros países.

La historia muy claramente establecida con pruebas contundentes y documentada por evidencia desclasificada, demuestra que las operaciones conducidas por la CIA con grupos armados y grupos dedicados al tráfico de drogas tanto en Laos, Camboya, Vietnam continuaron así en Colombia, Panamá, México, Bolivia. El escándalo de Irán-Contra coincidió en cinco factores que han dejado su huella hasta hoy día: Participación de la CIA; crecimiento astronómico de los carteles de la droga; creación de grupos paramilitares; participación de las guerrillas en el narcotráfico, personas involucradas en ese entonces ahora ocupan los cargos más importantes en Colombia. Por eso, el escrutinio de los grupos armados, paramilitares y la intervención de la CIA no pueden ser analizados como casos separados, sino más bien, como parte de la misma secuencia y desarrollo porque la misma organización, las mismas corporaciones están involucradas. Aunque el proceso sea diferente en Venezuela y en Colombia, el objetivo es el mismo, apoderarse de los recursos y oprimir a la población.

Igualmente, varios periodistas han vinculado al presidente Álvaro Uribe Vélez a las fuerzas paramilitares de Colombia con acusaciones ante el congreso colombiano por parte del congresista Gustavo Petro, donde este acusó que el hermano Santiago Uribe Vélez como dirigente de las fuerzas paramilitares, usó la misma hacienda "Las Guacharacas" del presidente colombiano para asesinar a cientos de campesinos y de militantes de las FARC.

"Los paramilitares tomados de la mano de la mafia asesinaron a centenares de decenas de miembros de la Unión Patriótica, UP, a dirigentes de izquierda y a reconocidas figuras de los partidos tradicionales como Luís Carlos Galán... ...su espiral de violencia, terminaron derribando el avión de Avianca y colocándole un carro bomba al DAS".

Gustavo Petro. Febrero, 2007

Es impresionante e inverosímil la forma que Álvaro Uribe ha logrado siempre salir ileso de toda acusación y esto solo puede obedecer a que tiene una águila muy grande que le protege, porque después de haber estado en una lista del Departamento de Estado y luego de la DIA, solamente cuando alguien se convierte y se vuelve soplón de otro lado puede haber tanta protección. Todo escándalo queda en palabras porque Uribe siempre sale aludiendo que dichas acusaciones contra él han sido hechas por "criminales sin credibilidad alguna, con el fin de causarle daño político". Pero nunca menciona que fue sacado de alcalde por nexos al narcotráfico. Es increíble que las mismas tácticas que ha venido usando Álvaro Uribe Vélez para negar esos nexos con el narcotráfico ahora sean usadas por Rafael Correa para evitar ser investigado. Quizás más increíble es que ahora sea Álvaro Uribe quien esté acusando a otro presidente de "nexos con el narcotráfico".

Germánico Vaca Michelena

CAPÍTULO VI

EL CABALLO DE TROYA

"Es un absurdo decir que el país puede emitir bonos que respaldan el dólar, pero no emitir su propia moneda; porque los primeros enriquecen a la Reserva Federal, la segunda opción es tener moneda propia que trabajaría para beneficio del pueblo ecuatoriano".- Germánico Vaca

Aristóteles fue uno de los primeros "científicos" en analizar la ciencia política en su obra didáctica "Tópicos". Me permito usar una de sus sabias premisas para iniciar este análisis del gobierno de Correa.

Aristóteles ya había dicho que, "Quien use la *retórica* debe *usar premisas comunes y conocidas para poder convencer a los demás,* en lo que se considera de conocimiento común de la verdad. Pero solamente quien sepa -las consecuencias- de sus actos y de sus palabras puede considerarse digno del poder y del conocimiento, de lo contrario se debe considerar su retórica *ignorante*".

Primeramente, debo decir enfáticamente que al igual que muchos ecuatorianos deseosos de ver el progreso del país hice el intento de contribuir con el gobierno y por ello le envié al flamante presidente Rafael Correa, varias ideas y sugerencias por intermedio del gobernador de una provincia. Inicialmente, fue grato saber que "según él" había habido "buena acogida de parte del Presidente y algunos ministros".

Pero pocos días más tarde, me quedé sorprendido cuando eventualmente Correa postuló algunas ideas que le había enviado, clamando que eran suyas y que eran parte de su plan de gobierno. Esto dio origen a mis sospechas de Correa.

Por un lado se proponían enormes cambios prácticamente a diario. Sin embargo, cada idea que le había enviado ha sido utilizada en ruedas de prensa, discursos y pronunciamientos en su constante parodia demagógica donde tira todo tipo de ideas y propuestas. Eso no concordaba con la forma tan ordenada y sistemática que se ha estado implementando ciertas acciones gubernamentales. Con ello nace la sospecha que Correa no era quien estaba detrás de tantos planes y tantas ideas. Luego, al comparar las posiciones de sus aliados más cercanos como Patiño, Acosta y Larrea tampoco pude encontrar evidencia que ellos hubiesen formulado el plan de gobierno. Aparte de descubrir que Gustavo Larrea recibió entrenamiento en operaciones de inteligencia. Así la pregunta a responderse era, ¿Quién estaba a cargo de formular y crear el plan de gobierno? ¿Quién había creado esa maquina tan efectiva de cambio?

Al empezar a investigar y realizar varias "búsquedas" en el Internet encontré varios enlaces que me apuntaron en la dirección a un viejo proyecto llamado Camelot. Al principio parecía coincidencia, pero al analizar el trabajo de Robert Nisbet, documentos desclasificados de la CIA, las obras de varios autores quienes habían estado involucrados en el proyecto Camelot, varios documentos acerca de Cuba y Venezuela, la combinación de eventos similares comenzó a desvelar la imagen de que Correa está trabajando para intereses extranjeros.

En verdad, al analizar la evidencia no podía llegarse a otra conclusión. Datos desclasificados y documentos existentes definen el plan de gobierno de Correa, la existencia del partido de Correa, la adopción de socialismo XXI y lo que poco a poco ha ido desarrollando Correa en su gobierno son la implementación del proyecto Camelot en Ecuador y esto hace de Correa "el caballo de Troya ecuatoriano".

A esto se adicionó las acciones cuestionables de Correa, quien clama ser socialista, y durante la campaña de la primera vuelta se llamaba un cristiano humanista, pero constantemente está creando leyes que distan absolutamente de ser los dos preceptos. Al analizar a fondo se puede ver que las medidas económicas y políticas de Correa son exactamente lo que se promulga en el plan Camelot.

Una vez determinado que existía dicha posibilidad que Correa sea un caballo de Troya, decidí consultar a dos especialistas en el asunto. Primeramente, un analista retirado de la CIA y un ex empleado del Departamento de Estado de Estados Unidos que trabajó en Chile y Ecuador. Por su protección y las leyes no divulgo sus nombres. Pero gracias a esa consulta obtuve una definición clara de lo que debía buscar e investigar para llegar a una conclusión, la misma que me podía demostrar si estaba correcto. Así comparto exactamente lo que me fue proveído.

Un caballo de Troya en términos generales del espionaje es considerado un agente psicopolítico. Este tipo de agente es en realidad el agente más peligroso porque por un lado, sabe que puede cometer enormes daños contra la humanidad en perfecta impunidad, porque psicológicamente cuando el ser humano se siente respaldado de la potencia más grande del mundo y sabe que ha sido confiado lo que ante sus ojos es el control absoluto de su país, obtiene mentalmente un sentido de insensibilidad y supremacía absoluta. Un agente así debe tener las siguientes características:

- Un alto grado de inteligencia, preferiblemente una memoria fotográfica, adepto a la persecución del conocimiento.

- Un profesional de credenciales intachables, graduado de universidades notables y preferiblemente en las ramas de sociología, economía, antropología o psicología. O en su defecto, un militar de alto rango con estudios notables, preferiblemente ya entrenado en inteligencia.

- Un alto narcisismo, con tendencias egocentristas, adepto a la megalomanía, un individuo que busque y persiga constantemente la atención, ser el actor de la película, el constante adepto a ser el sabelotodo.

- Una persona incapaz de conceder estar errado, que trate de hacer prevalecer sus propios conceptos a cualquier costa, se convierte en el candidato ideal porque se vuelve adepto a lavar el cerebro de una persona, de un grupo, de un partido, de los habitantes de su país.

- Una persona entrenada en mantener la disciplina de conceptos y preceptos aceptados, así ayuda a mantener el dominio sobre ideas.

- Una persona altamente capaz de trabajar por su cuenta, prefiere ser quien obtenga todo el crédito.

- Una persona que se sienta cómoda en el papel de líder. Convertirle en experto en como mantener esquemas de fidelidad y lealtad exigidas a los individuos o grupos que estén bajo su control.

- Una persona que se vuelva experto en usar los servicios de inteligencia, contrainteligencia, militares, políticos y siempre ejerza sus técnicas de control mental.

- Una persona capaz de usar la violencia contra el cuerpo o la mente, adepto a degradar y envilecer a otros.

72

- Una persona adepto a controlar todo, y con la capacidad de manipular a otros para conducirles a sus diseños.
- Una persona capaz de usar la religión para lograr la obediencia, fidelidad, lealtad y conducta deseada.

Sin duda alguna Correa cumple con muchos de estos requisitos. Pero no es suficiente para acusar a alguien, se necesita identificar si en verdad esta persona puede estar llevando a cabo lo que el proyecto Camelot tiene como objetivo. Por ello revisé nuevamente los antecedentes y se hace necesario buscar si el proyecto Camelot está siendo aplicado en Ecuador.

El plan Camelot es el producto de varias décadas de trabajo, con la participación de decenas de sociólogos y científicos en varias partes del mundo que participaron en el proyecto, para eventualmente crear un plan dinámico y absoluto de cómo controlar un país dotándole de un sistema social, e instalando un líder que sea como un caballo de Troya sirviendo los intereses de Estados Unidos. Aunque como se citó anteriormente, el desarrollo del proyecto se lo hizo con la pretensión de ser nada más un estudio académico y que su alcance es crear un programa de contrainsurgencia global preventiva. Sin embargo, como se cubrió anteriormente se le anunció al mundo que el proyecto fue cancelado, aunque eso nunca sucedió. Al leer los varios libros de sus participantes se vuelve obvio que si se llegaba a implementar el proyecto, este tendría que contar con la presencia de personal de las varias ramas que permitan monitorear todo evento, contingencia y probabilidad.

Esto entonces significa la presencia de elementos del ejército de Estados Unidos; Ecuador es el único país en Sur América donde el ejército tiene presencia y acuerdos que le permiten operar en el país por el acuerdo de la base de Manta, el mismo que opera con la participación de dos brigadas ecuatorianas como se citó anteriormente.

A esto se suma que varias de las agencias que implementaron el proyecto Camelot han sido incluidas en otras agencias, y la única agencia con el poder presupuestario de financiar la misión en secreto es nada menos que la Agencia de Seguridad Nacional (NSA), que sospechosamente y curiosamente tiene sus únicas oficinas en Sur América, nada menos que en Quito, Ecuador.

Además, para que la operación sea un éxito necesitarían monitorear todo tipo de comunicación en el país. Esto explicaría la presencia de la NSA en Ecuador y no se debe olvidar que los teléfonos están en manos de una compañía norteamericana, la misma que en Estados Unidos ha estado involucrada en dar acceso completo a la NSA a todo su sistema para que puedan interceptar todas las llamadas.

Las posibilidades se van volviendo más claras, primeramente no hay explicación posible alguna para que la Agencia de Seguridad Nacional de Estados tenga una oficina en un país extranjero cuando su trabajo es exclusivamente monitorear las conversaciones telefónicas, y toda las comunicaciones entre individuos incluyendo teléfonos celulares. En Estados Unidos hubo investigaciones y serias críticas cuando se descubrió que la compañía AT&T, junto con otras compañías norteamericanas habían entregado a la agencia acceso a todas sus comunicaciones.

Claramente la investigación empieza a aumentar en su número de probabilidades. Como ejercicio mental al mismo tiempo que investigativo, decidí re escribir lo que había descubierto del proyecto Camelot con una variante, llenar los blancos en las premisas y adicionar –Ecuador o gobierno de Correa-. Este es el resultado:

Alcance del proyecto Camelot en Ecuador:

a) Creación de un sistema "dinámico socialista" (socialismo XXI) capaz de detectar "los indicios de condiciones y tendencias" que podrían llevar "a la guerra interna" en Ecuador.

b) Análisis de los probables efectos que tendrían "diferentes medidas gubernamentales del gobierno de Correa sobre los procesos sociales de la cultura autóctona ecuatoriana."

c) Implementación de las dos cosas anteriores en Ecuador, una vez que hayan sido determinadas las "interacciones dinámicas" del gobierno de Correa, al recopilar los datos e información y cuando se haya detectado, programado y entrenado "al gobierno de Correa (a los actores sociales)" permitir que implementen y obtengan "una base segura para la planificación y la política".

No cabe duda alguna que eso resume exactamente al gobierno de Rafael Correa.

Por la naturaleza de los objetivos que se persiguen, el proyecto Camelot tomó varios años y su implementación jamás podía realizarse abiertamente. Esto implica que para lograrlo, los servicios de inteligencia que recopilaron la información serían quienes la implementen. Los objetivos a largo plazo son los únicos que tienen importancia. La meta final nunca es pronunciada, porque se sobreentiende que todo este proceso es para obtener una ganancia financiera, política y económica en beneficio de los intereses económicos y estratégicos de la élite que gobierna el mundo.

Convengamos entonces que en el proceso, la CIA ha obtenido amplia experiencia al conducir experimentos y operaciones de infiltración de grupos izquierdistas y hasta creación de falsas entidades marxistas. En varios países hasta se han manufacturado golpes de estado. Una vez que han tenido un gobierno en su bolsillo se han llevado a cabo "diferentes medidas gubernamentales" -como explícitamente consta en el proyecto Camelot-. Un ejemplo son la "nacionalización de los recursos" no es nada nuevo. Esto se ha venido haciendo desde hace mucho tiempo y el verdadero objetivo ha pasado desapercibido por la prensa y medios de comunicación. Es hora de revelar como funciona.

Una de las primeras instancias se encuentra documentada en el libro "End of Innocense, 1954 Coup in Guatemala". Copias de los cables y comunicaciones de la CIA han sido desclasificadas. Tanto la razón que motiva el golpe de estado, como las repercusiones de esa experiencia es que el presidente Jacobo Arbenz Guzmán había seguido la política de liberación del pueblo guatemalteco al decretar una ley de reforma agraria, donde el mismo Arbenz había entregado más de siete kilómetros de tierras de propiedad de su esposa.

La CIA inicialmente había visto con buenos ojos a Arbenz creyéndole un oportunista que seguiría los designios de la CIA. Pero la ley de reforma agraria afectaba todo el territorio del país y por ende, se dictaminaba la **expropiación e indemnización de tierras de la United Fruit Company,** que en ese entonces era dueña de millones de hectáreas en todo Latinoamérica e incluía propiedad de ferrocarriles, líneas de ferrocarril, etc. Arbenz en realidad había ofrecido una indemnización justa al declarar que el gobierno guatemalteco pagaría a la United Fruit **exactamente el monto que la compañía había declarado en su declaración de impuestos de 1952, lo cual era $3 dólares por hectárea.** El Departamento de Estado y la CIA realizaron el golpe de estado con el pretexto de que estaban actuando en defensa de la expropiación ilegal de las propiedades de la United Fruit Company, a la cual la United Fruit y el Departamento de Estado habían puesto el nuevo valor arbitrario de $75 dólares por "acre", la hectárea tiene al menos tres acres y por tanto, la demanda de Estados Unidos era nada menos que de $12,589.700 dólares.

Desde entonces se ha venido usando esta misma artimaña como el pretexto que, a corto o largo plazo, eventualmente les ha creado una bonanza financiera sin precedentes. Al dar el golpe de estado se recupera las tierras o se establece un nuevo valor a las propiedades. Si por el contrario el golpe de estado y el líder colocado en el gobierno es quien declara la nacionalización de petróleo; recursos mineros; servicios eléctricos y telefónicos, etc., entonces el propósito es parte de un plan a largo plazo y funciona así.

Germánico Vaca Michelena

¿Porque la expropiación de concesiones mineras, petroleras y recursos?

En el caso de Ecuador esto ya ha sido efectuado anteriormente y en diferentes formas cuando una compañía extranjera (canadiense, japonesa, china, brasileña) ha detectado una riqueza considerable de cierto recurso, tal como ha sucedido con los descubrimientos de enormes cantidades de oro, cobre y plata por parte de compañías canadienses. En primera instancia, Estados Unidos necesita crear una operación para que esas concesiones terminen en sus manos. Allí un caballo de Troya es lo más efectivo, pues a pretexto del mentado nacionalismo se elimina las concesiones y cuando sea ideal terminará en manos de compañías norteamericanas. Si esto falla, se manufacturará una manera de adquirir la compañía dueña de las concesiones.

Pero a eso se adiciona el problema que enfrentan las multinacionales en el enorme costo de infraestructura que conlleva la explotación de minerales, entonces se requiere de un audaz plan donde la compañía puede lograr sus objetivos, sin realizar los gastos que implican la construcción de infraestructura. Así se da la bienvenida a las nacionalizaciones para que sea el país quien realice el gasto de toda la infraestructura.

Cómo y Porqué

Cuando un recurso natural es detectado, tal como es el caso de la enorme cantidad de oro, cobre, uranio y otros minerales encontrados en Ecuador en la última década, además de nuevos yacimientos petroleros, el mayor problema es el costo de la **infraestructura necesaria para poder explotarlos**. Costo imprescindible e inevitable, pero al mismo tiempo es un gasto que no puede ser recobrado por las multinacionales. Sin electricidad no funcionan las plantas y las minas, sin puentes y carreteras no se puede sacar el producto. Sin expandir el puerto no hay facilidades para expandir la exportación. Una compañía minera por ejemplo, necesita enorme cantidad de energía eléctrica, carreteras, puentes y vías que le permitan el fácil acceso al recurso. A esto se suma la necesidad de personal especializado y trabajadores capacitados. Además, necesita leyes favorables que le permitan las mayores ganancias posibles. Esto implica una inversión de millones de dólares y tiempo de inversión antes de que se pueda obtener la producción de las minas. Todo esto sin que exista por ahora las leyes, garantías políticas, económicas y de inversión que satisfaga a las multinacionales.

La solución como es demasiado obvio, se le ha presentado a Ecuador con un gobierno aparentemente populista que desea crear leyes nacionalistas para beneficio total y absoluto de Ecuador. Pero lo que se le está ofreciendo es un espejismo. Porque la nacionalización del petróleo es una mentira ya que PetroEcuador mantiene control del 75% de la producción de petróleos ecuatorianos, sin que Ecuador perciba las ganancias del recurso pues el dinero se esfuma.

Esto demuestra y deja en evidencia que la expropiación de concesiones y el cambio de ley minera en Ecuador nada tiene que ver con obtener beneficios para el país. La meta principal es desapropiar a las compañías nacionales y canadienses que en el proceso de **exploración** descubrieron las cantidades de oro, cobre y uranio. Con un plumazo de la Asamblea Constituyente dominada por Correa se "robó descaradamente" el trabajo de años de muchas de esas compañías, sus esfuerzos y su inversión. Sin contar que la prospección fue hecha con fondos de subsidios entregados por Canadá y gobiernos europeos.

La CIA mientras tanto, ha utilizado espías entrenados en Cuba para posar como los grandes protectores del medio ambiente. Pero su único fin ha sido mermar cualquier intento de compañías japonesas o canadienses de explotar el recurso.

El propósito es dejar que sea Ecuador a través de enormes prestamos, tales como los que están siendo aprobados al gobierno de Correa, que construya la infraestructura: Así se construirán las vías de acceso a la cordillera del Cóndor; así se construirán las autopistas para la nueva refinería aun antes de decir donde estará ubicada; así se aprobarán las carreteras y autopistas necesarias entre los puntos planificados; repentinamente asomarán las aldeas necesarias para albergar a los mineros, aunque al principio sean mineros artesanales quienes empiecen el proceso de migración a donde ya se sabe está el recurso; por eso se reparte y anuncian la construcción de las nuevas plantas hidráulicas necesarias para la explotación; por eso se anuncia repetidamente la firma entre Venezuela y Ecuador de la mega refinería para los nuevos productos; por eso se firmó el contrato de expansión del puerto de Manta con la Hutchinson.

Se El antecedente de cómo empezó este esquema de explotar a nuestros pueblos inició con el conflicto de Arbenz en Guatemala. Simplemente, la CIA manufactura un golpe de estado y el gobierno aprueba la nacionalización. La evidencia histórica de Ecuador demuestra más allá de cualquier duda, que precisamente lo que acabo de proponer, sucedió de inmediato en el gobierno militar impuesto en Ecuador desde 1972 a 1979. La clave principal del gobierno de Rodríguez Lara fue **la introducción de cambios estructurales a través de un proceso de desarrollo que impulsó la construcción de infraestructura como nunca antes vista en Ecuador.** Simultáneamente, se construyó la refinería de petróleos en Esmeraldas, el Oleoducto nacional desde el Oriente ecuatoriano al puerto de Manta, el proyecto hidráulico más grande del país con la construcción de la planta hidráulica de Paute, la construcción de carreteras, puentes, desarrollo en telecomunicaciones, desarrollo en la exploración de nuevos yacimientos petroleros (enfatizo exploración no explotación) e igualmente prospección minera (no explotación minera). Se lanzó un programa de construcción de alcantarillado, asfaltado de las carreteras y vías principales del país, construcción de escuelas, colegios, hospitales, estadios, coliseos, puentes. Se lanzaron proyectos de salud y varios proyectos de desarrollo en todo el país.

Todo parecía indicar que había un nuevo y verdadero proceso económico que garantizaría el desarrollo económico de Ecuador por muchas décadas. Las ganancias de las financieras y los bancos eran exorbitantes. El crecimiento económico del país era de nada menos que el 10% anual en el PIB. Pero todo era parte de un plan a largo plazo, muy bien concertado por esas élites económicas internacionales que pacientemente esperaban que se cumpla y termine la fase de construcción de infraestructura para explotar los recursos y aprovechar del país. Cuando eso estaba concluido, solo entonces el país despertó a la realidad, que durante esos años se había estado acumulando una enorme deuda. Lo que la gente simplemente aceptó como verdad sin hacer preguntas fue que, los militares se "robaron el dinero" y la riqueza del país.

Ciertamente que cierto enriquecimiento ilícito si sucedió, sería de ingenuos pensar que eso no sucedió. Pero lo que debemos también saber es que en todos esos años las multinacionales estuvieron operando muy felizmente en el país, pues fueron las multinacionales las que no perdieron nada, se mantuvieron prestando servicios muy bien pagados en contratos que podían recibir del gobierno militar que tenía muy estrechos lazos con la oligarquía guayaquileña. La construcción del oleoducto, de la refinería, de la presa hidráulica y todo tipo de compañías de construcción que construyeron puentes, carreteras y demás, cumpliendo el propósito de garantizar que se construya en efecto la **infraestructura necesaria.** La deuda del país sería la garantía de que una vez que el gobierno militar sea depuesto, una nueva fase de privatizaciones iniciaría donde se pueda explotar los recursos por nada.

Precisamente la presión en los gobiernos fue tan grande que estos se vieron obligados a bajar los impuestos a las multinacionales para que reinicien la exportación del oleoducto. Una vez dadas las condiciones para la nueva crisis financiera, las compañías estatales se enfrentaron a la quiebra, los bancos empezaron a irse a la quiebra y las financieras se redujeron considerablemente. Todo esto tenía el propósito que para entonces el gasto de infraestructura había sido concluido, ahora las compañías fueron rematadas por costos absurdos porque nunca se tomaba en cuenta el enorme costo de la infraestructura. Así a la llegada de las políticas del neoliberalismo las compañías extranjeras compraron y adquirieron por centavos del verdadero costo. Andinatel, Paciftel y Telecsa siguen operando bajo dichos nombres pero los accionistas verdaderos son los conglomerados multinacionales. Ahora que se necesita hacer el enorme gasto de una nueva red de fibra óptica nuevamente se hace un consorcio donde el estado participa, porque será quien construya la infraestructura y al final será el pueblo quien pague. Así se repite la secuencia de la década de los setenta cuando los gobiernos militares en todo Latinoamérica fueron puestos en el poder para precisamente construir la infraestructura el momento mismo que Estados Unidos llegó a su peak oil. Cuando se vieron confrontados a la realidad que la producción de petróleo caería notablemente, entonces desencadenaron los grandes proyectos de infraestructura en todos los países. Los pueblos pagaron con enormes préstamos aprobados convenientemente por el Fondo Monetario Internacional, creando sucesivamente la bonanza de unos pocos años de poder y control de los recursos en manos de los militares, el auge de las nacionalizaciones llegó a su fin el instante que se acabó de construir la infraestructura, entonces se introdujo la privatización de las empresas, las nuevas políticas de neoliberalismo emitidas desde Londres y Washington DC para comprar por centavos lo que tanto gastaron los pueblos, las riquezas se explotaron mientras se pudo. Pero el desarrollo y la clave es que ahora los mayores productores de petróleo acaban de pasar su peak oil. Ahora el mundo se enfrenta a una considerable caída de la producción de petróleo y el costo mucho más grande para extraerlo, así países como Ecuador que no ha llegado a su peak oil se convierten en el blanco de estas políticas y por ello la imperiosa necesidad de controlarlo.

La evidencia clara que apoya mi argumento es el hecho que los cuatro años del gobierno de Rodríguez Lara, menos del 1% del terreno cultivable cambió de manos a pesar de estarse implementando la supuesta Reforma Agraria. Igualmente, es en el gobierno de Rodríguez Lara donde enormes préstamos financiaron proyectos de infraestructura notable, la refinería de petróleos y el complejo petroquímico en Esmeraldas, el asfaltado y construcción de carreteras Quito Tena-Puyo, la planta hidráulica de Paute, la creación de la corporación estatal ecuatoriana CEPE.

Si bien es cierto que se renegociaron las concesiones petroleras con la Texaco-Gulf en el Oriente, e inicialmente se incrementó los pagos de regalías e impuestos de las compañías extranjeras, en parte fue para la aprobación de los enormes préstamos destinados a la construcción de la infraestructura.

Aquí se debe hacer un paréntesis y hacer mención de documentos desclasificados de la CIA que demuestran su frustración y hasta intentos de asesinato contra el General a cargo del Ministerio de Hidrocarburos Gustavo Jarrín Ampúdia, quien a pesar de las constantes amenazas de muerte y enorme presión por parte de la CIA, trató de establecer incrementos de los pagos al gobierno de una forma justa, incrementando hasta el 51% los pagos para Ecuador. La respuesta lamentablemente fue que al no dar efecto la presión y la CIA no lograr su cometido, las compañías extranjeras suspendieron drásticamente las exportaciones por más de nueve meses, causando una escasez de gasolina y un costo multimillonario de pérdidas para el gobierno, torzando así al triunvirato a remover a Jarrín Ampúdia del gobierno y acto seguido, anunciar que los impuestos a las compañías petroleras y sus exportaciones serían recortados considerablemente.

En papel, la historia culpa a los gobiernos militares de enorme despilfarro, de enormes gastos públicos que intentaban impulsar la industria ecuatoriana y que en realidad fue aprovechada para crear monopolios. Todo esto era financiado en parte por las exportaciones petroleras, pero en su mayor parte por deuda externa. A lo anteriormente citado, a los proyectos de infraestructura se sumaron los gastos en construcción de escuelas, colegios, estadios, sistemas de alcantarillado, coliseos, puentes, vías. Por citar un ejemplo concreto, en la Provincia de Imbabura se llevaron a cabo cantidad de proyectos, entre los mas importantes están: Asfalto de la vía Quito-Ibarra, construcción de un nuevo puente sobre el Río Guayllabamba, alcantarillado de

Otavalo e Ibarra, adoquinamiento de las varias ciudades: Ibarra, Otavalo, Cotacachi, Atuntaqui, construcción de la vía Otavalo-Selva Alegre, proyección para la construcción de la vía Ibarra-San Lorenzo, reconstrucción del ferrocarril Ibarra- San Lorenzo, construcción del Coliseo Luís Leoro Franco, construcción del Colegio Técnico del Norte, construcción de la Universidad Católica de Ibarra, construcción de la Universidad Técnica del Norte, construcción del Colegio Técnico de Señoritas 17 de Julio, construcción de estadios olímpicos en Ibarra, Otavalo y Cotacachi. Construcción del puente del Chota.

Las decisiones tomadas con respecto a las enormes deudas, fueron inducidas por los organismos financieros internacionales para el agresivo endeudamiento externo, que tenía como propósito dual eliminar al gobierno militar y preparar al país para la aplicación del neoliberalismo y con ello, la privatización de todas las industrias estatales que después de multimillonarias inversiones de construcción e infraestructura podrían ser compradas por centavos de dólar.

Ahora se empieza el nuevo proceso, se necesita nuevamente iniciar una **segunda fase de desarrollo estructural y de construcción de infraestructura.** Por eso es que Correa se cree invencible, porque sabe que este proceso es patrocinado por la élite financiera mundial que podrá construir toda esa infraestructura, pero nunca se ha detenido a pensar en que estamos en un mundo donde miles de ecuatorianos hemos estado viviendo por décadas en otros países y nos hemos expuesto a las jugadas financieras del mundo. Aquellos que podemos identificar que el pueblo está siendo sacrificado como un borrego ofrecido por Abraham a su Dios Hebreo. Así, los ecuatorianos que hemos tenido la suerte o tragedia de estar viendo lo que acontece en nuestro país desde afuera, no somos presa fácil que puede ser burlada con las continuas operaciones de la CIA, simplemente el plan es demasiado agresivo ante la evidencia histórica de intervencionismo en Ecuador.

Así el gobierno de Correa se ha convertido en un espejo del gobierno de Rodríguez Lara al anunciar la construcción refinería, carreteras, construcción de otras dos presas hidráulicas y la conclusión de otra. Es por eso que se firma contratos para la construcción de autopistas aunque no sean para unir puntos vitales de la economía del país. Es al fin de cuentas, la razón que Correa está como presidente.

Pero no debemos olvidar esta vez que se oculta el enorme déficit del país y la deuda que estos proyectos conllevarán. Sin duda que a corto plazo no tendrían mayor repercusión y muy seguramente las masas pueden creer que todo está mejor, pero será la repetición de los setenta. Esta vez sin Abba y sin Julio Jaramillo.

Aquí es demasiado evidente que los principios utópicos de Correa de querer explotar la minería con una sola compañía nacional, no están basados en ninguna lógica económica. Es lo que la élite financiera mundial desea. Es algo tan irracional que ningún país en el mundo lo ha intentado pues la inversión que eso conlleva es tan enorme, y los resultados tan inciertos que el objetivo no puede ser lo que promulga Correa, es muy posible que se lo haga, tal como se despilfarró millones con CEPE. Pero precisamente sería la garantía que eventualmente dicha compañía controle las minas y metales del país, con leyes creadas específicamente para favorecer enormes ganancias, esas leyes serán aprobadas supuestamente para beneficio del país porque son empresas estatales, pero cuando terminen en manos de los monopolios extranjeros, cuando llegue la privatización, garantizará que ellos se lleven todas las ganancias. Mientras que el pueblo no percibe lo que realmente está haciendo Correa. Eventualmente, el propósito es que todo esto termine en manos de las multinacionales norteamericanas, aunque no se debe olvidar que la élite financiera controla compañías europeas, canadienses, australianas. Al igual que PetroEcuador termina esfumando todos los dineros del petróleo que solo se entrega al país centavos de dólar por barril, así sucederá con las empresa estatal de minas que Correa clama será la gran solución.

La realidad es que se debe crear tratados justos para todas las partes, con compañías de la más alta integridad y con países que se adhieran al máximo respeto de la soberanía de Ecuador y las leyes internacionales. Ecuador no se puede aislar ni detener industrias que son de vital importancia para el desarrollo integral de la nación y se debe seguir conduciendo negocios con quienes lo hacen honestamente, equitativamente y profesionalmente. De lo contrario, los objetivos de las élites financieras nos conducirán a la eventual crisis absoluta de la minería y el petróleo y serán quienes tengan el control completo del destino económico del país

Las Violaciones de la Constitución y Destrucción de las Instituciones Democráticas.

En consideración de lo expuesto decidí partir de los siguientes puntos para analizar a Correa:

1. Correa está "pretendiendo" gobernar el país, cuando en realidad sabe perfectamente que solamente sirve ciertos intereses que pueden lograr sus objetivos solamente con poderes dictatoriales. Pero de todas maneras, tiene el poder y con ello se cree poseedor de "la verdad absoluta" y todos quienes se opongan a sus "principios" están errados. Así, no puede haber críticos contra el poder. Eso es opuesto al socialismo que está supuesto a ser el gobierno de las masas.

2. Principios y procedimientos constitucionales fueron violados al destituir con decreto ejecutivo a 57 miembros del Congreso con el sólido propósito de impulsar el proceso de la consulta popular. Tal como se explica anteriormente, la eliminación del congreso tenía el firme propósito de establecer los poderes dictatoriales, igualmente no son medidas que son estrictamente socialistas.

3. Nuevamente, bajo decreto ejecutivo se aprobó un estatuto para la creación de una Asamblea Constituyente, con el "único" propósito" de redactar una constitución a ser aprobada por referéndum. Y dicha asamblea debe ser disuelta en un máximo de 240 días (decreto 148). Inmediatamente notifiqué y envié carta al presidente de Estados Unidos porque quería ver que respuesta recibía, absolutamente ninguna cuando veces anteriores he recibido contestación aunque sea formal. Mi alarma fue porque la asamblea tenía "plenos poderes", esto ha sido precisamente usado para que los asambleístas se auto califiquen de ser el nuevo poder legislativo del país, emitiendo decretos y mandatos. Algo que explícitamente no fue parte del mandato popular obtenido por votación, que explícitamente expresó que era *el único propósito de redactar una carta constitucional"*.

4. En plena violación del derecho constitucional del Ecuador, el Presidente pide la disolución del Congreso y clama ahora que la asamblea constituyente tiene plenos poderes. Algo que expuesto ante organismos de defensa de los derechos humanos y órganos de expertos en lo que constituye derechos constitucionales, muy claramente han expuesto como una seria violación a la democracia y los derechos humanos.

5. En plena violación de los códigos, estatutos y de la constitución, el Presidente Correa hizo campaña, gastó dineros del estado haciendo campaña para miembros de su partido. Su objetivo era obtener control absoluto de la constituyente y eso definitivamente lo logró, mientras se intentaba criminalizar y eliminar a "candidatos" que hagan el menor intento de hacer campaña.

6. Correa está usando el estado como una maquinaria burocrática de opresión y sometimiento de sus ciudadanos, abrogando el mandato de mantener el monopolio legalizado del uso de la violencia y del derecho a tomar la vida de los demás.

7. Al analizar las acciones de Correa es imposible no ver en dichas acciones las premisas centrales que se habían declarado en el proyecto PNAC, el proyecto Camelot, y el Proyecto Socialismo XXI.

Desafortunadamente, no podemos llegar a otra conclusión que Rafael Correa no es el creador del plan de su gobierno, no es el arquitecto de los enormes cambios del país, es el líder figurativo de socialismo XXI y los objetivos no pueden dar otros resultados que las claras metas establecidas en el Proyecto Camelot como parte de los planes geoestratégicos de dominación mundial. Es por eso que la retórica de Correa jamás responde las acciones ni explica el alcance y objetivo de ellas. Correa recurre al enfrentamiento verbal porque él mismo no entiende ni sabe los objetivos finales del proyecto y por ende donde terminará su gobierno, por eso no mide sus palabras y las consecuencias de ellas, dando origen a actos y acciones que solo pueden dar como consecuencia la división de los ciudadanos, la eventual dictadura y la anarquía del país.

Proceso político de implementación del sistema socialista de Camelot.

Si bien la economía no es una ciencia, es más bien una práctica humana que de vez en cuando ofrece resultados. Lamentablemente, al caminar siempre a la par de la política también atrae más farsantes y fanfarrones que aquellos que imitan a Elvis en Las Vegas. Si tratamos de medir los logros de la ciencia económica, nos encontramos con experimentos comunistas de Stalin y Lenin que dejaron a varios millones de muertos y sumieron al pueblo ruso a varias décadas de calamidades, -ergo con el total apoyo de las masas inicialmente- aunque muchos prefieren recordar los grandes logros armamentistas, sin explicar donde está la lógica de tener a un pueblo en opresión y pobreza, mientras se gastaban billones de billones construyendo armas atómicas y nucleares en competencia con Estados Unidos. Los únicos beneficiados fueron en realidad las compañías de armamentos que cobraban enormes sumas por todos esos misiles, armamentos y tecnologías.

La guerra fría se desarrolló entre la USSR y Estados Unidos y sin embargo, fue la batalla clásica de dos jóvenes inmaduros que sin detenerse a pensar se retaron a ver quien tiene el misil más grande. El resultado fue una lista enorme de misiles nucleares y atómicos que podían destruir el mundo cientos de veces. Al final del colapso de la Unión Soviética se desmantelaron muchísimos de esos misiles y muchos quedaron en manos de países que por ello se desataron en la guerra que diseminó sus poblaciones. En ese proceso de las guerras de Kosovo, Serbia, Bosnia nuevamente la élite financiera y el complejo industrial militar cosecharon grandes ganancias monetarias.

Estados Unidos quedó como el imperio supremo, donde algunos políticos con inclinaciones napoleónicas desean crear ese imperio de supremacía absoluta y control total del mundo tal como anunciaba George H. W. Bush el día que se inauguró como presidente, diciendo que era el inicio de "Un Nuevo Orden Mundial". Los representantes de esas élites financieras siempre están presentes de consejeros en los gabinetes presidenciales. Muchos de ellos tienen hasta ciudadanía dual de Estados Unidos e Israel tal como Paúl Wolfowitz. Sin embargo, tomaría otro libro entero para describir las raíces genéticas judías de muchas de las familias Illuminati.

La lógica exigiría que ante el fracaso del comunismo en la Unión Soviética, nadie pudiera seguir adoptando el comunismo. Aunque China aún se declara comunista, es demasiado obvio que está practicando su propia versión de capitalismo y lo ha venido haciendo desde que creó la zona libre de Hong Kong y porque no decirlo, la zona tecnológica de Singapur. Por todas estas razones expuestas, siempre me ha parecido extraño toda esa evidencia que parece indicar que todavía hay socialistas y comunistas al doquier, especialmente en Latinoamérica donde aunque nunca ha existido el proletariado (unión de trabajadores de fábricas y minas), mucha gente quiere creer que una doctrina creada por el judío alemán Karl Marx pueda servir de solución. Pero como hemos visto en capítulos anteriores, muchos de estos llamados grupos izquierdistas, comunistas y marxistas han estado siendo manipulados, financiados, controlados y en algunos casos hasta creados por la CIA. Es por eso que el socialismo XXI escrito por Heinz Dieterich Steffan es adoptado por Chávez y súbitamente se lo anuncia como la gran doctrina para el desarrollo de los pueblos. Pero es una cortina de humo para ocultar el verdadero plan Camelot y para servir de carta seudo ideológica para los caballos de Troya que sirven al imperio. Planes que obedecen operaciones de la CIA, es el plan originado por los académicos que participaron en el proyecto Camelot, es un plan detallado y concertado a destruir cada nación donde se la implemente. Socialismo XXI es el nuevo comunismo a la americana.

Esta doctrina creada como socialismo XXI tiene como objetivo final causar la miseria de los pueblos y reducir a los países a aceptar las soluciones que entonces vendrán. Como se podrá ver en este estudio casi todas las decisiones tomadas por Chávez y Correa tienen el propósito fundamental de favorecer económicamente a esa élite financiera. Sería bueno recordar en Ecuador que el Nazismo en Alemania tenía como nombre oficial **Socialismo Nacional** y existe mucha evidencia que recibieron dinero y fueron financiados por esa élite financiera de los bancos del judío Rothschild, el Banco de Londres y los bancos del judío nacionalizado estadounidense Jacobo Schiff, en consorcios que involucraban a los Rockefeller, Roosevelt (primo lejano de Bush), los hermanos Harriman, y sus empleados Walker y Prescot Bush.

En el otro lado de la moneda, tenemos el depravado capitalismo del siglo XX con el cual las masas fácilmente se identifican para culparle de todos los males que le aquejan. También es fácil vender el concepto de que nuestras naciones han sido víctimas de las prácticas depredadoras de monopolios. A todos estos ingredientes se le suma el calentamiento de la tierra y los graves efectos de la globalización. El resultado es una sopa de amargura que ponen a la gente hambrienta por un aperitivo más fácil de tragar. Quizás eso explica el éxito de Rafael Correa en Ecuador, pues Correa llegó a ofrecer y brindar soluciones a todos esos males, lamentablemente la gente muchas veces escucha sin alzar a ver, si pusieran los ojos en el verdadero objetivo, entonces podrán deslumbrar que socialismo XXI es la fórmula más rápida para el deterioro de nuestras sociedades.

El carisma de Velasco Ibarra y de Jaime Roldós era real; las convicciones de Velasco Ibarra y de Jaime Roldós Aguilera eran originales y patrióticas. La popularidad de Correa ha sido el fruto de millones de dólares en propaganda, en manipulación de la prensa y medios de información.

Cuando en Marzo del año 2007 la gente ignoró que 57 diputados elegidos con voto popular fueron destituidos y reemplazados con "diputados" que estuvieron más acordes a la línea del gobierno. La gente prefirió ignorar ese acto de agresión contra la democracia y prefirieron verlo como algo necesario, el presidente no recibió oposición a un acto que en cualquier democracia constituía un acto inconstitucional y antidemocrático.

Luego pude ver un video en el cual muy claramente se demuestra que hubo una negociación para obtener los votos necesarios cuando Correa creía haber formado un Congreso que acataría sus órdenes. Cuando eso no sucedió, Correa pidió inmediatamente la disolución del Congreso, porque entre otras cosas, el Congreso demostró no estar dispuesto a seguir los mandatos de Correa y se opuso a leyes que él quería aprobar. El video puede ser visto aquí y claramente es una negociación – http://youtube.com/watch?v=DgMtnP9QHwg&mode=related&search=).

Conspiración en Latinoamérica

La gran masa popular aspira una fuerza de cambio radical cuando se le alimenta a diario de expresiones emotivas como, "la revolución ciudadana, la patria ya es de todos", pero más allá de las palabras y retóricas se ignora el plan siniestro del proyecto Camelot. La mayoría de ciudadanos ecuatorianos no sospechan siquiera que este socialismo XXI es una fórmula para el desastre de nuestros países. Si cualquier analista económico pone a un lado sus intereses políticos y mira la evidencia, debe admitir que los resultados de aquí a cuatro años serán el caos, hambre y colapso del Ecuador. Lejos de ser gobiernos progresistas, los gobiernos de Chávez y Correa son exactamente lo que prescribe el proyecto Camelot. Caballos de Troya que destruirán el país desde adentro.

La impresionante inestabilidad política de Ecuador así como también la realidad del dólar empiezan a causar un enorme déficit para el país que se vuelve incapaz de vender los bonos del estado. El propósito específico es forzar al país a adquirir préstamos que se vuelven inevitables por la necesidad de cubrir tanto el presupuesto, como las responsabilidades asumidas por el estado. Eso solo beneficia a Estados Unidos. El mismo Estados Unidos tan solo ha podido vender unos pocos billones cuando necesita vender al menos 75 billones de dólares al mes. Pero nadie quiere bonos de dólares porque ya todo mundo sabe que la deuda norteamericana es de 76 trillones. Pero Ecuador, estando dolarizado no tiene otra alternativa que endeudarse más en dólares. Así, si los bonos norteamericanos nadie los quiere comprar, quién va a querer comprar los bonos ecuatorianos que respaldan el dólar que circula en Ecuador. Peor cuando China también ha empezado a desechar sus bonos. Pero acaso si la gente ecuatoriana ignora esa realidad solo puedo guardar esperanzas que este libro abra el deseo de descubrir la verdad detrás de las políticas de Correa.

Correa lejos de implementar un estudio para que Ecuador establezca su propia moneda y así el mismo gobierno pueda dictaminar su propia política económica, se ha mantenido firme en mantener la dolarización en Ecuador. Correa se ha mantenido como perro fiel al sistema. Pero cómo puede mantenerse fiel al dólar cuando al hacerlo toda política económica del Ecuador es dictaminada en Washington.

Su nuevo líder les ha prometido un fantástico nuevo mundo utópico donde aparentemente todo mal será rectificado, (si los videos anteriores son evidencia, la gente no debería poner muchas esperanzas en dicho cambio), pero la promesa es que se va a crear una nueva sociedad llena de justicia. Aunque tal parece que para lograrlo todos los ricos serán ajusticiados, todos los corruptos erradicados, todos los partidos acusados, todos los periodistas insultados, todos quienes no estén de acuerdo serán humillados. Así, la banca es ahora tachada de "ladrones', los ricos de "pipones", la prensa es "mentirosa", y todo aquel que no esté de acuerdo con la postura del gobierno aparentemente es "corrupto." Y el Presidente se cree con el derecho de amenazar y correr aun a reporteros.

(http://www.youtube.com/watch?v=6cGTCtk9vmI&mode=related&search=).

El mundo entero comienza a mirar a Ecuador con ojos anonadados, nadie puede entender lo que está pasando. Pero a la incertidumbre, los inversionistas han quitado a Ecuador de la lista de posibles inversiones, muy claramente reflejado en la enorme caída de todo tipo de acciones de compañías que tienen proyectos en Ecuador. El beneficio es que se detiene la fuga de capitales de Estados Unidos y se invierte en el cada vez más quebrado imperio.

Su gran líder ha ido de visita a Europa, aunque nadie entiende muy claramente para que, excepto quizás le era necesario ver a un Rey verdadero antes de coronarse a si mismo la majestad del Ecuador. En su magnificencia no le dio importancia reunirse con los inversionistas, los representantes de varias industrias o los banqueros de Europa.

No podía entender que estaba pasando en Ecuador y porqué se hablaba de un socialismo del siglo XXI, cuando el comunismo y socialismo quedó caduco en la Unión Soviética, en China, y Vietnam. Correa como líder del socialismo XXI es el único que clama saber y entender lo que se puede lograr. Pero los ecuatorianos deberíamos ser más maduros, más responsables, más patrióticos como para aceptar y adoptar un sistema creado por académicos extranjeros con el único propósito de crear la guerra civil de los pueblos. Los confundidos periodistas han intentado hacer preguntas, pero su presidente les ha dicho que él no es mago para contestar preguntas que no son interesantes de periodistas que, a su modo de ver y entender son, "bestias salvajes, gordas horrorosas e insensatos mentirosos". El paralelo con Chávez es impresionante, tal como he apuntado, las cosas que tienen en común los caballos de Troya son notables (http://www.youtube.com/watch?v=grEs8i6gii4).

El nuevo gran líder de Ecuador entiende la democracia a su modo y por ello, antes de eliminar definitivamente el Congreso, había dado órdenes expresas a su gabinete de ignorar cualquier decisión del Congreso. Luego, para sellar su versión de dictatocracia prosiguió a usar la Asamblea Constituyente para la disolución del poder Legislativo porque consideraba a sus miembros nada menos que: "Perros que ladran.... corruptos......horrorosos.... que no sirven para nada."

Sus seguidores ahora aparentemente quieren emular a su gran líder y han adoptado la misma postura y el ejemplo. Todo aquel que se oponga a la destrucción de la democracia, o que apunte a par de decretos que demuestran las verdaderas intenciones del líder de la nación recibe epítetos, insultos, adjetivos. Nadie parece ver que hay mucho menos justicia, y el mismo gobierno está envuelto en escándalos de corrupción. Después de todo, si su gran líder llama perros a los miembros del congreso entonces ellos se sienten con derecho a llamar eso y mucho más a quien se oponga a su utopía.

Pero muy pronto Ecuador tendrá que despertar al mundo real. La globalización ha ligado las acciones económicas de todos los países. Y si la bolsa de valores de China termina afectando lo que sucede en la bolsa de valores de Londres y Nueva York, los efectos para un país como Ecuador que depende de una moneda extranjera por la cual paga el 9% de senioriage; que tiene minúscula industria que cada día es reducida aún más por la leyes impuestas y condicionadas a las extensiones de ATDEA, que son parte de la jugada del proyecto Camelot. Cuando la producción de su principal recurso de producción "el petróleo" ha decaído considerablemente; no por falta de recursos pero por inoperancia de PetroEcuador y confrontación con las multinacionales. Cuando su líder amenaza en quitar las concesiones mineras y de petróleo a varias multinacionales lo cual ha causado congelamiento de inversión. El resultado no puede ser otro que una seria crisis económica causada por las intransigencias de su líder.

Razones económicas para la implementación de Camelot en Ecuador.

Si analizamos e investigamos las razones económicas para estos cambios en Ecuador podremos encontrar los siguientes factores:

La enorme caída del dólar en consecuencia de su deuda, déficit e inflación contra otras monedas del mundo está reduciendo el poder adquisitivo del dólar. Ecuador está dolarizado y paga 9% de senioriage por usar el dólar de la Reserva Federal. Esto crea automáticamente una deuda para el país y el total de pérdida por cada dólar es alrededor de 17 centavos de dólar: 9% de senioriage,+ costos de impresión 1%,+ porcentaje que gasta el Banco Central de Ecuador 7%.

La incapacidad de Ecuador para vender los bonos que respaldan el uso del dólar se convierte en un déficit de la nación que obliga a crear una deuda. La combinación de una deuda para pagar un déficit se convierte en un factor inflacionario de catastróficas consecuencias.

La política monetaria ecuatoriana es emitida por el Banco de la Reserva Federal. Correa no controla la política económica del país.

Conspiración en Latinoamérica

La política fiscal de George Bush que desde que se convirtió en Presidente ha incrementado el déficit a sumas nunca antes vistas. Dicho déficit implica mayor deuda, implica más pagos de intereses en los bonos (sobre dos mil millones diarios en intereses)

Los efectos de sequías en China y otros lugares al mismo tiempo que lluvias excesivas por efectos del Niño en el Pacífico y la Niña en el Atlántico, y las consecuencias climáticas en otros lugares del mundo han causado enorme escasez de víveres y el incremento en precios de productos en las bolsas de valores.

Enorme demanda del maíz debido al uso en EE.UU. para el etanol, lo cual ha causado escasez enorme en varios países como México, incrementando así el precio en todo el mundo.

La inflación de Estados Unidos es mucho mayor de lo que publica el gobierno, ejemplo claro, la leche en los Estados Unidos se ha incrementado de $3.65 por galón en mayo a $5.75 en julio.

Estados Unidos es el responsable directo del enorme incremento del costo de petróleo porque Bush incrementó al doble las reservas petroleras, mientras el consumo de gasolina por el ejército norteamericano y las compras del Pentágono prácticamente eliminaron a Kuwait como exportador de petróleo pues se utiliza estrictamente para consumo del Pentágono.

La hiperinflación de los precios de alimentos y combustible en Estados Unidos es consecuencia directa de la deuda, el déficit, la especulación del mercado; si bien la misma es ignorada por la administración de Bush, que publica un índice que no toma en cuenta la verdadera inflación. Al Ecuador usar la moneda estadounidense, paga las consecuencias de dicha inflación porque el real, el peso colombiano y de hecho, todas las monedas del mundo están ganando valor sobre el dólar. La inflación de precios para productos tanto nacionales como extranjeros por ende seguirá subiendo en función directamente proporcional a como siga cayendo el dólar.

El precio de los alimentos seguirá subiendo en respuesta a la inflación tanto de EE.UU. como de Ecuador. Esta se ve aún más afectada cuando Ecuador no ha vendido más que cien millones de dólares en bonos, mucho menos producción de petróleo, y posible endeudamiento que empujen aún a más intereses. Históricamente el valor de la comida es el más volátil de los elementos en los índices de precios que paga el consumidor.

Cuando hay escasez de productos, los productos más afectados son aquellos que se dañan más rápidamente o con fecha de caducidad como leche, vegetales, frutas. A diferencia con productos que no son tan afectados por la inflación como muebles y ropa ya que el consumidor puede posponer su compra.

Muchos productos son necesidades esenciales, tales como la leche indispensable para un bebe que no tiene importancia quien sea el consumidor se mantienen en demanda firme y que cuando hay demanda y escasez el precio incrementa.

Con la caída del dólar la mayoría de productos importados al Ecuador son más costosos. El doble efecto de la devaluación y la inflación afecta a todo producto importado. Si bien se cree que la caída del dólar ayudará a las exportaciones, la gente no puede olvidar que las importaciones también suben de precio pues se paga más dólares. A todo esto afecta las sequías y precios de transporte y costos de fertilizantes.

Conflictos entre naciones a menudo causa la subida de precios. La amenaza de Ecuador de enjuiciar a Colombia frente a la Haya causó de inmediato la subida de productos colombianos; el conflicto con Petrobrás de inmediato subió los precios de distribuidores de Brasil; La postura de Correa ante EE.UU. ha empujado a congresistas a presentar ante el congreso estadounidense propuestas que pueden afectar al país (Chuck Grassly). Nuevamente eso afecta a Ecuador.

Germánico Vaca Michelena

Subsidios de ciertos productos en Estados Unidos ayudan al consumidor norteamericano pero afectan los precios de productos tanto importados como exportados en otros países. Ecuador al usar el dólar termina siendo afectado más por dichos subsidios.

En un estudio realizado por una comisión del congreso norteamericano, se llegó a determinar que el factor que más está afectando el precio de los alimentos y de todo producto es la cifra de cambio del dólar con otras monedas ya que el intercambio comercial es afectado por esos valores de la moneda. En otras palabras cuando el real, el dólar canadiense, el euro, la libra esterlina están batiendo record y subiendo a diario contra el dólar, los importadores están pagando mucho más por importar, y si bien se cree que ayuda a las exportaciones, en realidad están recibiendo menos por dichas exportaciones porque esta cayendo el valor del dólar.

El presidente de una nación debe ser el líder que CONDUZCA LOS INTERESES DE LA NACIÓN. Es demasiado obvio que Correa por toda su prosa de economista sabe muy poco de cómo funciona la economía real del mundo. Sabrá teoría pero no tiene noción de cómo administrar el país y mucho menos ha sido capaz de educar a la gente en las realidades que se enfrenta. Apuntar el dedo y culpar a los comerciantes es absurdo, debería verse en el espejo y apuntar el dedo al único culpable del inicio de una nueva crisis económica en Ecuador. Esto es resultado directo de que Correa pretende vender sus políticas, pero si acaso un "grupo" de ecuatorianos han comprado su demagogia como la solución, el resto del mundo no lo ven así. Claramente se mantiene obedeciendo el plan y proyecto Camelot.

Consideraciones Sociales y la Retórica de Correa.

El griego Protágoras cuenta del sofista Leontino, quien argumentaba que es mucho más fácil convencer al paciente que se someta a la terapia aunque esta terapia sea cortarle el pie, si el argumento es que es mejor a perder la vida. En la política se puede entonces convencer al pueblo que se someta a terapia porque se le ha amedrentado que de no hacerlo perderán la patria.

Admito que Correa ha hecho un arte de denigrar a los ricos, a la prensa, a otros partidos políticos y al congreso, llamándolos corruptos cada vez que le apetece, al punto que ahora sus seguidores repiten las mismas frases como si ahora se hubiese convertido en el lema de Correa. Pero difamar a la oposición ante los incompetentes con argumentos deshonestos no será duradero porque la misma fuerza de la verdad irá desnudando las mentiras y poniendo en evidencia el engaño. Y es que precisamente Aristóteles nos dice que: *"Cuando una persona posee la verdad, el poder, la sabiduría y la honestidad dicha persona es totalmente competente y por serlo jamás recurriría a difamar, atacar y menospreciar a la oposición. Pero aquel que sabe que su **retórica** no está basada en principios verdaderos, entonces sabe que **su argumento es ignorante**, porque quien conoce de su materia responde sin decir nada falso, pero quien se da de sabio sin serlo intenta desacreditar a otros desde su punto privilegiado de poder porque es él mismo quien carece do argumentos. El momento que sus pretensiones quedan al desnudo, entonces el dialogo didáctico termina y entra en **una crisis de autosuficiencia"**.*

Sin duda su actitud con la prensa, con otros partidos políticos, con el congreso demuestran "inestabilidad" de tal grado que la retórica de Correa se ha convertido en su "arma". Lamentablemente la crisis es demasiado evidente y Ecuador está siendo acarreado a una crisis económica, política y social junto con la crisis de autosuficiencia de su presidente.

Por lo expuesto anteriormente podemos deducir del porque Correa propone todos los proyectos de infraestructura. Pero el Ecuador no puede ofrecer garantías de 100% a la inversión ni a la seguridad de inversionistas y compañías extranjeras como propone Correa. Tampoco puede exigir el 99% al 1%. En vez de crear un sistema de impuestos apropiado para que las multinacionales paguen lo que es justo por el petróleo (un 15% de impuesto + un 20% de regalías en la venta del recurso). Después de todo, las compañías tienen que percibir ganancias y se necesita al menos 35% para cubrir gastos de exploración, explotación, transporte, personal, investigación, maquinaria, protección del medio ambiente, administración, construcción, infraestructura, etc. Ciertamente ninguna compañía en el mundo puede operar con el 1% de ganancias. La propuesta misma es irracional y que venga de un economista graduado en Europa y Estados Unidos hacen quedar al país en ridículo.

En vez de enmendar los artículos de la constitución que estén errados se ha gastado millones para escribir la constitución número 21, ya que aparentemente 20 constituciones anteriores no fueron suficientes. En vez de trabajar conjuntamente para que el poder legislativo realice su trabajo y redacte las leyes mineras para crear una industria minera responsable y una ley de protección del medio ambiente apropiada, se ha gastado año y medio en retórica, se congela la industria minera por 180 días dejando a miles en el desempleo, se abre las puertas a enormes multas, sanciones y juicios, se viola las leyes de inversión, tanto nacionales como extranjeras. Lejos de aliviar la carga de impuestos que pagan los ecuatorianos, Correa eliminó impuestos a las multinacionales de telecomunicaciones.

Un plan de gobierno responsable debería estar encauzado en invertir en la educación de tecnología avanzada, e impulsando el desarrollo tecnológico trabajando conjuntamente con universidades extranjeras para establecer nuevos departamentos para estudiar arqueología, tecnología minera, ingeniería minera, ingeniería de petróleos, tecnología de satélites, radares, GPR; diseño de gráficos digitales, diseño de juegos electrónicos, nano-tecnología procesamientos de alimentos, etc.; lo cual permitiría a Ecuador preparar, entrenar y emplear gente dedicada a las industrias que serán vitales para el futuro ecuatoriano. Solamente así se podrá construir la infraestructura necesaria, mejorar la educación, incentivar la micro industria y la macro empresa. Pero no se han tomado medidas económicas sensatas y a la fuerza, Ecuador deberá adquirir préstamos necesarios para solventar gastos que serán un duro golpe a la economía y sus ciudadanos.

Ecuador puede seguir envuelto en sus rencillas ideológicas y sus divisiones. El gobierno puede mantenerse echando propuestas y contrapropuestas demagógicas. Sus demandas y contra demandas del ejecutivo contra el sector industrial y económico tienen un alto precio a pagar en el aspecto financiero. El mundo no va a estar esperando al líder y los resultados que él quiera inventar, peor cuando los resultados son parte de un plan concertado de crear la miseria del pueblo. Rafael Correa ha logrado hacer algo que ningún otro presidente de Ecuador ha logrado antes. Hacer de Ecuador un país en limbo. Pero Rafael Correa no es el quijote de la mancha, es el caballo de Troya ecuatoriano.

Hoy por hoy, Ecuador es un país sin moneda propia y por ende, incapaz de dictar su política económica. Un país sin una estructura política coherente cuando los objetivos de Camelot se están implementando, es fácil visualizar el proceso ya anunciado en esta secuencia: posesión del poder, referéndum para aprobar elección de la asamblea, disolución del Congreso, elección de la asamblea constituyente, posesión de la asamblea, emisión de mandatos, aprobación de nueva ley tributaria, nueva ley de transporte, eliminación de concesiones mineras, nueva ley de minería, aprobación de plenos poderes para el mandatario, y aprobación de que el presidente se quede por mucho tiempo, referéndum para aprobar las nueva constitución, nuevas elecciones para elegir nuevo congreso, nuevo congreso. Pero seamos realistas, para entonces la única decisión que tendrá importancia será permitir que el caballo de Troya siga en el poder.

Un país más pequeño que el estado de Colorado ya tiene 24 provincias pero aparentemente no es suficiente y quiere dividirse en más provincias. 20 constituciones redactadas y las veinte son inservibles. Un país rico en recursos que su nuevo presidente clama que no hay negociación de dichos recursos. Así Ecuador está destinado a convertirse en el país donde la gente seguirá mirando lo que pasa hasta el día que un nuevo anuncio de un nuevo golpe de estado suceda. Ecuador ya se ha acostumbrado a que ningún presidente en la última década termine su mandato. Ahora al menos sabe quien está detrás de los fabulosos golpes de estado, quien realmente manipula y controla a los mismos izquierdistas y socialistas falsos. Es cuestión de tiempo. Pero esta vez Ecuador está contra el reloj para determinar su supervivencia como nación.

Ecuador necesita vender al menos 2,000 millones de dólares en bonos para operar en este año o hacer un enorme préstamo que nadie está dispuesto a conceder y que de obtenerlo causará serios estragos financieros a la nación.

En ese ambiente sin embargo Correa promete bajar intereses, incentivar la industria, construir enormes proyectos de infraestructura que sin embargo, no han creado empleos pues las multinacionales traen su propia gente, crear grandes cambios y llevar a cabo al menos dos elecciones más (con enormes gastos).

Al mismo tiempo se ha incrementado la burocracia enormemente y de 15 ministerios ha creado 23 ministerios, lo cual incrementará el gasto burocrático y generará empleos de consumo y no de producción. Las promesas de generar empleos para todo ecuatoriano ciertamente no pueden ser creadas solamente con burocracia que se degenera en la creación de empleos de consumo –no crean riqueza solo consumen el dinero del estado-. Una nación no puede ser productiva si **no se crean los recursos de trabajos productivos**. La nación no puede ser competitiva en ninguna industria cuando se congela las actividades mineras y se causa serias pérdidas a las inversionistas que intentaban trabajar en el país. Las promesas demagógicas que hizo en la campaña de 100,000 casas anuales, a un precio de cinco mil dólares por unidad con paneles solares (sólo los paneles cuestan $3,000) nunca podrán hacerse realidad.

(http://www.youtube.com/watch?v=qAUbCAD6ElQ&mode=related&search=)

Las promesas son tan grandes que aunque la "popularidad' de Rafael Correa todavía es muy alta, después que se esfume la cortina de humo los ecuatorianos despertarán a la realidad y Rafael Correa no tiene a donde ir pero para abajo, tanto en popularidad como en la percepción de los ciudadanos. Correa solo merece que se le llame lo que es, el caballo de Troya ecuatoriano.

Muchos han apuntado al peligro de Chávez. Pero Chávez esta siendo usado para exportar el socialismo XXI y cuenta con billones de barriles de crudo, una economía con un crecimiento de 10%, enormes proyectos de gasificación y varios tratados bilaterales de desarrollo de petróleo, gas y minería. Chávez sigue la retórica pero hace tratos a diario con las multinacionales y entrega contratos a diario para el desarrollo de Venezuela. Ecuador está haciendo lo contrario, su crecimiento es de solo 1% en lo que va de este año; Correa ha pedido la cancelación de contratos con Petrobrás; la Repsol ha anunciado que ha vendido las gasolineras que planea abandonar el Ecuador, aunque no ha resuelto los pagos de impuestos que aún adeuda el estado y existen varios pagos que adeuda al estado ecuatoriano. Todo esto cuando otros países cobran las multas respectivas y crean la forma apropiada de impuestos, este gobierno elige la posibilidad de juicios que como se vio con Occidental, se les pasó por alto hasta obtener representación legal apropiada. En otra acción insólita Correa ha decretado que algunos posos petroleros en manos de compañías multinacionales, son meramente campos marginales y por dicha circunstancia no tienen que hacer pago alguno de impuestos. La verdad es que nunca antes he visto a alguien tan peligroso para una nación como Rafael Correa. El momento que se despliegue la anarquía en el Ecuador solo podré decir: "Fue el caballo de Troya Correa."

El Pez Muere Por Su Propia Boca

En entrevista del editor de política Martín Pallares del Comercio el Presidente Correa se delató ante el mundo con respecto a sus falsas posturas políticas como el líder del socialismo XXI en Ecuador. No puedo saber las intenciones de Pallares pero la pregunta fue así:

"¿Qué sistema político es el ideal para Rafael Correa?" le preguntó Pallares.

La respuesta de Correa es inesperada porque el líder del socialismo XXI lejos de explicar la "supuesta doctrina" y la ideología que propone como solución para el país como el ***sistema político que considera ideal",*** a Correa ni siquiera se le ocurre mencionar algo del socialismo XXI, todo lo contrario, evita mencionar sus bases, sus fundamentos, sus principios e ideales. Correa contestó así:

"La democracia liberal occidental que existe desde la época de Montesquieu o Tocqueville. Pero insisto: si usted lee a Alexis de Tocqueville, en su obra 'Democracia en América', verá que lo primero que dice es que, lo que más le sorprendió es la igualdad social y económica que hay en América. Las democracias formales no sirven mientras no haya esas transformaciones de fondo." Palabras que Correa atribuye a Tocqueville.

Debo admitir que esta declaración me dejó anonadado, porque cuando al líder de algún movimiento social y político le preguntan algo que es de conocimiento público y este evita responder, algo está gravemente mal. Es como preguntarle a un sacerdote Católico si cree en la religión católica y él hable de cuanto admira al Dala Lama. Es el equivalente de preguntarle a Ronald Reagan del partido Republicano y él hable de la admiración que siente por algún francés. No puede caber duda alguna que Pallares le hace la pregunta para saber qué es después de todo el tan mentado **Socialismo XXI.** Pero a Correa ni siquiera se le cruza por la mente que como el máximo representante del Socialismo XXI debía explicar algo de ese sistema político y por qué lo considera sistema político ideal.

Aparte de eso y si somos honestos con respecto a la obra de Tocqueville debemos decir que Tocqueville ignoró la verdad, no vio la realidad y escribió diatribas que nunca las practicó. Honestamente, como podía estar sorprendido de la igualdad social y económica en Estados Unidos de Norte América de 1830, cuando los negros vivían en esclavitud, los indios estaban siendo subyugados a vivir en las reservaciones y California, Arizona, Nuevo México y Texas aún eran parte de México y no de Estados Unidos. Las mujeres ni siquiera podían participar en elecciones y votar. Y en otro pequeño detalle, para ser senador o congresista de Estados Unidos debían tener al menos cuarenta mil acres de terreno, supongo que para garantizar 'the pursuit of happines". (La persecución de la felicidad)¿Cuál era la maravillosa igualdad social y económica a la que se refiere Tocqueville? Podrá haber escrito ciertos pensamientos que hoy se pudiesen tomar como ciertos, pero en 1830 eran mentiras insólitas.

Aparentemente la revolución de Correa está basada en las ideas de un burgués francés que escribió una obra hace 170 años, a pesar que en Ecuador no ha escatimado apelativos insultantes en contra de los burgueses ecuatorianos a quien llama "pelucones". Ciertamente, Alexis Tocqueville fue un miembro de la burguesía que vivió entre 1805 a 1859. Aún obviando el hecho que las apreciaciones de Tocqueville se refieren a Estados Unidos solamente y no al continente americano en realidad. Tampoco debemos olvidar que dichas observaciones fueron en los mismos años cuando Ecuador apenas se independizaba de la Gran Colombia (1830) y se conformaba como Nación.

El libro de la Democracia en América Tocqueville denota un claro racismo y desprecio por las otras razas. Tocqueville estaba a favor de la colonización y "en contra de la esclavitud", pero no por un sentido humanitario, sino porque estaba convencido que los descendientes de, *"Los negros, los indios y las razas inferiores **contaminarían** a la raza suprema de los blancos".* Su trabajo de la "Democracia en América" está plagado de alabanza por el sistema norteamericano y lleno de **epítetos racistas** como este: *"Lo primero que atrae a la vista, primero a la luz, al poder y la felicidad, son el hombre blanco, el europeo, hombre por excelencia; debajo de él aparecen el negro y el indio. Estas dos razas desafortunadas que no tienen ni nacimiento, ni cara, ni lengua, ni nada en común; solamente sus desgraciadas miradas. Ambos ocupan una posición igualmente inferior en el país que habitan."*

Tampoco debemos dejar a un lado el hecho que Tocqueville, cuando fue parte del gobierno Francés, apoyó la represión conducida por el general Cavaignac, la misma que en 1848 abogó por imponer "estados de sitio, paros militares y regulación del estado por intermedio de la suspensión del orden constitucional.

En 1849 fue nada menos que Tocqueville quien como ministro de asuntos extranjeros abogó junto con Julio Dufaure, ministro del interior, para el **reestablecimiento del estado del sitio** en la capital y aprobó la detención de manifestantes. Tocqueville, **apoyó leyes de restricción a la libertad política y hasta leyes contra la libertad de la prensa.** Tocqueville fue crucial en pasar leyes donde aún se prohibía la libertad de clubes. Mientras si bien en cierto que en su libro "Democracia en América" apoyó cambios, en la práctica como parte del gobierno francés **hizo todo lo posible por restringir libertades políticas, sociales y económicas.** Por eso no es de admirarse que en realidad Correa admire a Tocqueville, pero ciertamente no por las observaciones mentirosas que plagan Democracia en América. Pero al analizar más profundamente la situación, he descubierto que en el proceso de investigación académica Robert Nisbet, uno de los principales participantes del proyecto Camelot, mencionaba y admiraba muchas acciones de Tocqueville. Acaso esto es lo que Correa realmente admira de este hombre.

Aquellos que queremos el verdadero cambio social, económico e integral de una patria justa solo podemos desear que Correa corra la misma suerte de Tocqueville quien fue juzgado por "alta traición". Detenido en Vincennes y después liberado a pesar de haber solicitado la restauración de los borbones contra el imperio de Bonaparte II (1851-1871). Después de ello se alejó de la vida política donde se dedicó a escribir el bosquejo de L'Ancien Régime et la Révolution, publicando el primer tomo en 1856.

¿Por qué un Caballo de Troya en la Presidencia?

Como cualquier acto de ilusión y siguiendo el conocido esquema de operación de la CIA, que muy repetidamente ha conducido sus experimentos políticos y económicos en el Ecuador, a pretexto de los intereses económicos y estratégicos del Tío Sam. Rafael Correa súbitamente se convierte en la respuesta a Chávez y a Lula en la versión ecuatoriana de siempre -grandes promesas sin que haya sustancia alguna-.

Sin duda, todo tipo de mecanismos y mercadeo vendieron el paquete que Rafael Correa era más brillante que todo hombre que haya pasado por la presidencia del Ecuador. Rafael Correa ciertamente con solo tres meses de haber sido ministro de economía y unos años de profesor, es acreditado con autoría de dos libros y de haber escrito numerosos artículos científicos para universidades norteamericanas. Admito no haber encontrado ni uno solo de ellos en el Internet. Pero sin más asoma como un grandioso economista. Ahora de presidente hace gestos similares a los tres chiflados y sin ofrecer ideas o respuestas claras, simplemente descarta con desdén, muecas, sonrisas disparatadas, gestos desarticulados a quien se oponga a sus postulados. Aparentemente en su mundo y su propia versión de democracia o socialismo XXI, versión Camelot, aka socialismo CIA, no caben cuestionamientos a sus pensamientos.

No existe respuesta clara cómo este Señor Correa sin más, se pudo haber ganado la admiración de varios millones de ecuatorianos en tan pocos meses y que semejante movimiento haya sido tan fácil. Pero en Ecuador, la CIA tiene amplia experiencia y se le puede engatusar al pueblo constantemente que es posible crear en menos de un año un nuevo partido político; crear una formula ganadora; ganar los votos y tener la estructura y coyuntura política necesarias para gobernar un país.

La realidad es que es imposible que eso suceda en ningún país sin que exista mucho dinero por detrás y como ya se ha experimentado anteriormente y se ha perfeccionado el esquema, eso solo sucede en Ecuador tan fácilmente como un abracadabra. Tal como lo contó Philip Agee, el ex agente de la CIA. En Ecuador han pasado décadas pero las operaciones continúan y ciertamente la CIA mantiene operaciones en el país, pues sería por demasiado ilógico que abandonen ahora que el Ecuador está dolarizado.

En Ecuador nadie se debería extrañar que en todas las últimas elecciones presidenciales siempre haya ganado un candidato que ha formado su propio y flamante partido. Cada partido nuevo acusa a los demás de "partidocracia" a pesar que, Assad Bucaram, Abdalá Bucaram, Jamil Mahuad, Lucio Gutiérrez llegaron al poder con flamantes partidos políticos. Pero, los ecuatorianos aparentemente no aprenden y no se han dado cuenta que esto sucede. Seamos honestos.

¿Se puede formar un nuevo partido político y ganar elecciones? Solo en Ecuador.

¿De dónde proviene el dinero, la estructura política, los miles de creyentes y fanáticos, la ideología, el programa de gobierno y la organización política? Todo proviene de un estudio académico de varios años, de un enorme costo y con la implementación completa del proyecto Camelot por la CIA.

Con la fuerza de un huracán Correa crea su propio partido y gana las elecciones. Pero me atrevo a preguntar si a alguien se le ocurrió pensar que para eso se necesita millones de dólares, millones de campañas y mucho dinero para organizar y pagar gente. Es tan grande la fuerza política de Correa y tan seguro está de su plan que ni siquiera gasta un centavo en intentar elegir un solo congresista al Congreso. Apenas se ganaron las elecciones se llevaron a cabo todo tipo de manejos turbios para lograr los votos, hasta que finalmente se pueda destruir el congreso. Para cuando eso sucedió, los miembros del congreso temían tanto por su seguridad que ni siquiera se atrevían a enviar correos electrónicos a sus mejores amigos. Se sentían asechados, y eran constantemente agredidos e insultados con la bendición del mandatario ecuatoriano, quien al tener el derecho constitucional y haber sido posesionado de presidente se sentía con ganas de adelantarse al proyecto Camelot y al plan concertado que quería abolir la democracia en Ecuador con dos patadas si él lo consideraba necesario. Pero no hay respuestas para ninguna pregunta porque Correa no cree necesario responder a nadie, porque es él y solamente él, la respuesta para Ecuador. La recomendación de Correa a quien le pregunte y cuestione el destino del Ecuador es "que tomen Valium" (respuesta dada en CNN). Respuesta que aparte de demostrar su falta de educación y respeto por sus propios compatriotas demuestra que el hombre tiene poco intelecto para discutir con capacidad los problemas de su país.

Acaso la gente puede pensar que los ecuatorianos eligieron a Correa porque era la única alternativa, pero hubo toda clase de candidatos. Pero Correa tenía dinero mágico para lograr cobertura en todo el país, tenía una compañía mexicana especializada en mercadeo de políticos. Correa tenía un plan muy claramente determinado y perfeccionado por años, fruto de las operaciones Cóndor, Simpático, etc. y las experiencias logradas en tantos otros gobiernos establecidos por la CIA. Por eso es que la mayoría de dineros de la campaña de Correa fueron depositados en efectivo, no existen datos específicos y extrañamente muchos de quienes asoman como contribuyentes a sus campañas son del partido de derecha y conservador de Ecuador. Así, cualquier dinero que haya sido entregado sea por la Reserva Federal o el narcotráfico no pudo ser detectado (extrañamente Correa pide abolir leyes contra narcotraficantes). Correa ahora clama no haber mantenido control alguno de las cuentas de su campaña y de su partido político. Así debemos creer que el economista Correa no se daba por enterado de los manejos de su propia campaña ni partido pero es ahora el que conduce la economía del país. Por supuesto eso no es cierto. La economía de Ecuador es guiada por la Reserva Federal.

Correa igualmente parece un experto en como manipular la prensa. Inicialmente, su sonrisa constante aún en las entrevistas con la prensa le hizo el consentido de los periodistas. Pero inmediatamente después de anunciarse el ganador de las elecciones Correa dio un giro de

180 grados. Ahora se pelea, les insulta y les llama nombres a miembros de la prensa. Al punto que a una periodista le llamo "la gordita horrorosa".

Igualmente, Correa uso muy efectivamente el Internet, que fue clave para lograr el apoyo de ecuatorianos que envían las remesas a sus familiares y mantienen comunicación vía Internet con sus familias. Así el partido de Correa fue el primer partido político de Ecuador con una presencia clara en el Internet. Al punto que usando el servicio de youtube todo mundo podía ver videos de Correa, cada discurso, cada presentación, inclusive sesiones de ejercicio, baile y pic nic con sus supuestos asesores en alta mar se trasmitían por youtube en lo que tituló el canal Correa. Todo para crear la noción de un poderoso movimiento de ecuatorianos en el extranjero que ahora tienen nada menos que cinco asambleístas. Aunque personalmente nunca logré siquiera la información como y donde votar en Houston, Texas y mis intentos terminaron con el enojo del cónsul, pero como todo lo que envuelve Correa por arte de magia miles de personas aparentemente votaron por él en todo el mundo.

Correa hizo promesas demagógicas que las masas querían escuchar para ganar las elecciones. Solamente eso puede explicar que haya sido elegido presidente con una enorme cantidad de votos. La verdad es que la CIA se encargo de ello y se aseguró que gane las elecciones, aún si para lograrlo asomaban un millón de votantes que hace años ya son parte del suelo ecuatoriano. Algo raro existe en dicho esquema y es que es igual de extraño que en Ecuador se logre llegar a la presidencia con una campaña llena de promesas, las mismas que son abandonadas tan rápido como se acapara el poder. Caso concreto es que una de las primeras declaraciones de Rafael Correa fue decir que Ecuador se mantendrá dentro de la dolarización, cuando en campaña, fue la idea central de su campaña el salirse de la dolarización, y fue lo que supuestamente le llevó a la fama. Igualmente la primera gran campaña de Correa fue el convencer al pueblo que el gobierno estaba cumpliendo todas sus promesas, pero eso es lo que decía el centro de información creado por el gobierno. Extrañamente Estados Unidos de Norteamérica se mantienen muy en silencio al respecto de Correa.

Es cuestionable que a Estados Unidos súbitamente le parece importar muy poco si existe o no democracia en Ecuador. Ninguna importancia se le dio al primer golpe de aviso cuando Correa sin más destituyó a miembros del Congreso y los reemplazó con sus secuaces. Pero aún con un Congreso lleno de elementos de su gusto, todavía no estaba dispuesto a gobernar y después de reemplazar a 57 congresistas ante los ojos del mundo, solo días después decía que no podía trabajar con un congreso lleno de corruptos (claro nunca explicó si se refería a los 57 que el mismo reemplazó o se refería a los demás). Por supuesto esas acusaciones y ataques de corrupción jamás fueron corroborados por prueba o evidencia alguna, al igual que la reciente acusación que la CIA tiene infiltrado a su gobierno. Correa sabe perfectamente que eso es cierto porque sabe quien es el caballo de Troya mayor. Pero como se ha vuelto costumbre, Rafael Correa acusa sin pruebas algunas, sin ningún amparo constitucional o democrático, así un buen día declaró que él no puede ni quiere trabajar con un Congreso de corruptos, pese a que dicho Congreso, llegó al poder el mismo día que él fue elegido. Sin duda a Correa no le cabe o se le escapó el concepto de la democracia, pero siniestramente Estados Unidos se mantuvo en silencio. Ciertamente no le dieron aplausos, pero ese fue otro indicio que algo extraño estaba ocurriendo en Ecuador y finalmente me llegué a sentir como un actor en la obra de Shakespeare y me dije "algo huele mal y apesta en toda esta situación".

En Julio del 2007 mis sospechas me hicieron escribir esto en mi blog

"Acaso debo preguntar como pregunta pedagógica, si alguien ha pensado que Fidel Castro necesita un reemplazo y los dos candidatos parecen ser Chávez o Correa. Después de todo, el mundo debería preguntarse si la gran mentira cubana simplemente sirvió de incentivo para mantener la ilusión de "enemigos" y así mantener la venta de armas del Industrial Complex ocupado, ya que de ello depende mucho la industria norteamericana.

Conspiración en Latinoamérica

Ahora que los TV, VCR, Playstation, Nintendo y casi todo otro producto es importado de Asia se hace más necesario que nunca para EE.UU. crear la ilusión y la idea de un peligroso socialismo y comunismo, sea en versión ecuatoriana o venezolana, para que así los demás países se vean forzados a comprar armas. Después de todo, no le conviene a EE.UU. que todos los países se lleven bien como grandes amigos, pues eso causaría una seria depresión a quienes venden armas. Nada más conveniente entonces, que súbitamente crear anarquía en nuestros países. En Ecuador se está virando la torta con la idea de que Rafael Correa es socialista. Aunque las leyes son casi copias de postulados que se han hecho en Estados Unidos, como la ley tributaria, claro la versión ecuatoriana es con el doble o el triple de impuestos.

Correa tiene retórica en contra de tratados comerciales, pero en un país de trece millones de habitantes donde ya cinco millones han salido fuera del país, supongo que se hace fácil controlar la retórica, mantener la ilusión y pretender que el socialismo XXI, la confrontación mediática y las ideas utópicas son la respuesta a los problemas de la nación, qué importa que toda ley que trata de pasar es increíblemente similar a leyes de impuestos norteamericanas. Todo apunta a que Correa no pasa de ser un agente de los intereses económicos y estratégicos de esa élite financiera que controla el mundo.

Poco le importa a Correa o al menos no ha mencionado que la Reserva Federal de Dallas Texas tiene en sus cajas fuertes el oro de la Reserva monetaria de Ecuador. Poco importa que Ecuador no tiene voz ni voto en su destino monetario ni financiero, y tampoco se le ha dado importancia al hecho que el dólar, ahora parece ser uno de los viajeros de Disney cayéndose vertiginosamente desde la cima de la Tower of Terror, perdiendo su poder y valor adquisitivo contra todas las otras monedas del mundo, fruto de la inmensa deuda de sobre nueve trillones de dólares oficialmente y al menos US. $50.5 trillones de acuerdo a la misma oficina de contabilidad del Congreso de Estados Unidos.

El dólar patalea y Estados Unidos está como gran atleta de pentatlón imponiendo todo tipo de record en déficit, deudas, desfalcos, fraudes, casas reposeídas, bancos que se quiebran, gente que termina en desempleo, etc., con cifras astronómicas que sobrepasan cualquier cifra que se haya visto en el colapso de 1929. La deuda de Estados Unidos no puede ser pagada, el dólar de la Reserva Federal esta destinado a un irremediable colapso financiero, lo único que no se sabe es la fecha exacta.

Esa cifra tan exorbitante de deudas es lo que motiva estas acciones siniestras de destruir a nuestras sociedades desde adentro. La deuda norteamericana sobrepasa todas las deudas de todo el resto del mundo combinado. Pero el mundo no se atreve a decir las verdades que el fraude de Estados Unidos es vergonzoso cuando imprime dólares sin siquiera ofrecer el pretexto que alguien acaso pueda comprar los bonos que supuestamente los respaldan.

En otro claro indicio de que Correa esta implementando el plan Camelot se debe analizar las leyes tributarias, las cuales claramente no tienen ni la intención de ser socialistas. Debo admitir que estoy asombrado que un economista que clama ser socialista haya presentado un plan que se parece demasiado a impuestos que han sido presentados en Estados Unidos. Ciertamente, ni siquiera en Estados Unidos jamás alguien ha pretendido pasar impuestos tan drásticos como los que Correa y su marioneta de Asamblea Constituyente aprobaron. Pero se debería hacer un estudio honesto e independiente de por qué un país que tiene ingresos petroleros, necesita impuestos de esa magnitud. Ciertamente que Estados Unidos necesita altos impuestos para financiar los enormes intereses que paga por su deuda, todas las armas, la guerra contra el terrorismo, y los enormes presupuestos para las agencias de espionaje. Ecuador no tiene esos gastos. Entonces no hay respuesta clara de porque tantos impuestos al país, al punto que ahora Norteamérica tiene impuestos más bajos que Ecuador. Sin contar que Estados Unidos tiene que financiar la guerra de Irak, Afganistán, los enormes costos de armamentos y las enormes responsabilidades gubernamentales. Ciertamente Ecuador no debería tener tan enormes impuestos al menos que se estuviera planeando financiar una guerra. Junto a las leyes existentes los norteamericanos ya son esclavos de los impuestos.

La simple realidad es que aún en Estados Unidos existe un record de propiedades que están siendo reposeídas por los bancos y el gobierno debido a altos impuestos, a pesar que la mayoría de Estados tiene impuestos a la propiedad entre 1% a 7% por máximo. Me pregunto cómo el presidente ecuatoriano Rafael Correa pudo pedir a la asamblea que él controla, que se aprueben impuestos a la renta de nada menos que entre el 5% al 35%. Lo cual significa que un ecuatoriano que sobrepase el monto de $80,000 tendrá que pagar nada menos que $24,000 de impuestos solamente a la renta. Un impuesto de 35% es nada menos que una fórmula para la calamidad y el desastre en un país donde el salario básico, aún después de que Correa lo acaba de subir será apenas de $2,400 dólares al año. Pero como si eso fuese poco, el Presidente Correa quería nada menos que el 75% de impuestos a la herencia, sin contar los otros impuestos de ICE e IVA, significando que los ecuatorianos se convertirían en esclavos del sistema "socialista" creado por la CIA y que ahora implementa Correa en Ecuador.

Lo extraño de las circunstancias es que todo el dinero de Ecuador termina siendo regulado y administrado por el Banco de la Reserva Federal de Dallas de Texas, pues al estar Ecuador dolarizado es quien controla y manda en el destino monetario de la pequeña nación sur americana. Es muy claro que Correa está obedeciendo órdenes de quien controla verdaderamente el país. Indudablemente, la meta es incrementar las divisas que respaldan al dólar. Pero todo ecuatoriano debe entender que Correa no puede ni toma ninguna decisión en la política económica del país.

En otro acto que demuestra que Correa sirve intereses extranjeros fue precisamente que Correa quitó los impuestos a las multinacionales y monopolios de telecomunicaciones, bajo el pretexto que eso bajará los precios, si bien es cierto que hubo una pequeña reducción, los ahorros para las multinacionales representa millones de dólares. Es otra forma de esclavizar al pueblo.

En Estados Unidos los impuestos llegan hasta un total del 43% de lo que gana un individuo, ese impuesto es en realidad la suma del: Impuesto a la renta (hasta 7%), impuesto a la propiedad (entre 3% a 6%), Impuesto estatal (entre 3% a 7% pero parte se recibe crédito en el impuesto a la renta), Impuesto de Corporaciones (7%), Impuesto a Ganancia de Capitales (Incluye herencias 14% a 28%), y otros impuestos. Sin embargo, todos y cada uno de esos impuestos tienen créditos de todo tipo desde: créditos por cada hijo o por la familia; por el consumo de etanol; propiedad de equipos de industrias; compras de viviendas en zonas de rehabilitación; asistencia a zonas de desastre, etc. En fin, existen millones de rebajas y créditos. De tal manera que casi nadie en Estados Unidos paga más que el 30% de impuestos en su totalidad. Aún así no se logra evitar la fuga de capitales y por ello las medidas que se toman en Venezuela, Bolivia, Ecuador frenan la fuga de capitales, detienen la inversión en estos países y eso es conveniente para Estados Unidos. Es parte de la enorme necesidad de incentivar la inversión doméstica e industrial en Estados Unidos. Pero jamás en Estados Unidos se puede discutir de impuestos de tales cifras como pretende hacerlo el Presidente ecuatoriano. Eventualmente la gente se dará cuenta que dichos impuestos traerán zozobra y calamidad a Ecuador. Hablar de impuesto a la renta de 35%, más los demás impuestos en el país, afortunadamente no se aprobó el 75% del impuesto de herencia, significa que quien haga algo de dinero en Ecuador solo puede esperar ver a sus hijos quedarse en la calle. Pero Correa ya está hablando de reformas. Claro, era de esperarse, reformas que deben estar en el plan de contingencia de Camelot.

Cualquier gobierno responsable sabe que debe fomentar la industria, el comercio, empleos, salud y educación proveyendo incentivos e invirtiendo en el país. Eso es imposible, cuando a las personas que precisamente podrían invertir y crear industrias, empleos y comercios se les impone enormes impuestos. Al mismo tiempo que, al imponer enormes impuestos a la herencia y a las ganancias de capitales se disminuye el incentivo de acumular riqueza ya que esta no puede ser percibida por los hijos.

Conspiración en Latinoamérica

La llamada nueva ley de equidad tributaria es a mi modo de ver el atentado más grave de apoderarse del país por parte de la Reserva Federal de Dallas. Me atrevo a asegurar que los impuestos que ilegalmente han sido aprobados por la Asamblea Constituyente traerán graves consecuencias como:

Enormes cantidad de viviendas y propiedades reposeídas, esto conjuntamente criminaliza a sus ciudadanos.

Incumplimiento de pagos a préstamos de vivienda y propiedades.

Enorme escape de capitales. La simple realidad es que si alguien tiene más de $500,000 dólares en el Ecuador y sabe que va a tener que pagar enormes cifras y perder hasta el 75% de dicho capital como pago de impuestos, lo que hará es salir del país o mantener sus capitales fuera del país. Eso favorece a Estados Unidos. Es un doble golpe para Ecuador pues se detiene y frena la inversión extranjera y se corta incentivos para la inversión nacional.

Migración de compañías tanto nacionales como internacionales que encontrarán muy difícil de trabajar en esas circunstancias. Aún antes de las nuevas leyes mineras ya se hace casi imposible que la gente acepte ir a trabajar en Ecuador, con dichas medidas donde las leyes impiden incentivar el trabajo honesto y así se empieza a generar actos ilícitos.

Ecuador al estar dolarizado, no tiene la misma capacidad de competir con países que pueden ofrecer mano de obra extremadamente barata. Si se impone tantos impuestos es imposible que pueda mantener ejecutivos, científicos, técnicos, y personal capacitado si gran parte de sus salarios termina siendo pagado en enormes impuestos.

El Endeudamiento y Robo de los Dineros del Estado.

Ecuador está precisamente en el proceso de endeudamiento más acelerado de su historia. Este mes de Mayo, 2008 recibió 400 millones de un total de 1 200 millones de dólares ya aprobados. El propósito de la deuda es precisamente para los proyectos de infraestructura vial, hidroeléctrica y petrolera. Tal como había explicado antes, el plan Camelot es un plan a largo plazo y los caballos de Troya fueron puestos en el poder para construir la infraestructura necesaria para explotar los recursos. La deuda garantiza que las compañías estatales que se forman eventualmente queden sin dinero tan pronto como terminen el proyecto. Así la supuesta naturalización que sirve para que el pueblo no se oponga a los proyectos, es solamente utilizada por la élite financiera para construir la infraestructura sin costo alguno para ellos. Parte del plan es que una vez terminados los proyectos se le informa al país que no se le puede extender más crédito y con ello se crearan las circunstancias correctas para un nuevo auge de privatizaciones.

Los préstamos sin embargo no deberían ser necesarios porque el país debería tener suficiente dinero para cubrir sus gastos. No existe respuesta alguna siquiera de dónde desaparece los dineros del petróleo.

Para el año 2000, el 75% de la producción petrolera de Ecuador ya estaba en manos y bajo el control de PetroEcuador, la Empresa Estatal de Petróleos del Ecuador. La documentación y evidencia muy claramente demuestra que PetroEcuador contribuía 300,000 (bbl/d) barriles diarios y las compañías extranjeras solamente 100,000 (bbl/d) barriles diarios. Para un total de 400,000 (bbl/d) de exportación de petróleos; 236,000 (bbl/d) destinada a Estados Unidos. La otra parte a Chile y países caribeños. (http://www.eia.doe.gov/emeu/cabs/ecuador.html).

Sin embargo, todo el dinero se esfuma y como demostraré, el Banco Central, el gobierno central y la misma prensa manipulada continúan promoviendo la idea que son las compañías multinacionales que se roban el dinero del petróleo. Precisamente, Correa hizo declaraciones ante la BBC de Londres y en varias conferencias clamando que Ecuador recibe solamente de $3 a $4 dólares por el petróleo. Pero el 75% de la producción ya está en manos de PetroEcuador.

Ecuador produce 508,000 (bbl/d) barriles de petróleo diarios. La producción en realidad es mayor todavía ya que no se toma en cuenta siquiera la producción de alrededor de 100,000 (bbl/d) barriles de la Punta de Santa Elena que gobiernos anteriores decidieron son campos marginales y son libres de impuestos, supuestamente la producción va destinada directamente a la refinería y los fondos deben servir de financiamiento para la Universidad de Guayaquil. Sin embargo, de acuerdo a los datos obtenidos y publicados por varios organismos es indudable que la producción y **exportación de petróleos de Ecuador sobrepasan los 400,000 (bbl/d) barriles diarios**, dejando aún alrededor de 200,000 bbl/d para consumo interno y pago de subsidios.

Para fines de este cálculo he decidido tomar solamente la cantidad que ya está en manos y control de PetroEcuador desde el año 2000. Dejando por tanto fuera del cálculo los 100,000 (bbl/d) que continúan siendo parte de la producción y exportación en manos de compañías extranjeras, y asumiendo que estas solamente pagan una minúscula parte del costo de venta. Aunque el mismo Correa ha declarado varios posos petroleros en manos de compañías extranjeras como campos marginales y por ende libres de impuestos. Eso significaría que si Ecuador percibe solamente un dólar por cada barril diario, en 365 días del año la cifra sería:

(# de barriles exportados diariamente) X (días del año)= total de barriles vendidos

(Vd. /d) X (DPA)= Total vendido por PetroEcuador.

(300,000) x (365) = 109,500.000 barriles de petróleo exportados al año

Si ignoramos el costo al que se hayan vendido y asumimos que el país percibe un sólo dólar por cada barril, entonces la cifra en dólares sería exactamente la misma cifra en número de barriles vendidos. No existe ningún documento que reporte esa cifra y por ende no existe el dinero de al menos $109,500.000 dólares pagados a Ecuador. Aún asumiendo que la mitad sea consumido en gastos, es lógico asumir que el país debería tener al menos $55 mil millones de dólares si solamente percibiera un sólo dólar por barril como beneficio del petróleo.

Las cifras de exportación son verídicas, las cifras de producción son reales, y por cada dólar que suba la cifra se doblaría directamente proporcional a dicha cantidad. Sin embargo, en el informe entregado al país se declara que el país ha percibido un poco menos que $10,000 millones de dólares en tres años, lo cual no representa ni el 10% de la figura real que se ha vendido en un año. En otras palabras, significa que Ecuador estaría recibiendo 10 centavos de dólar por cada barril. Cuando el mismo Banco Central del Ecuador reporta que el costo de venta de petróleo ecuatoriano ha fluctuado entre $51 a $81 dólares en el año 2007. Cuando no ha sido parte de la ecuación por lo menos 208,000 (bbl. /d) barriles diarios para el consumo interno y el pago de varios subsidios del país.

Esto significa que por cada dólar que incremente el precio y si suponemos que el país percibe al menos cinco dólares por barril la cifra sería así:

Total de barriles exportados X cantidad percibida por el país= Total de dinero pagado al país.

109,500.000x$5=$547,500.000.

Si asumimos que el petróleo Napo ha percibido al menos un costo de $85 dólares por los últimos doce meses esa cifra sería así:

109,500.000X85=$9,307.500.000

La cifra sobrepasa los Nueve Trillones de dólares y no olvidemos que no hemos tomado en cuenta la producción de las multinacionales.

Cualquier persona puede revisar el hecho que Petroecuador ha clamado producción y ventas de 67 millones de barriles al año. Esa cifra multiplicada por US$81 dólares es nada menos que US$5,427.000.000. Lo cual significa casi cinco trillones y medio. Como es posible entonces que se reporte al país que las ganancias del petróleo son unos míseros 4 mil millones. Los dineros se esfuman y Correa nada ha hecho, ni ha dicho al respecto, porque le interesa vender la mentira que las multinacionales se han robado todo, pero mas del 50% de la producción esta en manos del estado y nada tienen que ver las multinacionales en esa producción. Así el otro cincuenta por ciento del petróleo también desaparece.

Si bien los años anteriores al 2007 son otros gobiernos los que deben responder a estas discrepancias, no debemos olvidar que en esos años el costo de petróleo era únicamente alrededor a $18 dólares y subió progresivamente alrededor a $40 y eventualmente la subida de precios en 2006-2008. Aún así se reportaron ventas de sobre seis mil millones de dólares. Por tanto, no puede caber duda que el gobierno de Rafael Correa ha hecho desaparecer miles de millones de dólares y debe ser llevado a juicio por robo ilícito de dinero del Estado, pues cabe mencionar que puso en la administración de PetroEcuador a gente de su partido y quienes sigan su política.

Indudablemente que las compañías petroleras y PetroEcuador deben cubrir gastos de producción, explotación, impuestos y demás. Eso se sobreentiende, pero no existe informe alguno de las verdaderas cifras que son pagadas por todos esos factores. Así como tampoco existe un documento de constancia completo de las ventas realizadas tanto por las multinacionales como por PetroEcuador que pueda ser comparado a los archivos de producción. De acuerdo al informe del Banco Central del Ecuador, la producción petrolera del país la dividen en crudo oriente y crudo Napo, sin embargo, los montos citados no concuerdan con las cifras de producción y la comparación de informes de otros países que reciben petróleo ecuatoriano. La discrepancia es enorme, como es la discrepancia en el valor del petróleo, las cifras que se pagan al estado y las verdaderas cifras que exhibe el mercado.

Por ejemplo, el Banco Central clama que el total de petróleo exportado en noviembre de 2007 es solamente 5,836 barriles a un precio de venta promedio de $81.38. Sin embargo, al comparar las cifras citadas en *sourcewatch*, que es un sitio de información para la industria petrolera; *The CIA World factbook*, que es la información recopilada por la Agencia de Inteligencia de Estados Unidos; además de varios análisis e informes tanto del Banco Mundial, el mismo PetroEcuador y la BBC se puede determinar que todos coinciden en que la cifra de producción petrolera de Ecuador en noviembre de 2007 es nada menos que 539,000 barriles diarios, de los cuales se reportó la venta o exportación de al menos el 65% de la producción y los tres diferentes organismos calculan que la producción se mantuvo constante alrededor de esa cifra. Concluyendo que en noviembre así como en la mayoría de los meses del año 2007 se vendieron al menos 400,000 barriles diarios. El gobierno de Correa debe responder dónde se esfumó todo ese dinero. Porque 400,000 diarios multiplicados por $81 dólares es el equivalente a $32,400.000 diarios o al menos $32 mil millones de dólares diarios. Mientras el gobierno de Correa ha reportado 4 mil millones anuales. ¿Dónde está todo el dinero?

Según datos REPSOL YPF tiene varias concesiones en Ecuador, las cuales incluyen el Bloque 16, los Campos Tivacuno y Bogi Capirón con una producción de aproximadamente 56 mil barriles diarios, lo cual a $81 dólares por barril significa nada menos que alrededor de cuatro millones y medio diarios.

Mientras tanto, la deuda de la petrolera con el estado se sigue sumando; actualmente adeuda al estado 270 mil dólares por el préstamo del crudo de PetroEcuador para las pruebas de funcionamiento del Oleoducto de Crudos Pesados OCP. Tampoco ha cancelado 100 millones de dólares por concepto del reajuste de la tarifa real del transporte de crudo de REPSOL YPF por el Oleoducto Estatal SOTE.

En un acto sin precedentes y de enorme perjuicio al país, las compañías PETROSUD, PETROBELL y TECPEC, que operan los campos marginales Pindo, Palanda, Yuca Sur, Tigüino y Bermejo fueron excluidas de la Ley Reformatoria a la Ley de Hidrocarburos, excluyéndoles así de cualquier pago tributario, en otras palabras, están ganando millones de dólares sin pagar un centavo al país, todo con el supuesto propósito de subir la participación del estado a un 50-50, de los altos excedentes del precio del petróleo.

Como se puede llegar a ninguna otra conclusión excepto que Correa está conduciendo políticas que favorecen a fuerzas extranjeras. Mientras se impone impuestos enormes al pueblo, se evita impuestos de millones de dólares del petróleo.

Igualmente, el gobierno de Correa ha adjudicado a varios consorcios empresariales la entrega de algunos campos petroleros importantes de PetroEcuador, como PUCUNA, TAPI, TETETE y FRONTERA, DYGOIL, en plena violación de la Ley de Hidrocarburos.

Pero es precisamente la razón esencial por la que estas compañías fueron entregadas dichos posos, es el ejemplo total y verídico que esto es el futuro de Ecuador. Pues estos posos son los que disfrutan de carreteras, y servicio eléctrico.

Rafael Correa simplemente los ha declarado posos marginales y así no tienen que cumplir con pago alguno al estado, mientras se han entregado posos petroleros dotados de estaciones de producción, estudios sísmicos y GPR completos, personal técnico entrenado por el estado, algo que se ha gastado cientos de millones de dólares fueron entregados con pleno consentimiento del caballo de Troya.

Si Ecuador percibe solamente unos 25 centavos de dólar por cada barril, entonces el país debería recibir al menos 6,4 mil millones de dólares por año. En la siguiente tabla se puede ver las cifras claramente. Es indudable que de cualquier forma que se quiera analizar, los dineros del país están desapareciendo.

Correa se ha valido de estas mismas cifras para declarar todo tipo de nuevas reglas y ha clamado desde el 50% de ganancias para el país hasta la supuesta ley del 99%. Pero eso nos conduce entonces a que Correa tendría que responder dónde ha desaparecido el dinero del petróleo. Simplemente, la retórica obedece a la implementación de las supuestas medidas nacionalistas y patrióticas, pero muy claramente es solamente una estrategia mediática para justificar la enorme deuda que se está recibiendo de varios organismos. Deuda que servirá para construir la infraestructura, que ciertamente es necesaria e imprescindible para el país, pero extrañamente no se está implementando tecnologías alternativas que permitan la participación de la pequeña y mediana industria del país. En la realidad, Ecuador no está ganando ni un sólo centavo más, o el dinero se sigue esfumando.

Producción Petrolera:	539,000 bbl/day (2007estimado)
Consumo Interno de Petróleos:	182,000 bbl/day (2007estimación)
Exportación:	400,600 bbl/day (2007 estimación fuente CIA)

Importación:	44,680 bbl/day (2004)
Reservas de petróleo:	5.89 billón bbl (estimación suministrada por un experto.)
Producción de Gas:	279.4 millones cu m (2007estimación)
Cifra de exportación:	13.300 millones de dólares (Informe de la CIA 2007)

La Manipulación Sexual y de Otra Índole.

Existen demasiados indicios que indican que el gobierno de Rafael Correa está utilizando las mismas técnicas que uso Fidel Castro en su gobierno, tal como se ha explicado, esas técnicas fueron desarrolladas en los 1950's como técnicas anti subversivas y de control mental por los servicios de inteligencia MI-6 británico y también por la CIA.

Las técnicas utilizan todo tipo de mecanismo para mantener control sobre todo el personal de la burocracia administrativa de los ministerios a fin de asegurar su obediencia y lealtad. Puede ser desde el simple rumor que se han encontrado aparatos de espionaje en las oficinas de ciertos ministerios, o que se han encontrado teléfonos intervenidos. Con esa finalidad se establecen líneas supuestamente "seguras", pero las compañías telefónicas del país están conformando un consorcio de unidad, las empresas de telefonía Andinatel, Pacifictel son los accionistas de Telecsa (Alegro) y esta por ende no tiene voto alguno en las decisiones en el Consorcio de Telecomunicaciones, Detrás de todo está AT&T, ésta siendo norteamericana y con la presencia de la NSA con oficinas en Ecuador, cada grabación, cada conversación privada del gobierno esta siendo totalmente monitoreada y controlada.

De esta manera se mantiene el control sobre el terreno de las ideas. El personal se ve obligado a cumplir porque tienen miedo de las repercusiones. De esta forma se obtiene la aparente "unidad de voz" del partido y del gobierno. No hay ministros ni empleados que emitan voz de oposición a las políticas de Rafael Correa.

La técnica es básica y considera que quien no piense como lo desea el estado o el grupo que detenta el poder será considerado un enfermo que recibirá atención médica preferiblemente del tipo psicológico. Generalmente se hace todo lo posible por considerarlo loco, desequilibrado y además se le desacredita, desprestigia, se le anula e invalida. Tal como sucedió con Pazmiño cuando publicó los videos de Patiño. De esta forma, en poco tiempo se destruyó todas las credenciales y el trabajo que había hecho para el gobierno, en realidad no había cambiado nada, era la misma persona que les sirvió a sus intereses, pero con el desprestigio generalmente se logra que pierda sus derechos y nadie les hace caso.

De esas técnicas de espionaje que se está usando en el gobierno de Correa no pueden escapar ni los oficiales militares, tal como consta la operación que Correa realizó al acusar sin pruebas ni evidencia al ejército y las fuerzas militares de estar infiltradas por la CIA, es todo lo reverso, fue gracias a esa acción que ahora está libre de poner el personal que sea fiel a la línea del gobierno.

Igualmente, los trabajadores públicos serán sometidos a la misma técnica, inclusive personal de los servicios de contrainteligencia o inteligencia. Así como también los dirigentes políticos tanto locales como regionales, inclusive de otros partidos. Para ese fin se utilizan investigadores privados, se les involucra en actos delictivos, actos criminales o actos de espionaje. Tal cual está sucediendo en el caso Logroño. De lo contrario, se utiliza prostitutas que pueden ofrecerse a la persona que sea el blanco de la misión y sea fotos o grabaciones de sonido, grabaciones telefónicas pueden ser utilizadas para obtener su silencio o su voto. Inclusive se puede obligar a dichas personas ya involucradas a cometer actos, proponer acuerdos diseñados de acuerdo a la conveniencia e interés de Correa. Un gobierno liderado por un caballo de Troya obedece los intereses de una fuerza extranjera y por ende jamás pueden gobernar defendiendo los intereses del pueblo sino para los intereses de esa élite financiera mundial.

Realidades Económicas vs. Absurdos de Correa

Más allá de conceptos económicos los resultados obtenidos por países que en los últimos años han demostrado enorme crecimiento se pueden resumir quizás así: Visión y planeamiento nacional a largo plazo, clima favorable de inversiones que incluyan regulaciones claras, incentivos de impuestos, orden y seguridad. Además de la oferta de producción laboral barata, costos bajos de materiales, tratados que faciliten el comercio, tecnologías aplicadas para reducir costos de manufacturación, reducción de impuestos a corporaciones por medio de incentivos a la inversión (se da crédito cuando invierten en tecnología). Implementación de reformas a la educación para el entrenamiento apropiado de personal.

Las realidades económicas no pueden ser ignoradas en el planeamiento e implementación de las políticas económicas del gobierno ecuatoriano. Especialmente no se debe olvidar el recurso más importante de un pueblo, el recurso humano y la necesidad suprema de mejorar las condiciones de vida de sus ciudadanos como el mandato mismo de la existencia de un gobierno. Lamentablemente, en nuestro país se pretende ignorar la lógica y lo que está sucediendo en el mundo.

En la última década, China ha despertado del letargo en el que estaba sumido por el comunismo. La economía emergente precedida por Japón, Corea del Sur, Singapur, Taiwán, Hong Kong y en no menor grado, India no tiene paralelo. El progreso económico en Asia ha sido marcado por enormes cambios tecnológicos e industriales. Al mismo tiempo que al combinar las poblaciones masivas de estos países, se hace imposible que países latinoamericanos compitan con ellos en términos de mano de obra barata a raíz de sus enormes poblaciones.

El impacto y las repercusiones del progreso chino se pueden sentir en todos los países, sean estos desarrollados o subdesarrollados. Se hace imperativo desarrollar estrategias y respuestas al reto que implica. Ecuador necesita un cambio radical que le permita un verdadero progreso y desarrollo.

Por todo lo expuesto se hace aún más difícil entender las políticas económicas de Rafael Correa y solamente sirven para desnudar la verdadera razón de quien controla sus decisiones. Se puede argumentar que Correa está gobernando sin un plan concreto de gobierno, pero sabemos que los parámetros ya fueron bien definidos. Aunque su argumento sea que quiere crear su propia versión económica. Pero, el gobierno de Correa es una contradicción absoluta. Por un lado es inestable y desordenado por los constantes cambios de ministros que nunca parece concretarse ninguna política antes de que salga un ministro y lo reemplace otro. Por el otro es extremadamente eficiente en implementar las políticas de reorganización del estado y la destrucción de las instituciones democráticas. Tal parece que el personal tiene que atenerse a los caprichos de Correa que mueve sus piezas de ajedrez como si fueran bolas de ping pong, pero destruye todo organismo con la exactitud de un reloj. Reiterando nuevamente lo ya apuntado de cómo el plan Camelot esta diseñado a causar el deterioro de todas las instituciones y del aparato gubernamental.

Haciendo un breve análisis se puede observar que las decisiones económicas de Correa han sido tan erradas que -de seguir su curso- pueden terminar en una grave crisis económica para el país suramericano. Ecuador tiene un crecimiento económico de 2.65% en el año 2007, de acuerdo al gobierno mismo, un número mucho más bajo ha sido citado por varios especialistas y economistas. Uno de los índices más bajos de todo Latinoamérica cuando Ecuador ha disfrutado de la subida de precios más alta en la historia mundial.

Mientras que el gobierno de Rodríguez Lara en el previo experimento de reconstruir naciones obtuvo un 10% de crecimiento y a pesar del constante cambio de gobiernos desde 1999, la economía ecuatoriana había logrado un crecimiento de al menos 4% en el 2006 durante el previo gobierno. La producción petrolera del país ha decaído considerablemente sin que haya una buena explicación cuando PetroEcuador ha mantenido control de la producción de al menos el 75% del recurso. Sin embargo, se ha seguido reduciendo porque no existe una ley clara que permita la inversión extranjera. Es de incautos decir que Ecuador está "negociando" con Venezuela, cuando es el único país con el que está haciendo tratos al respecto, porque ahuyentó a todas las multinacionales con los pronunciamientos de Correa de querer demandar enormes porcentajes de impuestos y regalías. El proceso como lo vengo explicando es simplemente iniciar los proyectos de infraestructura para el eventual colapso y finalmente terminará en manos del mismo postor de siempre.

No tiene sentido la posición de Correa de disminuir la producción petrolera. La producción comercial del país ha decaído considerablemente, al igual que la inversión extranjera y lo único que súbitamente ha subido es la aprobación de préstamos que sin más, ahora se le aprueban con miles de millones en camino para los varios proyectos de infraestructura.

Correa puede clamar que la inversión extranjera ha subido, es únicamente gracias a tratados que ha firmado con Hugo Chávez, quien intenta exportar el modelo socialista de Heinz Dieterich Steffan usando la riqueza de petróleos venezolanos. El gobierno de Correa alude que la reducción en la producción petrolera se debe a la ineficiencia de técnicos ecuatorianos, delatando nuevamente el pretexto de contratar solamente multinacionales sin importar cuantos profesionales ecuatorianos queden desempleados. Correa culpa de ineficacia a la administración anterior de PetroEcuador, pero hace meses que cambió la administración y los dineros no aparecen ni crecen. Correa ha clamado ser un presidente populista pero ha ordenado que no permitirá las protestas pacíficas de la población y hasta autoridades locales están en prisión por haber marchado con su pueblo en protesta de una multinacional.

El gobierno de Correa ha clamado que aunque la producción petrolera haya bajado la producción económica del país crecerá, seguramente porque sabe que nada detendrá el desarrollo y construcción de la infraestructura. Pero es muy difícil ser optimistas al respecto porque esta sucediendo todo lo contrario con las leyes tributarias aprobadas. La inestabilidad política del país, el acoso del gobierno de Correa contra la inversión y contra sus propios ciudadanos, inclusive los propios congresistas del país han sido prohibidos de "trabajar" que, en un depravado decreto de la Asamblea Constituyente controlada por Correa y en plena violación de la constitución vigente, "decretó" que el congreso está en recesión permanente. Algo que al ser decretado así significa que se viola la democracia y la constitución pues significa eliminar uno de los tres poderes del estado.

Así, Ecuador vive en la incertidumbre ya que se ha creado ese ambiente por los constantes enfrentamientos. Correa acusa constantemente a la prensa, a los empresarios, a la industria y a las clases sociales. Acto seguido, se queja que hay fuerzas que quieren desestabilizar su gobierno, cuando es el ímpetu de justicia que reclama ante el atentado de las élites financieras del mundo que han puesto su caballo de Troya para construir, desarrollar e impulsar todo lo necesario que les permita eventualmente aprovechar de los recursos del país. Aunque Correa alude que otros partidos practican la partidocracia, como lo he demostrado, es Correa quien lo hace más que nunca, mientras las compañías nacionales luchan por su supervivencia y compañías internacionales y nacionales estudian proyectos de emigrar a otros países.

Ecuador debe adoptar la postura de ser una verdadera nación, libre e independiente que no está dispuesta a negociar la libertad, la democracia ni el progreso del país con ningún otro gobierno. Pero al mismo tiempo, Ecuador debe conducir sus negocios en la manera más profesional posible donde todo mundo sea considerado sin importar ideología, clase social o económica. Ahí el craso error de Correa. Por un lado, pretende hablar de desarrollo mientras sus medidas económicas parecen ser creadas para destruir la clase pudiente de Ecuador. Pero eso es un concepto errado como la lógica en la que se basa porque la destrucción de la clase pudiente hace que se detenga la inversión, se frene la industria, se imponga una recesión económica, se merma la generación de empleos, se haga más difícil la creación de nuevas empresas. No se puede crear la infraestructura de la nación solamente con contratos a compañías extranjeras, prescindiendo así de la mano de obra de ecuatorianos en su propia patria y creando el desempleo masivo que sigue forzando la migración de sus ciudadanos.

Ecuador necesita medidas económicas que le permitan crear un sistema que estimule la inversión, el trabajo, la generación de empleos y la explotación de recursos, lo cuál a su vez permitan y promuevan el comercio, las exportaciones y generen riqueza para todo ecuatoriano.

Una inversión riesgosa como es la exploración de petróleo requiere millones de dólares y aunque a veces se encuentre petróleo, la cantidad puede determinar si puede ser explotada. Si a todo esto tomamos en cuenta que los costos de exploración en la selva son bastante elevados, y si las corporaciones tienen que pagar un 30% de impuestos en sus operaciones, pagar altos salarios como sucede en la industria, necesitan invertir constantemente en tecnología, equipos y maquinaria, pero por sobre todo, el estándar de regalías en el mundo es entre el 15% al 22%, regalías que son por encima de los impuestos que cobra la nación que deberían estar entre el 15% al 20%. Así, tanto el estado como las compañías deberían terminar en una división justa del 50% para cada lado.

La declaración del gobierno de Correa es por tanto claramente lo que desea el proyecto Camelot. Es una medida para ahuyentar a todas las compañías del mundo, afortunadamente estas rehúsan a hacerlo y se han mantenido firmes en sus intentos de operar en el país.

La misma propuesta de mantener el petróleo encontrado en los campos de ITT demuestra que Correa prefiere mantener el petróleo hasta cuando exista la infraestructura que permita su fácil explotación, y cuando el colapso económico mundial obligue a Ecuador a poner nuevamente sus recursos en las manos de la élite financiera mundial. Entonces se dará la bienvenida a la Exxon o la Mobil.

Correa rehúsa firmar el tratado de libre comercio con Estados Unidos y clama que va a implementar un programa económico que permita reemplazar dicho mercado.

Ecuador gasta enormes cifras comprando electricidad de Colombia y Perú y el gobierno de Correa poco o nada ha hecho para incentivar y atraer la inversión extranjera que le permitan la generación eléctrica con turbinas de viento, u otras tecnologías.

Como si fuera poco, Ecuador no tiene en estos momentos una estructura legal constituida ya que debido a los caprichos de su Presidente, se mantienen en el limbo redactando una nueva constitución que el mismo Rafael Correa parece estar haciendo hasta lo imposible para que no se redacte y mantiene ocupados a los miembros de la constituyente en aprobar leyes que no deberían tener validez alguna, pues en el mismo estatuto de su creación, la Asamblea

Constituyente tenía otro mandato popular. Sin embargo, si dichas leyes son aprobadas por un organismo que fue creado específicamente y únicamente para redactar una constitución, se genera un nuevo problema constitucional que seguramente desembocará en una nueva crisis política y un eventual enfrentamiento entre grupos políticos, agrupaciones sociales y los mismos poderes del estado y los militares.

Mientras que en países como Noruega las compañías petroleras hasta reparten un porcentaje a sus ciudadanos, en nuestro país el títere de la CIA negoció el pago de 3 centavos por barril de petróleo de la Texaco desde 1958 a 1978 en el robo más descarado por parte de una multinacional en la historia del país, que después abandonó dejando daños ambientales y sin haber contribuido a la infraestructura del país. A pesar de ello, se echan laureles en su propio sitio de Internet clamando ser los pioneros de la explotación de petróleos usando helicópteros, pero precisamente por eso nunca limpiaron el desastre y la calamidad que creaban. La cantidad de carcinógenos que derramaron en la selva, en los ríos tributarios del Amazonas es igual a diez derrames de Valdez en Alaska. Es inconcebible que Brasil, Perú y Ecuador no hayan tomado acciones para limpiar ese enorme daño ambiental que puede traer serias consecuencias a la ecología y está causando cáncer y muerte a las tribus y los colonos de la región. Abrigo esperanzas que se forme una comisión para solucionar ese grave problema.

Ecuador por ejemplo, podría obtener grandes beneficios aún sin implementar cifras exactas como existen en Estados Unidos donde las corporaciones terminan pagando hasta 43% de sus ganancias. Ecuador podría establecer tarifas fijas de impuestos a las multinacionales y a las corporaciones. Pero lejos de incentivar la inversión, al imponer impuestos a la renta entre el 5% al 35% no solamente impide atraer gente calificada, Correa se delata en sus intenciones de sumir a todos los ecuatorianos a la pobreza cuando clama que es "prácticamente un crimen que unos ganen $30,000 dólares". Un verdadero ecuatoriano debería aspirar que todo ecuatoriano gane al menos unos $80,000 dólares y no que todo ecuatoriano gane unos $5,000 al año.

Al mismo tiempo, existe una emergencia nacional de establecer nuevas industrias e incentivar la agricultura y comercio, así como también la explotación de recursos mineros porque los recursos petroleros de Ecuador están cada vez más escasos y en el caso de petróleo, es muy posible que Ecuador tenga solamente unos quince años de suministros y recursos petroleros. ¿Qué sucederá entonces?

Es responsabilidad del gobierno iniciar un proceso de cambio paulatino que permita la transición de Ecuador de país petrolero a país con industrias alternativas. Por ello, debe buscar desde ahora soluciones que permitan la producción eléctrica con haciendas de viento, fábricas de combustible alternativo como el diesel de desechos de aceite, mayor exploración en todo el Pacífico. Reformas a la educación que incentive la minería, la reforestación, la pesca, etc.

No debemos olvidar que la riqueza del mundo se ha transferido. De acuerdo a un estudio de la misma CIA, los países más ricos son China y Japón con 16.5 billones de excedente comercial, seguidos por Alemania, Australia, Canadá, Nueva Zelanda, Noruega, y Hong Kong mientras el país más pobre del mundo es en realidad Estados Unidos, que tiene una deuda de 75 trillones de dólares; algo que no podrá pagar nunca. Aunque oficialmente el gobierno declara que es solamente 9.129 trillones.

Ecuador debe poner énfasis en establecer el comercio con países que están creando una enorme demanda de productos, tal como es el caso en los países asiáticos. Después de todo es un área geográfica de sobre 15 millones de kilómetros cuadrados, integrada por 22 países y con una población que se acerca a los tres mil millones de habitantes, si se toma en cuenta India. Entre estos países se encuentra China, Indonesia y Japón, Corea del Sur, Taiwán, Corea del Norte, Hong Kong, Tailandia, Filipinas, Malasia, Vietnam, Brunei, Laos, Singapur, Camboya, Nepal, Sri Lanka, Myanmar, Mongolia, Bután, Blangadesh y Maldivas.

Germánico Vaca Michelena

Solamente la clase media de China es de sobre 330 millones de habitantes, lo cual es más grande que toda la población de EE.UU. La población entera de China se aproxima a 1.3 mil millones y sería lógico pensar que quien venda cepillos de dientes tiene mucho que vender en China, pero igualmente quien venda mangos y bananas debe intentar vender más a China.

Pero Correa se pasa el tiempo en giras por todo Latinoamérica clamándose ser víctima de un ataque colombiano y habiendo cobrado la vida de un ecuatoriano militante de las FARC. A quien le pregunte algo que no le gusta, el mandatario ha recomendado valium a quienes se opongan a su plan socialista. La producción bananera, de mangos y de otros productos termina pudriéndose porque otros países están cerrando las puertas a Correa y así el pueblo sufre.

El dólar sigue perdiendo su valor adquisitivo y devaluándose. Razón primordial por la que Ecuador debe salirse de la dolarización. Pero no solamente por la caída del dólar sino debido a que cuando Ecuador entregó sus reservas de oro a la Reserva Federal de Dallas, cada onza estuvo evaluada en $234 dólares. Si dichas onzas de oro son devueltas, éstas tienen un valor de sobre $1,000 por cada onza, el momento que se le devuelva a Ecuador el oro que le corresponde, prácticamente la deuda externa queda pagada y la valorización del país es mucho más grande y puede por tanto respaldar su propia moneda.

La nueva ley aprobada por la Asamblea es inconstitucional, especialmente cuando centraliza aún los impuestos de las provincias de Ecuador, cuando deberían estas mantener su independencia del gobierno central. Cada provincia debe recibir el pago correspondiente de las compañías que operan en el país. Correa logró aprobar una ley tributaria en el país sin que la Asamblea tenga tiempo de analizar dichas leyes ya que fueron presentadas y aprobadas en 12 días mientras eran días feriados (Diciembre 17 a Diciembre 29).

Pero, dichas leyes ni siquiera intentan solucionar problemas existentes tales como el fraude que existe donde compañías que operan por ejemplo en Imbabura, como Cementos Selva Alegre evita pagar ningún impuesto a la Provincia de Imbabura y paga impuestos como si fuera compañía que opera en Pichincha por meramente tener las oficinas allí. Esas cosas deben cambiar pues la provincia donde se explota los recursos no se beneficia. En otras circunstancias se conduce la explotación de varios posos petroleros en la punta de Santa Elena y todo el dinero va para beneficio de la Universidad, sin que Ecuador como país perciba absolutamente ningún beneficio del recurso.

Si Ecuador adopta medidas mesuradas y equitativas que las multinacionales puedan adoptar sin mayor argumento, pues son medidas similares a las que tienen que pagar en EE.UU., entonces Ecuador se puede beneficiar al imponer un porcentaje de impuesto a las corporaciones y una cifra de regalías. En Estados Unidos la combinación de impuestos federales y estatales que pagan las corporaciones es alrededor del 40%, a esto las compañías pagan regalías a los Estados de alrededor el 20%. Generalmente son los impuestos estatales que cubren muchos programas de educación, salud, generación de empleos, construcción de vías e infraestructura, etc. Y otros programas de la misma índole son financiados por el gobierno central federal. Basado en estas promesas ampliamente conocidas y verificables, si Ecuador implementara leyes fáciles de aplicar como por ejemplo, un 15% de impuesto a la renta de toda corporación que opera en el país, el 10% de impuesto provincial para que la provincia donde se explote el recurso se beneficie y pueda pagar la infraestructura necesaria, la educación, el desarrollo económico, sin importar que fuese nacional o extranjera, y un 15% por regalías por explotación del recurso petrolero o minero, de los cuales el 5% debe ir también al gobierno provincial, lo cual permitiría atender las necesidades de infraestructura, educación, salud y protección ambiental. Solamente así el desarrollo de los pueblos podría convertirse en realidad. Los precios actuales del petróleo, del oro, la plata o el cobre en realidad no son tan grandes como la gente piensa, es el dólar el que ha perdido tanto valor que por ello el valor adquisitivo es el efecto inflacionario creado por la misma Reserva Federal

Así Ecuador podría generar empleos, y desarrollar la infraestructura necesaria sin recurrir a enormes préstamos de instituciones manipuladas por la élite financiera mundial.

Solamente con una estructura económica apropiada y una base económica estable se podrá mejorar la educación y hasta adjudicar un porcentaje a la reforestación de Ecuador como medida que ayude a detener la rápida pérdida de sus glaciares, razón que podría tener catastróficas consecuencias para la agricultura del país.

Los Ciudadanos de Una Nación No Son "Recursos No Renovables".

Es impresionante el grado de control que quiere ejercer este gobierno sobre la gente. La Asamblea Constituyente de Ecuador ha aprobado ciertos códigos o artículos de ley que aparecen como algo muy benigno, pero son extremadamente peligrosos. Aparte de la desorganización de dar patadas al viento con artículos incoherentes sin establecer primero los poderes del estado democrático de Ecuador, sin declarar los derechos humanos y civiles de sus ciudadanos, y sin establecer la legalidad para la propia asamblea. Los ecuatorianos tienen ahora que aceptar el fascismo de Acuerdo País como la supuesta gran revolución ciudadana. La Asamblea Constituyente ha declarado al estado ecuatoriano como *propietario del patrimonio genético*. Nadie ha hecho preguntas. Pero veamos lo que esto conlleva.

El artículo aprobado por la Asamblea Constituyente dice así:

Art. 3. El Estado ecuatoriano es **propietario y ejerce soberanía** en especial sobre los recursos naturales no renovables que se encuentren en su territorio, incluidos el agua, los yacimientos minerales y de hidrocarburos; así como la biodiversidad y su **patrimonio genético** y el **espectro electromagnético**. **El patrimonio cultural es bien público,** bajo las distintas formas de propiedad que establezca la Constitución y la Ley.

De acuerdo a estudios y análisis realizados por la UNESCO, se aprobaron leyes para prevenir contra los abusos que en el futuro se pudiesen dar debido a un nuevo orden eugenésico **regido por las leyes del mercado**. Los adelantos científicos han permitido tal desarrollo en el campo genético que se pudiese prevenir que en el futuro los padres podrán "programar el porvenir biológico de sus hijos", incluso antes de su concepción. Pero, alguien se ha preguntado lo que esto significa si el ciudadano ecuatoriano le nombra y concede al estado como PROPIETARIO DEL PATRIMONIO GENÉTICO. Ese pequeño artículo de la nueva constitución significa que el Estado Ecuatoriano tendría el derecho de "programar el porvenir biológico de sus hijos", al igual que de los fetos y hasta cuando una persona haya muerto tendrían el poder de "tomar posesión de su recurso genético y vendernos en partes, en cómodas cuotas mensuales". ¿Acaso Correa ya está pensando en un nuevo gran negocio de vender partes humanas?

Si bien el único país que ha tenido en su constitución una declaración de poder y propiedad del patrimonio genético es la Alemania Nazi, es difícil creer que la Asamblea Constituyente pretenda pasar dicha ley burlándose de la sociedad cuando los declaran recursos no renovables, en un claro atentado contra sus ciudadanos en aprobar una ley predadora de la humanidad por parte de Acuerdo País. Pasar esta ley concedería el derecho al estado ecuatoriano de subyugar a sus ciudadanos a cualquier experimento genético si este así lo desea.

Si por un lado los estudios genéticos realizados por compañías como Genetech y Eli Lilly persigue el adelanto científico aludiendo que al alterar la genética pueden encontrarse curas a la diabetes, al alzheimers, schizofrenia, etc., al mismo tiempo, persiguen alterar "caracteres indeseables". A esto se crean muchos interrogantes ya que quienes tengan un gen de leucemia, querrán eliminarlo del esperma o del óvulo del que nacerá su hijo. Bajo la nueva constitución ecuatoriana, los ciudadanos no tendrán ese derecho pues el dueño del patrimonio genético sería el estado ecuatoriano y tendría que solicitar que el estado lo haga.

La pregunta para la Asamblea Constituyente de Ecuador es, qué es lo que pretenden en Ecuador nombrando al Estado el Propietario del patrimonio genético. Porque al hacerlo significa que los ecuatorianos se convierten en "OTRO RECURSO DEL ESTADO" y entonces, queda a discreción de Rafael Correa vender algunos ecuatorianos como especies y como ratas de laboratorio pues somos "propiedad del patrimonio genético de Ecuador".

Estoy seguro que asambleístas del gobierno (al menos seamos honestos, los 80 sub sirvientes de Correa quienes abandonaron su conciencia al ganar el voto popular y ahora aprueban sin cuestionamiento alguno todo cuanto desea Correa, dejando olvidado el hecho que están sirviendo al pueblo ecuatoriano y no los intereses del partido Acuerdo País) desconocen lo que está sucediendo en el país y lo que realmente conllevan las propuestas, las nuevas leyes y lo que es Socialismo XXI. Al menos eso les libraría de culpa, de lo contrario son participes de la destrucción del Ecuador como nación.

No es la ciencia la que plantea problemas, sino sus aplicaciones. Igualmente no es la existencia de la Asamblea el problema, es su incompetencia.

Empresas gigantes, como los grandes grupos químicos que han empezado a cerrar sus departamentos de química pura para concentrarse en las ciencias de genéticas están pasando de la era de la petroquímica a la de la genética comercial. Los genes serán en el siglo XXI lo que el petróleo, los minerales y los metales fueron en la era colonial e industrial: Una materia prima.

Lo que está en juego en este comercio tiene un nombre: "patentes". En la última década se han aislado casi la totalidad de los 60.000 genes que constituyen **nuestro patrimonio genético humano.** Durante al menos veinte años, la propiedad intelectual de prácticamente cada uno de esos genes pertenecerá a esas firmas. Esto es crucial de entender y comprender y la razón por la cual cuando la Asamblea Constituyente de Ecuador al declarar en un artículo que el estado ecuatoriano es ahora "PROPIETARIO DEL PATRIMONIO GENETICO", es el equivalente a declarar a cada ciudadano ecuatoriano igual que ganado o borregos y con un plumazo, declaran al ESTADO como PROPIETARIO SOBERANO de cada ecuatoriano. ¿Está dispuesto usted a convertirse en propiedad de Acuerdo País? ¿Qué opción tiene Ecuador si un día después de aprobada la constitución, Correa decide vender el patrimonio genético de Ecuador a una compañía a cambio de unos milloncitos (fácil después lo niega y dice que muestren la computadora)?

No hay que pasar por alto que Costa Rica, por ejemplo, tiene un tratado ahora con Merck and Co. en el cual se le concede el derecho de acceso a todo el patrimonio genético del país, aparte que mantiene una organización de un millón de dólares. Pero, sobre todo, los medios de información no han entendido todavía la verdadera trascendencia de esas cuestiones, pues están obnubilados por la revolución de la información. Varios argumentos se han presentado ante la UNESCO con respecto a la estafa que representa el patentar los genes. Nunca ningún estado se ha declarado PROPIETARIO de los genes de cada ciudadano. Las legislaciones europeas y estadounidense estiman que un producto patentable debe ser original y útil. Pero en 1987, la Oficina de Patentes de Estados Unidos añadió a sus textos un párrafo que estipula que en lo sucesivo es posible patentar toda forma de vida genéticamente modificada, con excepción de los seres humanos después del nacimiento; creando con ello un cuestionamiento con respecto al feto. La única razón de esta restricción es que la constitución estadounidense prohíbe la esclavitud.

Miles de genes animales y humanos ya se han patentado. Por ejemplo, la compañía Myriad Genetics patentó el gen del cáncer del seno, en particular entre las mujeres azkenasíes (de origen judío de Europa central). Esa empresa es titular de una patente y es un invento suyo. Cuando una mujer, en cualquier parte del mundo, se somete a una prueba para detectar este gen, una parte de la suma que paga termina en manos de la compañía por concepto de derecho de patente.

El microbiólogo Stuart Neumann, solicitó patentar treinta manipulaciones que abarcan todas las combinaciones posibles de quimeras (animal-ser-humano) creadas para atender las necesidades de la investigación médica (humano-chimpancé, humano-cerdo, etc.). Al quedar en manos del estado ecuatoriano, me pregunto si Correa ya está pensando en crear una nueva quimera (pelucón-humano). Yo estoy opuesto a la práctica de estas compañías, pero no puedo aceptar de ninguna manera que el estado ecuatoriano se declare dueño de mi patrimonio genético, menos Correa. La idea de dejar que el mercado y los consumidores decidan sobre nuestro futuro es una perspectiva aterradora. Permitir que el estado ecuatoriano sea dueño, propietario soberano de mi patrimonio genético es una tragedia.

A numerosos microbiólogos les resulta excitante la idea de ser capaces de controlar el destino de cada humano y el alterar genéticamente a cualquier humano es jugar a ser Dios. ¿Quién me puede contestar honestamente después de ver el ego de Rafael Correa que a este señor no le encantaría jugar a ser Dios y mandar a transformarnos a quiénes nos oponemos a sus POLITICAS DE DESTRUCCION DEL ECUADOR?

Corresponde al pueblo ecuatoriano, y en especial a las nuevas generaciones, apoderarse del tema, debatirlo, formular preguntas, hacer oír su voz en la calle, los medios de comunicación, ante los tribunales, etc. Pero no permitiré que Acuerdo País me declare ser simple recurso de propiedad del estado.

Incluso cuando las revoluciones sociales, tecnológicas y comerciales transforman las civilizaciones, siempre hay medios para influir en la nueva correlación de poderes que se instaura, para hacer valer su opinión. Tenemos que cobrar conciencia de que el país ha sido secuestrado por las FARC, cuando este gobierno recibió dinero del narcotráfico y de las FARC. La posición del gobierno de que se le entregue el hardware, el software y se le explique la tecnología de análisis es una burla a la inteligencia. Ahora somos víctimas de una política depredadora fuera del marco de la ley. Existe el riesgo de que escape del control ciudadano como ya ha logrado anular el control político de otros partidos y de estructura democrática al anular el congreso.

No soy optimista ni pesimista. No sé si la generación actual sabrá tomar las decisiones adecuadas. Pero abrigo vivas esperanzas de que así sea. El cambio puede lograrse utilizando otras vías que no consistan sólo en apoyarse en las instituciones, que mantienen el statu quo. El militantismo no se limita a desfilar por las calles. No sólo debemos expresar nuestro desacuerdo sino proponer también una visión alternativa.

Una vez que se preste verdadera atención al comercio genético, el debate surgirá rápidamente no sólo en los medios militantes sino también en la industria. No se tratará solamente de un combate entre los ciudadanos, por un lado, y las grandes empresas, por otro: todo el mercado sentirá sus efectos. El mundo agrícola será el escenario de un enfrentamiento decisivo entre productores y distribuidores biológicos y las empresas de biotecnología. Claro, esto sucederá en todo el mundo excepto en Ecuador, donde el dueño será el estado ecuatoriano y dependerá si se le antoja a Correa, vender el patrimonio genético del banano, cacao, café, y hasta las papayas y naranjillas ecuatorianas.

Se asistirá al mismo fenómeno en el ámbito de la medicina y de la salud e igualmente, quedará en manos del gobierno firmar algún acuerdo para vender el ganado ecuatoriano (perdón, a los ciudadanos ecuatorianos). Los consorcios farmacéuticos se movilizarán en favor de la introducción de nuevos medicamentos elaborados de acuerdo con sus métodos e impulsarán el desarrollo de las terapias génicas. Por su parte, las compañías de seguros presionarán para que la misma ciencia busque métodos de atención médica preventiva, a fin de no tener que rembolsar tratamientos onerosos. Toda decisión estará en manos del estado ecuatoriano pues será el PROPIETARIO SOBERANO DEL PATRIMONIO GENETICO.

Pronóstico del Futuro Inmediato

Juguemos a ser profetas usando una formula gitana. Si uno menciona generalidades, se hace más fácil acertar, especialmente si la gente quiere creer. Me gustaría que sea parte de un experimento. Memorice el próximo párrafo y dígale a una de sus amistades que dichas palabras le definen a esa persona.

"Eres una persona valiente que no le gusta darse por rendido, te gusta la honestidad en las personas y siempre deseas hacer el bien. Lamentablemente tu suerte ha sido echada y has tenido mala suerte en el amor, siempre has escogido la persona equivocada para amar pues eres tú quien termina dando más y recibiendo poco. Eres perseverante aunque a veces indeciso al tomar decisiones, temes herir los sentimientos y optas por callar. Románticamente eres reservado aunque hay un volcán sexual en ti, tu signo es influenciado por la Luna y Venus."

Me atrevo a asegurarle que muchas personas se identificaron con lo anteriormente promulgado y de hecho algunas le dirán que "casi todo es exacto como son". Y es que si uno basa un análisis en las cosas inevitables a suceder entonces es difícil equivocarse. Por ejemplo, a todos nos gusta pensar de nosotros mismos como personas honestas, valientes y casi todos tenemos uno o dos fracasos en el amor, pero todos perseveramos y alguna vez somos indecisos. De igual forma todos vamos a llegar a la muerte tarde o temprano porque es algo inevitable. Ciertamente quien toma alcohol todos los fines de semana y luego maneja el coche incrementa sus posibilidades de volverse miembro de la estadística de quienes mueren en accidentes vehiculares. Pero para mejorar las posibilidades de pronosticar acertadamente se hace necesario ir un poco más allá, que ver las posibilidades. Se hace imperativo analizar las posibilidades en consecuencia de los actos y acciones. Todo acto provoca una reacción, dijo Nicolás de la Cusa quien fue el primero en hablar de la relatividad de las cosas, aunque el crédito le dieron a Albert Eintein. Caso aparte, sería muy fácil mencionar ciertas generalidades y asegurar el futuro de Ecuador sin mucho a equivocarse. Pero no se necesita ser profeta para vaticinar un futuro económico catastrófico para Ecuador.

Debemos alertar a cada ciudadano ecuatoriano que a lo largo de la historia existen dos fuerzas económicas que han dado como resultado un colapso económico. No me refiero a las fuerzas de la oferta y la demanda pues estas son solamente fuerzas que dictaminan los precios de los mercados. Me refiero a las fuerzas opuestas que han sido causantes de todo colapso económico. La fuerza de la inflación por un lado y la fuerza de la deflación.

Los expertos en economía, entre los que se auto titula y se congratula el Presidente Correa, podrán argumentar que la tesis de la inflación no cuenta porque es más importante la antítesis de la recesión y la síntesis del estancamiento económico (stagflation). Lamentablemente, Ecuador vive en una recesión crónica y padece de un estancamiento económico. Aún mas grave desde la dolarización y ahora está entrando en un periodo de desaceleración por las políticas de Correa. Aún entendiendo que el gobierno de Correa es un gobierno manipulado por fuerzas externas para construir la infraestructura para la futura explotación de sus recursos y con ello la creación de una enorme deuda que garantice la próxima ronda de privatizaciones y nueva fase neoliberalista. El resultado es que la pobreza continuará porque el grave error de Correa es no entender que el recurso más importante de un país son sus propios ciudadanos.

Se hace necesario especificar los efectos económicos basados en las políticas del gobierno ecuatoriano. Sin embargo, antes de hacerlo cabe mencionar que a la Señora Economía poco le importa quién se crea economista, emperador o rey. Menos por ende le importa el origen socialista, comunista o capitalista de un gobierno, ya que simplemente reacciona a los factores: capitales, inversión, inflación. Así, tenemos que al mundo económico no le importa las retóricas ni las promesas. Los fundamentos están dados y simplemente sin inversión de capitales no existe resultado. Dinero hace dinero esa es la ley económica universal.

Seamos realistas, lo que menos existe en Ecuador en este momento es inversión. A esta realidad se puede adicionar los factores siguientes que lamentablemente son tantos o más fuertes en Ecuador:

1. Inestabilidad política: La Asamblea Constituyente está redactando una nueva constitución, la misma que después de gastos millonarios quedará a votación del pueblo aprobarla o no.

2. Ausencia de leyes: Aunque nuevas leyes han sido aprobadas, estas no pueden ser permanentes por no estar respaldadas de un acto constitucional.

3. Pugna de poderes: El Congreso ha sido desconocido por el Ejecutivo y puestos en prórroga por la constituyente. Acto que está en plena violación de la constitución actual.

4. Reducción en la producción del petróleo: Se ha incrementado gastos y aunque su presidente habla de mayores ganancias, estas son resultado de la enorme subida del costo del petróleo. Sin embargo, es de poco beneficio para Ecuador que, estando dolarizado la subida del petróleo es solamente en respuesta a la enorme caída del poder adquisitivo del dólar.

5. Subida de impuestos: Una nueva ley tributaria ha sido aprobada sin mecanismos de control, cobro, ni tan siquiera presupuesto apropiado para cambios necesarios en los organismos como el servicio de Rentas.

6. Cambios de regulaciones y leyes mineras: Ecuador ha perdido ante organismos mediadores y ha sido multado por violar tratados reconocidos para la protección de las inversiones multinacionales. El intento del gobierno de desconocer concesiones mineras, petroleras y tratados comerciales pueden dar lugar a juicios donde Ecuador se vea obligado a pagar enormes sumas por multas. Ecuador está obligado a pagar 75 millones a Occidental a razón de cambios anteriores.

Así, Ecuador se enfrenta a una reducción de financiamiento apropiado debido a la enorme reducción de inversión extranjera. Igualmente la inversión nacional se ve asechada por la constante amenaza de Correa quien parece promulgar que ganar dinero es pecado y no deja de pregonar, que quien tiene dinero es enemigo de su gobierno y Correa no ha mermado esfuerzos en llamarlos pelucones, corruptos, y vende patria. En sus diatribas populistas Correa acusa casi de crimen a quienes ganan treinta mil dólares. Es espeluznante pensar que un presidente de un país piense que para que haya progreso en su país sea mejor que todos ganen poco.

La reducción del poder adquisitivo del dólar significa que Ecuador tiene que pagar más por productos importados (el dólar vale menos; el euro, yuan, yen y prácticamente todas las monedas del mundo valen más ya que el dólar se ha caído al menos 42% de su valor desde el año 2000) mientras Ecuador percibe menos por productos exportados. Como si esto fuese poco, los incrementos en las tarifas de impuestos hace que los costos de producción sean mayores, costos de salarios, costos de importación cuando Ecuador importa el 76% de sus materias primas.

La obvia reacción a las acciones del gobierno es un incremento a la inflación. La subida de precios es inevitable cuando se sube impuestos y tarifas arancelarias y de aduanas. Pero cuando el dólar está siendo amenazado por inflación y deflación la medicina que escribe Correa parece ser más como una inyección para acabar el tormento de un paciente a punto de morir. Al menos, si yo fuese a emitir una póliza de seguro tendría que negarla porque Ecuador está caminando al desastre.

La reducción de gastos del consumidor siempre afecta a todo comerciante. Si se pone presiones adicionales al comercio, la industria, la producción por medio de enormes impuestos. Al mismo tiempo, no existen leyes coherentes para estabilizar la confianza de su propio pueblo. El descontento popular muy pronto podría revertirse, y en consecuencia, el pueblo repetirá la ya muy conocida danza ecuatoriana de anteriores presidentes como Bucaram, Mahuad, Gutiérrez quienes se creían tan seguros del respaldo popular que hasta ahora creen que el pueblo les quiere escuchar. Correa podría encontrarse muy pronto en un avión buscando escapar el enojo del mismo pueblo al que le ha mentido con promesas que no pueden ser cumplidas. Quizás la realidad es que el apoyo a Correa es un espejismo porque el 66% de la población (en encuesta realizada por el diario El Universo) ni siquiera saben lo que es la supuesta "revolución ciudadana" que tanto clama su presidente.

Es difícil entender que un economista, al menos de título como es Correa, padezca de tanta miopía. Los Griegos de Atenas inventaron la palabra idiota para describir a aquel político que carecía de honestidad, o aquellos que tenían poco razonamiento con respecto a la política y al pueblo. Desde entonces, la palabra idiota ha sido modificada en su definición, pero deberíamos aplicarla más que nunca al vocablo ecuatoriano en su definición original porque no cabe duda alguna, a Correa le cae como anillo al dedo la definición original.

Correa está tan cegado en acaparar el poder, que ni siquiera puede ser honesto con el pueblo y decirle la verdad con respecto a que no tiene control alguno de la economía, pues toda política económica de Ecuador se está dictaminando desde Washington, como parte del acuerdo de la dolarización. Así, el economista de profesión sabe perfectamente que su trabajo está relegado a pasar políticas destinadas a cambiar la estructura democrática, política y social del país con miras a la explotación a la que se someterá al país. Medidas diseñadas por el estudio Camelot. Las mismas que son tan erráticas y tan opuestas a la práctica universal, que no pueden dar otro resultado que el empobrecimiento de Ecuador. Después de todo, cada individuo en un mundo libre quiere tener la oportunidad de ganar dinero. Si las políticas están encaminadas a convertir toda la nación en propiedad del estado bajo la dirección represiva central, aunque se lo haga bajo el pretexto de igualdad, antes de llegar a dicha igualdad las masas desempleadas, la pobreza, el cierre de los negocios, la escasez de productos, las presiones sobre el pueblo darán como resultado una revolución en contra de quien prometió el cielo y sólo ha creado un infierno. No hace falta ser profeta, simplemente debemos seguir la lógica racional de eventos para pronosticar donde terminará Correa. No me atrevo a decir cuando, pero al igual que la muerte es inevitable, el fin de Correa seguramente empieza cuando la nueva política del dólar denuncie la verdad de la moneda. El dólar ha perdido más del 42% de su valor adquisitivo desde que Ecuador se dolarizó, mantenerse en la dolarización es absurdo. La combinación de las fuerzas de la inflación y la deflación cambiarán rápidamente el clima económico en Ecuador. El país se verá incapacitado de vender los bonos ecuatorianos y como respuesta, el incremento en deuda y déficit desnudaran los absurdos del gobierno Correa. No solamente que sus políticas obedecen intereses de los banqueros dueños del FED, pero al igual que Chávez, pese a sus pronunciamientos, nunca se ha acercado a los países verdaderamente socialistas. El socialismo XXI es escrito por Heinz Dieterich Steffan y es administrado por la Reserva Federal, el Fondo Monetario Internacional y los Organismos de Control de los banqueros internacionales de la Comisión Trilateral. En las noticias a la gente se le informa lo que esta misma gente pretende. Después de todo, Reuters fue fundado por uno de estos banqueros, aunque el banco cerró hace tiempos. La organización noticiera reparte las noticias de interés necesario para ellos. Al igual que otras varias organizaciones que sirven los intereses de la élite mundial están controlados y son de propiedad de los mismos banqueros.

Conspiración en Latinoamérica

Este plan que Rafael Correa pretende implementar como caballo de Troya de Ecuador es inaceptable en un mundo de justicia. No solamente es un atentado contra la soberanía de Ecuador, es una violación a los derechos humanos y a los derechos más básicos de respeto constitucional entre dos pueblos. Estos organismos de control al mundo como el Fondo Monetario Internacional, la Comisión Trilateral, el CFR deberían ser prohibidos de operar en Latinoamérica y deberían pagar indemnización a cada ciudadano de los países latinoamericanos por el enorme daño causado por todos sus operativos en más de cuatro décadas, donde en plena violación de la soberanía y la constitución de nuestros países han operado y desencadenado sus políticas predadoras de crédito y empobrecimiento de las naciones. Por encima de la declaración de respeto a los derechos civiles y humanos, han violado esos preceptos y violan impunemente el derecho de un pueblo a ejercer su libertad política, democrática, y económica bajo el pretexto de proteger sus intereses estratégicos y económicos que jamás han sido puestos en peligro por países latinoamericanos, mucho menos por Ecuador. Los asesinatos, crímenes, infiltración, espionaje, intervencionismo, torturas, robos de información, robos de los recursos y violación de leyes en todo Latinoamérica no pueden continuar. Las operaciones de la CIA, NSA y todos los organismos e instituciones de espionaje y de inteligencia en países latinoamericanos son un acto depravado que bajo ningún precepto puede ser aceptado. Al igual que no sería correcto pedir a la gente norteamericana aceptar que los países latinoamericanos desaten operaciones de espionaje en Estados Unidos, el pueblo norteamericano no puede pedir que sigamos manteniendo el status quo y nos hagamos de la vista gorda en nuestros países, cuando sabemos perfectamente el daño que esto ha causado. El pueblo norteamericano no puede exigir respeto a su constitución, a su privacidad, a sus derechos, mientras no sean recíprocos del respeto de nuestros propios derechos constitucionales y derecho a la privacidad y libertad de los pueblos. No se puede aceptar que la CIA, la NSA mantengan operaciones en todo Latinoamérica porque son la fuente que alimenta la corrupción, la pobreza y la miseria de nuestros pueblos.

Germánico Vaca Michelena

CAPITULO VII

EL JUEGO DE LA POLÍTICA E IDEOLOGÍA
"No conozco mejor repositorio de la verdad que el pueblo"
(Thomas Jefferson)

¿Qué es Socialismo XXI? ¿Por qué se está practicando la partidocracia y neoliberalismo?

En el proceso de estudio he revisado varios videos de Rafael Correa, varias de sus trasmisiones radiales de los días sábados y me di cuenta que los términos que usa el presidente nunca definen en realidad el socialismo XXI, tampoco habla de los planes concretos y objetivos. Igualmente, los miembros de su gabinete y los líderes del partido no han podido explicar la doctrina. A menudo Correa rehúsa responder o explicar las decisiones del gobierno y recurre al insulto contra cualquier posición que se oponga a la creciente intervención del Estado en la economía, industria y la vida misma de todos los ciudadanos. Así como también la reacción a quienes se opongan a los amplios y excesivos poderes que pretende el ejecutivo. Así, al analizar las medidas y políticas que usa el gobierno se puede ver que lejos de socialismo, se está practicando un marxismo con expresas connotaciones de la partidocracia y el neoliberalismo. Analicemos el verdadero concepto de "partidocracia" y de "neoliberalismo".

La Partidocracia

Me atrevo a decir que lo usan sin siquiera saber el concepto de dichas palabras. Por eso precisa demostrar quien está practicando la PARTIDOCRACIA en Ecuador.

De acuerdo a Michael Coppedge, dice:

"Podemos calificar la partidocracia como una desviación del papel que corresponde a los partidos políticos en la democracia representativa"

Inicialmente el término fue utilizado para describir los regímenes de corte socialista o simplemente autoritario, los cuales se identifican por un sólo partido de preeminencia que conduce la vida política del estado.

Rosa Luxemburgo es precisamente quien utiliza por primera vez el término en una discusión con Lenín sobre la predominancia absoluta que los bolcheviques acordaron al papel del partido en la conducción del Estado y la sociedad. En una brillante predicción, Luxemburgo concluyó que eso causaría la inevitable muerte de la democracia socialista y la "brutalización de la vida pública" (Luxemburgo, 1961, p71). Sin embargo, a pesar de lo que sucedió en la URSS y en el resto del "mundo socialista" con el ascenso de Stalin al control del partido, no se lo caracterizó como partidocracia, sino simplemente de dictadura, autoritarismo o, en algunos autores, de partidolatría y el énfasis se ha puesto en la concepción verticalista del ejercicio del poder y en su carácter represivo, más que en la abusiva extensión del papel del partido. Por ello no se califica de partidocracia solamente a los regímenes de partido único, por más que ellos expresan el problema en forma paradigmática.

Pero si se puede apuntar qué suceden en estas circunstancias:

1.- **Monopolio de nominaciones**: En la partidocracia, el partido en el poder se concede el derecho y exclusividad –de hecho o legalizada de crear todas las nominaciones para cargos de elección popular. Tal como se logró la mayoría de la Asamblea Constituyente. La postulación de candidatos a cargos de elección popular es considerada como negocio exclusivo de los partidos políticos, una especie de "estanco político" que el Estado le confiere a los partidos y de esa manera, no sólo los dota de un enorme poder (la posibilidad de excluir a ciudadanos del derecho a ser electos), sino que le permite a los partidos garantizar sus intereses, postulando a los cargos públicos a personas que no se convertirán en una amenaza a los mismos, una vez adquieran el poder a través del voto popular.

A lo anterior, en varios países se añade que el sistema de emisión del voto es de voto por partido y no por candidato; el elector únicamente tiene la opción de marcar la bandera del partido y no puede expresar preferencias por determinados candidatos dentro de los propuestos por el partido; de esta manera, se proyecta la imagen de que el elector está optando por partidos y no por personas y se refuerza el monopolio de nominaciones por parte de los partidos. Esto es exactamente lo que esta haciendo Correa en Ecuador. Es más, se pretende llegar al caso extremo de consagrar explícitamente el monopolio partidario de la representación popular.

Indudablemente, esto fue otra muestra de cómo opera Correa, prácticamente a diario Correa acusa y habla de la necesidad de terminar la partidocracia en Ecuador, cuando se la está practicando más que nunca.

Cuando en Ecuador se debe luchar por "independencia" de los partidos donde se debiese permitir presentación de candidaturas no provenientes de los partidos políticos mediante la constitución de comités cívicos. Se trata de un correctivo saludable a la tendencia de los partidos a monopolizar el acceso al puesto público.

2.- **Control sobre representantes electos**: El nivel de disciplina partidaria al que son sometidos los representantes electos se convierte en otro indicador del nivel de partidocracia en un régimen político.

Esto es tan evidente en el gobierno de Correa, que se llegó al extremo de pedir que se le expulse de su puesto en la Asamblea a Diana Acosta porque rehusó a que no se haga mención alguna de Dios en la constitución.

Una Constitución digna de un pueblo verdaderamente democrático y libre debería garantizar la independencia de los asambleístas, sin esa independencia la Asamblea Constituyente y el futuro congreso y sus legisladores no son representantes del pueblo como tal, y terminan siendo representantes en nombre y marionetas del mandatario en la realidad.

Haciendo honor a la teoría clásica del mandato libre que es principio mismo de la democracia, se debe garantizar la independencia; sin embargo, ha quedado en evidencia que en Ecuador está sucediendo todo lo contrario, principalmente por parte y presión del partido del gobierno que casi invariablemente, el agrupamiento partidario hablan a "nombre del partido".

Estos dos factores empujan a un creciente control del partido sobre las temáticas legislativas o municipales. Los asambleístas y los futuros diputados del partido de gobierno por ahora demuestran que deben "seguir la línea" del partido ya no solo en las cuestiones planteadas en la asamblea, y en las promesas que presentaron como programa de gobierno durante la campaña electoral, sino en prácticamente todas las decisiones que se deban tomar en el órgano constituyente o Legislativo; de tal manera que la norma es acatar la disciplina partidaria. Lamentablemente, no hay ni siquiera señales de que los asambleístas del partido puedan, al menos por excepción y por decisión expresa, quedar en "libertad" de votar según su conciencia. Nuevamente es Rafael Correa quien está forzando la partidocracia en Ecuador y no al contrario.

Una extensión extrema de este control es el caso de las legislaturas donde aquellos miembros que no se conforman a la línea de partido no sólo que pueden ser expulsados del partido, sino, y por consecuencia de esta expulsión, privados de su curul en la asamblea constituyente o en la futura legislatura.

Esta situación se está dando en Ecuador, determinando un grado de control del gobierno sobre la Asamblea Constituyente al extremo que para todo propósito, la llamada oposición es inexistente pues ya que los números de asambleístas de oposición son tan escasos, sus votos no tienen consecuencia alguna. Con esto lamentablemente se elimina la voluntad de los electores y se destruye la posibilidad de aprobar leyes de consenso nacional en un país pluricultural que ha terminado secuestrado por la partidocracia que Correa tanto pregona de oponer.

3.- **Patrimonialismo partidarista**: Una de las características más salientes y criticadas de los partidos políticos son sus prácticas patrimonialistas, entendidas estas como los diversos mecanismos mediante los cuales los partidos políticos hacen uso de su posición institucional para apropiarse y/o repartirse recursos o partes del gobierno. El patrimonialismo implica una percepción de la política en la que la distinción entre partido y Estado, entre actividad partidaria y actividad gubernamental queda desdibujada y el gobierno es percibido y tratado como una extensión del partido, o como un botín que se obtiene mediante la contienda electoral.

En los regímenes autoritarios es a través del dictador o del partido único que se produce este fenómeno; en los regímenes de democracia representativa es, principal pero no exclusivamente, a través de los partidos políticos del poder que se desarrollan estas actividades.

El grado de patrimonialismo partidista varía de país a país; desde aquellos en que el partido que gana las elecciones procede a despedir al mayor número posible de servidores públicos para sustituirlos por los militantes propios "que han sudado la camiseta", hasta los "acuerdos" de fracciones legislativas de integrar una mayoría a cambio de trozos de instituciones estatales, que pasan a ser cotos de empleo y manejo del partido que ha dado los votos en la Asamblea ya sea para pasar un mandato o nueva ley propuesta, o para elegir a un funcionario.

A esta actitud y práctica de los partidos corresponde una "cultura cívica" en la que la práctica política partidaria es percibida por los activistas como un medio para conseguir empleo o determinados beneficios por parte del Estado: se ingresa al partido "para conseguir algo", el puesto público se merece como recompensa "porque sudé la camiseta".

Los partidos políticos se convierten así en agencias de empleo y la posibilidad de construir una burocracia racional y eficiente queda relegada.

Desde la perspectiva de la sociedad civil, este tipo de prácticas partidarias son especialmente rechazadas, generan la percepción de la partidocracia como la enfermedad de la democracia e incitan a actitudes anti-partido político.

4.- **Partidización de la sociedad civil**: En la partidocracia el horizonte de la participación política está circunscrito a los partidos políticos; esto quiere decir que la relación entre partidos y organizaciones de la sociedad civil se desarrolla como una relación asimétrica, en la que el partido es el polo dominante y tiende a partidizar las organizaciones sociales, de tal manera que éstas o quedan "alineadas" a un partido político o son el campo de batalla en el que los partidos luchan por controlarlas, produciendo graves divisiones en su interior. Por otro lado, para las organizaciones sociales la vinculación o adscripción a un partido político se convierte en requisito de eficacia y en algunos casos de supervivencia. En forma similar, se produce esta tendencia de los partidos a "capturar a la sociedad civil" a nivel de los medios de comunicación social que se encuentran o controlados, o profundamente orientados por las posiciones partidaristas. No se trata de la "uniformidad" de la información tan característica de los regímenes autoritarios, sino que, aceptando la existencia de un pluralismo de la información, los medios quedan vinculados o subordinados a los partidos políticos.

El resultado es que en regímenes democráticos con partidocracia el tejido social (sociedad civil) tiende a perder su autonomía y se ve enfrentado a un dilema negativo: o se adscribe a un determinado partido político o se abstiene de participar en la política; encerrándose en sus tareas "técnicas". De esta manera, el abuso de la función política por parte de los partidos políticos tiene como correctivo la tendencia a una despolitización extrema de organizaciones sociales. El resultado es que ambos trazos devalúan la calidad de la democracia.

Esta es la realidad de Ecuador, hoy más que nunca estos cuatro indicadores de partidocracia están en vigencia en el país.

Aquellos que quieren mantener una patria libre, independiente y democrática debemos luchar contra esta deformación partidocrática de que adolece este sistema político y, sobre todo, por el peligroso camino que se trata de inducir al país. Estas posiciones del gobierno central están muy lejos de la convicción de restaurar la sanidad democrática del sistema político. Este sistema socialista impuesto por la CIA degenera a la sociedad a ser sirviente de los intereses del partido. Se va eliminando la oposición, se va reduciendo la capacidad del derecho democrático.

En síntesis, la noción de partidocracia, implica la tendencia de este régimen político que se expresa claramente en la evolución del clientelismo político. La tendencia a apoyarse cada vez más en el Estado, a invadirlo, o para usar la expresión de Katz y Mair, de constituir el "Partido-cartel" (Katz y Mair: 1995), tendencia que refuerza la ya existente en nuestras sociedades de utilizar canales no económicos para la obtención de recursos de subsistencia, dado que las posibilidades de hacerlo por las vías propiamente económicas son reducidas.

Finalmente, la partidocracia expresa la debilidad de las instituciones políticas de nuestros procesos de democratización, ya sea en su versión restauradora o de incipiente construcción.

Sin embargo, es extraño que Correa y sus seguidores esgriman partidocracia como vocablo de uso creciente en su lenguaje político, por lo general con una connotación despreciativa y aludiendo a un estado de "enfermedad" del régimen democrático ecuatoriano que él y solo él pretende que puede cambiar, a pesar de ser precisamente Rafael Correa quien está practicando más que nunca la partidocracia. Si bien es por necesidad porque el proceso a largo de plazo de socialismo XXI debe desembocar en la guerra civil, entonces la partidocracia garantiza la batalla de esos dos grupos, porque la partidocracia no puede dar otro resultado que "O estas con el gobierno o estas en contra", con ello la línea a cruzarse a sido marcada. Socialismo XXI desde ya garantiza la batalla que deberá ser librada.

Si en Ecuador tenemos la esperanza de la evolución del Estado moderno entonces no podemos dejar al país caer en manos de un falso socialismo depredador de las naciones. No podemos permitir las riendas que dirigen al país a aquellos que están dispuestos a usar la retórica para las masas y el yugo para todo el pueblo. El caballo de Troya está practicando la partidocracia, que no es otra cosa que la deformación de la democracia. El concepto surge en el contexto de la discusión de las relaciones entre sociedad civil y sociedad política, y alude a una abusiva apropiación de espacios políticos por parte de los partidos políticos en nuestra sociedad. La partidocracia está siendo usada como mecanismo para implementar el socialismo creado por la CIA.

El Neoliberalismo

El neoliberalismo ha sido usado como arma cíclica contra nuestras naciones. Socialismo XXI es la primera fase del nuevo neoliberalismo a desatarse en los próximos años. Para entender lo que propongo aquí debo mencionar los hechos históricos. Lamentablemente, dejamos pasar desapercibido el hecho que en nuestros países ya hemos tratado todo. Las *nacionalizaciones* que ahora proponen Chávez, Morales, Correa no son nada nuevo. La CIA ya implementó las mismas medidas en las décadas anteriores. El gobierno de Rodríguez Lara en Ecuador nacionalizó el petróleo, los minerales y los recursos naturales. El gobierno de Pinochet en Chile tomó medidas similares, y Brasil implementó eso y mucho más con sus gobiernos militares, varios gobiernos latinoamericanos ya vivieron un proceso de naturalización de los recursos. No es nada nuevo.

Igualmente, las propuestas de empresas estatales que estén a cargo de la explotación de recursos, de la industria minera, de servicios eléctricos, etc. De la misma forma, en Ecuador y otros países hace décadas se nacionalizó los teléfonos, los ferrocarriles, las aerolíneas aéreas. La formula no debería ser olvidada, y es que no es nada difícil para los sirvientes de planes extranjeros el crear las empresas y compañías para vender las propuestas que ellos trabajan para el pueblo, las masas responden con su apoyo y ansiosos aplauden porque se les promete grandes perspectivas.

La realidad es que sin capitales de inversión, sin tecnologías avanzadas, sin ingenieros entrenados en dichas industrias, sin planeamiento alguno, porque en el caso de Ecuador Correa congeló las actividades mineras por seis meses tan solo para diseñar una nueva ley minera. Mientras, el estado se endeuda en enormes sumas para poder construir la infraestructura y pagar los elevadísimos costos de servicios a compañías extranjeras.

El propósito es reorganizar las concesiones y tomar control total y absoluto de ellas. Se crearán las empresas pero no existe posibilidad alguna de que logren lo que el gobierno promete. **Su propósito es que fracasen totalmente,** pero cuando hayan construido la infraestructura necesaria, solo entonces un nuevo neoliberalismo nacerá, las compañías estarán al borde del colapso económico, estarán inundadas de deudas que el estado pagará con prestamos suministrados por Estados Unidos, o el Banco Mundial, o el Banco Interamericano de Desarrollo, siempre y cuando el país cumpla las condiciones que le exijan. Entonces asomara el Fondo Monetario Internacional con nuevas medidas de austeridad y condicionará a que se rematen las empresas estatales para aprobar un nuevo préstamo que le mantenga vivo al paciente, se privatizarán nuevamente las industrias. Para entonces, la gente se convencerá que Correa estaba equivocado, mientras Rafael Correa seguramente estará disfrutando una cómoda vivienda cerca de la Universidad de Harvard o en algún lugar en Bélgica.

Cabe mencionar que muchos de los estudios mineros del país que permitieron incentivar la inversión en la minería se realizaron con donaciones de Francia, Canadá y otros países. Luego la fase de exploración ha sido hecha en su mayor parte por empresas canadienses. Con estas expropiaciones de concesiones se abre la puerta para que eventualmente Estados Unidos controle lo que otros gastaron en descubrir. La gente está siendo burlada cuando se le miente que es el país quien controlará el sector minero. Simples trucos financieros lograrán manufacturar la enorme caída del precio del petróleo, del oro y de la plata que obligará a los países a recurrir a venderlo todo por nada.

Esto nos lleva a otra razón por la cual se implementa las nacionalizaciones. La necesidad de infraestructura. En la misma forma que la década de los setenta las nacionalizaciones hicieron que las naciones paguen los enormes costos de infraestructura, construcción de puentes, carreteras, electrificación que requiere la explotación de los recursos. Una vez que eso se realice, entonces los gastos que eso conllevan harán necesarias las ventas y privatizaciones de las compañías y empresas estatales.

Chávez y Correa han sido demasiado obvios en sus intenciones. Precisamente se ha realizado una campaña concertada en todo Latinoamérica contra el neoliberalismo, con el firme propósito de preparar a las masas a aceptar las medidas de Chávez, Morales y Correa. Después de todo, *el neoliberalismo es una doctrina económica y política* que considera contraproducente el *intervencionismo estatal* en la economía y defiende el libre mercado como mejor garante del equilibrio y el crecimiento económico.

Conspiración en Latinoamérica

El neoliberalismo en Inglaterra fue la reducción de déficit fiscales, la reducción de impuestos para impulsar la industria e inversión, la reducción del aparato burocrático y la liberación de los mercados.

El problema en Latinoamérica es que se percibe el neoliberalismo como una política depredadora donde los monopolios reinan supremos sobre los estados. Pero el fracaso de la doctrina neoliberalista en nuestros países es más bien porque jamás se ha permitido que sus ciudadanos participen, jamás se hizo la inversión apropiada para hacer partícipe a la sociedad en la creación de industrias. Si los países latinoamericanos reformaran las leyes y permitieran la formación de cooperativas de inversión para participar como accionistas minoritarios en grandes proyectos, si crearán las oportunidades de participación de los ciudadanos, creando garantías para inversión responsable, los préstamos para ser parte de la industria, las bajas de intereses necesarias para permitir el desarrollo económico, y los estados nunca deben renunciar a actuar como socios activos en todas las industrias, deben conservar al menos un 35% de propiedad, evitando que los monopolios reinen supremos y creando la participación del país en la distribución de la riqueza de los recursos del estado, y de los servicios vitales del país, sean estos eléctricos o telefónicos. Así es muy posible que hubiera diferentes resultados. Entonces se crearían las condiciones necesarias para la participación de los latinoamericanos al menos como inversionistas minoritarios, el estado como accionista garante y dueño del recurso, los inversionistas extranjeros y las multinacionales como los accionistas que proveen el capital y la tecnología. Entonces podremos vislumbrar un mejor futuro y una participación justa en la distribución de riquezas.

Lamentablemente, la versión Latinoamericana fue vender las compañías estatales a los monopolios sin crear competitividad y sin mantener un porcentaje de propiedad e inversión por parte del estado. Eso fue por diseño mismo de la élite que controla el mundo por intermedio de la manipulación depravada del Fondo Monetario Internacional, el Banco Mundial, y los otros organismos que siempre presentan soluciones donde el perdedor es siempre Latinoamérica y el pueblo.

Ahora se pretende usar el mecanismo viejo que antes se utilizó durante los gobiernos militares para conducir el desarrollo de la infraestructura necesaria para la explotación de recursos. El único fin es que los Estados hagan el gasto de infraestructura, cuando eso haya concluido entonces la nueva rifa de empresas estatales se implementará. Entonces el BID, FMI, BM se inventarán los nuevos libretos para no aprobar préstamo alguno, hasta que nuestros países sean partícipes del nuevo "Wheel of fortune- rueda de la suerte" donde las multinacionales serán las ganadoras y nuestros países siempre terminen en el "pierde el turno o bancarrota".

En Latinoamérica se ha vuelto común usar el término "neoliberal" como etiqueta ideológica acusatoria para detractar a aquellos que favorecen las políticas económicas liberales. Pero en realidad, el neoliberalismo no es ni una teoría económica concreta, ni es una filosofía política unificada.

En el caso concreto de Rafael Correa es muy frecuente el uso de la palabra neoliberalismo como etiqueta falsa contra sus adversarios imaginarios o existentes para descalificarlos sumariamente, mientras se define a sí mismo como "liberal clásico", tal como lo hizo cuando mencionó ser creyente de Tocqueville.

El neoliberalismo es una propuesta originada en la *Escuela monetarista* como *Milton Friedman,* que ha finales de los años 70 buscaron una respuesta al fracaso del *keynesianismo en la crisis de 1973.*

En efecto, en la década de los setenta se culpaba a los preceptos keynesianos de ser los culpables de: El enorme déficit presupuestario, los elevados números de desempleo; la epidemia inflacionaria mundial (estanflación). Sin duda este estudio no tiene la intención de discutir los procesos, doctrinas, filosofías económicas, por ende no voy a profundizar en explicar las características del neoliberalismo. Pero al mismo tiempo, incluyo un breve análisis de cómo el socialismo XXI propuesto por Chávez en Venezuela y Correa en Ecuador no pueden crear los resultados que prometen, porque en la economía globalizada los países son dependientes de medidas económicas de otras naciones.

Socialismo XXI en Ecuador y sus resultados

El **Socialismo del siglo XXI** nace con la obra del mismo nombre donde se expone un modelo teórico de conceptos ideados por Heinz Dieterich Steffan. Aunque la obra fue escrita en 1996, el responsable directo de difundir la obra y revelar el asesoramiento del autor a su gobierno es el Presidente de Venezuela, Hugo Chávez en el año 2005 donde Chávez anunciaba su "revolución bolivariana" desde el V Foro Social Mundial.

Convengamos primeramente que Dieterich hace tributo desenfrenado a Marx y Engels, a quienes otorga ser poseedores de una genialidad científica no existente nunca antes. Es más, las propias palabras de Dieterich parecen inferir que se auto enviste de poseer el regalo extraordinario que –según él- solo las más grandes mentes pueden comprender, cuando dice:

"Sólo en los últimos años, la audacia de Marx y Engels de desafiar la ilimitada autoridad del modelo científico dominante, empieza a encontrar su reconocimiento en las mentes más lúcidas; porque con Einstein, Heisenberg, Planck, et.al., **hemos comprendido** *....lo que Hegel, Marx y Engels llamaron «dialéctica»"* Dieterich continua hasta al punto de llamar sus obras *"libros sagrados"*. Es posiblemente el único ser viviente que considera así a las obras de Marx y de Engels, Dieterich dice, *"Mientras los "socialistas de cátedra" se agotan en la exégesis de los* **sagrados textos de los fundadores**, *se les olvida el alfa y omega de la filosofía de la praxis de Marx y Engels".*

Por ende, no debe caber duda alguna que su obra **Socialismo del Siglo XXI** es un intento de rescatar las doctrinas caducas y la visión de Karl Marx sobre la dinámica social en la lucha de clases. Concientemente, he decidido no involucrar algunas obras que proponen que Marx y Engels fueron comisionados para escribir el **manifiesto comunista** por miembros de la élite financiera que domina el mundo. Pues está en récord que el término "comunismo" nunca antes fue usado hasta una reunión de la élite financiera, cuando aparentemente uno de los Rothschild había dicho "el comunismo vendrá pronto", dos años antes de la publicación del manifiesto comunista.

No debemos hacernos ilusiones de que el Socialismo XXI es la nueva gran doctrina que entregará soluciones para nuestros pueblos. Socialismo XXI es el renacimiento del comunismo y marxismo, pero esta vez dominado explícitamente y controlado por la élite financiera mundial. Es imposible evitar responder una interrogante, ¿Estados Unidos, la CIA, el Departamento de Estado no saben acaso de este antecedente y no han hecho nada al respecto? Se debe ser sumamente ingenuo para creer que con 3.5 trillones de dólares del presupuesto de las organizaciones de inteligencia del Tío Sam no sepan qué es Socialismo XXI y lo que propone. O en su defecto, debemos considerar la posibilidad de que Socialismo XXI es una creación de la misma élite financiera, de los mismos sociólogos que participaron en el proyecto Camelot, es la reinvención del comunismo y socialismo a la americana.

Sin recurrir a establecer los paralelos sospechosos que Dieterich publicó su obra en 1996, donde enseñaba desde más de una década en la Universidad Autónoma del Distrito Federal de México, la misma que también sirvió de sede para el proyecto Camelot en ese país, cuando se estudio el proyecto Camelot en décadas anteriores. Sin siquiera tratar de descubrir las coincidencias que los cinco mexicanos muertos en el campamento de las FARC eran estudiantes de la misma universidad, no he logrado información si alguno o todos fueron sus alumnos. Sin saltar a conclusiones de la relación de Dieterich como asesor del gobierno de Chávez, encuentro interesante sin embargo, que Hugo Rafael Chávez y Rafael Correa han declarado repetidamente que son demócratas liberalista, y Dieterich ha dicho esto en referencia al Mercado y Democracia *"constituye una cínica burla de las víctimas del "libre mercado" y de la democracia liberal que estamos sufriendo."* Entonces debemos hacer la pregunta si estos líderes entienden siquiera lo que es "Socialismo XXI" y si es así, por qué se mantienen posando como demócratas liberales.

La obra de Dieterich (http://www.rebelion.org/dieterich/dieterich070802.pdf) pretende profundizar la teoría marxista y actualizarla al mundo de hoy, incorporando el desarrollo de las ciencias, la tecnología y las experiencias de los fracasados intentos de imponer una sociedad libre de explotación. Pero existe una grave contradicción en lo que expone Dieterich. Por un lado, el mismo lenguaje que usa en su obra insinúa que se necesita varios títulos universitarios en ciencias matemáticas para entender su postura, lo que conlleva a preguntar, ¿Cómo es entonces que Socialismo XXI es para las masas?

Dieterich denomina el modelo del socialismo XXI como **El Nuevo Proyecto Histórico**, con fundamentos en pilares estratégicos llamado el Bloque Regional del Poder (BRP). El propósito es lograr una integración económica y política de estados progresistas de la región (BRPP) para eventualmente crear el desarrollismo democrático regional, la economía de las equivalencias y la democracia participativa. Esto requiere de una coordinación continental de los movimientos sociales que apoyen a la implementación del socialismo del siglo XXI. A eso, se suma la colaboración igualitaria y solidaria entre los estados y los movimientos sociales.

Sin embargo, a mi criterio personal Dieterich es un cantinflas intelectual, dice tanto y escribe tan elegante que a la final no dicen nada, para muestra dos botones:

1) *"Las posiciones unilaterales del empirismo y del racionalismo abstracto superadas por los conocimientos cada vez más exactos sobre la dialéctica —que rige la interacción entre sujeto y objeto en el proceso de intelección del mundo—, la discusión filosófica mencionada deja de tener sentido: para aquellos, que aceptan que la explicación, reproducción teórico-práctica y prueba empírica sistemática exitosa de un fenómeno mediante métodos científicos es demostración suficiente del carácter objetivo del conocimiento del universo."*

2) *"Al mundo empírico natural, organizado en el continuum "métrico" cúatridimensional, con relaciones de incertidumbre (Heisenberg) y relatividad, y cambios de estado de los sistemas mediante saltos cuánticos, sólo puede acceder perdiendo su carácter y método exclusivamente conceptual-reflexivo; haciéndose, en una palabra, ciencia."*

Para tanto verbo cualquier mortal necesita traductor, me reservo hacer mayor comentario al respecto. Pero me atrevo a preguntar, debemos ser ingenuos como para creer que las masas de trabajadores serían capaces de entender la verbosidad de Dieterich.

El modelo económico que Dieterich propone estar en contra de la sobre explotación de recursos naturales y culpa a estas de ser las raíces de las asimetrías sociales. Pero esto no tiene sentido alguno, cuando en el caso de Ecuador por ejemplo la explotación minera como tal ni siquiera ha iniciado. Hasta hoy, Ecuador ha tenido una minería artesanal y bastante primitiva, por tanto, es errado culpar las asimetrías sociales de Ecuador en una industria que ni siquiera ha iniciado a gran escala en el país y no ha entrado en la fase de explotación como tal.

Dieterich al mismo tiempo se opone a la dependencia de la oferta y la demanda que crea los precios del mercado y son el fundamento del capitalismo y de la economía del mercado. Dieterich propone una nueva economía de valores fundado en el valor del trabajo que implica un producto o servicio y no en las leyes de la oferta y la demanda. No existe explicación cómo se puede consolidar las realidades con lo teórico. Por ejemplo, si eso se aplica a la industria minera, cómo diferenciar entonces al trabajador de una mina de oro, donde la onza sobrepasa los mil dólares y un trabajador de una mina de plata, donde la onza es alrededor de $15 dólares, y así sucesivamente. Si se aplica la formula de valorar el trabajo y el servicio para determinar la economía de valores, cómo determinar el costo razonable para el trabajador. Este **valor del trabajo** se mediría según Dieterich usando la "Rosa de Peters", la cual está supuesta a solucionar el problema práctico que implica la teoría de la **Economía de valores:** El tiempo de trabajo que precisa un determinado producto o servicio; además de los valores agregados a dicho trabajo, es decir, el tiempo de trabajo que se usó para producir las herramientas o servicios que se emplean en el trabajo mismo, lo cual a su vez, lleva a un ciclo complejo de tiempos de trabajo sumados recíprocamente.

Dieterich, denomina que el énfasis en la ganancia y propiedad desvirtúan el sentido común de la economía. Según él, la economía debe funcionar en criterio de la productividad. Lo cual convierte al socialismo XXI en una ecuación donde el valor (precio) del producto se vinculará la equivalencia sobre los tiempos de producción y a la democracia participativa. De esta manera, la redistribución y los cambios a nivel de educación deberían recoger los intereses reales de las personas que estructuran y definen los sistemas político-económicos.

Para Dieterich, el socialismo del siglo XXI es la ampliación y profundización de la democracia participativa, según él, *"Es donde alcanzará las dimensiones de lo cotidiano, lo estético y lo racional-crítico",* deben estar incorporadas al cambio social. Aunque nunca explica qué tiene que ver lo cotidiano y estético con la economía y política.

La ideología sigue reformulándose y el mismo Heinz Dieterich Steffan, llama a un debate al final de su obra. Debo decir enfáticamente, que me parece sumamente sospechoso cuando un sociólogo alemán intenta rescatar doctrinas que para todo hecho y propósito, refundieron a las sociedades de la Unión Soviética, China, Vietnam, Corea del Norte a décadas de un experimento político económico que fueron un rotundo fracaso, por ello, intentar practicar o poner en marcha el proyecto del **Socialismo del Siglo XXI** se convierte en un ejercicio suicida. El proyecto de Economía de Valores no es muy claro y su complejidad no determina ni siquiera las reglas bajo las cuales se debe catalogar ciertos tipos de trabajo, como el determinar del valor a especializaciones científicas y cuyo tiempo de trabajo no puede ser valorado de la misma manera que los trabajos no especializados. Tampoco considera el valor físico de producción energética por sobre el consumo energético de un determinado trabajo, los cuales son fundamentales en el desarrollo social, tecnológico y humano de una sociedad. Pero al igual que el comunismo, esta teoría pretende tener un alcance global porque no puede ser implementada en un solo país.

Siempre he pensado que existe una gran contradicción en los paradigmas elaborados por Marx y Engels, pues el sistema marxista dice que se basa en un modelo del **Estado intervencionista y de bienestar.** Pero precisamente he ahí la contradicción, porque la misma naturaleza humana en el momento que hay "intervención del estado" hay malestar, porque ello significa la regulación de la vida de sus ciudadanos. El humano se convierte **en recurso no renovable del estado.** El estado se vuelve propietario del ciudadano y hasta de su patrimonio cultural y genético. Eso es exactamente lo que intenta hacer el proyecto Camelot, el proyecto Socialismo XXI.

En primer lugar, debemos definir las acciones de Rafael Correa antes de poder analizar lo que se pretende vender como el socialismo XXI, en el caso específico del Ecuador. Así, nos enfrentamos a una conflictiva definición de este gobierno. Lo que es sorprendente es que en definición nadie podrá decir que Correa es socialista:

Las decisiones de Correa se resumen así:

- Intervención del estado en todas las facetas de la economía.

- Aumento masivo del gasto fiscal y la creación de una enorme burocracia (de 15 a 23 ministerios, constantes referéndum, elecciones, creación de la Asamblea constituyente, creación de brazos del estado para ejecutar los mandatos y decretos etc.).

- Enorme aumento de impuestos en una complicada escala que impone drásticos impuestos y medidas de criminalización ciudadana a los evasores de impuestos.

- Aumento de la masa monetaria como instrumento para crear demanda agregada.

- Elevación del déficit presupuestario porque no se ha vendido en suficientes cantidades el bono de Ecuador que respalda la circulación del dólar.

- Reducción de las contribuciones al sector provincial, municipal y estatal.

- Centralización de las actividades económicas y los medios de control.

- Crecimiento de la deuda externa.

- Enorme desarrollo en la creación de infraestructura, pero extrañamente contratando servicios de las multinacionales sin implementar leyes que obliguen emplear a sus propios ciudadanos, creando enormes gastos sin cambios al desempleo.

- Creación de empresas estatales que se involucren en todo aspecto: sea este minero u otra índole.

- Creación de leyes para beneficio de fuerzas externas tales como: Nueva ley de transito que impone seguros mandatarios con contratos fijos a compañías multinacionales. Nuevas leyes mineras y de hidrocarburos que ofrecen pagos garantizados del 100% a los servicios de las multinacionales.

Nada de eso es socialismo y muy claramente obedecen a un plan "monopolista dictatorial". Socialismo XXI es así un pretexto, y se convierte en el vehículo para llevar al Ecuador a la turbulencia política. De acuerdo a los estudios de los sociólogos que estuvieron involucrados en el proyecto Camelot se dice lo siguiente:

Hay tres fases distintas en la respuesta y reacción de un pueblo cuando se manipula a las grandes masas sociales. Primero, la respuesta superficial: La población recurre a eslóganes; esto no identifica la raíz de la crisis y por ende no hace nada para solucionar el problema. Segundo, es la fragmentación que se vuelve evidente en la sociedad. Esto ocurre cuando la crisis se vuelve evidente y el orden social comienza a resquebrajarse. Entonces llegará la tercera fase cuando la población comienza a darse cuenta y los diferentes grupos sociales terminan en dos campos, la total antipatía por el sistema y la gente se aleja del proceso, intentan desasociarse de los idealismos que les llevó a creer en el sistema o la otra opción es que la gente acepta la derrota y aceptan soluciones contrarias a sus intereses.

No puede caber duda que por la misma admiración expresada por Heinz Dieterich, el Socialismo Siglo XXI no es más que una nueva versión del comunismo, esta vez sin embargo, lejos de lograr ser aclamado por los ilustres "sociólogos", la obra no logró reconocimiento alguno hasta diez años después, cuando Hugo Rafael Chávez dijo que gobernaba usando la obra Socialismo Siglo XXI, y que este era el libreto de sus políticas. Pero debemos tener mucha cautela de lo que se pretende con Socialismo XXI pues puede ser que se esté usando convenientemente los confusos paradigmas para implementar el proyecto Camelot, que coincidentemente Heinz Dieterich es uno de sus críticos. Marx y Engels, quiénes curiosamente trabajaron desde un museo en Londres crearon los Principios del Comunismo como un concepto global. No por ninguna increíble capacidad mental como sus fanáticos pretenden decirnos, pero porque obedecían órdenes de quienes les financiaron su investigación. Por eso el manifiesto comunista ya define décadas antes, que Rusia sería el lugar perfecto para implementarlo inicialmente bajo el argumento que es un país de "campesinos", pero van mucho más allá cuando muy claramente preguntan:

"¿Es posible que esta revolución tome lugar en un sólo país? Ellos mismos contestan, "No. Es una revolución mundial y por eso tiene una dimensión global".

Pero el comunismo ha sido un fracaso total. Después de todo, durante el siglo XX casi el 70% de la población mundial estuvo bajo el dominio del comunismo (China, Corea, Unión Soviética, Cuba, etc.) y aunque estuvo en sus manos una enorme riqueza en recursos y la enorme riqueza de recursos humanos, apenas fueron capaces de controlar un máximo del 17% de la riqueza monetaria. Lo cual ha dejado el precedente de que la teoría de Marx y Engels no sirvió para el 70% de la población mundial. El resultado fue el colapso de la Unión Soviética, el subdesarrollo de China y Corea del Norte. Claro, los banqueros siguieron enriqueciéndose gracias al sistema pues fue gracias a ellos que financiaron la construcción astronómica de las carreras armamentistas, que los beneficiaba pues casi todas las grandes compañías envueltas en la construcción de armas son otro brazo de las mismas élites.

Otro claro indicio que Marx y Engels trabajaron con propósitos y parámetros muy claramente definidos es cuando predicen las implicaciones revolucionarias de la teoría y el cambio significativo que podían crear en el mundo entero:

"La cosa más importante que ha ocurrido (en América), más importante aún que la Revolución Francesa de febrero (Francia 1848), es el descubrimiento de las minas de oro en California..(Como resultado) el centro de gravedad del mundo comercial..es ahora en la parte sur de la península Norte Americana".

Quizás se puede usar el mismo concepto para hacer una predicción correspondiente a nuestro mundo contemporáneo:

La cosa más importante que ha ocurrido en Ecuador, y la razón que se está implementando el plan de Camelot es porque el descubrimiento de enormes cantidades de Oro en la Cordillera del Cóndor, y la Cordillera de los Andes lo convierten en un centro importante para los intereses comerciales de esa élite financiera, porque no solamente existe oro, plata y cobre, hay uranio más petróleo de lo que se le ha informado al país.

El Fracaso del Socialismo

Las recientes declaraciones del presidente de Venezuela Hugo Chávez, deberían ser un llamado de alarma para todos nuestros países, especialmente para Colombia y Ecuador. Chávez pidió sacar a las FARC y al ELN de la lista de agrupaciones guerrilleras y terroristas. No solamente pide que se las reconozca como organismos militares pero de hecho pide la legalización como partidos políticos. ¿Acaso el mundo puede ignorar que tanto las FARC como el ELN mantienen a por lo menos 44 personas secuestradas y viviendo en condiciones infrahumanas? Las pretensiones de Chávez son descabelladas, son una falta de respeto a la dignidad humana.

Ciertamente vivimos en un mundo diferente donde la pornografía en el Internet es ampliamente disponible, donde hay una ciudad donde la prostitución y el adulterio son parte del negocio: lo que pasa en Las Vegas queda en Las Vegas. Pero pienso que nuestras sociedades y países solo pueden degenerarse cuando el presidente de una nación sur americana ignora el más sagrado respeto a la vida, a la ética y a la moral. Los pueblos latinoamericanos debemos exigir a nuestros gobernantes el respeto a la vida, a la integridad y a la libertad de todo humano. Por esa razón, debemos repudiar las palabras de Chávez y más bien exigir que no se inmiscuya en los asuntos internos de Colombia y de Ecuador.

Las FARC y la ELN no solamente tienen y mantienen gente secuestrada, tienen secuestrada la paz de Colombia, su sociedad, sus comunidades. Mientras exista las FARC y la

Conspiración en Latinoamérica

ELN ningún colombiano ni ecuatoriano (pues han secuestrado ecuatorianos también) pueden estar en paz. Ningún latinoamericano está dispuesto a obviar la naturaleza criminal de las FARC, ni vamos a ignorar que dichas agrupaciones viven dedicadas al narcotráfico de cocaína, crack y heroína, aparte del negocio de secuestro humano. El Sr. Chávez olvidó que más allá de la frontera venezolana, la gente puede hablar libremente y expresar el repudio total a Chávez. Las FARC y ELN ciertamente son los mejores clientes de las dos nuevas flamantes fábricas de armas Kalishnicov del Sr. Hugo Chávez. Los pueblos deben de inmediato crear leyes que prohíban este elemento contaminador de ideas absurdas como las que ha propuesto Chávez.

El renacimiento del socialismo en Latinoamérica y específicamente en Venezuela y Ecuador es bastante preocupante, cuando se toma en cuenta que las masas populares no saben ni siquiera el concepto de la doctrina socialista. Como lo he demostrado anteriormente, el socialismo XXI es una teoría confusa y complicada. Por eso la prensa y los medios de comunicación deberían informar a los pueblos lo que realmente es el socialismo. En una reciente encuesta del diario El Universo de Ecuador, el 66% de las personas encuestadas admiten no saber que es la "revolución ciudadana" que pregona el mandatario Correa. Aunque es demasiado evidente que lo que Correa llama revolución ciudadana es la implementación socio económica del socialismo en Ecuador. Pero bien puede ser ese sistema socialista que el proyecto Camelot tanto intentó crear.

La doctrina socialista trata de imponer un sistema socio-económico en el cual la propiedad, la riqueza del país y sus recursos son distribuidos sujetándose a controles centrales impuestos por el estado.

En teoría, el socialismo es por el bien de la comunidad y se postula como un sistema donde el trabajador es quien está en control de la economía y la sociedad. Aunque esto nunca se da en la práctica. Teóricamente, este control puede ser dirigido por miembros de la comunidad o indirectamente por medio de consejos directivos (mesas directivas), pero muy claramente en el socialismo tanto de Chávez como de Correa se está siguiendo un patrón de socialismo soviético, donde todo era centralizado y controlado por un solo líder, primero Lenín después Stalin. Igual caso sucede en Cuba con Castro, en Corea del Norte con Kim Jong II, en Venezuela con Chávez. Todos esos casos empezaron como un cambio democrático y se degeneraron en comunismo total.

En los sistemas socialistas la producción se convierte en propiedad de la sociedad. Los recursos son nacionalizados y los trabajadores pierden su individualidad. Todos los entes gubernamentales se vuelven centralizados. El llamado socialismo XXI pretende o al menos promete crear una sociedad utópica. Sin embargo, el mundo entero está experimentando un alejamiento de las fracasadas doctrinas socialistas.

Las secuelas de pobreza que dejaron las décadas de socialismo y comunismo en China, Corea del Norte, Cuba y todos los países de la Unión Soviética deberían servir de ejemplo que en cada uno de esos casos la supuesta revolución socialista evolucionó a un comunismo autoritario. Si ciertamente cambiaron la situación socio-económica de esos países, los resultados fue pérdida de libertades y deterioro económico para todos esos países. Cabe destacar que Venezuela, a pesar de estar disfrutando la enorme subida de precios del petróleo, consta como el peor país en ganancias en inversiones con nada menos que un 27% de pérdidas. El futuro económico de Chávez podría ponerse en deterioro ahora que la Exxon y Conoco Phillips han preferido abandonar Venezuela llevándose todos sus trabajadores, traduciéndose así en una enorme pérdida de inversión y pérdida de recurso humano con capacidad y conocimiento de la industria vital para la economía venezolana.

Varios países europeos están abandonando las premisas socialistas. La evidencia demuestra que los partidos socialistas han ido perdiendo el poder como en los casos de Italia, Francia y Alemania donde la gente se hartaron de los enormes impuestos, subsidios y gastos, combinados con altos índices de desempleo y el eventual colapso de las responsabilidades asumidas por el sistema socialista, aparte del bajo índice de producción, y extremados controles burocráticos que han resultado en el descontento de los pueblos. Así, se debe reconocer que el experimento socialista europeo está entrando en una fase de cambio. Los nuevos gobiernos europeos están realizando cambios que sin lugar a duda implica un alejamiento del sistema socialista, inclusive en Francia donde parecía ser el único país que se mantenía firme en el movimiento socialista.

Quizás debía ser obvio el fracaso del socialismo porque en el fondo el socialismo es un concepto y doctrina absurda. Por un lado, premia a quienes no producen y penaliza a quienes son productivos (a todo mundo se garantiza empleo, educación y beneficios, pero a pretexto de igualdad todo mundo debe ser uno más del montón). Penaliza a quien crea empleos y gana dinero con su propio esfuerzo, premia y libra de impuestos a los miembros inservibles de la sociedad que no contribuyen (enormes impuestos a quienes ganan altos salarios, el 35% en Ecuador, excepción de impuestos a quienes ganan menos de $5,000).

Los sistemas socialistas se basan en la distribución de la riqueza del país en programas sociales de subsidio (Se crea un grupo social que viven de estampillas, de bonos o subsidios sin que haya incentivo al trabajo o la educación).

El centralismo de los gobiernos terminan creando burocracias ineficientes. Una muestra clara del socialismo es que crean excesivas regulaciones y organismos de control, dando origen a enormes burocracias que se alimentan de empleos de consumo. La burocracia ineficiente sin embargo, sirve para las estadísticas donde inicialmente el gobierno socialista puede mostrar creación de empleos. Aunque son trabajos no productivos. Trabajos productivos se consideran aquellos que generan riqueza, generan empleos, producción de nuevos materiales y productos, incremento en la producción, exportación, etc.

La burocracia socialista vive y se reproduce como un parásito que se alimenta de ideas y conceptos sin generar riqueza alguna. Se consume enormes cantidades de dinero hablando de crear, implementar, el sistema socialista. Se convierte en un sistema endémico canceroso donde va enfermando todo el sistema. Esto ya se percibe en el gobierno de Correa. Los enormes gastos del gobierno de Correa no han servido en lo absoluto para la producción del país. Aunque su mandatario quiera justificarlo y ocultarlo como el gran triunfo de la "revolución ciudadana". Pero al analizar el esquema se puede ver claramente el parásito que es la tal revolución ciudadana. Primero se llama a elecciones para decidir si se debe elegir una "asamblea constituyente", luego se gasta más dinero para elegir la Asamblea, luego se gasta para construir todo un nuevo esquema para que este nuevo organismo funcione aunque tendrá existencia de solo 240 días, se crea todo un aparato superfluo donde aunque hay empleos la producción del país se anula porque el gobierno ocupa casi todo su tiempo en campaña, gran parte de personal ocupa su tiempo dedicados a la política, se abandona los ministerios de producción, finanzas, energía, minas, etc., todo se convierte en campaña. La gente está dedicada preocupada y distraída en crear los mecanismos de votación, después en los mecanismos de operación de la Asamblea. Si finalmente la asamblea constituyente logra redactar una constitución habrá nuevas elecciones para aprobarla, si se aprueba la constitución entonces habrá nuevas elecciones para un nuevo Congreso. Todo este gran cambio y los millones de dólares gastados son un ejercicio en el absurdo en un país que tiene 20 constituciones redactadas. Una más representa absolutamente nada para el país porque tenían constitución vigente y Congreso en primer lugar. La promesa es grande, el país no ha ganado nada. Simplemente tendrá una constitución socialista y un Congreso socialista camuflado de democrático.

Pero después de todos los millones de millones de dólares gastados, se ha consumido tiempo, energías y gente que deberían haber estado invirtiendo su tiempo al sector productivo de la nación. Así, se ve claramente que todo está postergado en Ecuador. No existen leyes porque todas las existentes están amenazadas con desaparecer porque Correa lo siente así. Por ende no hay inversión, no hay exploración minera, o peor explotación. No hay incremento en la producción de petróleo. No hay incremento en la producción bananera, cafetera, de cacao y de flores. He ahí quizás el más grande absurdo de Correa. Este socialista tiene el mayor número de videos "personales" en youtube, todos hablando del "YO" y los demás ciudadanos son insultados, o son sus grandes amigos. Aparentemente estos videos son de carácter oficial, allí desmiente cosas mostrando como pruebas periódicos, hasta muestra cartas de lo que dijo alguien a otra persona (aunque me pregunto como obtuvo dichas cartas y si estas violan las leyes de privacidad o fueron obtenidas con el mismo mecanismo de Watergate). Todo para crear la imagen superficial que está haciendo algo, pero el presidente de una nación debe estar trabajando para el desarrollo productivo del país.

Pero al igual que está sucediendo con el limbo del proceso político en que ha involucrado Correa a Ecuador, todo el gobierno y su burocracia tendrán los mismos efectos en el país. Se crearan regulaciones de tránsito, de impuesto, de control de precios, de planificación, etc. Todo sin embargo terminará creando empleos de consumo de la riqueza del país.

Aunque el mismo presidente de la Asamblea Constituyente ha dicho que la ley tributaria aprobada es de carácter provisional, para su implementación se necesita crear un aparato burocrático. Mucha gente estará ocupada en redactar los mecanismos para implementar las reglas y regulaciones para los cobros de la ley tributaria. Otros estarán creando los mecanismos para los empleados y trabajadores del Servicio de Rentas. Otros estarán creando los mecanismos a utilizarse para cobrar, otros estarán creando los mecanismos para encarcelar a quienes no paguen, otros deben redactar los mecanismos para los que quieran protestar los errores que sin duda van a originarse. Todo esto sin embargo no es permanente, es en las palabras de Alberto Acosta "de carácter provisional".

Este concepto se vuelve repetitivo en todas las esferas económicas. Se incrementa cuando se ponen regulaciones proteccionistas y más organismos son creados para controlar precios, inspeccionar, criminalizar al ciudadano y sin embargo, Correa pone énfasis que es importante sacar de la cárcel a quienes hayan traficado drogas porque las mulas en realidad no cometen un crimen, según él. Se incrementará la policía y organismos de control para encarcelar a quienes trabajen y tengan que pagar impuestos, y si lamentablemente cometen un error, tendrán que enfrentarse a la enorme burocracia que Correa quiere crear.

El socialismo crea regulaciones gubernamentales y limitaciones a los derechos civiles, comunitarios y legales. El socialismo crea gastos y responsabilidades. Eventualmente el socialismo impone excesivos impuestos a quienes lo pueden pagar y reparte migajas a los estratos pobres de la sociedad. Lejos de generar incentivos al trabajo y generar progreso, degeneran a la sociedad al vicio y la vagancia. Eventualmente el sistema llega al colapso porque como en el caso de varios países europeos, las promesas y programas sociales consumen más riquezas y demandan más impuestos.

Los socialistas creen que esta doctrina del socialismo puede curar los males de la sociedad transfiriendo la riqueza de quienes perciben tienen la riqueza y el poder. Estos movimientos políticos de Chávez en Venezuela, Correa en Ecuador y Morales en Bolivia pretenden crear su propia versión económica, pero son promesas que no pueden ser cumplidas. Sin contar que solo basta ver que China está implementando todo un sistema de mercado globalista y abandonando todas las premisas socialistas.

Es demasiado evidente que el pueblo venezolano y el pueblo ecuatoriano tienen una vaga idea de lo que es en verdad el socialismo. Si bien se puede entender la atracción de las masas al socialismo, porque los partidos socialistas y líderes de estas agrupaciones venden la idea que el socialismo es "pro trabajador" se convierte en el antídoto popular, porque promete luchar contra los conglomerados, contra la industria, contra los poderosos y distribuir las riquezas. Igualmente, el socialismo promete educación universal y uniforme, seguro médico para todos, igualdad de salarios. Pero lo que dichos líderes no le dicen al pueblo es que la falla más grande del socialismo es que el país termina bajo el absoluto control de su líder y de su partido. Así, esos países han terminado secuestrados a los caprichos de Kim Jong-II en Corea del Norte, o Castro en Cuba, etc.

La evidencia demuestra que el socialismo es un fracaso total, evidenciado en China, Corea del Norte y Rusia y todos los países europeos que adoptaron medidas socialistas. Deberíamos aprender de Francia. En un estudio demográfico entre la población de 18 a 30 años, la mayoría de los encuestados hablaba de que estaban hartos del sistema económico arcaico socialista. El desempleo en Francia de personas menores de 25 años es del 23,3% y el 40% de la población entre 18 a 30 años considera su situación difícil. La migración de franceses a otros países ha sido considerable en los últimos años.

El socialismo nunca menciona el fracaso rotundo que ha tenido en el estándar de vida de su gente. Especialmente en países latinoamericanos o es que alguien de Ecuador puede mencionarme los grandes méritos del gobierno sandinista en Nicaragua y las grandes riquezas de los cubanos viviendo bajo Castro.

Quienes padecen de miopía sin embargo, prometen la gran revolución ciudadana aunque obvian que el 66% ni siquiera saben a qué se refiere el líder que tanto predica los grandes méritos del socialismo. Así, el socialismo promete el poder al pueblo pero seis millones del pueblo ruso murieron por órdenes de Stalin. El socialismo promete igualdad, equidad y justicia pero Lenín ordenó el asesinato del Zar de Rusia, acaso el concepto se refería a que hasta los nobles pueden morir acribillados a balazos como perros. El socialismo promete transparencia en los manejos de la economía, pero nadie puede cuestionar los manejos de fondos de Castro en Cuba. El socialismo promete desarrollo económico, pero se caracteriza por subyugar al pueblo a la pobreza como Corea del Norte. El socialismo promete la igualdad de derechos de sus ciudadanos, pero ataca a todo aquel que se oponga al socialismo.

Las mismas medidas de Correa son extremadamente contraproducentes para el país: Brevemente dos ejemplos:

Tomemos como ejemplo, si fuese a abrir una nueva fábrica de jugos. Supongamos que el costo de cada unidad es $1.00 y que el gobierno me impone el 25% de impuestos, esto se traduce a .25 centavos de impuesto. Ahora el precio sería nada menos que $1.25 porque los impuestos son también parte del costo de producción. Si deseo hacer solamente el 10% de ganancias eso sube el precio a 12.5 centavos solamente por el impuesto, el costo sería de $1.375. Pero a eso se debe sumar los constantes cambios de inflación, devaluación de la moneda, y todos otros factores. Así, debido a la intervención del gobierno, el costo de producción y de operación súbitamente exige un alto incremento en el precio de los productos. Eso sucederá a nivel de productos tanto nacionales como extranjeros.

Igualmente los impuestos a los negocios destruyen el desarrollo económico.

Si tomamos las cifras de los nuevos impuestos y razonamos en cifras aproximadas sin tomar en cuenta muchos factores, podemos demostrar el enorme efecto que tienen los impuestos. Si una compañía gana por ejemplo unos US$125,000 dólares y se toma de este dinero solamente US$25,000 para distribuir a los inversionistas, y si se deja $100,000 en el negocio para expansión, para más empleados, más materiales, etc. Las ganancias se convierten en capital de inversión y no son "ganancias". Si el gobierno carga impuestos del 35% en esos $100,000 lo que reduce es la cantidad de inversión, por ende menos producción, menos empleos, menos materiales o maquinaria.

La verdad es que en el socialismo nunca pasa nada bueno. Se destruye la capacidad individual, se incapacita la industria, se resta competitividad a los ciudadanos y con ello al comercio, a la industria, a los científicos. Solamente en una sociedad verdaderamente libre y justa cada individuo puede desarrollarse y perseguir riqueza, progreso y lograr sus propósitos para el bien común.

Conspiración en Latinoamérica

En una sociedad libre cada individuo cuenta porque la gente es libre de sus actos y viven dependiendo de su capacidad, de su producción de su contribución, de su intelecto y obtienen riqueza directamente proporcional a su esfuerzo.

En Ecuador se pueden visualizar muchas de las características de esos fallidos experimentos socialistas. Quizás deberíamos alarmarnos más aún cuando Rafael Correa ha logrado implementar el cambio socialista más rápido que cualquier otro presidente, incluyendo Chávez. El socialismo de Correa lejos de respetar el trabajo, la integridad, el esfuerzo de quienes han creado industria, empleos, etc., ahora quiere crear la noción que si alguien tiene algo es porque le robó al estado, porque tomó ventaja del trabajador. Porque no pagó impuestos; o porque no sigue las leyes. Correa comete craso error en su plan porque Ecuador aunque es un país rico en recursos, no se puede comparar a la riqueza petrolera de Venezuela, que cuando Chávez tomó control tenía una infraestructura y mantuvo la inversión de las multinacionales por mucho tiempo, además que Chávez no siempre actuó en la retórica y aunque de frente decía una cosa, por atrás seguía haciendo tratados con las multinacionales.

Toda nación es dependiente de su más preciado recurso, el recurso humano, porque es su gente quien crea riqueza. Si bien para Ecuador es un grave problema la fuga de capitales, también es preocupante la fuga de sus profesionales y gente capacitada. Se considera que más de tres millones de ecuatorianos viven en el exterior y las remesas de este segmento son una de los dos mayores ingresos del país. Correa ahí comete otro grave error. Por un lado habla de que quiere facilitar el regreso de los inmigrantes a su país, pero las nueves leyes tributarias que han sido aprobadas, por ejemplo, afectarían a los ecuatorianos que quieren regresar a su país. El salario promedio en Estados Unidos es de US$43,000 dólares. Si una persona ha comprado su casa y al venderla obtiene unos US$150,000 dólares, súbitamente si fuese a regresar a Ecuador, tendría que pagar enormes cifras de impuestos, cuando otros países ofrecen incentivos. Típico del socialismo, terminaría siendo penalizado por haber triunfado en otro país y terminaría entregando un gran porcentaje del capital ganado en otro país. En otras palabras, serán penalizados por regresar a Ecuador. Al igual que su gente ya esta siendo penalizada por trabajar arduamente, por exportar, comercializar e incrementar la producción. El socialismo de Correa es la patria ya es de todos. Todos podemos vivir pobres y quien se esfuerce será penalizado. Mientras más ganes más impuestos. Mientras menos hagas el gobierno te entregará un bono de premio de treinta dólares al mes. El socialismo es una doctrina destinada al fracaso.

El capitalismo es un sistema económico, político y social basado en el respeto a la propiedad privada, de negocios, e industrial dirigido a la creación de capitales basados en la inversión y la buena organización. La mayor debilidad del sistema capitalista está en que no entra en consideración el bien común de la sociedad.

Sin embargo, la evolución del sistema financiero ha dado una nueva versión del capitalismo, la misma que se le puede llamar sistema económico del mercado. Una combinación del capitalismo y del estado de providencia que fue creado por los republicanos del *Segundo Imperio Francés* quienes criticaban la filosofía demasiado individualista del capitalismo en ciertas leyes de materia social. Muchos de los países europeos como Noruega, Suecia y otros países, inclusive aquellos que tienen monarquías, han adoptado medidas por el bien social, lo cual no debe ser confundido con el socialismo. La noción actual de Estado de bienestar, corresponde al término inglés de *welfare state,* forjado en los años 1940, coincidiendo con la emergencia de las políticas *keynesianas* de posguerra, como contraposición al *warfare state* ("estado de guerra") de la *Alemania Nazi.* El sociólogo T.H. Marshall define el término como una combinación especial de la *democracia, bienestar social y capitalismo.* Otros lo identifican con el llamado *Estado Social* o incluso la *Economía social de mercado.* Ciertamente, la búsqueda de mejorar condiciones sociales no es lo mismo que el sistema socialista.

Este nuevo sistema está siendo practicado en Nueva Zelanda, Brasil, y en su propia versión China, la misma que está abandonando su experimento comunista. Se podría decir que ahora estas naciones practican un sistema económico, político y social basado en el respeto a la sociedad y al individuo al permitir la propiedad privada, y la propiedad mixta de compañías y negocios, al igual que industrias dirigidas a la creación de capitales basados en la inversión y la buena organización. De esta forma, se busca crear el mejor sistema para la sociedad cuando en el capitalismo se busca solamente lo mejor para cada individuo.

Un claro ejemplo de cómo funciona este sistema se hace necesario. En Nueva Zelanda por ejemplo, se implementó este sistema porque no había la población para crear un sistema tributario y por ende no había forma de crear un sistema socialista. Al mismo tiempo, la riqueza de recursos hacía necesario la inversión extranjera, pero querían evitar la explotación de los recursos sin ventajas para la población, o daños al ambiente.

CAPÍTULO VIII

POLÍTICAS INTERVENCIONISTAS EN LATINOAMÉRICA

Debo aclarar que para entender las posibilidades primero he revisado varios libros e información con respecto al plan Illuminati y con ese conocimiento, he vuelto a revisar la información que compete a Ecuador, Colombia, Venezuela y Bolivia, para ver los paralelos. Uno de los aspectos más interesantes de la historia de los Illuminati, como lo describiré en mayor detalle en otro capítulo es que precisamente se descubrió sus manuales escritos por Adam Weipstain. En dichos manuales se describe la forma misma como esa élite mundial pretendían consolidar el manejo y control del mundo por el uso de la técnica de, "dividir y conquistar".

La descripción de esta doctrina satánica que pretende dominar el mundo, si bien es diabólica no pienso que es increíblemente complicada, por el contrario, es bastante básica, porque es creada para obtener objetivos a largo plazo y usar las debilidades humanas para lograrlo. Al leerla, uno no puede más que maravillarse de cómo han logrado sus objetivos, pues cuanto más se escucha la retórica de Hugo Rafael Chávez es difícil creer que pueda estar trabajando para intereses extranjeros. Sin embargo, al analizar sus acciones nuevamente se puede ver los paralelos.

La evidencia que presento en el capítulo de cómo opera la jerarquía de abominables familias Illuminati aclarará cualquier duda que se pueda tener con respecto a Fidel Castro, Hugo Rafael Chávez y Rafael Correa. No puede caber duda que desde que Hugo Chávez ha sido presidente de Venezuela, ha reinado la inestabilidad política y económica en ese país.

Pero es precisamente la política de nacionalizaciones y expropiaciones de tierras, combinado con el mayor desarrollo de infraestructura en Venezuela que obliga a mirar detenidamente lo que está pasando y se debe explicar los porqués.

Existen muchas acciones sospechosas que han sucedido en Venezuela y dan la pauta inicial para estudiar la posibilidad. Nuevamente, el libro de la *Gran Mentira Cubana* que relata como Rockefeller entrenó a Batista para ser el líder de Cuba y después hicieron lo necesario para poner a Fidel Castro en el poder porque cambiaron las necesidades y estrategias. En Venezuela hay aspectos similares.

Partiendo desde el antecedente de que Hugo Chávez fue edecán de dos presidentes venezolanos y de que el cuartel o base militar desde donde operaba, era y servia de la base para los militares de Estados Unidos entrenando al servicio de inteligencia de Venezuela. Luego, es simplemente de conocimiento universal para los militares que han viajado de intercambio o a tomar cursos en Estados Unidos, que sin la aprobación y consulta de Estados Unidos ningún golpe de estado podría triunfar. Hugo Chávez jamás ha admitido que tan solo meses antes de su primer golpe de estado, estuvo y atendió clases en Fort McNair en Washington, D.C. A pesar de haber fracasado en su intento golpista, salió librado de haber sido acusado de ningún cargo y se le permitió un retiro honroso.

La retórica mediática de Chávez nuevamente es sospechosa porque sus acciones indican todo lo contrario. Por un lado, no puede haber beneficio alguno para Venezuela que su líder insulte al presidente George Bush, hable en contra de la CIA, en contra del capitalismo norteamericano, mientras al mismo tiempo ha realizado cantidad de maniobras económicas que favorecen solamente a Estados Unidos, tales como es fortaleciendo el dólar al comprar bonos argentinos, bonos ecuatorianos, y bonos estadounidenses; entregado combustible y petróleo a precios muy por debajo del mercado precisamente a Estados Unidos bajo el pretexto de ayudar a los pobres de

Estados Unidos y ¿que los pobres de Venezuela? No tiene sentido alguno que a pretexto de benevolencia entregue petróleo así cuando los propios ciudadanos venezolanos están sufriendo hambre, pobreza y desempleo.

Mientras Chávez ha lanzado insultos en contra del gobierno de George Bush y las multinacionales, al mismo tiempo ha pagado precios altísimos a las empresas extranjeras por los posos petroleros para que salgan del país. Pero eso sirve de gran beneficio a Estado Unidos que necesita más que nunca ingreso de capitales por la enorme devaluación del dólar, y no le beneficia a Venezuela cuando en todos los nuevos posos petroleros recientemente hallados necesitarán enormes inversiones de infraestructura. Nuevamente, ahí el beneficio va a las multinacionales quienes obtendrán los contratos para construir dicha infraestructura. Igualmente es Chávez que sin más inició el proceso para elevar los precios de refinerías.

Es un caso muy verificable por ejemplo, la compañía norteamericana Valero vendió una refinería de petróleo en San Antonio por alrededor de $500,000, incluyendo el oleoducto de distribución y la infraestructura en los meses finales del 2005. Sin embargo, en una refinería similar de propiedad del gobierno venezolano y Citgo, que al mismo tiempo rehúsa inicialmente una oferta de compra, pero después sin más, el valor de la refinería sube a nada menos que cinco mil millones de dólares, a pesar de ser una de las refinerías con el peor récord de mantenimiento y operaciones en Estados Unidos. Es esta la misma refinería con la que se pretende engatusar después a Ecuador.

Así podemos ver que las mismas estrategias son usadas por Chávez y Correa cuando levantan los ánimos de sus seguidores y utilizan el sentimiento anti americanista de los pueblos, la retórica contra el neoliberalismo es utilizada para empujar la medidas de nacionalización extrema en la mayoría de recursos de Venezuela o Ecuador respectivamente, aumentando impuestos y elevando las regalías a las compañías petroleras extranjeras, pero el mayor beneficio ha sido percibido por Estados Unidos pues esto provoca varias medidas favorables a la Reserva Federal.

Por un lado, se detienen la fuga de capitales de Estados Unidos a Sur América porque inmediatamente se sube el índice de riego país manipulado por el Banco Mundial y el Fondo Monetario Internacional, quienes en unísono sonaron la trompeta del enorme riesgo para inversionistas en Venezuela.

Por el otro, la fuga de capitales internos de inversionistas venezolanos inmediatamente migró a Estados Unidos y a otros países. Pero al mismo tiempo, las compañías extranjeras recibieron indemnización muy bien pagada por Venezuela para que dejen todo en manos de Hugo Chávez. Sin embargo, esas acciones no pueden ser para beneficio de la nación como muchos quieren entenderlo, porque esas medidas han ido acompañadas de un endeudamiento agresivo de Venezuela cuando se está creando una dependencia de las empresas nacionalizadas en el ingreso fiscal del Estado. Tal como sucedió en las décadas de los 70, esta dependencia termina en adquirir deudas externas insostenibles que no pueden tener otro desenlace que una segunda ronda de neoliberalismo y privatización donde las mismas compañías norteamericanas regresarán y esta vez, pagarán centavos de dólar, y nadie tomará en cuenta que para entonces, contarán con el beneficio adicional de toda la infraestructura que Venezuela está construyendo.

Bancos, Comercio y Tratado de Comercio

Existe una realidad que nadie menciona en los Tratados de Libre Comercio. El propósito se dice que es la apertura de los productos de los firmantes del tratado en sus respectivos países. Ahí es donde existe una grave contradicción.

Germánico Vaca Michelena

Muchos de los problemas económicos de Estados Unidos son originados en la enorme pérdida de su capacidad manufacturera y por ende, de su producción industrial. Esto resulta en que Estados Unidos ya no tiene muchos productos que exportar. Los productos electrónicos, televisores, juguetes, textiles, maquinarías, químicos, farmacéuticos, etc., cada vez más son productos manufacturados en cualquier otro país menos Estados Unidos. El propósito inicial de los TLC por parte de Estados Unidos era precisamente arruinar a todos sus competidores de ciertos productos en países subdesarrollados, mientras se les obligaba a dar acceso a las empresas norteamericanas a los mercados nacionales. Al igual que sucedió con el movimiento globalizador y el auge de las privatizaciones, ahora ya no hay mucho que privatizar en Latinoamérica, y de la misma forma, no hay competidores que arruinar porque de hacerlo, los países son afectados en sus más importantes industrias. Así, la estrategia de los TLC entra en directa competencia con los productos que ciertos países quieren vender. Tal es el ejemplo de Argentina, que parte vital de su comercio de exportación es el ganado vacuno y bovino. No es muy claro qué beneficio pueda tener un TLC con Argentina cuando es demasiado obvio que varias de las industrias argentinas, se verían gravemente afectadas porque no pueden competir con los subsidios que Estados Unidos ofrece a sus agricultores de trigo, cebada, maíz y con ello, a los ganaderos. Argentina se convirtió en un ejemplo de crecimiento y desarrollo en la década que se volvió uno de los principales exportadores de los productos mencionados.

Pero Estados Unidos tiene la ventaja de mantener subsidios agrícolas para el maíz, trigo, cebada, etc. Lo mismo que hace que estos puedan ser más baratos que la misma producción nacional trayendo graves consecuencias a los productores. La disminución de su productividad obliga a Estados Unidos a importar cantidades masivas de todo tipo de productos, creando enorme competitividad en su mercado y por acuerdos con China, en muchos casos ha debido mantener aranceles altos para otros países y bajos para China porque a la amenaza de no hacerlo, China puede empezar a desechar sus divisas en dólares. También le ha sido indispensable conservar el libre cambio para facilitar sus importaciones. Todas estas limitaciones productivas combinadas con el constante deterioro del dólar están trayendo perjuicios tanto a Venezuela como a otros países.

El resultado es que todo Latinoamérica se está llenando de la gran exportación americana de franquicias, tales como: Burger King, McDonalds, Pizza Hut, Taco Bell y demás grandes negocios norteamericanos, que no pasan de ser el uso de manteca en toda forma concebible.

En muchos aspectos se debe considerar que es China, Japón, Brasil, y ahora inclusive Venezuela que están financiando a Estados Unidos con las enormes compras de bonos estadounidenses. Mientras Breton Woods se mantenga en vigencia entonces se mantiene la política que, cuando un país recibe dólares esto permite a Estados Unidos devaluar la moneda nacional. Pero cuando un país como Brasil compra bonos norteamericanos, está de hecho comprando las notas de promesa de pago de los mismos dólares que están recibiendo. El resultado es la debilitación económica del país que compra los bonos, no su revitalización.

El mercado intercambiario de la moneda ha hecho fortunas a muchos con las continuas pérdidas del dólar. Mientras el euro, la libra esterlina, los dólares canadiense y australiano, e inclusive el real han ganado de precio, China ha tenido que mantenerse comprando bonos norteamericanos para mantener su moneda débil a fin de evitar una inflación masiva, pero el costo de hacerlo es miles de millones de dólares en pérdidas. Lamentablemente, la opción es tan desastrosa como un colapso completo de su economía, pues un colapso del dólar significa el cierre de miles de fábricas y millones de desempleados. Por ello, China aspira abrir el mercado latino y mundial para librarse de las cadenas que lo tienen maniatado. En su intento desesperado de detener el desangramiento, Estados Unidos está detrás de la creación de dos soluciones. Por una parte se habla del Amero, una moneda respaldada por los recursos de Canadá, México y Estados Unidos, y la otra solución es la creación del Banco del Sur donde muy seguramente la misma Reserva Federal tratará de apoderarse de la forma de conducirlo. La meta es evitar la substitución de las reservas monetarias de los países latinoamericanos del dólar al euro. Al mismo tiempo, no existe suficiente dinero en el mundo para cubrir la cantidad inmensa de dólares impresos. La creación de un nuevo banco permite crear monedas que puedan ir cubriendo el dinero artificial impreso por la Reserva Federal.

Las pérdidas para los Bancos Centrales de los países es bastante considerable, sin embargo, muchos de los países no han implementado políticas de cambio en reemplazar sus reservas de dólares a euros. La pérdida de dichos capitales y reservas sería astronómica y podría ser abrumadora para Estados Unidos, inclusive podría generar una estampida fuera del dólar. El temor de Estados Unidos es muy grande y por eso se inició el proceso de intentar dolarizar a varios países. Argentina y Brasil no cayeron en la trampa y solamente Ecuador y El Salvador cayeron presas de las trampas concertadas del Fondo Monetario Internacional y la Reserva Federal. Cabe destacar que dicha dolarización es en realidad ilegal ya que la ley del estatuto federal bajo la cual fue creada la Reserva Federal establece muy claramente, que la Reserva Federal sólo puede operar dentro de Estados Unidos, al no haber sido alterado dicho artículo, el acto es ilegal y viola la ley bajo el cual fue creado.

Como es de conocimiento de todo mundo, fueron Chávez y Correa quienes propusieron casi a renglón seguido la creación del Banco del Sur. Al extremo que Correa intentó que la sede sea en Quito, lo que hubiese permitido amplio control de la Reserva Federal, la CIA y el NSA. Muy claramente, Chávez de alguna forma aspira que el colapso suceda y él termine de héroe, porque muchas veces ha realizado movidas que muy claramente deben ser del desagrado de la élite financiera mundial que lo patrocina. No fue accidente ni coincidencia que el presidente Chávez haya propuesto que la nueva moneda sea llamada "El Sucre", el mismo nombre que solía tener la moneda ecuatoriana.

Si bien es cierto que los países asiáticos han creado algo similar con la fundación del Banco asiático, sus objetivos son totalmente diferentes. China y Japón están ansiosos de detener de alguna manera el desangramiento de sus capitales mientras tienen sus monedas apoyando al dólar. La creación del banco asiático les permitiría poner grandes reservas monetarias en una nueva moneda que no les cause las pérdidas enormes, que por ahora tienen cada día que el dólar sigue cayendo.

Si bien es cierto que un banco latinoamericano podría traer enormes cambios y progreso a nuestras naciones, incluyendo una mejor protección a las mismas reservas de oro de los países, pues sería lógico que pudieran evitar las masivas especulaciones en el precio del oro y la plata, no se debe desatender la realidad que países como Bolivia, Perú, Ecuador y Colombia, Chile, Argentina tienen enormes reservas de oro, plata y cobre que debe contar a favor de sus riquezas nacionales y por ende, valorar mejor sus monedas nacionales sin tener que estar regulados al cambio, devaluación que les subyuga el tratado Bretón Woods que debería ser abandonado de inmediato por todos los países. Sin embargo, es difícil prever buenos augurios para Latinoamérica si el banco es fundado con la intervención de Chávez, Correa y el nuevo gran amigo de Estados Unidos, Lula. Los problemas que se pueden prever en el MERCOSUR, La Corporación Andina de Fomento (CAF) y el Banco Nacional de Desarrollo Económico y Social (BNDES) podrían ser enorme manipulación de la Reserva Federal y las varias agencias de Uncle Sam.

Efectos de la Globalización y Neoliberalismo en Latinoamérica

Una verdad aún no declarada en Estados Unidos es la insuficiencia económica. Aparte de la enorme deuda de más de NUEVE trillones de dólares del gobierno Federal de Estados Unidos, la deuda de cada estado, condado y municipio fácilmente puede duplicar esa deuda. A esto los gastos en Irak, los enormes pagos de intereses en la deuda y las enormes responsabilidades asumidas por el gobierno han creado una situación crítica, que el gobierno de George W. Bush ha recurrido a tomar el dinero de los fondos de retirados y otras varias cuentas que nunca debían ser tocadas. Pero el Imperio no puede admitir que está quebrado porque hacerlo sería el inicio del fin. Todo esto resulta en un complicado juego financiero donde los mercados financieros –las bolsas de valores de Nueva York y el mercado intercambiario de Chicago- se convierten en casinos donde las apuestas se juegan miles de millones diarios.

La globalización de la economía y la privatización obligada que impuso el Fondo Monetario Internacional, en concierto con el Banco Mundial y la Reserva Federal no han traído los grandes beneficios que ellos aspiraban. La razón del por qué esto ha fracasado no parece muy obvia al mundo, pero es precisamente el desarrollo tecnológico que les hizo fracasar. Permítame explicar.

La élite financiera del mundo ha rehusado compartir la riqueza de recursos en las naciones subdesarrolladas con la población. Tal como se ha revisado anteriormente, los pagos de las multinacionales tanto de impuestos como en regalías, solía ser tan minúsculo que no se lo puede llamar más que robo descarado. Las multinacionales han rehusado pagar un impuesto por operar en las naciones, han rehusado pagar regalías justas y casi todas las naciones latinoamericanas apenas han percibido acaso el 10% de los recursos explotados. A todo esto se suma que las multinacionales han rehusado también pagar por la infraestructura necesaria para explotar los recursos. Es a razón de esto que esa élite financiera por intermedio de la CIA y varias otras fundaciones, y organismos orquestaron los movimientos socialistas, los cambios de gobierno, los golpes de estados militares con el sólido propósito de que seas los países quienes realicen el gasto de construir la infraestructura. Una vez se logró hacerlo, el plan llamaba por la globalización y el neoliberalismo para aprovecharse de ello y enriquecerse con los recursos. El problema es que se han enfrentado a tres graves problemas. Primero citaré los problemas y luego explicaré en detalle.

El petróleo ha llegado a su "máximo punto" lo cual significa que se necesita de nuevas tecnologías para sustraerlo.

La tecnología ha avanzado tan rápido que nueva infraestructura es necesaria.

La información, educación y desarrollo informático del Internet han descubierto las intenciones de las políticas intervencionistas de la oligarquía mundial.

Peak Oil

Los grandes posos petroleros de México, de Arabia Saudita, de Venezuela, de Ecuador y del resto del mundo han estado siendo explotados por los últimos treinta años y el problema al que se enfrentan ahora es que una vez que un poso petrolero llega a cierto nivel de explotación, se vuelve cada vez más difícil extraer el petróleo, necesita nuevas tecnologías que vale mencionar han sido creadas, inventadas por técnicos mexicanos, venezolanos y ecuatorianos, pero todas apropiadas sin pagar un centavo por el valor intelectual de ello por las compañías multinacionales. Dichas técnicas, como el bombeo de agua en los posos de petróleo para crear la presión necesaria de extraer el crudo. Esto requiere enorme consumo de energía eléctrica y requiere infraestructura que nuevamente las multinacionales rehúsan pagar.

En las décadas de los setenta cuando se impusieron los gobiernos militares para la fase de infraestructura, las mismas multinacionales renegociaron contratos de explotación con los gobiernos, precisamente para permitir la aprobación de préstamos y los fondos necesarios para la construcción de la infraestructura necesaria para la explotación. Solamente al concluir esa fase al término de la década y cuando la infraestructura podía permitir la explotación de recursos, fue cuando se implementaron medidas dragónicas para obligar a países a bajar impuestos y regalías.

Súbitamente se manufacturó el regreso a la democracia de la mayoría de gobiernos, y empezó las privatizaciones, el auge del neoliberalismo.

Pero una vez que la gente vio las posibilidades, los técnicos e ingenieros aprendieron la tecnología, y los administradores entraron en conciencia de lo que realmente pretenden las multinacionales, estas no pueden revertir al pasado. Si bien la globalización y privatización del petróleo se puso en manos de multinacionales, y estas se han mantenido explotando el recurso, la historia nos demuestra que el robo y saqueo de España en siglos anteriores es pálido en comparación al robo de las multinacionales, que en muchos casos han estado pagando centavos de dólar por barril de petróleo.

Tanto Venezuela, Ecuador, Brasil y Bolivia vivieron el proceso de los golpes militares. En esas décadas se construyó la infraestructura necesaria para la explotación pero no fue suficiente y la élite financiera se equivocó, y ahora confrontan la necesidad de crear esa infraestructura que les permita explotar lo que falta del recurso. Es ahí donde asoma la conveniente reforma política del socialismo XXI, es entonces que los Caballos de Troya deben tomar las riendas de los países y construir todo lo necesario a pleno costo de las naciones, aunque la élite financiera espera ser ellos quienes cosechen los beneficios en cuanto se termine de construir la infraestructura.

Por eso los caballos de Troya se apuran, se tropiezan en sus intentos de firmar los contratos. He ahí Correa lamentándose no poder firmar todavía multi millonarios contratos para una nueva presa hidráulica, o lamentándose no poder firmar el contrato de una refinería sin hacer un solo estudio. Francamente, a Correa parecen haberle regalado título porque muchas veces no demuestra ninguna capacidad de razocinio.

Avances Tecnológicos

De la misma forma que se manipuló la industria petrolera se manejó los servicios vitales de las naciones. Por ejemplo, en esas décadas también se construyó las redes telefónicas y redes de distribución de energía eléctrica, los trans oleoductos nacionales, los puertos, etc. Todo esto fue después transferido por centavos de dólar a compañías extranjeras, generalmente los monopolios como AT&T en el auge de las privatizaciones, con el gran patrocinio y en muchos casos, la presión explícita del Fondo Monetario Internacional que impuso dichas medidas como condición misma para nuevos préstamos.

Pero la tecnología ha avanzado tan rápidamente que las redes de teléfono ahora son caducas cuando nuevas tecnologías requieren el uso de cables de fibra óptica para distribución digital de video, teléfonos, Internet. La introducción del celular redujo la necesidad de servicio local en muchos casos. La población rápidamente ha aceptado las tecnologías aun cuando muchas como los servicios que son comunes en Estados Unidos y Japón no pueden ser implementadas en países sur americanos por la restricción de infraestructura. Por eso existe la necesidad imperiosa de construir esas líneas de fibra óptica si se debe implementar las tecnologías que permitan la venta de esos avances tecnológicos, pero es tan grande el desarrollo que en Estados Unidos ha sucedió, que tan pronto como el gobierno ha terminado de modernizar sus nuevos servidores y sus redes de DSL, una nueva tecnología ha sido introducida por Japón que convierte a la tecnología y por ende la infraestructura totalmente obsoleta. Así, las compañías quieren que Ecuador haga el gasto. Para que eso suceda necesitan un caballo de Troya que imponga los deseos de las multinacionales a pretexto de ser el gran nacionalista. Así en Ecuador y Venezuela los paralelos de Chávez y Correa son precisamente su ansiedad por construir la infraestructura sin escatimar costos, sin planeamiento absoluto, los planes salen como por arte de magia y los contratos para las multinacionales ya han sido redactados con pagos garantizados valga o no valga lo que construyan.

Germánico Vaca Michelena

La informática e Internet

Una de las zonas donde mayor crecimiento y ventas de Internet en el futuro será en Latinoamérica que ha estado creciendo lentamente en comparación al resto del mundo. Sin embargo, el uso de Internet ha sido propagado en los colegios, universidades y todo centro educativo y con ello, se ha puesto al alcance la información que muchas veces nunca ha sido publicada y que no tiene mayor cobertura en nuestro países.

A esto se combina la gran migración de latinoamericanos a Estados Unidos y Europa. Prácticamente millones de ecuatorianos viven en todas partes del mundo al punto que las remesas extranjeras es el segundo ingreso para Ecuador y es un importante ingreso para todos los países. Pero esto además implica la fuga de cerebros, gente de enorme capacidad ahora trabaja para las mismas multinacionales y hasta las mismas organizaciones que imponen leyes en nuestros países. Esto conlleva a la internacionalización del conocimiento y de la información. En pocas palabras, ahora la élite financiera no puede conducir sus planes sin pasar desapercibidos, porque las paredes ahora les escuchan.

Introducción de Franquicias

La pérdida de capacidad productiva hace que Estados Unidos haya tratado de cubrir su insuficiencia económica que le impide cubrir las metas propuestas y llevar a cabo las expectativas neoliberalista. En estos momentos se le hace cuesta arriba a EE.UU. dar cumplimiento a sus anhelos. Esta realidad por ahora es un inconveniente el reconocerla públicamente, por los objetivos de reflejar proyecciones competitivas y atrayentes en los mercados de valores bursátiles en el mundo.

El resultado es que todo Latinoamérica se está llenando de la gran exportación americana de franquicias, tales como: Burger King, McDonalds, Pizza Hut, Taco Bell y demás grandes negocios norteamericanos que no pasan de ser el uso de manteca en toda forma concebible. Las franquicias en realidad no son un producto como tal, es un sistema de operación sin poner mucho énfasis en la calidad de la comida que honestamente revuelve alrededor de freír cosas con aceite y llenar a los clientes de colesterol, sin contar con los enormes impactos en la salud de los ciudadanos; para ese tipo de negocios solo importa producir ventas, nada importa si dicha comida es saludable siquiera. Pero por sobre todo, cumplen una cosa vital que la élite mundial desea, hacen perder la identidad a las naciones, cuando las comidas tradicionales se las desplaza y es obvio cuando ahora las enormes señales de las franquicias se pueden ver en todo lado, sea China o Ecuador.

Al mismo tiempo se puede argumentar que destruye el verdadero espíritu empresarial de las personas ya que se convierte en un manual paso a paso a seguir sin contribuir, crear o aportar nada de creatividad. Es un método de hacer dinero utilizando el nombre o prestigio de algo que se le convence al mundo que es popular, aunque es demasiado obvio que toda la comida de restaurantes de comida ligera es generalmente contra productiva a una buena alimentación.

Causas y Efectos Que Se Pretende Controlar Con el Socialismo XXI

Como he explicado, la insolvencia económica de Estados Unidos en estos momentos crea la necesidad de tener dineros que fluyan rápidamente dentro de las arcas de la Reserva Federal. Los trucos de auditoria y contabilidad no pueden fabricar números que incentiven a los ineptos de los bancos centrales a comprar más bonos inservibles. La única forma inmediata es utilizando los caballos de Troya para implementar medidas emergentes que logren el propósito esperado. Por eso entre otras cosas tenemos:

Causas

- Deflación monetaria de Estados Unidos impone la necesidad del retorno de dólares emitidos al exterior a los bancos norteamericanos.

- Estados Unidos necesita capitalizar y revaluar su moneda.

- Disminución del déficit y frenar la enorme devaluación del dólar.

- Utilización de aditivos como el etanol en la gasolina para causar incremento en los productos alimenticios, aunque el afectado sea el maíz, por asociación se logra afectar todos los precios y se está creando hambre en el mundo.

Efectos y Medidas

Apropiación de economías nacionales por parte de los caballos de Troya para que paguen altos precios en dólares a las empresas extranjeras como indemnización de las propiedades o en forma de enormes multas impuestas por los llamados centros de mediación.

Aumento de impuestos y regalías nacionales en los países que se está implementando esta política, para de esta manera crear el retiro voluntario de inversionistas.

El escape de capitales internacionales y nacionales, combinado con la deuda causará la inevitable inflación de los países. Mientras se cumplirán los proyectos de infraestructura las multinacionales compran tiempo para obtener capitalización, al mismo tiempo que las empresas nacionales estarán acumulando deudas.

El alto precio del petróleo induce enormes costos a los servicios prestados. Aunque el costo del petróleo está siendo manipulado por el enorme consumo de petróleo del ejército norteamericano en Afganistán e Irak y la subida al doble de almacenamiento de Estados Unidos tiene como fin subir los costos de los servicios y tecnología que proveen las compañías norteamericanas.

Los altos costos, los enormes préstamos y el enorme despilfarro tal como vienen haciendo Chávez, que hasta ha ido a repartir dinero en Bolivia, eventualmente crearán el caos financiero para cuando terminen la infraestructura y será ni un segundo más tarde que una nueva ola de privatizaciones se presentará como la solución. Entonces el Fondo Monetario no aprobará un sólo préstamo hasta que se cumplan sus requisitos.

Para entonces, una simple apertura de los depósitos petroleros de Estados Unidos y cancelación de compras lograrán hacer caer el precio del petróleo con el fin de inducir una crisis institucional y quiebra general de las empresa del Estado, y los anuncios de remate no se harán esperar.

Es muy posible que en Venezuela ya hayan logrado su propósito, por eso súbitamente se está creando la atmósfera necesaria para crear una crisis más grande. La verdad es que han hecho todo lo posible para poner a Chávez como el nuevo gran hombre de izquierda latinoamericano, pero los recientes problemas descubiertos por lazos a las FARC, y las narco organizaciones pueden ser muy conflictivas. Quizás por eso es que constantemente Correa está siendo protegido, pero el pueblo ecuatoriano es el más volátil en el sentido de fidelidad a sus líderes. El héroe de hoy luce perfecto en la guillotina del culpable de todos los males mañana.

Germánico Vaca Michelena

El Fenómeno Chávez. Análisis de Venezuela.

El gobierno venezolano presidido por el presidente Hugo Rafael Chávez Farias inicio en 1999. Debo admitir que entonces no puse mayor atención al cambio de gobierno hasta que Lucio Gutiérrez ganó las elecciones en Ecuador. El mundo entero ignoró nuevamente lo que era tan evidente, pero las circunstancias eran idénticas. Tanto Chávez como Gutiérrez habían sido edecanes. Los dos dieron golpes de estado, los dos fueron perdonados por el atentado contra la democracia, los dos fueron dados retiros para que tengan el camino a perseguir elecciones, los dos eventualmente subieron al poder.

Aquí debo hacer un pequeño paréntesis y para muchos lectores mi apreciación les parecerá irrelevante, pero cuando tenía apenas 15 años solía hacer comedia imitando a los políticos del país, y una de las cosas que por pura inspiración salieron en pleno acto fue decir que, "En Ecuador siempre pasan las cosas en eco, y cuando hay un golpe de estado no tardamos en copiarles, si alguien elige un tarado no tardaríamos en copiarles, y si alguien elige un soldado como protector de la democracia, seguro elegiremos uno para no quedarnos atrás, por no decir eso siempre es lo que hace la CIA." Fue mi primera predicción política.

Simplemente eran demasiadas coincidencias que me hicieron empezar a seguir el gobierno de Chávez y comparar sus medidas económicas con su retórica. La constante es que la mediática de confrontación siempre es evidente, pero las medidas económicas afectan solo al pueblo y generalmente son favorables para Estados Unidos.

Así, debo mencionar mis apreciaciones de las medidas económicas. Este estudio sin embargo no pretende analizar en profundidad las cifras y estadísticas venezolanas, pero pienso que aún sin ellas, se podrá apreciar que las medidas económicas de Chávez en realidad no favorecen a su pueblo.

Las Medidas Contraproducentes para el Pueblo Venezolano.

Pienso que debido a lo extenso del tema es preferible resumir enumerando, aunque el orden no significa el valor de importancia a cada situación. Así, estas son las más importantes medidas contraproducentes.

Subsidios y distribución de productos importados para el consumo.- Cuando un gobierno central impone medidas que restringen drásticamente las importaciones por parte del sector privado, los efectos para la economía pueden ser catastróficos porque no existe forma de que las empresas privadas puedan competir con el gobierno, especialmente cuando Chávez cuenta con dineros del petróleo, es adepto al despilfarro, no paga impuestos y subsidia los productos. Esto evita la competitividad en los mercados, crea un mercado negro de productos y el país pierde enormes cantidades en divisas que hubiese percibido si su propio gobierno no se pone en competencia con las industrias pequeñas y medianas. Así, los resultados son extremadamente claros que en Venezuela han crecido los monopolios y mientras tanto, los pequeños comerciantes, pequeños industriales han desaparecido, restándole a Venezuela una capacidad competitiva en el comercio nacional e internacional.

Prohibición de la convertibilidad monetaria.- Esta medida económica en combinación con la primera es una anomalía financiera porque los controles de cambio en la moneda, cuando el gobierno importa cantidades enormes de productos, solo pueden dar como resultado la reducción de la capacidad de importación de la empresa privada y elimina muchas veces la producción nacional que es substituida por las importaciones. El resultado es la escasez de productos porque se ha eliminado el factor esencial de la economía de la oferta y la demanda, existe lo que Chávez quiera ofrecer y poco importa lo que el pueblo demanda.

Incremento de la deuda externa.- Mientras la subida de los precios de petróleo han permitido a países como Argentina y Brasil pagar sus deudas aún por adelantado o a tiempo, en Venezuela y en Ecuador está sucediendo lo contrario, se ha seguido incrementando la deuda externa. Siendo que el petróleo es su principal industria es incoherente e ilógico y demuestra una vez más en forma contundente que Chávez y Correa siguen la misma política de la élite financiera.

Inducir al capital privado nacional a la gran fuga de divisas y eliminar la inversión extranjera en el país.- Nuevamente tanto Chávez como Correa con sus medidas han incrementado el riesgo país causando estos dos factores, que en combinación son contraproducentes en todo aspecto a la economía de cada país respectivo.

Incremento de la delincuencia.- Es extremadamente extraño el enorme incremento de la delincuencia tanto en Venezuela como en Ecuador, gracias a los gobiernos de Chávez y Correa. En gran parte es debido a las medidas que se han tomado en eliminar organismos de justicia y protección al ciudadano, de esta forma se crea la impunidad y se desata el fenómeno criminal.

Baja inversión industrial y pocos incentivos a sus industrias.- Pese a los enormes ingresos petroleros tanto de Venezuela como de Ecuador, los dos gobiernos se han caracterizado por una inversión oficial y privada extremadamente baja. Esto crea el desempleo porque se han destruido las fuentes de empleo, se ha eliminado la capacidad productiva nacional y se ha forzado a la pequeña industria a la quiebra. Aparentemente se lo hace como una medida para reducir el poder de la oligarquía y en segunda instancia, es otro de los efectos contraproducentes del riego país.

Gasto público excesivo.- La burocracia creada por el gobierno de Chávez tiene como objetivo hacer circular la liquidez monetaria. A esto se combina los enormes gastos públicos por la gran demanda de productos como consecuencia de la perdida de producción nacional. Esto, aparte de contribuir a la inflación, descapitaliza la industria nacional y crea la fuga de capitales nacionales. En pocas palabras, lo que Venezuela gana del petróleo termina en los bolsillos del resto del mundo porque Chávez está importando todo mientras mata la industria nacional, Correa está siguiendo los mismos pasos.

Escasez de productos.- Al eliminar el concepto capitalista de la oferta y la demanda se crea un vacío que resulta en el incremento de precios de los productos. Los gobiernos de Chávez y Correa pretenden controlar este fenómeno normal de toda economía con medidas de control de precios, pero el crecimiento de la inflación por la misma falta de productos que hacen más caros a los productos disponibles se convierte en el catalizador del mercado negro. Así, el país pierde divisas, sube el crimen, y pierde el pueblo.

Dependencia del Banco Central de Venezuela.- Si se logra eliminar la autonomía del Banco Central es indudable que se pretende transferir las reservas al gobierno y este termine por gastarlas y crear la crisis estratégica que provocaría lo mismo que sucedió en Ecuador. Una toma ilegal de la Reserva Federal, que no solamente tomó todas las reservas de oro de Ecuador, pero convenientemente aprobó un préstamo de dos mil millones de dólares para implementar el dólar en Ecuador.

La razón a todo esto obedece a factores externos que nada tienen que ver con la economía de Venezuela o Ecuador. Tiene que ver con la economía norteamericana. Si bien el colapso del dólar es inminente ahora que Estados Unidos oficialmente tiene una deuda de US**$9,198,027,352,014.90**. La cifra es tan exorbitante que todas las deudas del resto del mundo no le alcanzan.

Germánico Vaca Michelena

Así, el mundo debe estarse preparando para el colapso universal económico. La recesión no ha podido ser contenida porque la base fundamental de la economía está ausente y es la razón primordial que está acarreando a toda la economía mundial consigo mismo.

China es aclamada como el gran milagro económico y todo mundo quiere apuntar las cifras de desarrollo, y Estados Unidos no deja de mencionar las cifras de déficit comercial en su comercio. Pero la economía China depende de seguir comprando bonos norteamericanos para que los estadounidenses puedan seguir comprando los últimos juguetes chinos. La enorme polución en las ciudades chinas, y las diminutas ganancias de los trabajadores chinos son solamente un trozo de un témpano de hielo.

Increíbles trucos económicos fueron creados donde los banqueros salieron triunfantes y los pueblos quedaron pagando deudas. La ruina de unos es aprovechada generalmente por los más grandes. 100 mil millones de dólares fueron ganados en Wall Street gracias a la crisis 97-99 por efecto de la guerra en Kosovo y Yugoslavia y nadie puede discutir que Halliburton ha sido el mayor beneficiario de trillones de dólares que Estados Unidos ha gastado y sigue gastando en Afganistán e Irak.

Al igual que quienes se beneficiaron de la guerra de Kuwait fueron compañías norteamericanas. La próspera economía de apuestas de Nueva York comenzó sin embargo a frenarse por el aumento de los precios del petróleo y no sería nada extraño enfrentarse a un precio de $150 dólares por barril para junio del año 2008.

Aún así, ese precio apenas compensaría la enorme caída del dólar. Al mismo tiempo, si se considera que la Reserva Federal ha distribuido tanto dinero que 40 mil millones se entregaron a los bancos en diciembre de 2007, además de 60 mil millones en marzo, y se anuncian más dineros en un acto desesperado de crear fluidez en el mercado cuando un colapso inminente esta a punto de desatarse.

El acto es tan desesperado que algunos economistas norteamericanos hasta han dicho que es importante que se lo haga sin dar la apariencia de un acto desesperado por salvar la economía. Seamos honestos, el dólar esta peor que un paciente en cuidado intensivo y el momento que expire el paciente no está muy lejos.

Las pérdidas de más de ocho trillones de dólares en los mercados en el año de 2007. Las perdidas en el 2008 ya son considerables. El viernes 4 de enero casi todos los mercados tenían cifras de cuantiosas pérdidas. La gente debe estar nerviosa ante el atentado de la Reserva Federal de implementar una política idéntica a la de Alemania, que empezó la Segunda Guerra Mundial inundando al mundo con dinero fraudulento que no tiene respaldo alguno.

Después de todo, nadie le ha concedido a Estados Unidos una tarjeta de crédito para que pueda imprimir dólares al doquier sin siquiera intentar respaldar su moneda vendiendo bonos a quien tenga suficiente ambición.

Las decisiones incoherentes de la administración de Bush que usaron los pretextos del terrorismo para inventarse armas nucleares y armas de destrucción masiva donde no existían y no encontraron nada. Años después y sobre dos millones de iraquíes muertos, (En un país de 24 millones de habitantes es increíble que nadie acuse a Bush de genocidio).

El mundo simplemente mira atónito que la gente norteamericana no saben qué hacer ante la evidencia de que esta guerra unilateral en contra de Irak fue originada con propósitos muy claramente delineados en el documento de PNAC, de apoderarse del petróleo y recursos para establecer bases militares en Irak con la finalidad de controlar el "mundo petrolero". El concepto es idéntico en los países latinoamericanos, la estrategia simplemente es diferente.

El fracaso de las ideas y conceptos de Paúl Wolfowitz y los autores de PNAC es absoluto. Lejos de incrementar el flujo de petróleo y lejos de lograr 100 mil millones de dólares en ventas de petróleo, el Pentágono se convirtió en el mayor usuario de petróleo y el costo de la guerra es tan enorme como el tsunami económico a punto de desatarse en el mundo. Todo lo que anunciaba el ya caducado director del Banco Mundial estuvo errado. Las consecuencias son el costo del petróleo a precios nunca antes vistos y con ello, la inflación y desastre económico que conlleva el alza del petróleo para el resto del mundo. No solamente la elevación de costos fruto de la inflación a consecuencia de los altos precios del petróleo, sino fuerzas más poderosas del interior de la misma economía han empezado a desatarse.

Además de la oleada de privatizaciones de áreas estratégicas en todos los países y del aumento de la explotación de los trabajadores de todo el mundo, en las raíces del auge estaba el aumento de la productividad logrado gracias al veloz avance tecnológico: electrónica, automatización, computadoras, Internet, telefonía celular, telecomunicaciones. Pero los rendimientos económicos de las nuevas tecnologías comenzaron a ser decrecientes, los mercados mostraron sus límites y la tasa de ganancia comenzó a descender a finales del 2000.

La situación económica global es tan grave, que los gobiernos ni siquiera se atreven a comunicarle al mundo que nuestro planeta sufrirá un evento astronómico inevitable el 21 de diciembre del 2012, cuando la tierra sufrirá una alineación con el centro de la galaxia. Tan inevitable es el evento astronómico como el Eclipse que tendremos el 20 de mayo del 2012.

La evidencia científica demuestra más allá de cualquier duda que tal evento astronómico puede tener consecuencias muy catastróficas. Ciertamente, nadie sabe ni puede asegurar lo que sucederá. En lo más mínimo, los daños a los satélites alrededor de la tierra serán considerables o totales, con lo cual las telecomunicaciones, celulares, transmisión de noticias etc. quedarán en un caos total. Imagínese un mundo sin comunicación. Los daños posibles son suficientemente terribles como para causar la anarquía en el mundo. Pero ante ese peligro, los gobiernos se mantienen en silencio por temor a causar el pánico total en la población.

Los fallidos experimentos económicos del FMI en Asia, en Rusia, en Argentina, en Ecuador demostraron al final del siglo pasado e inicios del nuevo siglo, que dichas instituciones lejos de hacer el bien son la causa de varios desastres económicos.

La bancarrota turca sirvió como oportunidad para presionar a privatizar las telecomunicaciones y la electricidad, como requisitos para la entrega de un crédito del FMI. Pero, en Argentina el FMI ya habían matado hace años la gallina de los huevos de oro y no hay ya nada que privatizar: A la receta que se impuso a Argentina de rebajar los salarios de los trabajadores, nada novedosa en el menú del FMI, se le agregó la realización de maniobras de tropas norteamericanas en territorio argentino y una base estadounidense en Tierra de Fuego.

En Ecuador un decreto ilegal de Jamil Mahuad, declaró la dolarización unilateral de la pequeña nación suramericana. El premio para Jamil Mahuad por haber vendido su patria es que ahora vive de profesor de la Universidad de Harvard. Más allá de la ilegalidad de que una institución independiente de Estados Unidos, como es la Reserva Federal, que aún bajo el mandato de ley que fue creado en el congreso norteamericano donde claramente especifica que no puede operar fuera de territorio norteamericano; en el acta del congreso norteamericano establecida como una corporación independiente y regulada bajo leyes federales y creando distritos bancarios, que haya asumido control completo de la economía de una nación soberana como es Ecuador, tan solo como resultados de un gobierno manipulado por la Reserva Federal han sumido al 70% de ecuatorianos a vivir en la pobreza o abandonar su país en masivas migraciones a España.

Pero organizaciones como la OEA y la ONU que fueron creadas supuestamente para defender a países pequeños de estos abusos se han mantenido el pleno silencio, porque de lo contrario, EE.UU. amenazó con no hacer los pagos económicos correspondientes.

Todos esos peligros a la economía han pedido a gritos una rehabilitación a la estructura económica tan solo para ser ignorados por los economistas. Esta vez sin embargo, el corto circuito económico está en Estados Unidos.

Germánico Vaca Michelena

La suma de varios factores ha hecho insostenible la crisis económica mundial. Todo empezó con la crisis energética de California, al punto que la "ineficiente" empresa estatal mexicana tuviera que auxiliar a las "eficientes" empresas privadas californianas, quebradas todas, para que fueran generadoras o distribuidoras de energía.

A esto se sumó los despidos masivos de trabajadores realizados por las transnacionales, quienes solamente en Estados Unidos despidieron a más de dos millones y medio de personas entre 2001 y 2002. En el presente año 2008, las cosas empiezan tan mal que Estados Unidos declaró que la gran súper potencia mundial apenas generó 18,000 empleos en diciembre de 2007. Se me ocurre pensar que si en diciembre, cuando se necesita más que nunca los Santa Claus y cajeras adicionales, EE.UU. apenas generó 18,000 empleos, significaría que en la realidad EE.UU. ya no está generando empleo alguno.

Como siempre, el capital encuentra las espaldas de los trabajadores para descargar sus crisis. Pero esta vez las transnacionales ya no pueden privatizar más, excepto en los lugares donde antes todo era prohibido como la electricidad y los teléfonos de Nicaragua, Isagén, ISA, Emcali o la ETB.

Es ahí donde los caballos de Troya han sido tan efectivos y han ayudado tanto a Estados Unidos. Por eso Chávez y Correa pasan cada ley que sirva para crear ingresos efectivos para el dólar. Por eso a solo días de la Navidad del 2007, Correa presentó a la Asamblea Constituyente, cual si fuese un regalo de Navidad, las leyes nuevas leyes tributarias en Ecuador que se aprobaron el 29 de Diciembre y se implementaron el 1 de Enero. Extrañamente, aunque Correa se jacta de economista y de socialista, las leyes son tan absurdas y tan anti socialistas que es como si un economista de la Reserva Federal le hubiera dictado con la amenaza "Rafael si no pasas esas leyes dejas de ser presidente". Rafael Correa al pasar dichas leyes al menos sí ha quedado al descubierto que puede ladrar como el mejor perro fiel que tiene la Reserva Federal en Latinoamérica.

En Colombia, Manuel Marulanda anunció que las guerrillas colombianas se dedicarán a la ofensiva. El resultado fue una ofensiva completa y absoluta por parte del ejército colombiano, que en cuestión de semanas eliminó a varios de los líderes de varios frentes de las FARC. Las guerrillas de Colombia aún claman luchar por el pueblo –auque para creer semejante absurdo se debe evitar ver y oír de los miles de secuestros, y millones de dólares cosechados de la coca - es demasiado evidente que hace más de una década la única industria a la que se dedica la guerrilla es al narcotráfico y que la supuesta lucha ideológica es más pretexto y excusa que una lucha social.

Desde luego, Uribe con el apoyo de Estados Unidos a pretexto de contrarrestar influjos de dineros del narcotráfico dará la bienvenida a la guerra porque así Colombia comprará armas del Complejo Industrial. Algo que es muy necesario en estos momentos y que muy convenientemente, Estados Unidos aceptará el cómodo pago en cuotas mensuales de todas las reservas petroleras y mineras de Colombia. Al pueblo se le está engatusando que todo eso es necesario para finalmente destruir de una vez por todas a las FARC y a los paramilitares, aunque claro, convenientemente se ha dejado olvidado que la misma CIA ha estado patrocinando a los dos bandos, pero la inversión les ha dado resultados, ahora se acerca el momento del desenlace. Estados Unidos necesita dinero en efectivo y cuando Colombia ponga las órdenes por más armamento, los préstamos del Fondo Monetario Internacional serán aprobados sin duda a fin de proteger la paz de Colombia, claro.

Mientras tanto, los mercados financieros siguen sufriendo, el índice Nasdaq de acciones de empresas tecnológicas bien se le puede cambiar de nombre a "Corcho", pues si no está tambaleándose está en el suelo. Señal de que la crisis es de fondo porque el motor del auge se ha recalentado, ya no encuentra mercado.

Conspiración en Latinoamérica

Las corporaciones líderes como Intel de microprocesadores, Motorola y Nokia de teléfonos celulares y especialmente las telefónicas de toda Europa, han visto derrumbarse el precio de sus acciones.

Las empresas privadas de electricidad están en dificultades desde Gran Bretaña hasta Australia. Compañías que tan solo hace un año vendieron stock por 30-50 dólares ahora apenas se venden por centavos de dólar. Otra evidencia porque ahora las nacionalizaciones son el arma de los caballos de Troya para inyectar dinero a las arcas de la Reserva Federal que ansiosa espera los contratos de servicios a prestar para construir la infraestructura, los préstamos se aprueban fácilmente. Chávez y Correa ansiosos reciben los milloncitos y rápidamente firman los contratos con los aires de ser los grandes líderes del cambio. Pero la verdad está delatada y podrán esconderse por un tiempo pero no podrán ahuyentar la verdad.

El choque fundamental de la Bolsa de Valores en Estados Unidos alimenta las ondas de la crisis en otros países debido a la inestabilidad que esto crea.

Las exportaciones a los países latinoamericanos han decaído notablemente porque Estados Unidos no tiene capacidad productiva alguna. Hace años que dejó de manufacturar juguetes, aparatos electrónicos, computadores, microprocesadores, muebles, textiles y tantos otros productos.

Así, hasta la estrella del NAFTA, México, no ha podido evitar la recesión y la caída de la Bolsa, a pesar que tiene a su favor los altos precios del petróleo. Estados Unidos además incumple sus compromisos del NAFTA, la ley de embudo: no compró el azúcar convenida y para sorpresa de muchos, el gobierno de Fox tuvo que nacionalizar los ingenios azucareros.

México en este año del 2008 empieza con los mismos problemas de siempre y no se ve una recuperación económica. Igual fenómeno ha sucedido con cantidad de otros productos en los cuales Estados Unidos decidió unilateralmente que desde ahora son libres de impuestos.

Es desde luego otra nacionalización de pérdidas, como la de los bancos, hace años, que rescatados por el Estado fueron reprivatizados. En la crisis se revela cómo el verdadero sentido de la privatización no es la eficiencia, sino la ganancia de los grandes empresarios.

Sin embargo, para que la crisis se convierta de una manera u otra en una nueva reconcentración de los monopolios transnacionales que se nutren de la propia desgracia que generan, se necesita una condición: la pasividad de los trabajadores y los pueblos o su derrota. Los organismos de inteligencia del capitalismo con presupuestos de 3.5 trillones de dólares infiltraron los supuestos movimientos socialistas y ahora controlan el socialismo y pasan leyes que parecen más copias de las redacciones de leyes alemanas bajo Hitler.

En Ecuador esto dio como resultado que Rafael Correa haya ganado las elecciones, pero cuando se elige un demagogo que sólo tiene promesas mientras obedece los intereses estratégicos y económicos de EE.UU., lo único que logran los pueblos es la anarquía. Así, mientras los socialistas creen que han creado una tónica diversa y multiforme de lucha masiva para crear "la irrupción en la escena política de una nueva generación, capaz de articular, catalizar y revitalizar movimientos dispersos, cuestionando de forma global y radical el orden impuesto por el nuevo capitalismo encarnado en las políticas neoliberales", no se percatan siquiera que entre sus líderes está gente que sirve los intereses del capitalismo depredador. Mientras un pueblo como Ecuador se comió el cuento que al elegir un socialista se pondría final a la aceptación pasiva de la dominación global de las transnacionales, se han encontrado en un país que por ahora no tiene poder legislativo, con una Asamblea Constituyente que sirve los intereses de su presidente Rafael Correa quien está gobernando con palo y garrotes camuflado de socialista.

Germánico Vaca Michelena

La Experiencia en Nicaragua/Panamá/ Honduras/ Colombia

Mientras Estados Unidos oficialmente acusaban al gobierno sandinista de estar traficando drogas para financiar su revolución, las investigaciones de Irangate demostraron que era precisamente Estados Unidos que estaba permitiendo el tráfico ilícito de drogas desde Colombia o Panamá. Las acusaciones de Estados Unidos querían ligar a la Unión Soviética y a Cuba. Pero era Estados Unidos que controlaba el espacio aéreo y con sus radares en Panamá, podían saber todo movimiento de todo avión que partía desde Colombia y que ingresaba en Colombia, y en todo Latinoamérica. Aquí hay una cosa clave en todo lo que está pasando ahora en nuestros países. En 1982, Álvaro Uribe Vélez, el actual presidente de Colombia era el director de la aviación civil de Colombia y concedía todo permiso para salir de Colombia. Mucho más cuando la Provincia de Antioquia tiene frontera con Panamá. Por eso, no debería admirarse de que la familia Uribe Vélez tenía control de nada menos que 25 haciendas en Antioquia. Para 1982, Álvaro Uribe se convirtió en alcalde de Medellín en la misma cúspide del poder del cartel de Medellín en Colombia. Para 1991, Álvaro Uribe estaba siendo fichado en el informe del Departamento de Defensa de Estados Unidos como el narcotraficante número 82 del mundo. La pregunta es, qué intereses ha estado sirviendo el presidente colombiano desde 1982; muy claramente salió ileso de toda acusación en el escándalo de Irangate, aunque es demasiado obvio que las raíces del actual conflicto empezó allí. La cocaína de Colombia fue transportada a Estados Unidos, armas fueron compradas de Irán, enviadas a Colombia y aviones volaban a bases de entrenamiento de la CIA en Honduras, Panamá, Florida, Lousiana y Alabama. Precisamente donde las fuerzas anti sandinistas recibían entrenamiento.

Quien quiera que lea el libro "The Politics of Heroin in Southeast Asia", se puede dar cuenta muy claramente que la CIA tiene amplia experiencia en trabajar con organizaciones corruptas. En el caso de Kuomantang, la CIA le ayudó a traficar heroína por más de 20 años desde Laos usando Air America (una subsidiaria de la CIA) en nada menos que cajas marcadas como "asistencia humanitaria", y lo que salía de Laos era drogas y lo que regresaba era armas. Entonces esas armas sirvieron para batallar contra nada menos que los US GI en Vietnam.

Ronald Reagan en aquel entonces clamaba una de las cosas más absurdas que un presidente norteamericano haya promulgado y sin embargo la población norteamericana no cuestionó la mentira que los Sandinistas se preparaban para invadir Estados Unidos. En la realidad, la presente situación de Nicaragua nace en la miseria creada por Estados Unidos en 1980. El proceso de inestabilización de Nicaragua sin duda no era apoderarse de Nicaragua, el punto era obligar a los sandinistas a adoptar una posición más radical, para eventualmente tener el pretexto perfecto de sacarlos del poder. La revolución nicaragüense empezó como la lucha del pueblo por justicia, por educación, por terminar el Imperio Somosista ya que Nicaragua era como un país feudal donde Somoza y sus familias eran los dueños de todo, y la población eran sus sirvientes y trabajadores sin derecho, más que aquel que ellos estaban dispuestos a conceder. La intervención de Estados Unidos fue ilegal por involucrarse en asuntos internos de Nicaragua y porque estaba en contra de los principios promulgados en la constitución norteamericana y en contra de las leyes internacionales.

La sangre derramada por las actividades de la CIA y las acciones norteamericanas en Panamá, Guyana, Chile, Argentina, Ecuador, Guatemala, Bolivia, Brasil, Colombia desde 1954 hasta 1975 ahora es muy claramente evidenciada gracias al testimonio desclasificado de directores de la CIA ante el congreso norteamericano; así como testimonio de agentes y oficiales de la CIA; gracias a documentos obtenidos a través de la Ley de Divulgación de la Información; gracias a libros publicados por ex agentes y testigos. Hoy se puede comparar la evidencia y los datos. Miles de desaparecidos en Chile, Argentina, México y otros países fueron parte del proyecto Cóndor. Varios presidentes que fueron sacados del poder en plena violación de sus gobiernos democráticos y la soberanía del país. Otros puestos en el poder obedeciendo intereses norteamericanos en par de casos bordea en la comedia, como es el caso del presidente Arozemena en Ecuador. Me atrevo a preguntar si la relación de países funciona en la misma forma que funciona la sociedad y si aplicáramos las mismas leyes que son vigentes en Estados Unidos, ¿no deberían los países seguir un juicio a Estados Unidos y pedir pagos por todo el daño causado a través de años de intervención?

Germánico Vaca Michelena

CAPITULO IX

EL PLAN DE PNAC

A lo largo de la historia de la humanidad el miedo, la histeria y la desinformación ha sido utilizada para lograr cualquier propósito de quienes tienen el poder. Así se condujo la Santa Inquisición en el nombre de Dios y se quemaba mujeres inocentes acusadas de brujas. Así se ha construido tantas armas atómicas y nucleares con capacidad para destruir la tierra más de 1500 veces. Así se ha convencido a los norteamericanos que es necesario gastar trillones de trillones de dólares en armas químicas, biológicas, atómicas, nucleares, armas de destrucción masiva. Así se ha lanzado una guerra contra el enemigo invisible del terrorismo, al final cualquier criminal con una granada se le puede acusar de terrorista y con ello, se lanza un ataque contra una nación.

En todo este tiempo la población norteamericana no se atreve a hacer la pregunta del por qué $3,5 trillones de dólares del presupuesto norteamericano es gastado en defensa, aunque en realidad ningún país le ha atacado a Estados Unidos. El evento de Septiembre 11 fue un ataque terrorista. Pero gran parte de ese presupuesto se gasta en espionaje y en los llamados servicios de inteligencia. Dinero que sirve para financiar todo acto de corrupción en el mundo.

Como ejercicio utópico si preguntamos, ¿Por qué no mejor construir escuelas donde se podría educar al mundo lo que tanto han pregonado cada presidente norteamericano?

La razón es demasiado obvia. Porque no podrían ganar las enormes cantidades de dinero que conlleva la construcción de armas. Las carreras armamentistas han llevado al mundo a gastar más dinero y más armas que cientos de veces lo que se podría invertir en educar a todos los niños del mundo, o cientos de veces lo que hubiese costado construir hospitales y ofrecer cuidado médico gratuito para todo el mundo.

Para lograr este cometido, ese cabal poderoso económico ha mantenido control de varios gobiernos del mundo y han puesto de presidentes aún en Estados Unidos a gente sin la capacidad mental como para ser líderes del mundo. Basta analizar algunas de las cosas que dijo el presidente Ronald Reagan para darse cuenta que George W. Bush no es la excepción.

Por ejemplo, Reagan dijo una vez que una guerra nuclear era posible ganarla. Otra vez comparó a una base de misiles a un lanzador de granadas; otra vez dijo que era posible cancelar un misil, a lo que algún valiente periodista le recordó que todo misil cuando aterriza hace boom. Este presidente comparó a los contras de Nicaragua con gente de moral equivalente a los fundadores de Estados Unidos; Ronald Reagan dijo que Sur África estaba progresando en igualdad de razas cuando emitió nuevas reglas de apartheid; Ronald Reagan acusó a los sandinistas de perseguir a los judíos en Nicaragua y las cinco familias judías que vivían en Nicaragua en ese entonces, negaron haber tenido ningún problema. Es por eso preciso evitar mencionar las diatribas del lenguaje de George Bush porque son tan extensas y son tan enormes los disparates que tomaría otro libro en solo listarlas.

No se puede escapar a la realidad de que la CIA, la NSA y varios organismos de inteligencia de Estados Unidos tienen un presupuesto de sobre 3.5 trillones de dólares al año y que conducen más de 10,000 operaciones subversivas y secretas cada año.

Los ingredientes para lograr cualquier objetivo es poner en práctica las políticas de este grupo económico oscuro, este cabal Illuminati. Dicho plan sabe activar los botones humanos de agresión machista, odio, rabia, miedo, paranoia. Tal como el proyecto de PNAC predecía que un evento como Pearl Harbor permitiría que la población norteamericana conceda sus libertades, permita enormes gastos económicos en reiniciar la carrera armamentista en ausencia de la Guerra Fría y de la USSR.

Es en el PNAC que se habla de inventarse enemigos invisibles como los terroristas. Es en el proyecto de PNAC que se habla de mantener y controlar la industria del opio y la droga de Afganistán y la cocaína y drogas de Colombia, de financiar paramilitares y guerrilleros al mismo tiempo; crear invasiones entre países; incentivar la guerra entre países vecinos para eliminar la gente y sus pueblos, y quedarse con los recursos.

Es este plan PNAC que habla de financiar y ayudar a organizaciones que defiendan los ecosistemas, el ambiente y ayuden a crear los grandes parques nacionales para mantener los recursos del país intactos y los ciudadanos no aprovechen los recursos, y queden hasta cuando la élite financiera obtenga el control total del país.

Es en PNAC que se habla de motivar los ideales bolivarianos para que la gente eventualmente acepte borrar las fronteras.

Es en PNAC que se hablaba de la invasión de Irak y Afganistán con el firme propósito de controlar el petróleo y el medio oriente, con el doble propósito de poder crear una guerra musulmana contra los cristianos. ¿Acaso no está sucediendo eso?

Es en el proyecto de PNAC que se hablaba de promover personajes que clamen ser socialistas o comunistas para ganar control y poder político para cambiar las constituciones a gusto de esta élite económica.

Por ello, debemos analizar como inició este lío financiero, por ello se analiza la revolución cubana, y la revolución venezolana y por último, el por qué debemos estar alertas y el por qué no se puede permitir la implementación de esta *revolución ciudadana de Rafael Correa.* Porque no es lo que predica, es solamente un plan de destruir el país desde adentro.

Los siniestros planes de PNAC fueron escritos por la misma gente que escribió el plan de gobierno de Netayahu en Israel y con ello, creaba la política israelí la misma gente que mantiene ciudadanía dual de Israel. La guerra y el control de Irak sobre recursos energéticos se contornea en una rotura limpia de Israel: Una nueva estrategia para asegurar el reino "que fue escrito por Richard Perle y Douglas Feith. Usted puede leer el papel del IASPS (Instituto para la Ciencia Estratégica y Política Avanzada) llamado el vórtice afgano, escrito un año antes de la invasión. En él Paul 1992 Wolfowitz escribió la dirección del planeamiento de defensa, con su ex-estudiante, Lewis Libby:

"La estrategia extranjera de E.E.U.U. debe ser idealista, asertiva y bien financiada. Estados Unidos no debe solamente ser el policía del mundo o su sheriff, debe ser su faro y guía... Nuestro primer objetivo es prevenir la re-aparición de un nuevo rival. Esto es una consideración dominante subyacente a la nueva estrategia regional de la defensa y requiere que nos esforcemos para evitar que cualquier energía hostil domine una región que tenga recursos, los cuales debemos consolidar su control, ...con suficientes fuerzas en forma global. Estas regiones incluyen Europa occidental, Asia del este, el territorio de la Unión Soviética y el sudoeste de Asia. Existen además tres aspectos adicionales a este objetivo: Primero EE.UU. deben demostrar la dirección necesaria para establecer y para proteger un nuevo orden mundial que mantenga la promesa de convencer a posibles competidores que no necesitan aspirar a un mayor papel o perseguir una postura más agresiva para proteger sus intereses legítimos. En segundo lugar, en las áreas de la no-defensa, debemos considerar suficientemente los intereses de las naciones industriales avanzadas de desalentarlas en cualquier intento de desafiar nuestra dirección o el intentar volcar el orden político y económico establecido. Finalmente, debemos mantener los mecanismos para disuadir a posibles competidores la aspiración de jugar un papel regional o global más grande."

Germánico Vaca Michelena

La organización neo conservadora fue creada en Washington, D.C. como el Proyecto del Nuevo Siglo Americano (PNAC), habiendo obtenido el financiamiento de tres fundaciones muy apegadas a multinacionales que están involucradas en la explotación petrolera, industrias de defensa y las mismas que ayudaron a crear el plan de invasión y dominación militar.

En una de las más reveladoras entrevistas, el ex secretario del Tesoro Paul O Neil declaró que en las sesiones del gabinete nunca tuvo la oportunidad de hablar siquiera de la economía y de las cosas verdaderamente importantes para el país ya que la agenda del gobierno y de Bush era "encontrar el pretexto para invadir Irak...no se habla de otra cosa". Desde entonces han surgido varios documentos que claramente muestran los planes y que la decisión de atacar Irak había sido tomada poco tiempo después de asumir posesión de la presidencia y mucho antes del ataque de Septiembre 11.

El grupo PNAC fue fundado en la primavera de 1997 por el conocido neo conservador Zionista Robert Kagan y William Kristol, que para entonces trabajaba para "*The Weekly Standard*".

Inmediatamente PNAC estaba envuelto en otros proyectos como el New Citizenship Project, el mismo que opera como la educación y promoción del liderazgo global americano.

El grupo inicialmente intento influenciar las decisiones del gobierno de Bill Clinton y las decisiones en el congreso cuando Newt Gengrich era su presidente. Las exigencias del grupo era el incremento de los gastos de defensa para modernizar las fuerzas armadas, pero iban mucho mas allá cuando declaraban que Estados Unidos debe, "retar los regimenes hostiles a nuestros intereses y valores" al mismo tiempo que dice que debe "aceptar la responsabilidad del rol único de América en preservar y extender el orden internacional que garantice la seguridad, prosperidad bajo sus principios".

Los documentos de PNAC tal como "Rebuilding America's Defenses: Strategies, Forces and Resources for a New Century," revela muy claramente que los miembros del gabinete de Bush tenían planeado en el año 2000 la invasión y control del medio oriente, por intermedio de la invasión de Afganistán e Irak.

Es precisamente como se define PNAC que demuestra sus intenciones cuando dicen, "*El núcleo de la misión*" es transformar el ejército de EE.UU. para "*pelear y ganar decisivamente varias guerras simultáneamente*".

PNAC define la estrategia norteamericana como "la transformación" del ejército norteamericano en una fuerza imperialista de dominación global.

La más intrigante declaración es cuando dicen "*El proceso de transformación*" dice el plan "*es aparentemente largo, en la ausencia de una catástrofe y un evento catalizador – como un nuevo Peral Harbor.*" La historia no debe olvidar esa declaración y el evento trágico de 9/11/2001 cuando las torres gemelas de Nueva York fueron atacadas "*aparentemente por terroristas*". Nadie puede negar que ese hecho sirviera del catalizador que pedía PNAC. Cabe mencionar que el Congreso aprobó 40 mil millones de dólares para la guerra contra el terrorismo pocos días después de 9-11.

El parlamentario Tam Dalyell, del Parlamento Británico y con acceso a información secreta del MI-6 ha sido una de las primeras personas en desenmascarar ese plan de PNAC, en un discurso ante el Parlamento Británico se expresó así: "*Esta es basura de los tanques de pensamiento de los pollos de halcón*" adicionando, "*hombres que nunca han visto el horror de la guerra pero que aman la idea de la guerra. Son quienes han hecho los bosquejos de la dominación del mundo por Estados Unidos...el proceso de pensamiento de fantasistas americanos que quieren controlar el mundo*".

Por eso no se debe dejar olvidado que quienes financiaron la creación de PNAC y por ende actores intelectuales de los crímenes genocidas cometidos por ese plan son the *American Enterprise Institute*, *the Hudson Institute* entre otros que ya han sido mencionados.

Conspiración en Latinoamérica

CAPÍTULO X

EL NUEVO ORDEN MUNDIAL

El plan del Nuevo Orden Mundial se puede definir como el deseo de banqueros internacionales de transformar su poder económico en una institución de control político y social bajo un solo gobierno mundial.

A lo largo de la historia se ha descubierto parte de los planes del grupo llamado Illuminati, los mismos que comprenden tres manuales que describen los principios y estrategias con el firme propósito de destruir las economías, las religiones y los gobiernos de países, para eventualmente controlar el mundo bajo una élite financiera. El primer manual escrito por Adam Weishaupt en 1776, año que consta inscrito en numerales romanos en el billete del dólar conjuntamente con otros símbolos Illuminati, la pirámide y el ojo que todo lo ve y tres declaraciones: NOVUS ORDO SECLORUM, que se traduce como Nuevo Orden Mundial, THE GREAT SEAL del grupo Illuminati, y ANNUIT COEPTIS que se traduce como Augurio a Nuestro Proyecto. En el sello al otro lado del billete existe el número 13 en varias instancias: las estrellas sobre el águila (forman la estrella de seis puntos o dos triángulos inversos), trece hojas en la rama que sostiene el águila, 13 flechas que sostiene el águila, 13 rayas en el escudo central en el pecho del águila. Para la mayoría de gente todos estos símbolos no tienen importancia, pero para las sectas de banqueros quienes viven de simbolismos es la burla ante el mundo de cómo nos controlan refregándonos a diario su manera de controlarnos.

Se ha pretendido explicar la inscripción en la base de la pirámide en numerales romanos del año 1776, como simplemente el año de la Independencia de Estados Unidos, el 4 de Julio de 1776. Pero eso sería absurdo, porque en realidad Estados Unidos solamente inició el proceso de independencia en esa fecha, en sí el 4 de Julio de 1776 se acabó de redactar la Declaración de la Independencia. Pero no fue hasta 1789 que el Rey de Inglaterra capituló y solo entonces, las colonias de Estados Unidos se formaron como país libre e independiente. En 1776 simplemente se publicó la "Declaración de la Independencia".

Al igual que tantas veces a lo largo de la historia cuando una organización secreta es descubierta, optan por cambiar de nombre o volverse ultra secreta, este grupo Illuminati opera desde las sombras de muchas instituciones que han sido creadas con el sólo propósito de alterar el mundo y amoldarlo a sus objetivos. El grupo illuminati opera a largo plazo y por ende las acciones que llevan a cabo tienen repercusiones históricas que han cambiado el mundo en que vivimos.

De acuerdo a "The Conspirators Hierachy, The Comité of 300" y varios otros libros del Dr. John Coleman, un ex agente de MI6, describen y delatan los nombres de las instituciones y las familias involucradas en controlar el mundo. Varios otros autores como Myron Fagan y Lyndon LaRouche han escrito cantidad de artículos al respecto.

No cabe duda alguna que el grupo Illuminati aún existe y opera en secreto a través de las varias instituciones que han creado los poderosos que han sido parte del grupo Illuminati, como los descendientes de Nathan Meyer Rothschild, están en todo lugar, como muy poca gente sabe que la mujer más rica del mundo y quien fue dueña del Washington Post era Katherine (Meyer-Rothschild) Graham y las familias Rockfeller, Carnegie, Collins, Astor, Kennedy, Onnasis, Bundy, Freeman, Reynolds, Russel, Dupont, Van Duyn, Schiff. Estas familias dominan y operan no solamente los intereses bancarios, la prensa y medios de comunicación en Estados Unidos y otros países, los seguros, las telecomunicaciones, petróleos, armas y finanzas. Toda la política y economía termina siendo guiada para beneficio de sus intereses a través de La Comisión Trilateral. De acuerdo a las investigaciones, el intervencionismo económico inicio en tiempos medievales. Ahora funciona manipulando los grande conglomerados y las grandes fundaciones, tales como el Instituto Real de Asuntos Internacionales en Londres, creado en 1920, seguido del Consejo de Relaciones Exteriores que opera desde Nueva York, y a continuación el Grupo Bilderberg Group (1954), el Club de Roma (1968) y la Comisión Trilateral (1973).

En el curso de mi investigación he descubierto algunas conexiones que han sido ignoradas como los vínculos del Priorato de Sión formado en 1099 a los templarios. Ningún libro y ningún autor han mencionado los nexos del Priorato de Sión, las sectas masónicas y el primer manual que habla de controlar el mundo es nada menos que, un libro escrito por un antepasado de Nathan Meyer (Rothschild). Un libro publicado por Hessel Meyer en 1614 en la ciudad de Cassel, Alemania titulado "Reforma General de Todo el Mundo". Para el siguiente año de 1615 asoma el primer folleto del "Manifiesto de las Rosacruces" titulado "Confesiones Fraternales R.C. de los Eruditos de Europa". Aparentemente existe un libro escrito por el autor italiano Traiano Boccalini que publicó el primer folleto del manifiesto de la Rosacruces. Estableciendo la primera secta masónica, y las bases bajo las cuales después operan las sectas satánicas y las sectas masónicas.

A continuación describo las acciones que contienen los planes de Weishaupt:

Chantaje sexual y monetario.- Debe ser usado para obtener control de políticos y administradores de grandes empresas o personal en posiciones de alto poder y en varios niveles del gobierno y otros campos. Una vez que gente influyente caía en manos del grupo Illuminati estos son manipulados, sus vidas revuelven en cumplir los deseos de la organización sea por chantaje, coerción, por temor a ser arruinados financieramente, miedo a ser humillados ante el mundo y por amenazas a su vida o las vidas de sus familiares.

Reclutamiento y entrenamiento: Muchos de los fundadores del grupo Illuminati siempre han estado en altas posiciones y en muchos casos en las facultades de las Universidades más distinguidas permitiéndoles reclutar estudiantes con las características que ellos deseaban. Desde entonces miles de académicos han sido entrenados, primeramente persuadidos y luego convencidos de que hombres de talento especial y capacidad mental tienen el derecho de controlar y mandar sobre aquellos menos capacitados, bajo el argumento que las masas no tienen la misma habilidad mental, física y espiritual. El plan describe como crear sectas tales como "Skull and Bones" que se traduce como *calaveras y huesos* que es una agrupación existente en las universidades Harvard y Yale, de la misma que han sido miembros George H. W. Bush, George

W. Bush, varios otros presidentes de Estados Unidos y varios presidentes de otros países, aparte de muchos senadores y congresistas de Estados Unidos como John Kerry. El grupo Illuminati siempre han puesto énfasis en cultivar estudiantes que demuestren habilidades mentales excepcionales. En muchos casos proveyendo becas totalmente pagadas, aún a estudiantes extranjeros a Universidades como Harvard, Yale, Oxford y otras universidades. The Rhodes Scolarship fue fundada por un miembro Illuminati, el miembro más conocido es Bill Clinton.

Influencia y Control por Niveles.- Toda la gente influyente que haya sido reclutada actúan como agentes, cubriendo todas las esferas del gobierno usando los estudiantes que hayan sido entrenados en áreas especificas para servir como especialistas o expertos, con el objetivo esencial de llegar a servir como consejeros al ejecutivo y a los ministros, así como también ejercer los cargos mas altos de cada nación. Para de esta manera adoptar las políticas que sirvan al orden mundial, sirviendo así la meta final del grupo Illuminati de destruir las religiones, los gobiernos y subyugar a las masas humanas a servir al grupo Illuminati.

Control de la prensa y medios de información.- Los miembros de Illuminati debían obtener control absoluto de la prensa para el eventual control de las masas. El mantener el control de la información asegura que todas las políticas del grupo illuminati puedan ser promovidas como la solución para el mundo y el eventual control completo de la sociedad.

Curiosamente sea por diseño o por pura casualidad los logotipos de una cantidad enorme de compañías tienen el "ojo que todo lo ve" en combinación con la pirámide como parte de su logotipo. Por citar casos: AOL, CBS, CITGO, etc. Mire alrededor y se sorprenderá cuantas compañías tienen ese logotipo en diferentes versiones.

Sin embargo, ha habido intervenciones divinas - si se les quiere llamar así- para detener a este grupo que había sido fundado como una secta satánica, de adoración a Lucifer. El primer manual fue descubierto cuando The Bavarian Order le había enviado una copia a Robespierre, quien fomentaba la Revolución Francesa. El encomendado había sido victima de un rayo y al haber sido encontrado muerto, la policía francesa descubrió el documento. Tanto la policía de Francia como el gobierno de Bavaria habían investigado detalladamente y habían determinado que el plan Illuminati era una conspiración que planeaba usar la guerra y revolución para destruir la sociedad y crear las condiciones que pongan a Francia en manos del grupo Illuminati. El plan perfecto de dividir y conquistar para establecer un gobierno central global. Sin embargo, el gobierno había rehusado creer que tal cosa era posible y los miembros de la conspiración por tener enorme poder no habían sido arrestados.

Existe una cantidad enorme de versiones y especulación con respecto a como se llegó a crear el grupo Illuminati. Algunas versiones son simplemente ficción que alude la existencia de extraterrestres entre los miembros de Illuminati, otros hablan de demonios, vampiros y sectas satánicas, inclusive información aparentemente obtenida síquicamente. Fácilmente se podría escribir una cantidad de novelas con cada versión, de hecho ya hay muchas novelas que cubren cantidad de tópicos relacionados, muchos de ellos sin duda han servido para rescatar información y descubrir la verdad detrás de muchos eventos que no tenían explicación muy clara. Sin embargo, no se debe desechar la evidencia cuando hay documentos reales, pruebas verídicas y eventos históricos que prueban los hechos.

Basado en dicha información y usando la premisa inicial de "seguir el dinero" me parece que es más bien lógico seguir la progresión de eventos a través de la historia. Debido a que las creencias religiosas juegan un papel preponderante en la creación de las sectas satánicas, y con eso las prácticas religiosas de la élite financiera mundial, se hace necesario hacer un breve análisis de esos factores religiosos. Así como una revisión de la literatura que pudo haber influenciado la creación de las sectas, y del eventual sistema creado por los Caballeros del Templo de Salomón. Los paralelos de la creación de los bancos por medio de los judíos y la creación del sistema bancario de la Orden del Templario. Sin duda es demasiado extenso y este estudio no me permite analizar a fondo la relación e influencia en las ciencias, el arte, la arquitectura e inclusive la influencia en las reformas protestantes de Martín Lutero y John Calvin, las mismas que son cruciales para la creación del capitalismo, la libre operación de los bancos, y las colonias en Estados Unidos. Al analizar la existencia de esa literatura y por ende del conocimiento más detenidamente nos encontramos con un panorama mucho más claro y creo que podremos entender muchos eventos de la historia, la religión, y los eventos actuales.

Antecedentes religiosos

Las creencias religiosas han jugado un papel sumamente importante en el desarrollo de la sociedad. En el caso de Roma, es la religión la que se convierte en el tendón de Aquiles del Imperio. Para entonces el Imperio Romano empieza a sufrir su declinación. El mismo emperador Constantino adopta la religión "Cristiana". Al menos eso es lo que la historia nos ha contado. En la realidad, el gobierno central de Roma fue reemplazado por el control central de la iglesia romana. La gente temía más quemarse en el infierno por toda la eternidad, que el yugo que imponían las espadas romanas.

Es difícil entender como el mundo no ha visto esta discrepancia y anomalía tan enorme. Cómo es posible que siglos de persecución por parte de Roma en contra de la NUEVA RELIGIÓN sean cambiados para hacer exactamente lo opuesto: Perseguir a toda otra religión y adoptar el cristianismo. El Imperio Romano que persiguió y trató por todos los medios de destruir el "Cristianismo" súbitamente en el año 325, da un giro de 180 grados tras la adopción del Nuevo Testamento (una versión basada en eventos relacionados a un profeta judío llamado Yeshua y escrito por miembros de la familia aristócrata romana Piso, según investigaciones recientes). Declarando entonces que esta versión es la única verdadera, esta versión es nada menos que: "*La palabra de Dios*", esta versión "*es sagrada*". Pero esta versión contiene conceptos que jamás existieron en las escrituras ni en las creencias del mismo Yeshua de Nazarea. Existe la posibilidad que entonces *La Iglesia Cristiana Romana* haya en realidad secuestrado las enseñanzas del profeta Yeshua y las haya amoldado a su gusto y antojo para controlar y manipular a las masas. Dan Brown, el autor del libro "Código de da Vinci" explora muchas de las teorías, pero no declara tácitamente que eso pudo haber sucedido. Muchas obras han explorado esa relación, pero hasta hoy han sido mayormente ignorados, especialmente en Latinoamérica. Pero es la misma palabra amor, que parece dar un indicio, es en realidad lo opuesto directo a Roma, o léalo de derecha a izquierda. Ahora Roma adoptaba deletrear su mismo nombre al revés para seguir dominando las masas.

Fue el Emperador Romano Constantino quien por decreto hace de la religión Cristiana una ley de control social, político y económico. Así Roma no necesitaba crear empleos, Roma no necesitaba mejorar las condiciones de vida, Roma no necesitaba conceder nuevos derechos y poderes a sus ciudadanos. Roma ni siquiera necesita abolir el esclavismo, pues eso no hizo Constantino. Este es el mismo Constantino que mató a su propio hijo y a su propia esposa. Pero este es el Constantino que se convirtió al cristianismo en un acto de fe. La misma fe que supuestamente les permitiría a los pobres ganar el cielo, que no le costaba nada a Roma. Es gracias a la misma religión impuesta por Roma que la gente es manipulada en creer que es "de placer a Dios" que se mantengan pobres, que no reten al Imperio Romano. Es la misma fe que les permitiría aguantar la pobreza, la miseria, la esclavitud, las enfermedades, la falta de justicia en el Imperio Romano. Todo eso sin revelarse en contra del Imperio y sin cuestionar precepto alguno de la religión, porque al hacerlo sería cuestionar la palabra sagrada de Dios. Impresionante el paralelo con Chávez y Correa quienes pretenden que eso hagan los pueblos. Pero todas las escrituras han sido escritas por hombres, humanos que dieron libre interpretación a enseñanzas que datan de cientos de años y el Nuevo Testamento específicamente fue escrito por miembros de la familia real de Roma. Roma era ahora Amor. Un antídoto para las masas y los impuestos no hacían falta subirse, la misma gente podía entregar de propia fe y propio gusto sus donaciones a la Iglesia. El paralelo impresionante es que con la adopción de la nueva religión romana, inicia la eventual caída del mundo a varios siglos de ignorancia y poca educación, las edades negras empiezan con la adopción de la religión cristiana.

La existencia de la Cábala, los Gnósticos y otras varias escrituras que fueron perseguidas y destruidas por la iglesia y por el Imperio Romano después de que Constantino la declara la nueva religión de Roma. Sin duda había alguna razón extremadamente grande, para que el Imperio tratara de hacer desaparecer todo vestigio que ofrezca otra interpretación de la religión y específicamente de las verdaderas creencias que constaban en el templo de Salomón. Dejando el Nuevo Testamento promulgado por la iglesia de Roma como la única religión verdadera. Creando tácitamente un monopolio religioso.

Sin embargo, una breve revisión a lo que realmente es la Cábala abre más dudas con respecto a las verdaderas razones que motivó siglos de persecución despiadada y asesinatos por parte de la misma iglesia para suprimir una de las principales corrientes del esoterismo judío.

Después de todo, la Cábala no es más que un análisis del Árbol de la Vida, que precede a cualquier religión o teología y según los judíos esto fue concedido por el mismísimo Dios a la humanidad. Por eso contiene los Principios que regulan el Universo, son las enseñanzas para que el humano aprenda a vivir en armonía con nuestro mundo físico, al mismo tiempo que perseguimos esa relación espiritual con el creador. Así la Cábala es el instrumento práctico para lograr la paz. ¿Cómo se explica la persecución de la iglesia católica en contra de la Cábala y otras tantas enseñanzas religiosas?

Así, de la misma manera en que las leyes físicas básicas, tales como la gravedad y el magnetismo existen independientemente de nuestra voluntad y de nuestra conciencia, las leyes espirituales del Universo influyen en nuestras vidas cada día y a cada momento. La Cábala brinda el poder de entender y vivir en armonía con estas leyes, además de usar ese conocimiento para beneficiarnos a nosotros mismos y al mundo.

En todo caso, la Cábala al igual que cientos de otras escrituras fueron desechadas, destruidas y perseguidas por la iglesia católica romana, por los varios Papas por cientos de años, en un intento de suprimir todo conocimientos de ellas. Es precisamente ese acto del Imperio que permite la creación de las sectas, porque solo en ellas podían practicar su religión.

Las 800 escrituras encontradas en el Mar Muerto datan de 168 B.C. y contienen lo que muchos creen son escrituras que estaban en el templo de Salomón. Algunos de los tomos son escritos por los hijos de Zolak o hijos de la luz, o traedores de la luz. Las enseñanzas contienen enorme similitud a las prácticas que Jesús después predica y muy posiblemente el profeta Juan Bautista era de esta secta. Su práctica religiosa incluía la ceremonia del bautismo; seguían fielmente el uso del calendario de 364 días al año (descrito por Enoch); también la estructura de su comunidad se basaba en un maestro de la enseñanza y doce discípulos que aprenden de él y luego predican las enseñanzas a los fieles. Pero existen otras enseñanzas como los Códigos de Damasco que parecen expresar otros puntos de vista, que es lo que invita a las conjeturas que los 800 tomos son contenidos de la biblioteca de Jerusalén.

El viejo testamento más que un libro histórico es sin duda alguna la reseña genética de la descendencia del rey David. Muchos de los pasajes del viejo testamento, conocido como la Biblia son copias exactas de algunas cosas, frases y eventos en pergaminos sumerios que datan hasta de 8,800 antes. La diferencia es que en dichos pergaminos sumerios hablan de Dioses, de los Annunaki, Elohims, de cómo crearon al hombre. Es más, en la Biblia cometen un error cuando supuestamente habla Dios (singular) pero habla en plural cuando dice (Hagamos al hombre conforma a nuestra semejanza). En los pergaminos sumerios se entiende perfectamente y el porqué cuando el relato del príncipe Ae hijo de Annan les dice a los sabios Elohim que la solución a tener esclavos capaces e inteligentes era cambiar genéticamente a los humanos Neandertales y hacerles a su "imagen y semejanza", creando así al hombre contemporáneo. Para cuando se escriben las escrituras del viejo testamento se relata la descendencia genética de Abraham como un hombre sabio Caldeo de Ur, (Actual Irak, parte del primer imperio Sumerio, cerca Babilonia que significa *Puerta de Dios*) quien utilizó este conocimiento para impartir enseñanzas al mundo. Es muy posible que los nombres de los reyes caldeos (Irarum, Aisak, Iahab, Gudea) hayan sido traducidos y hayan terminado siendo (Abraham, Isaac, Jacobo, Judea) Después de todo sería como traducir John-Juan, Joseph-José, Yeshua-Jesús). Lo que no se puede disputar es las influencias de sobre 30,000 pergaminos sumerios que han sido ignorados a lo largo de la historia de la humanidad desde que asoma la Biblia, pero que contienen una basta información e historia de la tierra. Igualmente la Cábala y la escrituras gnósticas en las verdaderas creencias religiosas, e inclusive los libros que fueron fundamento de la religión como muy claramente se demuestra en los pergaminos sumerios que son mucho mas antiguos que cualquier documento de la Biblia, tal cual el Libro de Enoch que describe el viaje de Enoch con extraterrestres, a quienes llama los "observadores" y que eventualmente toman el nombre de Ángeles. Lo impresionante es la exactitud de la descripción del sistema solar, de los agujeros negros, de las ciencias del mundo, hasta del centro de la galaxia, la posición del sistema solar con respecto a la galaxia, las estaciones, los años, meses, días, horas y segundos. Información que la Iglesia católica romana suprimió por varios siglos, refundiendo a la humanidad en la ignorancia. Todo a cambio de que la fe los mantenga en la oscuridad, subyugados a la iglesia o al imperio. Inclusive habla de la creación del hombre y de cómo se inició las religiones y las razas. Todos estos libros la Iglesia Católica Romana hasta hoy los denuncia como herejías. Entonces se debe entender que las sectas religiosas han estado en poder de cierto conocimiento y que han venido usando dicho conocimiento para amoldar el mundo a sus deseos. La existencia misma de las sectas entonces obedece a la posición de la iglesia romana y al mismo tiempo la posesión de conocimiento que las sectas practican tanto en su religión como en controlar al mundo.

El significado del pacto de los judíos con Dios, aunque no quiera ser admitido por la iglesia se resume a "la promesa de que los judíos reinen supremos en la tierra prometida". Así son solo los hijos de Abraham, Isaac, Jacobo, Benjamín, David quienes tienen el "derecho otorgado por Dios". El enorme poder que este supuesto pacto concedía era *el conocimiento universal* puesto en manos de Abraham, y por ende a sus descendientes: La escritura fenicia, la arquitectura en Egipto, el inicio de las religiones provienen de ese conocimiento entregado a Abraham. Si seguimos las enseñanzas de la Biblia, Abraham fue el escogido por Dios, desde entonces es Abraham y sus descendientes judíos quienes entonces reinan en el mundo, (Nunca existe explicación porque sus otros hijos no tienen los mismos derechos).

Existen dos preguntas filosóficas al respecto. ¿Si todos los hombres somos iguales ante los ojos de Dios, cómo entonces Dios puede hacer un convenio con un hombre y prometerle un reino con su protección divina? –en ese instante dejamos de ser todos iguales ante los ojos de Dios- Esa es una contradicción. ¿Si Dios es justo, por qué entonces escoge un hombre incestuoso como Abraham?

[11] Abraham respondió: -*Porque pensé: "Seguramente no hay temor de Dios en este lugar y me matarán por causa de mi mujer."* [12] *Y a la verdad, también es mi hermana. Ella es hija de mi padre, pero no de mi madre; así que la tomé por mujer.* [13] *Cuando Dios me hizo salir errante de la casa de mi padre, yo le dije a ella: "Este es el favor que tú me harás: En todos los lugares a los que lleguemos dirás de mí: 'Él es mi hermano.' "*

Al leer la Biblia se puede identificar que hay énfasis especial en describir la línea genealógica de Abraham. Sin embargo, si se suma los años mencionados de los descendientes desde Adán se viene a la suma de 12,000 BC.

Germánico Vaca Michelena

Inicialmente el mismo Abraham tiene la relación incestuosa con su propia hermana Sara, quien es también su esposa y la madre de Isaac. En el Torá judío los matrimonios incestuosos son permitidos (levirate). Pero Abraham tuvo muchos otros hijos, otras esposas y concubinas (término judío que se refiere a las amantes no judías que un hombre podía tener) ninguno de ellos parece tener importancia alguna, no hay relatos de ellos, más que mencionar que los tuvo. Pero acaso el "pacto" no los hizo parte por ser "humanos comunes y corrientes". Es solamente el hijo del incesto; Isaac, quien se convierte en el futuro del mundo y el padre de los judíos. Aquí otra interrogante, Sara era infértil y Abraham era para entonces un anciano cuando ella concibe un hijo. De acuerdo a la misma Biblia es nada menos que Jehová quien le dice a Sara *"En tu vientre he sembrado la semilla para los reyes de las naciones".* Sin duda esto se ha prestado para que algunos escritores de ficción hayan creado historias alrededor de la idea que "extraterrestres" clonaron, o crearon desde entonces una raza que obedece los intereses de estos viajeros galácticos, que desde entonces han estado manipulando el mundo para sus propios propósitos. Porque es luego la misma Sara que ordena a su hijo a irse a la tierra donde viven los hermanos de Abraham, para que busque esposa entre las hijas de estos. Porque según la misma Biblia eso había ordenado Dios.

Curiosamente la verdadera traducción de Jehová es "El que no debe ser nombrado". Tomado sílaba por sílaba. Hay cantidad de traducciones que se han dado al nombre de Dios tales como: Jehová, Yahvé, él es él, el Señor, The Lord, El Eterno, El Divino, el que no se nombra, el rey de ejércitos, el sin nombre.

Las tres principales religiones: judía, cristiana y musulmana están basadas en las enseñanzas de Abraham. En estudios genéticos realizados en las últimas décadas se ha podido confirmar que todas las monarquías del mundo están relacionadas desde tiempos históricos. Todas las religiones se basan en Abraham. Los musulmanes se creen descendientes de Ismael. Existen separados en dos líneas de pensamientos Shiite y Sunni. Los cristianos están ahora separados entre la iglesia católica romana, protestante, ortodoxa, baptista, metodista, y varias otras amalgamas incluyendo la iglesia mormona que claman ser la verdadera. Aún cuando no se sabe si la historia de Abraham y Jesucristo es verdadera, o la versión editada por los mismos reyes, monarcas, emperadores y élites del mundo. Acaso se debería preguntar si en verdad lo escrito en la Biblia ha sucedido exactamente como lo quiso "Dios", pues dice:

[15] Dios dijo también a Abraham: -A Sarai tu mujer no la llamarás más Sarai; Sara será su nombre. [16] Yo la bendeciré y también **te daré de ella un hijo.** <u>*Sí,* **yo la bendeciré;** *ella será madre de naciones, y de ella procederán reyes de pueblos.*</u>

La religión musulmana cree igualmente en la Biblia, cuando la sierva de Sarai, Agar concibe el hijo de Abraham. De acuerdo a la Biblia, el ángel de Jehová le dijo a Agar"

"Multiplicaré tanto tus descendientes, que no podrán ser contados a causa de su gran número. [11] -Le dijo además el ángel de Jehovah-:"He aquí que has concebido y darás a luz un hijo. Y llamarás su nombre Ismael, porque Jehová ha escuchado tu aflicción. [12] Él será como un asno montés, un hombre cuya mano estará contra todos, y las manos de todos estarán contra él. Y habitará frente a todos sus hermanos".

Sin duda muchos interrogantes se pueden hacer con respecto a los otros hijos de Abraham y el porqué la misma Biblia habla en forma despectiva del resto de la humanidad que no sean los hijos de Abraham, y luego exclusivamente de Isaac y los hijos de este con Rebeca que nuevamente es infértil y nuevamente es visitada por el ángel de Dios. Una constante en la familia de Abraham y de alguna manera el hijo sale el bendito de Dios.

Una gran interrogante que nunca es dirigida por la iglesia es que la monogamia (una sola esposa) no era parte del monoteísmo hebreo (un solo Dios). La monogamia de hecho no tiene raíces hebreas. La cultura hebrea practicaba abiertamente la poligamia. En la cultura judía las mujeres son consideradas propiedad privada del hombre. Así el adulterio como lo define la Biblia es en realidad una violación a los derechos de la propiedad privada del hombre, no tenía connotaciones morales. Algunos matrimonios eran arreglados entre los padres de quienes contraían matrimonio. En otros casos, cuando un hombre quería una mujer, este hacía un arreglo con el padre de la joven. Al extremo que si este gustaba de la mujer podía tomar a sus hermanas como esposas. Tal como Jacobo toma a las hermanas Lía y Raquel como esposas, aparte que tiene muchas concubinas.

El adulterio nuevamente de acuerdo a las enseñanzas hebreas es pecado de la mujer no del hombre. En gran parte, como consecuencia lógica que el hombre podía tomar cuantas esposas quiera, era extremadamente raro que un hombre tenga relaciones con una mujer casada. Si la mujer estaba casada el adulterio es contra su esposo, si la mujer era soltera el adulterio era contra su padre quien al ser su dueño podía conseguir un precio más alto por ella si ella era virgen. Debido a la poligamia, el hombre podía tener muchas esposas, lo cual se consideraba la unión con mujeres judías, las mujeres podían tener un solo esposo.

De acuerdo a la historia Salomón tuvo 700 esposas y 300 concubinas. Así prácticamente todo el pueblo judío puede clamar que verdaderamente son descendientes de Salomón. Dios se enoja con Salomón no por el número de esposas o por el número de concubinas, pero porque Salomón les otorga titulo de esposas a mujeres que no eran judías. Se presume que al ser *paganas* no enseñarían a sus hijos la enseñanzas del Dios hebreo Jehová, y eso no le complace al Señor. David tiene 7 esposas y 17 concubinas y estas fueron entregadas por Dios como una bendición. En la Biblia Dios se enoja con David por el adulterio que comete con una mujer palestina ya casada.

Para los tiempos de Yeshua los rabíes del Talmud aconsejan que cuatro esposas sean aconsejables para que el hombre pueda dedicar suficiente tiempo a cada una de ellas para relaciones sexuales. En la Biblia, el viejo testamento no menciona ninguna prohibición a las relaciones sexuales, inclusive había prostitutas judías, y aunque no era una profesión honorable ciertamente no era un crimen.

Sin embargo, el Torah prohíbe el matrimonio de judíos con no judíos. Pero el matrimonio era permitido por acciones, dinero o al consumar una relación sexual. Así, lo que hoy constituyen parte de las leyes y estándares que prohíben el comportamiento sexual promiscuo vienen mucho después. Los conceptos del pecado por el sexo extramarital, prematrimonial y todo tipo de prácticas sexuales promiscuas vienen después como parte de medidas medievales que deseaban controlar el derecho a la propiedad.

Es el sacerdote romano Agustín quien propone que el sexo es pecado, como argumento teológico, y clama que debe ser con el único propósito de concebir hijos. Siendo el tiempo de las edades negras cuando la ignorancia y falta de educación era la norma, conjuntamente con la iglesia cristiana sobre los pueblos, la abundancia de iletrados hicieron que la iglesia sea la ley y cualquier cosa que digan o dictaminen era la ley suprema. El verdadero propósito es que la iglesia no quería transferir propiedad de los sacerdotes o monjes a sus hijos y descendientes. Entonces el primer paso fue prohibir que los sacerdotes tengan hijos y la razón que se mantiene el celibato porque la ley arcaica evitaba la transferencia de la propiedad de la iglesia Romana. Y el segundo paso fue hacer del sexo -el acto más normal humano entre hombre y mujer- un pecado, algo sucio, corrupto y diabólico. Al extremo que la iglesia llegó a pronunciarse que el acto de disfrutar el sexo con la persona amada constituía pecado. Disfrutar el sexo era suficiente razón para ir a la iglesia a pedir perdón, la necesidad de un acto de contrición y arrepentimiento. El objetivo era insinuar e incentivar las donaciones para demostrar su fe. Una forma perfecta como tantas otras medidas para incrementar el capital que podía levantar la iglesia. Así cada acto humano se convirtió en pecado, y todo humano en pecador. Desde el pensamiento, el deseo sexual, las ideas hasta de inventos se convierten en pecado si estos estaban en contra de lo que promulgaba la ley, la iglesia, el sacerdote.

Pero la moralidad sexual y la enorme lista de pecados morales no vienen de Jesús ni de sus enseñanzas. El dogma cristiano nace como mecanismo de protección a la propiedad de la iglesia. El ciclo empieza con el papa Pelagio I quien dictamina que los hijos de los sacerdotes no deben heredar propiedad de la iglesia; el papa Gregorio simplemente declara que todo hijo de sacerdotes es ilegítimo; Para 1022 el papa Benedicto VIII prohíbe el matrimonio de los sacerdotes y el papa Inocente II anula todo derecho de los sacerdotes a casarse o tener amantes. Nada tenía que ver con la moralidad, pero mucho con la protección de la propiedad de la iglesia.

El Nuevo Testamento fue aprobado por el Primer Concejo Ecuménico en el año 1325, donde se aceptan las escrituras de Marcos, Mateo, Lucas, y Juan. Las otras escrituras no fueron canonizadas hasta 1367. Sin embargo, debido a la intervención misma del Emperador Constantino quien presidió en el Concejo Ecuménico, no puede caber duda que dichos libros o escrituras fueron editados a conveniencia del Emperador para manipular a las masas, pues es indudable que muchos conceptos que se encuentran en el Nuevo Testamento no pueden tener raíz judía, y nunca fueron promulgados por el mismo Yeshua. Muy posiblemente Constantino es nada menos que descendiente de la familia Piso a quienes se alude son los verdaderos escritores de las escrituras atribuidas a dos discípulos y dos Monjes. El aclamado Rey James de Inglaterra quien tradujo la Biblia a la versión Inglés impresionantemente es descendiente directo de esta misma familia Piso. Convengamos que aún sin hacer análisis de quién realmente escribió el Nuevo Testamento, alguien tenía que hacerlo, sea Arius Calpurnius Piso y toda su familia o cualquier otro autor. Lo que es imposible es que dichas escrituras sean "*realmente escritas por Marcos, Lucas, Mateo o Juan*", porque para entonces habían pasado ya varios siglos de su existencia.

Nuevamente, el otro gran interrogante es que jamás se han encontrado ninguna escritura de los llamados discípulos en arameo, que era el lenguaje que habló Yeshua y sus discípulos, estos fueron escritos en Griego, Extrañamente se acepta que todos los discípulos están enterrados en Constantinopla. Lo cual crea otro nuevo interrogante. ¿Cómo es posible que eso sea verdad si Jesús y sus discípulos eran judíos, viviendo en un Imperio Romano que usaba la esclavitud y la única forma de evitar la esclavitud era convertirse en gladiador para ganar la libertad? ¿Cómo es posible que en ese tipo de Imperio se hayan rescatado los cadáveres de los doce discípulos en la nueva capital del imperio Constantinopla? Cuando todo aquel que practicaba la religión había sido perseguido por ya más de tres siglos. ¿Por qué si tienen los cadáveres no tienen ningún otro escrito de los otros discípulos? Y sin duda la gran interrogante del lenguaje. Algunos historiadores intentan explicar esto como parte del fenómeno Helenista cuando Alejandro Magno intentó repartir la cultura griega. Pero existe una diferencia de sobre 650 años entre el tiempo de Alejandro Magno al tiempo de Constantino en Roma. ¿Por qué escribieron en griego cuando los fieles cristianos a principios de siglo eran más bien de regiones que no hablaban el griego? ¿Por qué no hay absolutamente nada en contra de los romanos?

El historiador Josephus es judío, pero traiciona a Judea. Al quedar fascinado con la riqueza en Roma, Josephus crea varios tribunales en Judea y establece cierto control, pero una vez que Vespetian (gobernador de Siria y Judea) invade Jerusalén, Josephus se pone al servicio de este, establece amistad con Titus que eventualmente es Emperador e igualmente su hermano Dolmetian, quienes le conceden tierras y títulos a Josephus quien adopta el nombre Romano de Lucifer Flavianus y se casa con alguien de la familia real, "*Lucius Flavius*" por *J. Spillmann, S.J.,* y "*The End of Juda*" por *Anton de Waal.*

Así su familia se convierte en parte de la nobleza romana. De acuerdo a descubrimientos recientes es Josephus quien escribe inicialmente la primera versión de Mateo, y el único historiador que menciona brevemente de Jesucristo. Extrañamente no existe ninguna mención de Jesús, Yeshua, Jesucristo o el Nazareno en ninguna anécdota, historia o relato de ningún otro historiador de ese tiempo sea judío o romano. Es otra anomalía sin clara explicación, cuando muchos historiadores de ese tiempo cuentan en varias páginas y con varios detalles los eventos más insignificantes de esos tiempos. Cómo entonces no hay ni existe ninguna referencia de Jesús excepto por Lucifer Flavius alias Josephus. Descubrimientos recientes de sus descendientes parecen indicar que es muy posible que hayan sido quienes continúan escribiendo las subsiguientes versiones de todos y cada uno de los libros conocidos hoy como el Nuevo Testamento. Honestamente, este estudio no se presta para discutir en detalle las posibilidades, pero si existen discrepancias que al analizar no tienen sentido, como cuando en, "*Revelaciones 1:8 dice "Yo soy el Alfa y el Omega; el principio y el fin".* Sin duda que jamás se me había ocurrido cuestionar esa frase, pero debo admitir que ahora no encuentro sentido para que esas palabras que se le atribuyen a Jesucristo sean verdad. Primeramente Jesús hablaba Arameo, y siendo que Jesús es judío por qué habría de mencionar la "a" griega y el omega, una expresión que había sido usada por las élites griegas y después romanas, dos culturas paganas.

Curiosamente, Josephus es quien sobrevive escondido en una *cisterna* durante la destrucción de Jerusalén. Al ser quien da origen al Nuevo Testamento por ende el nombre de la orden *cisterciense.* Entonces se *puede conjeturar* que desde el inicio de la misión de Bernardo de Claraban es muy posible que supieran, o al menos ellos creían que, *la versión del Nuevo Testamento patrocinada por la iglesia creada por Roma era una falsa versión de las verdaderas enseñanzas de Yeshua.* Era una versión creada a gusto y placer del Imperio Romano para manipular a las masas. Josephus o Lucifer Flavianus se convierte así en el modelo o patrón que siguen y adoptan las familias judías que hoy son las familias de los bancarios internacionales. Al igual que Lucifer Favianus muchos judíos se convirtieron en consejeros de monarcas en todo Europa, eventualmente se han ido casando a las familias de poder, hasta eventualmente ser parte de las familias reales y las familias que mantienen control. Tal como lo hizo Jacobo Schiff al casarse con la hija del Loeb para controlar interés bancarios en Estados Unidos, ahora el nieto de Jacobo Schiff contrajo matrimonio con la hija de Al Gore.

Nuevamente aquí se debe hacer otro paréntesis para explicar dos puntos vitales. Primero, el mismo Josephus habla de las tres diferentes agrupaciones religiosas en aquel tiempo los *Esenes, Fariseos, y Saduceas,* al comparar las escrituras judías, a más de 800 escrituras del Mar Muerto existen varios paralelos de las enseñanzas de Jesucristo, pero extrañamente nunca habían sido mencionados los "descendientes de Zaduck" quienes se identifican como los autores de la mayoría de dichas escrituras, aún cuando estas son mucho más antiguas al tiempo de Jesucristo. Las escrituras de Hammadi mencionan de Yeshua y no puede caber duda que Yeshua existió, pero aquel Yeshua, *es un profeta que predica el amor al prójimo y el poder de Dios en el alma de cada humano, por ende la capacidad de cada humano de encontrar la luz y la paz sin necesidad de adorar ídolos, iglesias y templos.* Yeshua está dispuesto a dar su vida, para detener de una vez por todas a los falsos profetas, la falsa religión, Yeshua descubre el amor verdadero y advierte al mundo que están adorando a falsos profetas. El verdadero Yeshua nunca clama ser hijo de Dios, tener poderes y capacidad de hacer milagros.

Eso significaría que es Josephus y sus descendientes quienes inventan la versión donde se introducen términos, conceptos y antecedentes más bien romanos. Josephus se convierte en el primer judío que se convierte parte de las familias aristocráticas de Roma y eventualmente de las monarquías de Europa. Es en la versión romana, escrita por la familia Piso, que se hace de Jesucristo un carácter ficticio con poderes sobrehumanos. No se sabe si pudo existir hijo o hijos/as de Jesús o hijos/as de sus hermanos y hermanas. Pero existen varios libros, cuentos y publicaciones desde los años 451 que hablan de María Magdalena, José de Arimatea y muy posiblemente hermanos de Yeshua fueron a vivir en Barcelona, Cataluña, Irlanda, Escocia, e Inglaterra. Hoy día se conjetura que muy posiblemente la línea más directa era Henry Sinclair.

De hecho las grandes leyendas de Avalón, el rey Arturo, empiezan paralelamente a la creación de los caballeros del Templo de Salomón. En 1130 la obra de William de Masterbury escribe de José de Arimatea como el fundador de Glastonbury. Desde entonces varias leyendas y algunas mencionadas hasta por Cervantes hablan de las leyendas románticas de los caballeros andantes, en el caso de Inglaterra varias leyendas claman que existe una descendencia directa de Dios tales como: "Grand Saint Grail" (c. 1200); "Parzival", por Wolram von Eschenbach (c. 1207); "Qeuste del Saint Graal (The Vulgate Cycle)" (c. 1210); "Perlesvaus" (1225); "Le Morte D'Arthur" ("The Death of Arthur"), by Sir Thomas Mallory (publicado 1485)

Al igual que las historias de Lancelot, y la mesa redonda del rey Arturo hablan de estos personajes como los descendientes de la Sangre Real traída a Inglaterra por José de Arimatea. Existen igualmente varias versiones de historias en Damasco y Egipto donde se menciona que José de Arimatea siendo un familiar adinerado de María había llevado a Jesús de joven a las Islas Británicas en sus viajes comerciales.

Entre las versiones románticas cabe mencionar estos párrafos de "La muerte de Arturo":

"Y aquí continua el noble cuento de la Sangre real, ...y el significado de la sangre bendita de nuestro Señor Jesús Cristo, bendito sea, él que fue traído a este suelo por José de Arimatea". Introducción al libro 13 (Mallory, p. 370)

"...recayó después de la pasión de nuestro señor Jesucristo 32 años que José de Arimatea el gentil caballero, quien bajó a nuestro señor de la cruz bendita, y en ese tiempo el salío de Jerusalén con un gran grupo de seguidores...y tuvo la fortuna de venir a este suelo, que en aquel entonces se llamaba Gran Bretaña...y después nuestra gente se convirtió a la fe Cristiana". (Mallory, p. 380)

"...usted ha oído como José de Arimatea, como él fue enviado por Jesucristo a esta tierra a enseñar y alabar la fe sagrada de Cristo....y siempre ocupado estuvo como estuvo la sangre real". (Mallory, p. 393)

Razón misma para la teoría de varios autores de que al menos estas familias que fundaron los caballeros del Templo de Salomón creían ser descendientes directos de la línea del rey David. Por tanto no se debe olvidar que el Rey David era de Belén de Galilea. La Biblia hablaba del Mesías que nacerá en la tierra y de la descendencia de David. Estudios recientes por arqueólogos y expertos claman que María, la madre de Jesús era pariente del máximo sacerdote del templo de Jerusalén, como también pariente de José de Arimatea, un poderoso y rico comerciante que inclusive llevó a Jesucristo en sus barcos en su juventud. Las teorías parecen indicar que María era descendiente de David, mientras otros autores claman que María Magdalena era descendiente directa de Salomón, ya que en esos tiempo solamente una mujer adinerada y de sangre real (holy grail) podía darse el lujo de vivir con doce hombres sin sufrir las graves consecuencias que en aquellos tiempos imponía tanto la religión judía, como el Imperio Romano que dominaba sobre Judea a las mujeres que, como se ha explicado antes, eran consideradas propiedad privada del hombre. También es justo aclarar que en las escrituras encontradas en Hammadi y escrituras atribuidas al apóstol Juan quien pudo haber sido el hermano de Jesús describen a María Magdalena como una mujer tan adinerada que era la principal benefactora de la misión de Jesús, aparte de ser la compañera (koinonós) fiel a Jesucristo. Inclusive en las primeras escrituras aprobadas en 325 no asomaba como prostituta, ese fue un cambio que parece asomar en tiempo del papa Borgia como una versión para evitar conceder a las mujeres mayor autonomía en la iglesia. También vale aclarar que debido a que la ley prohibía que mucha gente se reúna y en el Nuevo Testamento se habla de la repartición de pan y vino, se ha propuesto que eso indica la celebración tradicional de matrimonio bajo leyes judías. Y que esto podría indicar el matrimonio de Jesús y María Magdalena. Igual se debe destacar que bajo la ley tanto judía como romana los hombres debían estar casados.

Todos estos conocimientos que han sido redescubiertos y siguen siendo investigados nos permiten conjeturar que es muy posible que los caballeros andantes de la Orden del Templo de Salomón, hayan tenido toda esta información hace mil años, y también la firme creencia que eran descendientes del mismo Jesucristo y que en realidad hayan encontrado y descubierto las raíces mismas bajo las cuales se escribieron la Biblia, el viejo testamento, el nuevo testamento y hayan encontrado en Jerusalén nada menos "escrituras del mismo Yeshua" el verdadero Príncipe de Israel, descendiente de David, quien se unió a la descendiente de Salomón. Igualmente en los libros nósticos se identifica varias veces a Judas Tomás como el hermano gemelo de Jesús y se habla de este y se identifica muy claramente como arquitecto. Jesús tampoco era carpintero y nadie puede explicar semejante absurdo cuando muy claramente está escrito en el original que Yeshua era *Arkhitekton,* los cual solo se puede traducir como maestro (masón, arquitecto). Nadie me ha podido explicar por qué cuando existe el original escrito en griego se ha mantenido mintiendo al mundo que era carpintero. Muchos libros aluden que es la razón que los miembros de la Orden del Templo de Salomón pusieron tanto énfasis en ser maestros de la construcción y que por todo ese conocimiento se enriquecieron. El conocimiento de la verdad sirve como chantaje a la iglesia romana y el papa no tiene opción pero aceptar las condiciones de la Orden del Templario. Ciertamente es algo que jamás se podrá saber la verdad.

Así debemos establecer que no existe en realidad ningún gran concepto secreto para la existencia de esta organización de banqueros internacionales, ni existe una capacidad mental "extraterrestre o divina" dentro de los planes Illuminati. La raíz de su poder se deriva en el conocimiento adquirido hace cientos de años y la riqueza enorme que han concentrado desde entonces. Su poder lo ejercen con su habilidad para corromper con el dinero, apelando a los instintos, a los deseos y vicios humanos; la promesa que pueden satisfacer todos y cada uno de los más preciados sueños y obtener lo que su subconsciente siempre han deseado, dinero, poder, sexo; es la codicia que en la Biblia se establece como el arma de Satanás. Es simplemente la implementación de la misma formula constantemente, permítame ponerlo en puntos progresivos para que esto sea más fácilmente comprendido.

Las Cruzadas – La Orden del Temple- Bancos- Préstamos –Impuestos - Deuda Nacional –Monopolios - Conglomerados Multinacionales – Reserva Federal – Fondo Monetario Internacional – Naciones Unidas – CIA – NSA.

Historia de los Caballeros del Templario de Salomón (Knight Templars)

Cómo nacieron los bancos, las fortunas y quién inventó realmente el sistema imperante hasta hoy día.

Todo evento en la historia es una secuencia de otro evento anterior. Por eso como podremos ver, la estructura, la forma de operación, el sistema que utilizan, y el secretismo bajo el cuál operan y funcionan las élites financieras mundiales no es una creación contemporánea. La enorme riqueza del grupo Illuminati tiene sus raíces históricas en tiempos medievales. Primero, se comprende que el grupo Illuminati está compuesto de las élites financieras o banqueros internacionales y la relación entre sectas masónicas, satánicas y sectas religiosas. Debo aclarar entonces que lo que se expone a continuación es la posibilidad de vislumbrar las creencias bajo las cuales se crearon estas sectas y lo que inspiró que persigan estos objetivos. Por tanto no significa necesariamente las creencias o posiciones del autor. Pero la interpretación de lo que posiblemente estas élites han llegado a creer.

Fue en el año 1117 cuando don Bernardo de Claraval (Bernard de Clairvaux) fundó un monasterio de sacerdotes cistercienses (el porqué ese nombre se menciona más adelante). El propósito mismo del monasterio era guardar el secreto más grande del reino de Salomón y el secreto más grande de *la iglesia cristiana romana*: Los nombres de quienes escribieron realmente el Nuevo Testamento; los documentos y las bases de cómo se crearon las religiones; la procedencia verdadera e histórica de la línea genética de descendientes de Abraham, los descendientes de esta línea genética que incluye a Yeshua (conocido como Jesús). Esta línea se compone de Abraham, Isaac, Jacobo, Judea, Moisés, David, Salomón, Yeshua y sus descendientes. Existe la creencia que quien dirigió la creación del monasterio, y la Orden del Temple en realidad fue el Conde de la Champagne. Igualmente puede existir una relación con el Priorato de Sión fundado en 1099 como el brazo científico de una organización secreta que eventualmente cuenta a Leonardo Da Vinci, Isaac Newton como sus Grandes maestros. La Orden del Temple es creada como el brazo militar religioso y fue compuesta de: Los curas de monasterio cisterciense; Gondemar y Rossal; Andre de Montbar, tío de Bernardo de Claraval, quien también es primo por parte de madre de Hugo de Payne, El Conde Hugo I de Champagne, Hugo de Payne, Payen de Mont Didier, Godofrido de Saint-Omer, Archambaud de Saint Amand y Godofrido Bisol.

Aunque por siglos se ha burlado a la gente diciéndole que la orden de caballeros templarios fueron con el fin de proteger a la gente que iban a Jerusalén, se sabe que eso es simplemente una mentira que se le pudo vender a la gente en la era medieval, pues nueve hombres no podrían proteger las rutas desde Jerusalén a todo Europa. Aparte que existían varias órdenes de las cruzadas que hacían eso exclusivamente. Pero la evidencia demuestra extensas excavaciones realizadas por los templarios debajo del templo de Salomón. Sin embargo, antes eran desconocidas las *verdaderas razones* del por qué nueve caballeros andantes fueron a Jerusalén en tiempo de las cruzadas, partiendo desde Seborga en noviembre de 1118. Para luego iniciar excavaciones en el mismo Templo de Salomón en cuanto llegaron a Jerusalén en mayo 14 de 1119. Hugo de Champagne se había juntado a ellos, seis años más tarde, exactamente a la misma fecha.

No es hasta este siglo gracias a escrituras encontradas en el desierto y la traducción del contenido de esos códigos, (Nah Hammadi Codices, 1945) y las escrituras de cobre que se puede entender lo que los templarios perseguían. Se debe entender que 64 tesoros de los judíos: oro, plata y la información histórica y científica habían sido escondidos, junto a mapas e información de donde se encontraban. Si la misma información estaba en manos de los descendientes del Rey David, esta debía ser la razón que la Orden del Templario fue a Jerusalén. Información que entonces para 1114 aparentemente estuvo en manos de la familia Sinclair y por matrimonio a esta familia en manos de Hugo de Payne, el primer Gran Maestro de la Orden del Templario. Esta información fue disponible a Bernardo de Claraval porque como se explica antes, era primo por relación materna y sobrino de otro de los caballeros, aparte de relaciones familiares a los otros templarios.

La razón específica que la Orden del Templario viajó a Jerusalén fue a rescatar los tesoros de los judíos escondidos a una profundidad de por lo menos 30 metros debajo del templo de Salomón, aparte de los demás tesoros judíos desde el tiempo del rey Salomón y del rey David. Las leyendas, historias e inclusive la película de Indiana Jones parecen enfatizar importancia en el "arca del pacto" como la razón misma de las leyendas. Pero eso no tiene mucho sentido. El arca es simplemente la caja de madera que Moisés construyó para poner el "pacto con Dios". Es el contenido del pacto el verdadero tesoro, es la información contenida en ese pacto lo que ha sido la raíz del poder de Abraham y sus descendientes. La caja o arca nunca podría tener importancia alguna aún si esta existe, aún si hubiese sido cubierta de oro, porque no tiene origen divino en la misma Biblia dice que Moisés la construyó.

Las excavaciones y descubrimientos arqueológicos desde que se descubrió el codex han coincidido en encontrar algunos sitios contenidos en el Codex de Egipto, pero no se ha encontrado ningún tesoro, se ha encontrado solamente evidencia de la presencia de miembros de la Orden del Templo en dichos sitios.

La Orden del Templario pasó nueve años dedicados a rescatar todos los tesoros escondidos alrededor y debajo del Templo de Salomón. No puede caber duda que fue Bernardo de Claraval quien organizó la empresa de rescatar los tesoros y el arca del pacto, porque mientras los templarios hicieron las excavaciones él había reclutado otras órdenes, y se había convertido en el consejero papal.

El enorme poder que los templarios ganaron a su regreso de Jerusalén ha inspirado muchas historias que sugieren, que en el proceso la Orden de Caballeros del Temple descubrieron mucho más de lo que esperaban encontrar. Posiblemente, descubrieron los mismos libros, escrituras, códigos matemáticos, científicos, astronómicos y aún mapas del mundo desde el tiempo de los fenicios, describiendo la verdadera historia de la humanidad. Inclusive de acuerdo a otro autor descubrieron el diario de Yeshua de Nazarea. Información que se vuelve parte de las maestrías, que es gran parte del poder que obtienen y la razón para que el papado les de tanta libertad, autonomía financiera, les libera de pago alguno de impuestos, y les concede actuar sobre las monarquías y feudos. Igualmente otros actores claman que descubren el verdadero origen de Abraham, la verdadera importancia del pacto de los "judíos con Dios". De regreso a Europa los templarios recibieron bulos papales autorizándoles enormes poderes que Bernardo de Claraval había arreglado, así como asistencia del fraile Gerardo de Martigües quien había creado la Orden de Juan, eventualmente se llamó la Orden de Malta, pero desde el inicio trabajaron conjuntamente con la Orden del Temple.

En realidad, se desconoce el verdadero origen y razón que se les haya concedido tanto poder a los templarios. Lo que muchos autores parecen conjeturar es que los templarios habían descubierto información que podría causar enorme daño a la iglesia. Después de todo, la iglesia Cristiana está basada en la divinidad de Jesucristo, la resurrección después del sacrificio de Jesús en la cruz para limpiar los pecados, si eso no existe y en su lugar un diario del mismo Jesucristo habla de un hombre bueno y sabio pero nada más un hombre, entonces la religión misma y la iglesia romana se tambalea.

No se puede saber si las creencias, y las conjeturas antes citadas les condujeron a los templarios a crear sus sectas satánicas, a pesar de operar en varios países y varios siglos como nada menos que órdenes religiosas. Así la Orden de los caballeros del Templo de Salomón inició un proceso de cambio tan radical que en realidad establece las bases del mundo en que vivimos. Por los próximos doscientos años (1128-1314) la Orden del Temple influenciaron directamente en la creación de las siguientes cosas:

1. Creación del primer sistema bancario.

2. Creación de cheques o billetes de pago y de tarjetas de pago codificadas (la primera tarjeta de crédito)

3. Préstamos para el financiamiento de castillos, palacios, puentes, puertos, iglesias.

4. Creación de las deudas nacionales (deuda externa).

5. Creación de las primeras empresas multinacionales y los monopolios.

6. Creación de la primera flota mercante independiente. (La más grande en Europa en tiempos medievales)

7. Creación de las maestrías de arquitectura, sectas secretas masónicas, satánicas y religiosas.

8. Creación de los concejos administrativos o gabinetes de gobierno para influenciar a los monarcas y al Papa.

9. Influencia en la arquitectura y diseño Gótico, en la construcción de templos, Catedrales, y castillos.

10. Creación de las bases del Comercio internacional.

11. Propiedad de sobre nueve mil castillos y fuertes libres de impuestos por orden papal.

12. Manipulación de la religión, posible creación de la Inquisición, Influencia en la iglesia.

13. Creación del Intervencionismo a los Monarcas, Feudos, y Gobiernos.

14. Creación del primer grupo de espionaje, grupos de la muerte basados en los "asesinos árabes" con quienes tuvieron amistad.

15. Creación de las primeras empresas de armamentos.

16. Creación de los primeros folletos y literatura de "dominio, cambio y manipulación mundial" y con ello la creación de un sistema de influencia global a funcionar en secreto por intermedio de las sectas creadas.

17. Creación de mecanismos marítimos.

18. Creación de nueva arquitectura en la construcción de iglesias y castillos.

19. Posible influencia en la creación de la Inquisición.

20. Posible Influencia en el desarrollo y utilización de los metales.

21. Posibles viajes al continente americano varios siglos antes de Colón.

Cuando Hugo de Payen regresó en 1128 Bernardo de Claraval era nada menos que el consejero principal del Papa Eugenio, quien a su vez era su mejor amigo y por ello autorizó la orden de los caballeros de Salomón u orden del Temple, otorgándoles autonomidad completa y solamente debían obedecer su mandato. Al mismo tiempo todos los miembros de la Orden Del Temple, Bernardo de Claraval quien eventualmente sería llamado San Bernardo y el Gran sacerdote de los Cataros hicieron un juramento de silencio para proteger el "Gran Secreto".

Indudablemente que cuando la Orden del Temple inventó el concepto de crear lo que hoy llamamos *Bancos* se basaron en la necesidad que la gente tenía de proteger su oro, plata y bienes materiales. La Orden del Temple ofrecía la protección para los viajeros de peregrinajes hasta la tierra santa, y habían empezado a construir sus castillos a lo largo de las rutas hacia Jerusalén tenían las posibilidades de hacerlo ya que eventualmente eran dueños de sobre nueve mil castillos y propiedades, por ende se volvieron los candidatos lógicos en brindar la protección de esas riquezas. Así la gente empezó a depositar el oro y plata con la Orden del Temple quienes se convirtieron en los banqueros.

Pero estos muy pronto se percataron que la mayoría de gente utilizaban solamente una porción de la riqueza poseída y depositada con ellos. Esto dio el inicio a los préstamos. Pero en sí, dichas notas de préstamos no eran en dinero real, era en notas codificadas que solamente la Orden del Temple podía verificar y realizaban préstamos basados en la cantidad de oro que mantenían de todas las otras personas.

Muy pronto cuando la gente necesitaba dinero acudían a hacer préstamos de los nuevos banqueros. Estos podían utilizar el dinero de otros, incluyendo de los mismos monarcas que había sido depositado con ellos, para hacer prestamos en los valores de esos depósitos y hasta el valor mismo que ellos lo daban. Eventualmente, estos habían determinado que por cada unidad de oro que tenían podían hacer préstamos equivalentes a diez veces la suma real que controlaban, sin que nadie pueda percatarse. Así si un banquero tenía 100 libras de oro, él podría publicar billetes de banco depósitos de hasta 1000 libras, nadie se daría cuenta del fraude que era perpetrado.

Esta práctica, conocida como "Préstamos fraccionario de la reserva", es clave misma del sistema bancario y continúa hasta hoy día. Esta es realmente la espina dorsal de la banca moderna.

Los bancos prestan típicamente hasta 90% por ciento de sus tenencias financieras reales, esto significa que 90% del dinero que prestan en realidad no existe, es creado de la nada porque aunque es "técnicamente respaldado por los depósitos de todos los otros depositarios" en la realidad está siendo creado de la nada. Nunca existe ese dinero más que en el papel que está siendo creado por el Banco. Los préstamos sin duda deben ser pagados más el interés, dando origen a los activos tangibles bajo la forma de mercancías y trabajo.

Si el préstamo no es pagado, el banquero tiene el derecho de agarrar la propiedad, los metales, garantías o dinero de quien falle el préstamo. Así al pasar del tiempo, la Orden del Temple quienes habían hecho votos de castidad y pobreza, se volvieron la organización más rica y poderosa en el mundo. Sin contar que cuando las personas fallecían ellos se quedaban con todas sus propiedades. Su esquema fue crear valor en papel basados en los metales, mercancías que estaban depositados con ellos, pero al ser solamente un depósito que no les pertenece y solo estaba en sus manos por la confianza de la gente en la institución, en realidad estaba creando dinero artificialmente. Así al conceder un préstamo, los Bancos obtienen no solamente el 12% o 20% de interés, pero obtienen 112% o 120% del préstamo, aunque para conceder se basaron en depósitos que no eran ni son de su propiedad. Esto creó enorme riqueza.

La Orden del Temple entonces siguió una increíble progresión de ese poder. Era lógico que hayan infiltrado las sectas masónicas porque inicialmente Los masones eran los grandes constructores de los "Templos y castillos". De esta forma la Orden del Temple hasta creó sus propios grupos los mismos que se especializaban en cada construcción específica o cierta actividad específica. Los templarios dedicados a la construcción de templos góticos y de las construcciones de los fuertes de la orden se llamaban La Orden de Salomón. En Portugal la orden se llamó la orden de Cristo, y fueron quienes controlaban la flota mercante de la orden de los caballeros templarios y quienes fundaron la primera escuela de marina mercante en el mundo.

Los nuevos banqueros no solamente proveían el financiamiento, dinero y préstamo para construir los templos, ellos mismos controlaban los masones que lo hacían. Por ello una gran relación con los masones significaba beneficio para los dos lados, contratos de la construcción de grandes iglesias. Evidencia de esto es que los masones y la Orden del Templario son acreditados con la construcción de algunos de los templos mas famosos en el mundo, en diferentes países tales como, Chartres y Mount of St Michel en Francia, Canterbury en Inglaterra, Rosicrucian Temple en Escocia, las catedrales góticas y catedrales en España, en Italia y todo Europa. Igualmente en toda América son los frailes Dominicanos, Agustinos, y Jesuitas quienes construyen las catedrales y basílicas. No se debe olvidar que están órdenes sacerdotales tienen sus raíces en la Orden del Temple.

Al mismo tiempo que al ser quienes daban prestamos para la construcción de las grandes murallas de protección de los feudales, los castillos de los monarcas, puentes y rutas, empezaron a involucrarse en la forma de cobrar dichos préstamos aconsejando a los Monarcas en la creación de impuestos para pagar las deudas, con la creación inicial de las enmiendas o encomiendas. Los grandes castillos, los grandes proyectos se volvían una sociedad entre miembros de la Orden del Temple y las ordenes de maestrías o masones, que entonces eran los grandes constructores del mundo medieval. En esa progresión lógica muchas de las maestrías crearon las Universidades.

La importancia de las logias masónicas se puede entender por ese poder que obtenían de la relación. A esto sin duda se unieron por necesidad los orfebres quienes estaban a cargo de construir las armas. Con esto la secuencia se extiende a los mineros que extraían los metales como el cobre, y hierro, aparte del oro, y plata. Súbitamente empieza el poder de los banqueros que obviamente crearon la secta satánica que podía controlar la cima de la pirámide, solamente la élite tendría el privilegio de compartir ese grado de relación. Es así que la Orden del Temple extiende su control a los consejeros militares y políticos de los Monarcas. Por tanto la existencia de las sectas y logias masónicas se volvía una fuente importante de establecer relaciones vitales para sus empresas.

Así nace la capacidad de controlar industrias enteras al punto que las actividades bancarias y de la industria se convirtieron en inconsútiles. Para aumentar su poder e influencia aún más, estas familias de las actividades bancarias de la élite comprarían influencia dentro de gobiernos o de monarquías y utilizarían esta influencia para suscitar problemas estratégicos entre las naciones. Cuando los conflictos inevitables empezaban, entonces prestaban grandes sumas de dinero a los dos bandos. Generalmente a ambos lados, de modo que la guerra pudiera ser emprendida. Cualquier armamento comprado sería manufacturado por el nuevo brazo industrial del cartel. Las actividades bancarias e industriales comenzaron a marchar conjuntamente, y regulando el préstamo del dinero y la sincronización de la entrega de armas. El resultado de cualquier conflicto podría ser controlado con la máxima eficacia.

Si juzgaban necesario desestabilizar a las monarquías y gobiernos lo podían hacer fácilmente porque en la mayoría de casos actuaban como los consejeros de estos ya que desde el mismo inicio, Bernardo de Claraval fue el consejero Papal. No puede obviarse lo evidente que controlaban así las decisiones de Feudos y Monarquías. En muchos casos podían desestabilizar las sociedades enteramente como quedó evidenciado por la Santa Inquisición.

Para Octubre 13, 1314 el rey de Francia inspirado por la enorme deuda que tenía con la Orden del Temple había convencido al Papa de ordenar su arresto. Pero el sistema de la Orden del Temple funcionó a perfección pues es obvio que fueron informados de la decisión. Aunque solo sucedió y afectó a los miembros de la orden en Francia, nunca se logró encontrar su enorme fortuna. Tanto los barcos de la flota mercante en los puertos de Francia, como las enorme fortuna en los castillos de la Orden del Temple desaparecieron el mismo día. Muchos escaparon y muchos miembros de la Orden del Temple se refugiaron en Portugal, España, Italia, Escocia, Inglaterra, Irlanda y otros países para continuar su labor. Sin embargo, debido al desprestigio sufrido en Francia, muchos se cambiaron de nombre y es una tradición que siguen estas familias.

Esa tradición sigue en las familias que ahora controlan los destinos del mundo. El mismo Nathan Mayer adopta el nombre Rothschild, aunque muchas familias conservan el Mayer. Lo mismo sucede con otras familias que han alterado sus nombres como el caso de Cainnidi a Kennedy, Sinclair a St Clair, Montbar a Montalbán, Rossal a Rosales en España y Rossi en Italia etc. Igualmente existe varias historias que apuntan a una enorme influencia y presencia de miembros de la Orden en Génova, y el uso del nombre Cristóbal que es basado en Cristo, era usado por muchas familias descendientes de las familias de los miembros originales de la Orden. Así par de referencias hablan de que Cristóbal Colón era masón y eso explicaría porque Colón fue al puerto de Barcelona a su regreso de cada viaje y Cataluña siempre a lo largo de la historia se ha mantenido una área libre e independiente inclusive en el tiempo de los Moros. Barcelona era donde residía el Gran Maestro masón y la gran logia masónica existía en aquel entonces. Hasta hoy no se ha estudiado la influencia de las milicias religiosas en Latinoamérica, pero debería de hacerse una investigación ya que jugaron un papel vital en la liberación de España de la ocupación de los Moros. Sería ilógico que siendo quienes financiaron las guerras de liberación de la península Ibérica, no hayan sido quienes financiaron al final la conquista de América.

En España la Orden del Temple tomaron nuevos nombres para proteger sus actividades. Pero todas tienen el mismo signo, aunque tenga diferentes versiones. Así tenemos la Orden de Santiago, La orden de Almagro, La orden de Calatrava, la orden de Malta, La orden Alcántara. A la vez estas ordenes terminaron fundando Universidades en España.

Existe también un curioso detalle con respecto a España. En 1133 Alonso de Aragón les había heredado su reino de Navarra a la Orden del Templo, pero debido a la invasión de los Moros estos no tomaron posesión. Luego existen cantidad de datos que apuntan que la relación para la reconquista de España de los Moros fue con mucha ayuda de la Orden del Temple o sus respectivos nuevos nombres. Luego Carlos V el nieto de Fernando de Aragón y la Reina Isabela les había concedido a la Orden de Malta la isla entera de Malta. Por ende se sugiere que España después fue librada de enfrentar a Hitler y prácticamente se evitó la destrucción masiva a la que se sometieron los pueblos en la segunda guerra mundial. NO puede caber duda que en España las órdenes todavía ejercen enorme influencia. En uno noticia publicada en Febrero del 2008 en un periódico local de España dice así:

"Santiago Calatrava explica su proceso de trabajo; ya que el libro documenta una serie de conferencias que dictó en el Massachussets Institute of Technology, en las que habla de manera puntual sobre temas que considera fundamentales para la arquitectura: "Materiales y procesos constructivos", "Fuerza y forma de la arquitectura" y "Movimiento y forma en la arquitectura".

"El máximo responsable de la orden, el gobernador general Juan Alfonso Martos y Azlor de Aragón, ha manifestado a Levante-EMV, que -el arquitecto Calatrava debería haber solicitado por escrito permiso a la orden para colocar el escudo en las sedes de sus despachos en la ciudad- y ha adelantado que -la respuesta habría sido negativa porque el símbolo no se permite usarlo para esos menesteres. Que un señor se apellide Calatrava, sea quien sea, no le da potestad alguna para utilizar indebidamente un escudo de la Orden".

"Quien desee ingresar en la orden, y por tanto tener derecho a utilizar sus símbolos, debe probar en sus cuatro primeros apellidos ser hidalgo de sangre a fuero de España, pero no de privilegio. Por tanto, debían tener escudo de armas, también las cuatro líneas y ser descendientes de la misma casa solar, de linaje noble, él, su padre, su madre y sus abuelos, sin efectuar ninguno oficios manuales o considerados viles ni haber roto leyes de honor o cometido ningún acto deshonroso, ni estar mezclado con raza judía o musulmana o haber sido algún miembro de la familia hereje"

Impresionante que en estas fechas del año 2008 hayan las ordenes funcionando como si no hubieran pasado siglos.

No sorprende entonces, que las sectas de la Orden del Temple eventualmente fueron quienes crearon una academia marítima donde estudiaron precisamente casi todos los grandes descubridores de América, sin olvidar que las carabelas de Colón tenían sus velas pintadas con el signo de la Orden del Templo. Los alumnos de dicha escuela se pueden contar a Vasco de Gama, Fernando Magallanes, y Cristóbal Colón. Igualmente no se debe olvidar que en ese tiempo Esto significaría que contrario a lo que la historia nos dice ellos sabían donde iban pues el las Orden del Templo tenía en su posesión mapas fenicios, mapa del mundo y mucha más información que es el enorme poder que han venido ejerciendo las ordenes.

El poder de estas familias banqueras fue creciendo mucho más cuando empezaron a financiar y hacer préstamos a las monarquías y a los gobiernos de Europa. A esto surgía una progresión lógica, el pago de impuestos por parte de las masas para pagar las deudas de los feudos, monarquías o gobiernos. E indudablemente el endeudamiento de estos era generalmente a razón de las constantes guerras especialmente de índole religiosa que en aquellos tiempos se libraban en Constantinopla, y las guerras de las cruzadas mismas. Pero muchas veces, subir los impuestos es un acto impopular y difícil hacerlo. El recurso entonces era pedir grandes préstamos a los banqueros y de esta forma nace el concepto de la "deuda nacional" ahora comúnmente llamada deuda externa. Las deudas nacionales han seguido subiendo y los préstamos a los banqueros internacionales se han mantenido desde entonces y la pregunta precisamente es a quien es lo que se paga estos dineros y quien está manipulando desde entonces el mundo.

Germánico Vaca Michelena

Los Banqueros y las Monarquías

Como se ha podido apreciar anteriormente, a través de los siglos prácticamente ha existido el matrimonio de familias de descendencia judía a las familias de las monarquías de Europa. Eventualmente a las familias de poder financiero en Estados Unidos, y con ello al control que hoy existe en el mundo.

Sin intención alguna de ofender y menos por ningún sentimiento anti semita, simplemente basado en la evidencia, se debe entonces establecer que las grandes familias de élites financieras del mundo vienen de raíces judías y de las monarquías de Europa, tanto de la línea de los emperadores romanos como del linaje de Alejandro Magno y Cleopatra de Egipto. Nuevamente la secuencia sería caldea, fenicia, judía, egipcia, romana, europea, norteamericana. La Biblia dice claramente que Abraham era un caldeo de Ur. Los caldeos fueron quienes dieron origen a la cultura fenicia; los descendientes de Abraham son llamados eventualmente israelitas y judíos.

43 de los 44 presidentes de Estados Unidos tienen sus líneas genéticas de descendencia a tiempos ancestrales: Felipe de Macedonia, padre de Alejandro Magno; Ptolomeo; Cleopatra; Julio Cesar y Marco Antonio; los emperadores Flavios, Constantino, Clovis, Dagoberto (Merovigians). Todas las familias Illuminati tienen raíces que conducen a esa línea genética.

Es imposible escapar a la realidad que el mundo ha estado dando la vuelta alrededor del mismo concepto de las edades medias. Esto significa que el conflicto religioso entre cristianos y musulmanes fue la causa principal para las cruzadas, esto a su vez dio la creación de La Orden del Temple quienes fueron inicialmente miembros de las milicias religiosas creadas en tiempos medievales por la iglesia y que trabajaron conjuntamente con los Masones e iniciaron sectas secretas que les permitía controlar el dinero con la creación de Bancos, que a su vez crearon notas de pago, que eventualmente se convirtió en la moneda que se usa hoy en día; la existencia de estas instituciones bancarias da origen a los préstamos y los más grandes deudores se convierten los monarcas, que a su vez crean los impuestos para pagar sus deudas, y con esto se crea la deuda nacional.

No puede caber duda que el poder que estas familias llegaron a tener era enorme, pero al mismo tiempo no se puede descartar, que los lideres de estas familias precisamente estuvieran concientes que había sido la guerra religiosa la que les había permitido llegar a donde estaban. Por ende la guerra se convierte en la semilla misma que les da la fruta de la riqueza y de control. Por eso lo que estamos viviendo hoy en día es el círculo completo de las cruzadas. Ahora las guerras y batallas entre los pueblos es manufacturada, con el fin y propósito de crear miseria, endeudamiento, préstamos, impuestos, deuda nacional. Por eso al seguir la secuencia de los illuminati no se puede separar los paralelos de su plan con los acontecimientos en el tiempo de las cruzadas y el eventual manual de Weishaupt, hasta el desenlace que estamos viviendo en nuestro mundo contemporáneo.

De acuerdo a los antecedentes descritos en algunos libros se puede establecer que Weishaupt había abandonado la iglesia cristiana para ser parte de La Sinagoga de Satanás en 1770. Hasta entonces fue profesor de Ley Canon en Inglecot University y sacerdote de la orden Jesuita. La orden satánica adoptaba la adoración de Lucifer. La asociación con el judío Nathan Mayer Rothschild es innegable pues este fue miembro de la secta, y como antes había anotado su antepasado Hessel Meyer escribió en 1614 el primer folleto titulado "Reforma General de Todo el Mundo". Es muy posible que Rothschild comisionara a Weishaupt que escriba la secuencia a ese folleto.

El manual escrito por Weishaupt había creado un plan concreto y detallado de como lograr el objetivo: Dividir y conquistar, el principio proclamado por Felipe el Grande de Macedonia, padre de Alejandro Magno, como la estrategia vital para ganar las guerras. Weishaupt le da una nueva dimensión, dividir a las masas para mantenerlas y controlarlas subyugadas a los deseos del *Nuevo Orden Mundial*.

Desde entonces se propone utilizar las doctrinas religiosas, ideológicas y políticas en constante acción para dividir a las masas. Dividir a la gente en un número cada vez más ascendente de puntos opuestos, al punto de poder cambiar su orden social, político y económico. Al conseguir completar ese proceso los diferentes bandos deben ser armados e incentivados a una lucha y guerra armada por medio de incidentes que eleven el conflicto al punto de la confrontación bélica. Esto tiene el propósito de debilitar a las naciones, empobrecerlas y gradualmente destruir la fábrica social, económica y espiritual para que logren aceptar un gobierno sin religión y sin instituciones. Hasta llegar al punto de establecer un gobierno global en completo control de los Illuminati.

Es impresionante el paralelo de lo que está aconteciendo en Colombia, Ecuador y Venezuela. Es como si pudiésemos ver el desenlace del plan de Weishaupt poniéndose en efecto. Más que nunca la división ideológica de Venezuela y Colombia, las FARC, los paramilitares, Ecuador y el Socialismo de Correa, los enlaces al narcotráfico en diferentes escalas pero de parte de varios de los participantes pues en realidad no hay menor enlace de Chávez que de Uribe o Correa. Todo esto nos conlleva a la división completa de nuestra sociedad. Pero son precisamente nuestras sociedades las únicas que no se benefician. La élite financiera mundial nos ha conducido a este momento y aunque parezcan eventos aislados de la política y situación económica de cada país. Los eventos han venido sucediendo por varias décadas y estamos llegando a la hora que las élites financieras pretenden crear el desenlace final que conviertan a nuestras naciones en su nuevo reducto de control absoluto. Hoy no se llamará Feudo, ni reino, ni monarquía, pero nuestros países están siendo conducidos a un enfrentamiento armado, guerra civil y desfalco económico, con el propósito de destruir la fábrica misma de nuestra cultura e identidad. Es el momento que nuestra gente al adquirir el conocimiento de la verdad renuncien a seguir el juego de la élite mundial y enmarcados en un concepto de paz y nación, trabajemos conjuntamente para obtener la paz verdadera, bajo nuestros propios conceptos.

Hoy los carteles illuminati tienen sus manos controlando los bancos, los hidrocarburos (Petróleo, gas, metanol, etanol) farmacéuticos, químicos, minerales, la prensa etc. El control de la sociedad y de los gobiernos lo han venido haciendo a través del control de la Reserva Federal y el Banco de Inglaterra. Igualmente controlando las leyes por medio del control sobre The American Bar Association. En el campo internacional a través del The Council of Foreign Relations. La secuencia en Ecuador es demasiado lógica, el control de la moneda por parte de la Reserva Federal establece un monopolio que controla los destinos del país. Seamos claros en decir que mientras Ecuador esté dolarizado no tendrá control de su destino económico ni político.

El magnate de diamantes Cecil Rhodes uno de los más famosos Illuminati y quien dejó el dinero para crear The Rhodes Scholars, había declarada que su meta final era "absorber la riqueza del mundo, controlar las naciones (Inglaterra, Estados Unidos, Israel etc.) sus movimientos (Sionismo, comunismo) y su gente (Americanos, ingleses, judíos, latinos) usados como peones, y como tales sacrificarlos.

A lo largo de la historia del mundo se puede ver entonces los paralelos que existen en eventos que han sucedido donde el núcleo central de cada Guerra mundial ha sido la división ideológica y religiosa de las masas. Pero al mirar cuidadosamente cada Guerra mundial existe siempre el factor financiero, alguien financió la Guerra y alguien ganó algo de ella.

Germánico Vaca Michelena

Las Guerras Mundiales analizadas en el contexto de eventos financieros.

Cada Guerra mundial ha causado la devastación de la sociedad y las economías de países participantes. Aunque siempre parecen haber sido motivadas por conflictos religiosos, políticos, territoriales, económicos y racistas, el objetivo central en realidad siempre ha sido financiero. Por eso los ganadores han sido siempre ese cartel de Banqueros e industrialistas Internacionales basados en Europa y Estados Unidos. Algunas de las familias más importantes están involucradas tales como Mayer (Rothschild), Rockefeller, Morgan, Lazard, Warburg, Schroder, Schiff, Harriman, y Bush. Ninguna guerra puede suceder sin un enorme financiamiento, sin un enorme gasto y el resultado siempre ha sido el empobrecimiento de su gente y la enorme deuda que los ciudadanos tienen que pagar por varias décadas.

La Primera Guerra Mundial. De acuerdo a varios libros el propósito de la primera Guerra fue destruir el Imperio Zarista de Rusia porque el Zar de Rusia se había opuesto a apoyar la primera Liga de Naciones en la cual los Banqueros internacionales habían intentado crear el primer gobierno mundial. El manifiesto comunista de Marx y Engels había seleccionado desde su creación que Rusia era el lugar ideal para implementar su proyecto socio económico. Así el objetivo de convertir a Rusia en el centro ateo y comunista. La guerra logró precisamente dejar endeudadas a todas las naciones europeas y crear la revolución Bolshevista. Lo que el mundo ignora es que León Trosky y su grupo terrorista fue entrenado en Nueva York, igualmente Lenín quien recibió entrenamiento en Europa y se cambió de nombre, fue el mismo Lenín quien dio la orden del zar y toda su familia, al igual que la orden de crear servicios secretos de inteligencia, y pelotones de la muerte donde miles de rusos fueron asesinados. La revolución Bolshevista adoptó la doctrina de Marx como pretexto de avanzar sus políticas por órdenes de Jacobo Schiff quien financió desde Nueva York la revolución Rusa.

La Segunda Guerra Mundial.- En el libro de Aubert Pike el Grand Master de la Logia Norteamericana y quien había diseñado el progreso de las guerras mundiales constaba estas palabras, **"cuando sea necesaria, se llevará a cabo la segunda guerra mundial y debe ser fomentada usando las controversias creadas entre el fascismo y el sionismo".** Durante esta guerra el comunismo internacional debía ganar fuerza hasta ganar equivalencia de poder con el mundo occidental que debe estar unido en el cristianismo, entonces debe ser controlado hasta forzarlo a sus cataclismo.

La Tercera Guerra Mundial. La tercera Guerra mundial de acuerdo a los Illuminati debe ser prácticamente cerrar el círculo donde todo empezó y debe concluir con el desenlace de una Guerra entre cristianos y musulmanes. Esa Guerra debe causar la confrontación entre los Sionistas de Israel y el mundo Musulmán para la destrucción mutua de las naciones, para que eventualmente acepten un gobierno mundial del Nuevo Orden Mundial.

La Conspiración Nazi

De acuerdo a dos libros recientes, el primero de Greg Hallett's "Hitler Was A British Agent" (2005) y el Segundo de Lothar Mahtan "The Hidden Hitler" revelan dos hipótesis que parecen explicar algunos de los misterios de la segunda Guerra mundial.

La revelación más sorprendente es que Adolfo Hitler era judío. De acuerdo a Hallett, Alois Hitler el padre de Adolfo era el hijo bastardo de Nathan Mayer Rothschild y su sirvienta Maria Schickelgruber, Hallet clama que fue el producto de una violación en uno de los ritos satánicos que el líder de los Illuminati y de la secta satánica llevaban a cabo en su mansión. Hallet además clama que muchos de los hijos ilegítimos de los Rothschild quienes eran judíos y debían casarse únicamente entre sus familias, usaron a hijos ilegítimos como agentes.

La prueba que Hallet ofrece es el contenido en una carta de la propia hermana de Hitler a su cuñada Bridget Hitler, donde la hermana de Hitler Paula se expresa así: "Desde que Adolfo empezó las leyes raciales ya no tenemos abuelo, Adolfo y yo. Ciertamente, cualquiera que deseara podría hacer un escándalo de eso". (Memorias p.175)

Hallett presenta una hipótesis de que Hitler fue entrenado como espía de los Illuminati en Londres entre los meses de Febrero y Noviembre del año 1912 donde vivió hasta 1913. Aunque la evidencia es circunstancial está basada en cartas y testimonio de agentes de inteligencia retirados.

El libro escrito por su cuñada Bridget Hitler "Las Memorias de Bridget Hitler" comprueba eso cuando ella describe así, "Yo tenía la idea de que estaba enfermo, su color era tan malo y sus ojos lucían peculiares...él estaba siempre leyendo, no libros, pequeños panfletos escritos en alemán, Yo no sabía que estaba escrito en ellos ni de donde venían." (pp. 29,35)

Hallett dice que agentes de MI6 retirados y datos desclasificados en Inglaterra confirman que Hitler recibió entrenamiento en la British Military Psych-Ops War School at Tavistock en Devon y en Irlanda. Hallets escribe así, "Las maquinas de la Guerra necesitan Guerra y financiamiento, agentes entrenados y agentes dobles que sirvan de sus marionetas y marionetas de sus enemigos" (pp.38).

De ser cierto esto explicaría los siguientes misterios de la Segunda Guerra Mundial:

- Por qué Hitler dejó que 335,000 soldados aliados escapen en Dunkirk.

- Por qué el gobierno de Hitler y la enorme construcción de armas fueron financiados por los bancos de Rothschild, el banco de Inglaterra y bancos estadounidenses como el de Averrel Arriman, que como se citó anteriormente el mismo Prescot Bush le entregó personalmente un cheque de treinta mil dólares a Adolfo Hitler.

- Por qué el banco de Inglaterra le entregó a Hitler las reservas de oro de la Republica Checa al haber invadido Praga.

- Por qué se le permitió a Hitler tomar tanto de Europa antes de tomar acción alguna.

- Por qué Hitler nunca selló el Gibraltar y porque el dictador fascista Franco se mantuvo neutral, a pesar de la enorme deuda con los Nazis.

- Por qué el centro de operaciones de la CIA en Frankfurt en Alemania nunca fue bombardeado.

La Segunda Guerra Mundial, consta en la historia como un acto diabólico de un hombre. Adolfo Hitler es en los anales de la historia el culpable de todo el conflicto que costó la vida de sobre diez millones de europeos; mujeres, niños, ancianos, soldados en casi todos los países europeos y por lo menos 300,000 judíos. Valga mencionar que nunca pudieron haber sido seis millones de judíos ni 600,000 siquiera, pues los mismos censos de los países jamás registraron tantos judíos habitando en Alemania. De hecho, todos los judíos en todo el continente europeo sumaban alrededor de cuatro millones de judíos en total.

Germánico Vaca Michelena

Pero analizando cuidadosamente el evento se puede ver claramente que eso era un imposible sin la enorme asistencia y prestamos multimillonarios de la élite financiera del mundo. La guerra fue un evento manipulado enteramente por los carteles industriales y la élite de bancarios. Hitler consta aún en documentos de la misma policía de Viena y Munich de haber sido arrestado varias veces por prostitución homosexual. Se puede creer entonces que esa misma persona después haya manufacturado todo un Imperio káiser. Cuando las deudas y pagos impuestos a Alemania como reparaciones económicas de la Primera Guerra Mundial mantenían al país postrado en la pobreza y en circunstancias que debía ser imposible pensar en crear una nueva guerra.

Pero la élite bancaria convino en préstamos de miles de millones de dólares a Hitler, y además fijó un complejo industrial extenso dentro de Alemania, para fabricar los tanques, los aviones, las armas y las municiones necesarias para emprender otra guerra europea.

Un ejército no puede funcionar sin una enorme cantidad de suministros como comida, agua, y por sobre todo petróleos imprescindibles para la gasolina necesaria para mover toda la maquinaria, no se debe olvidar que los tanques alemanes consumían alrededor de un galón por cada dieciocho kilómetros. De dónde provenía el petróleo alemán, quién suministró todo lo necesario para la guerra. Y en eso vale la pena mencionar que en la Segunda Guerra Mundial casi todos los barcos cargueros de Grecia fueron hundidos, así como barcos cargueros de casi toda compañía. Extrañamente, el rey Illuminati Aristóteles Onasis no sufrió ni una sola perdida, ni un sólo barco y en un sólo año compró 17 barcos nuevos.

Una guerra que necesitaba oleoductos y fábricas que produjeron e introdujeron nuevas tecnologías que también necesitaba enormes cantidades de dinero para investigación científica y produjo una variedad de increíbles descubrimientos como la misma bomba atómica, enorme desarrollo en aviones, y en vehículo. No podía haber sucedido sin las líneas de crédito extendidas para crear la maquinaria de guerra. Hitler pasó de ser un fracasado pintor homosexual al líder de Alemania y que en pocos años comandaba un país, un sistema social nuevo llamado el nazismo, y una década entera de construir todo tipo de armamento como nunca antes visto para entonces, mientras el país se mantuvo viviendo en la pobreza, mientras se aprovisionaba de combustible y armas.

De acuerdo al libro de Lothar Machtan "The Hidden Hitler" Adolfo Hitler era homosexual o bisexual, si el matrimonio con Eva Braun fue verdadero. Esto está basado en evidencia de los archivos de la policía alemana en donde existen informes de que Adolfo Hitler había trabajado aún de prostituto homosexual en Munich y en Viena.

Quizás una de las evidencias más convincentes es las palabras del jefe de inteligencia Militar Nazi tanto a Franco como al Primer Ministro de Rumania Michael Sturdza "permanezcan neutrales porque Inglaterra ganará la guerra".

Por eso nuestras naciones debemos ser mucho más cuidadosos en creer en el sistema socialismo XXI escrito por un alemán. ¿Qué es verdaderamente lo que se pretende al empujar a Colombia, Venezuela y Ecuador a un conflicto armado? ¿Quién es en realidad quien sigue armando a las FARC? ¿Quién realmente está detrás de las FARC y qué persiguen realmente? cuando es demasiado obvio que al secuestrar gente inocente y dedicarse al narcotráfico, cualquier postura ideológica es un simple pretexto para seguir conduciendo sus actividades criminales.

Germánico Vaca Michelena

CAPÍTULO XI

EL PELIGRO QUE REPRESENTA UN GOBIERNO SECRETO

En la bibliografía de George H. W. Bush. The Unauthorized Biography, Wesley Tarpley y Allen Chaitkin combinan una multitud de eventos, tal cual como hace un psicólogo para crear una imagen completa y total de quien es realmente George H. W. Bush. Según ellos, al analizar todos estos indicios que delatan a George Bush, se encuentra una secuencia de eventos que parecen coincidir, de tal forma que no pueden ser eventos que han sucedido por pura casualidad y que demuestran que las élites financieras operan a muy largo plazo, entrenando, criando prácticamente a aquellos que eventualmente declaren el mundo que existe un "Nuevo Orden Mundial", tal como lo hizo George Bush el día de su inauguración como Presidente.

George H. W Bush fue el presidente de Skulls and Bones, una sociedad secreta de Harvard University. Luego al estar radicado en Houston y habiendo fundado la compañía Zapata Offshore (por la Bahía de Zapata en Cuba) es el posible coordinador de la CIA en la operación de la invasión a Cuba. Muchos operativos de la invasión de Cuba asoman después vinculados a varias operaciones que George Bush estuvo posiblemente envuelto y que ciertamente operaron para él cuando fue Director de la CIA: Howard Hunt, Bernard Barker, Rolando Martínez, Félix Rodríguez y Eugenio Martínez). El asesino de John F. Kennedy (al igual que ahora se le vende a Venezuela y Ecuador la idea del socialismo) clamaba lazos al comunismo, aunque su entrenamiento y dinero lo recibía de la CIA, el agente a cargo de Lee Harvey Oswald se llamaba *George,* al menos estos dos autores están convencidos que era nada menos que George Bush. A continuación listo los eventos que varios libros parecen sugerir que tuvieron como actor intelectual a George Bush:

Invasión de Cuba.- Bahía de Cochinos: Aparte del nombre de la compañía de Bush que empezó a operar en 1959 el mismo año que Castro se convierte en líder de Cuba. Zapata Offshore tenía operaciones en Nueva Orleáns, las embarcaciones usadas fueron financiadas por compañías ficticias. Uno de los barcos fue nombrado Bárbara, como se llama la esposa de Bush. Varios participantes en la fallida misión trabajaron en cantidad de misiones que parecen haber envuelto a Bush. En otra cosa interesante el pasatiempo favorito de Bush en Kennebanpurt Maine es su bote de velocidad que curiosamente se llama "Fidelity".

Asesinato de Kennedy.- Dallas, Texas. Si se han de dar crédito a las confesiones de Howard Hunt, este sugiere que los personajes involucrados fueron Lyndon Johnson quien de vicepresidente pasó a presidente; Edgar J Hooever el director homosexual de la FBI que odiaba a los Kennedy; la Mafia porque perdieron miles de millones en sus operaciones de casinos y prostitución que tenían en Cuba; la élite financiera de complejo industrial militar porque Kennedy quería salir del conflicto de Vietnam y suspender miles de millones de compras de armas; Operaciones de la CIA que estaban traficando opio, heroína y armas en Laos. El mismo día del asesinato existe una llamada de George Bush que reporta telefónicamente que alguien había estado hablando de matar a Kennedy, tras la investigación se había descubierto que la persona que Bush había involucrado era alguien que trabajaba en el partido republicano y que Bush deseaba librarse. Existe también una carta de nada menos que Edgar Hoover dirigida a *Mr. George Bush de la CIA*, informándole el progreso de la investigación en la muerte de Kennedy.

Conspiración en Latinoamérica

Irán-contras-drogas-armas.- El escándalo de Irán-contras incluía una cantidad de agentes de inteligencia que estuvieron envueltos en operaciones de tráfico de heroína y drogas en Vietnam asoman después en las operaciones de Nicaragua. Tal como dijo Manuel Antonio Noriega era el mismo Bush quien decidía cuantas toneladas de cocaína se pasaba por Panamá. Agentes tales como Feliz Rodríguez, Don Gregg, Theodore Shackley, Howard Hunt, quien en 1954 había sido parte de la operación para el golpe de estado contra Jacobo Arbenz en Guatemala. El mismo personaje asoma en la invasión de la Bahía de Cochinos, Watergate y otras tantas operaciones.

Representantes del vicepresidente de Estados Unidos. Donald Gregg, Feliz Rodríguez y Oliver North mantuvieron contactos y reuniones con Ramón Milian Rodríguez el representante del Cartel de Medellín. La misma oficina del vicepresidente George Bush había organizado los contactos oficiales para la operación de los operativos de Irán-Contra en Honduras, El Salvador, Colombia, y Panamá en capacidad "privada". Para lograr la asistencia del presidente de Honduras se les había entregado armas, se les entregó asistencia económica (ESF) y otros fondos. Información dada después en el testimonio del juicio contra Oliver North.

Bush inclusive había echo varios viajes para supervisar personalmente las operaciones. Tales como en Marzo 15-16 en reuniones en Centro América, entregó 110 millones en asistencia económica y militar al gobierno de Suazo. Esto no puede ser visto como lo que realmente fue, un pago ilícito para traficar drogas y armas prohibidas bajo las mismas leyes de Estados Unidos.

No puede caber duda que agentes de servicios de inteligencia muchas veces estaban involucrados, en muchos casos han sido entrenados en Estados Unidos y son operativos dobles en sus países, tal es el caso de Luís Posada Carrilles de Venezuela, quien escapó de prisión de Venezuela, donde estaba pagando sentencia por estar implicado en acto terrorista de matar 73 personas al hacer explotar el avión de una aerolínea Cubana en Octubre 6 de 1976. Luís Posada Carriles opera en la base de San Salvador, Llopango. Desde donde se suministra las armas y muchas veces se trafica la droga.

En los años de Bush como vicepresidente hubo ataques terroristas sin precedentes en San Salvador, Colombia, España, Irlanda, Italia, etc. Tales como ataques terroristas en los aeropuertos de Roma y Viena. George Bush como supervisor del Grupo de Pre-planeamiento de Crisis (CPPG) era quien dictaminaba el curso de acción y política de Estados Unidos. Así habían culpado a libaneses y atacaron Lybia, aunque en los mismos documentos desclasificados se demuestra que el grupo Abu Nidal (manejado en realidad por la agencia israelita Mossad) había conducido el ataque.

La operación de Irán-Contras involucró gente como el vendedor de armas Iraní Cyrus Hashemi, El jefe israelita del contra Amiram Nir, y varios operativos de la CIA. La coordinación del Departamento de Defensa, coordinación del Consejo de Seguridad Nacional, asistencia logística de la Agencia de Seguridad Nacional, soldados Contra de Nicaragua, los operativos en las bases de Honduras y El Salvador. En uno de los operativos piloteado por Euguene Hesenfus, el avión fue alcanzado por un cohete tierra-aire, tres otros tripulantes murieron. En ese avión se encontraron 10,000 libras de rifles AK-47, municiones, granadas, y equipo militar.

La comisión que investigó si el vicepresidente estuvo implicado estaba compuesta de Brent Scowcroft, general que estuvo a cargo de operaciones similares en Vietnam y era consejero de George Bush y cuando fue Presidente, le sirvió de consejero principal en el gabinete. John Tower el otro miembro de la comisión hizo declaraciones que sacaría toda la verdad con respecto a George Bush, nunca lo pudo hacer cuando murió con toda su familia en un accidente aéreo ese mismo fin de semana de haber hecho el anuncio.

Germánico Vaca Michelena

CAPITULO XII

REVELACIONES DEL GRUPO QUE CONTROLA EL MUNDO

No es mi intención crear una nueva teoría de conspiraciones. Menos deseo alejarme del tema central de este estudio. Pero para entender todas las razones y acciones de esta élite financiera, debemos entender el proceso de este control. Al desarrollar la investigación he revisado varios libros, documentos e información que me permito presentar. Así el análisis de quienes son posiblemente los que controlan el mundo. Al final del libro he puesto algunos resúmenes de ciertas conspiraciones que pueden contener mucha verdad pero son prácticamente imposibles de verificar.

Para descubrir la verdad de lo que está sucediendo se debe analizar eventos históricos relacionados, creando las bases en las cuales se pueda echar los cimientos de la situación actual. Las acciones de corrupción de la administración norteamericana de Reagan-Bush en el escándalo de Irán Contra fue lo que germino los carteles de la droga de Medellín y Cali y como se podrá ver, se iniciaron personajes que ahora están en las más altas esferas del gobierno. Esta investigación está basada en documentos reales y adquiridos por la Ley de Divulgación de la Información o información detallada en libros de gente conocedora de los eventos. No es especulación.

Al igual que los eventos de Irán-Contra son difíciles de creer que hayan sucedido, que hayan sido patrocinados y dirigidos desde las mismas oficinas de la Casa Blanca en Washington, D.C., los eventos actuales que están viviendo Venezuela, Colombia y Ecuador no son situaciones separadas, pero parte de un mismo plan.

En la misma forma que todo el pueblo norteamericano fue burlado y vendido la guerra de Irak con mentiras de armas de destrucción masiva, evidencias falsas de que Irak estaba a punto de tener una bomba nuclear, datos inventados de miles de asesinados aún en áreas donde Hussein ya no controlaba por las imposiciones de la zona de no vuelos, acusaciones mentirosas de que Hussein era responsable del ataque de Septiembre 11. De la misma manera se está manipulando a nuestros pueblos para alzarse en contra del supuesto Imperialismo norteamericano. En el proceso se crea conflictos de pueblos contra pueblos; se pierde el propio respeto e identidad entre naciones cuando en la realidad el pueblo norteamericano es igual de víctima de las políticas implementadas por ese gobierno oscuro que existe. El pueblo norteamericano como pueblo no quiere hacer el daño a Latinoamérica, pero viven encerrados en un mundo donde el miedo, la supuesta amenaza del terrorismo, la supuesta izquierda y las fuerzas del mal les pueden hacer daño, al menos eso les hace creer en Estados Unidos. Los miles de miles de muertos en las dos guerras de Irak han sido borrados por las arenas del tiempo y los ciudadanos norteamericanos están pagando a diario con sus impuestos los gastos de ellas, en costos más grandes de la gasolina, en peores escuelas para sus hijos; en la peor economía que 3e hayan podido imaginar.

Pero al igual que el miedo y la ignorancia a lo largo de la historia ha conducido a eventos desastrosos de la humanidad. Nos enfrentamos a la triste realidad de que el pueblo norteamericano no quiere enfrentarse a la verdad de que su gobierno ha usurpado esos mismo derechos promulgados en la constitución y ha violado esos principios que crearon la nación norteamericana. Estados Unidos es ahora una nación que prefiere mentirse a si mismo, y de la misma manera esta sucediendo en Ecuador.

En el Ecuador el gobierno de Rafael Correa no solamente pretende programar a los ciudadanos como reaccionar, pero pretende desmantelar nuestros más grandes ideales, sin que el pueblo reaccione. Pero el espíritu indomable de los ecuatorianos que queremos y amamos la libertad no serán doblegados ni permitiremos que se destruya. La intervención de fuerzas externas en la política ecuatoriana nos brinda la oportunidad y obligación de levantar nuestra voz y declarar la guerra contra esas fuerzas del mal que quieren doblegar la nación.

Tal como hemos visto en los capítulos anteriores los eventos históricos, políticos, económicos y sociales de nuestros países son parte de un plan global manipulado por el Club de Roma, la Reserva Federal, los Illuminati, las logias Masónicas, las maestrías de las órdenes en España.

Se puede argumentar que las decisiones al final han sido por parte de los propios ciudadanos y líderes de nuestras naciones, y que las sociedades y eventos históricos por ende son un resultado directamente proporcional a las acciones de estos grupos. Desafortunadamente, la evidencia demuestra que nuestros pueblos han estado siendo manipulados desde el principio. Vicente Rocafuerte, Eloy Alfaro, Galo Plaza, Urbina, e inclusive Lucio Gutiérrez han sido parte de las sectas masónicas, al extremo que Eloy Alfaro fue el máximo maestro 33 de la logia de Guayaquil. Por eso no es coincidencia que ahora Montecristi y su nombre sean venerados tanto por Rafael Correa.

Mientras nos mantengamos siguiendo líderes que primero han jurado obedecer a la logia masónica por encima del país, familia y religión, entonces tenemos líderes subyugados a fuerzas externas, abnegados a repetir los mismos errores e incapaces de enfrentar los problemas de la nación y el reto que la historia nos impone. Tenemos líderes que son solamente caballos de Troya defendiendo los máximos intereses de esas fuerzas depredadoras del pueblo.

No se puede dudar que aún en sociedades adelantadas las masas pueden caer victimas de la manipulación de este cabildo de grupos que controlan el mundo. La Alemania de Adolf Hitler a pesar de enormes avances científicos en diseño de aviones, tanques, armas, misiles, inclusive la bomba atómica, no pudieron rescatar su propio respeto humano a la vida; abandonaron su sentido espiritual de caridad y compasión; adoptaron las promesas totalitarias de su líder que no tenía otro fin que la guerra, el holocausto de los judíos; la adopción de conceptos y símbolos que en reprospecto no podía dar otro resultado que su destrucción, porque la alternativa era la destrucción de otros países y los principios soberanos, democráticos, religiosos y económicos.

No puede caber duda alguna que todas estas operaciones de la CIA representan acciones totalmente opuestas y contrarias a los principios establecidos en la Declaración de Independencia y de la Ley de Derechos Civiles que Estados Unidos ha proclamado como su contribución al mundo.

Este control de las naciones es un plan que obedece los intereses de ese Comité secreto de los dueños de Bancos, fundaciones internacionales, corporaciones multinacionales. Son el mismo comité que controla el Club de Roma, NATO, el Tavistock Institute, quienes tienen poderes ilimitados sobre el continente. Estas instituciones han usurpado los poderes del pueblo y la soberanía de naciones para destruir lo que las revoluciones democráticas han luchado por conseguir y nos quieren sumir bajo un gobierno centralista.

Cuando los autócratas se revelan y en dos casos han tratado de denunciar los propósitos de estas élites, entonces han sido destruidos sin piedad aún al costo de otras vidas. Cuando Manuel Antonio Noriega denunció públicamente al presidente estadounidense George H W Bush, declarando ante el mundo que las operaciones de Irán-Contra eran tomadas por el mismo Bush, quien decidía cuantas toneladas de cocaína se necesitaban para financiar la guerra en Nicaragua. Solamente tomó una semana para que Estados Unidos invada Panamá, en el proceso hasta un hospital fue destruido y Noriega fue transportado a vivir en una prisión de máxima seguridad donde nadie le puede entrevistar.

La revolución Bolshevista, las guerras mundiales, Corea, Vietnam, Nicaragua, El Salvador, los Desaparecidos en Argentina y Chile, los colapsos financiero de México y Argentina; Rhodesia, Sur África, la lista sigue sin fin, son producto de estas fuerzas del mal, estas fuerzas satánicas operando en las logias secretas. En las sectas satánicas desde donde operan este gobierno secreto que controla así todas las acciones de este gobierno central global y mundial. Es aquí donde se opera el tráfico de drogas, la desintegración de la sociedad, los colapsos financieros.

Es por eso que cuando estamos ante el momento histórico del mayor desarrollo científico y tecnológico de todos los tiempo, al mismo tiempo todo conocimiento científico de importancia está lejos del alcance de la sociedad, está almacenada, en posesión de las patentes y bajo las cajas fuertes de máximo secreto de las élites financieras que las controlan. Así, el mundo lejos de poder utilizar este poder económico se ha gastado trillones de dólares en construir armas de destrucción. Mientras se han desarrollado las mejores medicinas y aparatos médicos el 50 % de la población mundial apenas tiene acceso a cuidado médico. El 1/3 de la población mundial se está muriendo de hambre, de sed, de desnutrición, de SIDA. En el tiempo de mayor desarrollo industrial, Estados Unidos ha perdido su capacidad productiva y manufacturera. El gran avance tecnológico permite ahora que la NSA, utilizando un presupuesto millonario, con satélites a un costo multi millonario, pueda localizar a cualquier ciudadano de Estados Unidos, o de cualquier parte del mundo con GPS, electrónicamente a través de su tarjeta de crédito, bankcard, licencia de manejo o por su celular. Pero Estados Unidos no puede encontrar empleos para millones de norteamericanos.

En esta era cuando hemos alcanzado un progreso intelectual y desarrollo tecnológico como nunca antes, el gobierno norteamericano gasta una minúscula cantidad en educación, salud, empleos, revitalización de escuelas, hospitales, ciudades. Pero ese mismo gobierno gasta miles de millones para apoyar a Israel. Gasta miles de millones en armas químicas, biológicas, atómicas, nucleares. Miles de millones en espionaje, en servicios de inteligencia.

En una sociedad libre, democrática, avanzada como la que pretendemos vivir no puede existir sociedades secretas, sectas satánicas, órdenes de caballeros andantes y logias masónicas. El mundo debe entender que el Comité de 300, la logia de Nueve Hermanas en Paris, la Mesa Redonda, Los Caballeros de Jerusalén, son conspiradores satánicos que usurpan las instituciones, las naciones, la soberanía.

No podemos seguir viviendo en las edades negras, y edades medievales. No podemos seguir creyendo en Abraham y sus descendientes fruto del incesto como los escogidos por Dios. Es hora que las masas, los gentiles y los goims, el pueblo, los indígenas, los negros, los criollos, los mestizos, nuestra gente latinoamericana rescate esa humanidad, cultura y capacidad que creó ciudades, culturas, lenguajes, matemáticas, calendarios, astronomía, arquitectura propia y tantas cosas sin necesidad de un santo judío Abraham Satanás.

Como hemos visto en este estudio es demasiado evidente que el mundo se revuelve alrededor de extrañas circunstancias. Brevemente hago una revisión de lo que podríamos llamar "interesantes interrogantes".

¿Por qué sigue incrementando el uso de drogas si supuestamente Estados Unidos está gastando miles de millones de dólares para detener la producción?

El flujo de drogas desde Colombia (cocaína y heroína) ha continuado pese a la supuesta guerra contra la droga. Igualmente las drogas de Afganistán siguen fluyendo. Cómo se puede explicar semejante discrepancia. Si realmente existen enormes ganancias de la droga en nuestros países, cómo es posible que esos miles de millones de dólares que supuestamente producen no se vean. Como se entiende que después de millones de dólares gastados eliminando los carteles de la droga muy poco ha bajado la producción y el tráfico de drogas. La respuesta es que los dineros van a las élites financieras que administran las operaciones. Cuando un criminal empieza a ganar dinero, este es eliminado como fue Pablo Escobara Gaviria.

Es igualmente interesante que Estados Unidos fuera el primer lugar donde se experimentó con una sociedad de hippies, prácticamente una sociedad en drogas. Pero al ver que el orden social se estaba destruyendo entonces súbitamente empezó la erradicación del consumo de drogas. En Estados Unidos les gusta llamar la "guerra contra las drogas" aunque en uno de los actos más patéticos de una de las mujeres de la élite financiera, Bárbara Bush se le ocurrió que la solución era simplemente desearlo, "Say NO!" Así de simple, ¡Diga NO! Sin embargo las campañas de "Say No!' tomaron miles de millones de dólares convenciendo al mundo a decir ¡NO! Qué más claro puede ser la falta de respeto que esta élite financiera tiene hacia el mundo como para pretender que eso es una campaña contra las drogas, cuando la proliferación de drogas en ese mismo tiempo estaba siendo promovida por el esposo George Bush en las sucias operaciones de Irán-Contra.

El hecho es que el orden social en Los Ángeles y en otras ciudades de Estados Unidos es demasiado evidente. El nivel de educación en Estados Unidos es alarmante cuando el ex vicepresidente Dan Quayle no podía ni deletrear papa (potatoe), cuando el presidente George W Bush muchas veces es incapaz de estructurar una oración coherente al pronunciar sus discursos.

CAPITULO XIII

LA RAÍZ DEL LÍO FINANCIERO

La actual crisis económica global tiene sus raíces en Estados Unidos quien sentó el precedente histórico, cuando después del colapso de Octubre, 1929 y la subsiguiente depresión económica de la década de 1930 el gobierno intervino en los medios de producción. Lo que aparentemente fue una intervención del gobierno estadounidense con inyecciones de fondos federales en el mercado privado para reactivar su economía, esto en realidad fue la implementación de la Reserva Federal FED y sus banqueros tomando completo control del gobierno de Estados Unidos.

Para lograr su cometido: La Reserva Federal cambio el dólar a "Federal Reserve Note" y la inclusión de "Nuevo Orden Mundial" en los gráficos del dólar, por ende el dólar no es moneda de Estados Unidos, es más bien moneda de una institución independiente del gobierno norteamericano. Esto debe ser entendido muy claramente porque eventualmente es La Reserva Federal quien logra poner su moneda como el papel que servirá en todas las transacciones del mundo. Es la Reserva Federal quien en 1930 aumentó el gasto público, bajó las tasas de interés y los impuestos, y creó subsidios a los productores y los bienes básicos de la ciudadanía.

Franklin Delano Roosevelt, presidente de Estados Unidos aplicó políticas liberalistas con principios comunistas en 1930, las mismas que fueron llamadas políticas keynesianas, en honor al economista John Maynard Keynes.

Sin embargo, el presidente Franklin Delano Roosevelt cambió las reglas. Es interesante saber que el actual presidente de Estados Unidos es un primo lejano de Roosevelt. Bajo órdenes del Sr. Roosevelt se prohibió a los ciudadanos estadounidenses tener oro y plata, y tuvieron que entregarlo al gobierno bajo amenaza de una multa de $100,000 y diez años de prisión. De hecho, Roosevelt confiscó todo el oro en Estados Unidos (a excepción de monedas raras que fueron exentas) y por los próximos 41 años, poseer oro fue constituido como un crimen para los ciudadanos norteamericanos. Además de ser un hecho espantoso que se escapa la imaginación del porqué, en un país supuestamente democrático su gente permitió siquiera ser subyugados a tal tiranía, esta indignante incautación fue ignorada por otras naciones civilizadas, que continuaron resolviendo sus deudas con oro. Lastimosamente eso cambió después de la Segunda Guerra Mundial, cuando se creó un nuevo sistema conocido como el Sistema de Bretton Woods (nombrado en honor de la ciudad en donde se llevó a cabo la conferencia).

La guerra fue una etapa de enriquecimiento para la élite mundial que controla el mundo, porque el complejo militar industrial estuvo controlando la producción de metales, que servían para la producción de aviones, barcos, bombas, misiles, armas etc. Increíblemente, la persona que estuvo a cargo del plan de reconstrucción de Europa es nada menos que Haberle Arriman, que fue director del Plan Marshall. El mismo Harriman dueño del banco donde Walker trabajaba y padre de la flamante esposa de Prescot Bush, quien en 1932 entregó dinero a Adolf Hitler.

Fue bajo este tratado de Bretton Woods, que el dólar de EE.UU. fue designado como la moneda de reserva del mundo, substituyendo el oro. Se estableció un sistema de cambio de tarifas fijas entre las monedas. Solamente el dólar era convertible al oro, y solamente por los bancos centrales extranjeros. Otro tipo de circulación podía ser convertido a dólares en tarifas fijas. Debido a que las monedas extrajeras fluctuaban en valor unas a otras, en su práctica, las tarifas de intercambios tenían que ser ajustadas continuamente.

En el principio de este nuevo sistema los países europeos experimentaron una "seria escasez del dólar" para realizar negocios sin tener suficientes reservas de dólares. Estados Unidos tomó una medida audaz, que en retrospectiva podría ser considerada una movida fraudulenta, puesto que inundó a Europa con dólares (a costa de los contribuyentes estadounidenses) en forma de **ayuda exterior y préstamos**. Esta es la misma estrategia que se ha venido utilizando para mantener a los países de América Latina endeudados por más dinero cada vez. Es de vital importancia entender esta realidad, ya que debido a este hecho es que cuando un préstamo por 100,000 millones de dólares es suministrado a una nación del Tercer Mundo, sus monedas sufren una desvaluación tal -en pocos días- que si un país decidiera entregar de vuelta el préstamo otorgado o la supuesta asistencia de Estados Unidos, al tratar de cambiar su moneda a dólares después de unos cuantos días, les costaría tanto más que el doble, debido a que bajo el sistema de Bretton Woods las monedas son devaluadas cada vez que toman más dólares. Por tanto, Estados Unidos usa el mecanismo de "las supuesta asistencia financiera por medio de sus agencias de Desarrollo para mantener el fraude de naciones. Fue usando este mecanismo que dio como resultado una inflación masiva de alta escala tanto en Europa como en Japón, de la cual Japón jamás se pudo recuperar. Como ejemplo se puede citar que en Japón llego al punto que un lote de terreno 4 x 8 en el centro de Tokio – el tamaño de una mesa de comedor – llegó a costar US$1 millón de dólares.

Después de una inundación de devaluaciones inevitables, la situación fue invertida y los dólares se *supervaloraron*. Esto le permitió a Estados Unidos importar más de lo que exportaba, pagando siempre importaciones cada vez mayores, con certificados de valores creados de la nada. De modo que, la Nota de la Reserva Federal (el dólar) es impresa en cantidades masivas simplemente imprimiendo más certificados "pagarés", convenientemente llamados "seguridades" las cuales son vendidas como inversiones clamando que no hay moneda más segura que el dólar, pero de hecho, cuando la gente deje de comprar esos bonos el dólar deja de tener valor absoluto. Ahora el dólar es creado automáticamente en las pantallas de computador de la Reserva Federal y se lo crea de la nada como por arte de magia.

Según explica Richard Duncan en su libro más reciente, *La Crisis del Dólar: Causas, Consecuencias, Cura*, 'Bajo este arreglo, los estadounidenses no tienen que ahorrar porque pueden seguir usando crédito y sin tener que cumplir el oneroso requisito de producir primero para consumir después. Su consumo se recompensa con un endeudamiento cada vez mayor del sector privado y del FED para los extranjeros. Este estado de situación es insostenible y llegará al final con un colapso inevitable del dólar. La caída será muy profunda y aún si logra evitar el desfalco completo, caerá entre el 80% al 90% de su valor. Así, debe quedar establecido y muy claro que no existe absolutamente nada en este mundo que pueda salvar a Estados Unidos del colapso económico ya que su deuda actual sobrepasa los 500% de su GNP.

La simple y trágica realidad para el rudo despertar del mundo es que, es solamente una cuestión de tiempo antes de que Estados Unidos **no sea solvente**.

Este sistema no es otra cosa que una "LOCURA". La situación es verdaderamente tan absurda y extraña. Mientras que el gobierno de EE.UU. ha mantenido el dólar débil, para que sus ciudadanos puedan consumir cada vez más sin ahorrar, gracias a los extranjeros (China, Japón, y los ignorantes economistas de los Bancos Centrales de nuestros países) que compran la deuda de EE.UU., que es vendía convenientemente como "bonos". Al mismo tiempo, esta es la razón que ha maniatado los intereses económicos chinos y japoneses que se han visto obligados a comprar la deuda de EE.UU. para mantener débil su propia moneda, ya que al exportar billones de dólares en productos y estar recibiendo billones de dólares diarios, la otra alternativa es tener inflación enorme. Pero en términos de una economía normal y estable esto es imposible de mantener sin que en algún instante se rompa el esquema. En gran parte esto es lo que ha permitido que China y Japón mantengan las exportaciones y sus productos baratos, permitiendo a los estadounidenses comprar bastante mercancía de ellos, creando explosiones económicas. Pero, todo esto no es más que un espejismo, una simple ilusión.

Según explica Duncan, "En 2001, el exceso de China con EE.UU. era igual al 7% del GDP de China. El crecimiento del GDP de China este año fue del 8%. Sin su exceso comercial con EE.UU., la economía de la China habría crecido a un paso más lento – si acaso". En 2003, el déficit de cuentas de EE.UU. "era el equivalente de casi el 2% del GDP global. Para poner eso en perspectiva, el GDP global creció por menos del 2% el año pasado. De modo que, si no hubiese sido por el déficit económico de EE.UU., la economía global se hubiese contraído realmente".

Las potencias vencedoras de la Segunda Guerra Mundial instituyeron para su financiación y supervisión monetaria el FMI y el Banco Mundial. Pero ese eventual éxito de las políticas comunistas de corte Keynesianos hay que desenmascararlas.

Aparentemente el problema se ha creado por la ignorancia de los inversionistas en cómo funciona el sistema de Breton Woods, lo cual llevó a los inversionistas y a bancos centrales a la creencia de que **para protegerse contra la pérdida del poder adquisitivo de sus divisas nacionales,** ellos deberían acumular depósitos en dólares. Cuando de hecho, **mientras más dólares invierten en sus economías, más grande ha sido la devaluación de sus monedas.**

¿Quién es la Reserva Federal?

"La Reserva Federal es una mayor amenaza a las libertades de la gente que un ejército." Thomás Jefferson.

La mayoría de la gente piensa que el dólar es moneda controlada por el gobierno Norteamericano. Desafortunadamente, eso no es correcto porque la Reserva Federal es una institución independiente del gobierno de Estados Unidos.

La Reserva Federal es en realidad un cartel de banqueros internacionales que controlan el dólar y cobran un porcentaje por su uso. Estados Unidos paga el 6% de senioriage, Ecuador nada menos que 9% por el uso del dólar, aunque en la realidad el costo llega a 17%.

Es cartel fue creado como el Sistema de la Reserva Federal. Increíblemente está basado en que prácticamente no tiene reservas algunas para respaldar la nota federal. Este sistema fue fundado por:

Senador Nelson Aldrich, representante de Rodhe island que es nada menos que el mismo nombre de la histórica isla que controlaban los Templarios.

Abraham Piatt Andrew, secretario auxiliar del Secretario del Tesoro.

Frank A. Vanderlip, presidente del National City Bank de Nueva York (Citibank, y representante de William Rockefeller and Kuhn, Loeb & Co, Banqueros internacionales)

Henry P. Davison de J.P. Morgan Company.

Charles D. Norton, presidente del J.P. Morgan's Bankers Trust Company.

Paul M. Warburg, socio de Kuhn, Loeb & Company,y representante de los intereses de Meyer Rothschild de la dinastía británica y francesa. Su hermano era presidente de un consorcio de banqueros alemanes y holandeses.

En un discurso pronunciado ante la cámara de representantes de Estados Unidos en junio 10 de 1932, el congresista Louis T. McFadden dijo así:

"Sr. presidente, tenemos, en este país, uno de las instituciones más corruptas que el mundo haya conocido. Me refiero al Cartel de la Reserva Federal y a los bancos de la Reserva Federal. El cartel de la reserva federal ha engañado al gobierno de Estados Unidos de suficiente dinero como para pagar la deuda nacional."

La Reserva Federal crea el dinero "de la nada" y del interés que carga a quien lo usa. Una forma que logran hacer esto es aumentando la fuente de dinero que siempre se puede hacer disponible mediante un préstamo. Cuando los fondos de un préstamo se depositan en una cuenta bancaria, la fuente de dinero se aumenta –aunque este dinero es creado de la nada.

La economía de Estados Unidos por eso es dependiente del crédito para poder sobrevivir. Así el crédito del gobierno norteamericano es de nada menos que nueve trillones de dólares. Las obligaciones financieras de Estados Unidos (seguro social, retiro de jubilados etc.) sobrepasan los 75 trillones de dólares.

La reserva federal es un cartel de las actividades bancarias. Un cartel es un grupo de negocios independientes unidos para coordinar la producción, las rentas, la tasación, o la comercialización de un producto para sus miembros – tal como es la OPEP compuesta de países productores de petróleo. La reserva federal es un cartel de banqueros y los banqueros de inversión que coordinan la producción, la tasación y la comercialización del dinero en Estados Unidos y ahora Panamá, El Salvador y Ecuador a pesar que existe un párrafo en el mismo código de ley del estatuto creado por el Congreso que dice que *'la Reserva Federal debe operar únicamente en el territorio nacional de Estados Unidos".*

Los bancos de miembros son dueños del sistema de la reserva federal. Los inversionistas privados poseen los bancos de miembros. ¿Quiénes son estos inversionistas privados? Nadie lo sabe. Lo único cierto es que la Reserva Federal no es parte del gobierno norteamericano.

Debido a que Ecuador está dolarizado es la Reserva Federal quien emite las políticas monetarias de Ecuador. El decreto de dolarización emitido por Jamil Mahuad renuncia a que Ecuador tenga ni voz ni voto en las decisiones que correspondan a las políticas monetarias de control bancario y monetario en Ecuador. Rafael Correa no está emitiendo las políticas monetarias del país, ni está aprobando leyes que sean de beneficio de los ecuatorianos. Su meta es muy clara:

- Incrementar la deuda de Ecuador.

- Incrementar y aumentar el dinero que circula en Ecuador sin incrementar la riqueza de su gente pero incrementando el crédito.

- Aumentar las responsabilidades financieras (Impuestos, seguros, pólizas médicas, etc.).

- Aumentar los impuestos y crear impuestos camuflados como licencias cada cierto tiempo, licencias para todo tipo de trabajo.

- Aumentar los gastos del gobierno (gastos en elecciones sin fin, en campañas políticas, en continuas elecciones de la asamblea, de nuevo congreso, de aprobación de la constituyente, de aprobación de la constitución, de referéndum etc.).

- Aumentar la burocracia (Correa creo cantidad de nuevos ministerios casi todos de planificación), ahora pretende crear cantidad de alcaldías, municipalidades, nuevas regiones, distritos metropolitanos.

- Enormes gastos en proyectos (la refinería que Correa propone comprar de Chávez habla de un costo de 5 mil millones de dólares antes de siquiera negociar, cuando refinerías de capacidad similar a las que Correa menciona han sido vendidas por solamente quinientos millones en Estados Unidos)

Ecuador ha perdido sus libertades y ahora esta siendo subyugado a la pobreza y servitud de su gente a los intereses económicos de banqueros internacionales. Mientras Ecuador este dolarizado, toda política económica está en manos de la Reserva Federal y por ende tal como dijo

Nathan Mayer, poco importa qué leyes y quién las haga, mientras tengan el control de la moneda controlan el país, tal cual lo hacen en Estados Unidos. Ecuador no tiene soberanía como tal mientras exista control de su moneda, pues estaremos sometidos a los deseos de los banqueros internacionales.

Las Burbujas Financieras

Según el NYSE y el NASDAQ, los mercados en Estados Unidos han perdido sobre $8 trillones de valor en 2006 y sobre quince trillones de valor en 2007. El problema que enfrentarán los Hedge Funds dejará al problema hipotecario como juego de niños. Si el derrumbe no ha sucedido todavía, es principalmente porque los chinos, japoneses y rusos están contra la espada y la pared, un colapso del dólar significa cerrar las fábricas, desempleo masivo y sin encontrar solución se mantienen comprando tiempo para colocar al mundo a su mayor beneficio. De modo que, continúan comprando derivados de EE.UU. aunque saben muy bien que carecen de valor. China esta en realidad perdiendo como 4 mil millones mensuales en su compra de bonos norteamericanos. La volatilidad del mercado es claramente visible y tal como aconteció en Febrero 28 de 2007, un desplome del 9% de la bolsa de valores de Shanghai causó un colapso en la mayoría de mercados del mundo. Casi el mismo estuvo a punto de suceder en 2008 y en un acto de desesperación, la Reserva Federal bajó los intereses como acciones de emergencia de la noche a la mañana. El resultado fue que en cuestión de dos días cerca de un trillón de dólares se esfumaron en pérdidas.

Las bolsas de valores del mundo en realidad está viviendo una burbuja financiera que nadie parece querer confrontar pero que es demasiado evidente. Por un lado, tenemos inversionistas norteamericanos comprando compañías chinas al 40% de su valor. Por el otro, tenemos los enormes Fondos Privados de Inversión que juegan con reservas de todo tipo de inversionistas y compran compañías con enormes deudas. Mientras inversionistas norteamericanos compran acciones con préstamos a sus tarjetas de crédito y con márgenes (préstamos extendidos por brokers), inversionistas chinos están hasta hipotecando sus casas para invertir en el mercado chino.

La Economía No Es Un Casino

El derrumbamiento financiero del mundo es inevitable y los déficit anteriores de Rusia, Argentina y Asia son solamente el preludio de una espiral que se mueve en un descenso irreversible, que se llevará todo consigo puesto que, como todo derrumbamiento económico, tendrá un catalizador que haga arrancar el movimiento destructivo que encienda en fuego la economía.

Todas las señales están a nuestro alrededor, pero lo más desafortunado es que el congreso de Estados Unidos no hizo nada sobre el asunto, cuando fue bastante obvio que la administración de Bush nunca estuvo capacitada a comprender las realidades del mundo. Seamos honestos, la administración de los neocons fue crear guerra y despilfarrar miles de millones de dólares –todo obtenido a crédito- en su aventura de Irak, Afganistán y la expansión del proyecto PNAC construyendo bases, triplicando el presupuesto de defensa, duplicando la reserva petrolera para causar la enorme subida del costo de petróleo, cuando el costo de mover al ejército norteamericano en todas las operaciones militares se ha convertido en el mayor consumidor de gasolina en el mundo.

Conspiración en Latinoamérica

Sin embargo, otros países están agenciosamente realizando pactos para su seguridad y su defensa, como los acuerdos realizados entre China e India en un pacto estratégico y económico que pretende crear un bloque digno de cambiar el orden mundial. A esto se junta el pacto de Rusia y China en un acelerado desarrollo tecnológico de armas. Varios acuerdos apuntan a que aún existe cooperación con Japón ya que China reemplazó a EE.UU. como el principal socio económico de Japón. China ha hecho cuantiosas inversiones y acuerdos con México, Brasil, Argentina y Venezuela. Es sumamente obvio que estos países están haciendo todo lo que está a su alcance para reducir los inevitables daños económicos que causarán el colapso del dólar, y es muy claro que están en "preparaciones para lo inevitable". El derrumbamiento tiene una ruta muy claramente establecida al patrón que tomará. No obstante, en Estados Unidos no se puede esperar cambios ahora que inicia el proceso de elecciones y la administración de Bush no puede hacer cambios, pues hacerlo sería admitir su incompetencia e incapacidad. Lejos de tener un plan concreto de desarrollo económico y de defensa estratégica, Estados Unidos bajo la dirección de Bush dejará de herencia cifras astronómicas de deuda, déficit, desempleo, inflación e inestabilidad. La misma oficina de auditoria del congreso de Estados Unidos ha emitido un informe donde muy claramente admiten que un derrumbamiento del dólar es inevitable. Así, las condiciones han sido dadas para los siguientes acontecimientos a venir. Mientras más grande el colapso más posible los siguientes escenarios.

· Desplome del dólar.
· Desplome de la Bolsa.
· Dificultad crediticia.
· Fusión derivada en un banco principal (JP Morgan/Citicorp...)
· Guerra Nuclear.
· Un ataque terrorista de gran magnitud en EE.UU. (químico, biológico, nuclear)
· Gran Incumplimiento de Deudas por Corporaciones
· Gran Incumplimiento de Deudas Municipales
· Desecho de los Bonos Extranjeros
· Alza de la taza de intereses

Una ley económica básica explica que toda deuda debe ser compensada. Las burbujas financieras son creadas por las deudas que no se pagan, por ejemplo, los derivados de EE.UU. actualmente sobrepasan los 375 trillones de dólares. Pero, ultimadamente esto debe terminar, porque eventualmente son deudas de financiamiento y déficit tan exorbitantes, que nadie puede solventarlas. Para agregar leña al fuego tenemos los siguientes problemas:

· Cantidades masivas de derivados.
· Devaluación del dólar.
· Supervaloración de la Bolsa de Valores.
· Acumulación masiva de la deuda corporativa.
· Acumulación masiva de la deuda personal.
· Programas de jubilación bajo financiamiento insuficiente.
· Burbuja de valores inmuebles.
· Niveles bajos de efectivo de fondos mutuos.
· Ganancias pobres.
· Deflación.
· Déficit Gubernamental y Municipal

Germánico Vaca Michelena

El incremento a la liquidez ha solucionado los derrumbamientos económicos alrededor del mundo y en Estados Unidos. No obstante, esta solución solamente hace que el derrumbamiento económico en curso sea mayor. La realidad es muy simple, la Reserva Federal ha optado siempre, automáticamente, por poner a funcionar sus máquinas de imprenta para prevenir cualquier problema. La Reserva Federal se concede ese derecho de falsificar dinero – inventarlo de la nada- y cobrar intereses para quien lo use.

Todos estos problemas han tenido características similares - fueron repentinos y solucionados por la Reserva Federal con mayor liquidez. Pero cuando tres acontecimientos sucedan al mismo tiempo, entonces el desenlace será inevitable ya que el resultado será una reacción en cadena atómica de los mercados. La chispa será un anuncio, sea de China o Japón, que ya no comprarán los derivados de EE.UU. puesto que no pueden permitirse tomar tales pérdidas enormes. Después de todo, han perdido sobre 95 mil millones de dólares y cada caída del dólar significa para ellos más pérdidas. Pero no solamente son los chinos, es cada Banco Central de cada país que mantiene reservas de dólar. Eso nos llevará a un momento de desecho precipitado de derivados estadounidenses por parte de los inversionistas alrededor del mundo. Las impresoras de la Reserva Federal simplemente no tienen la capacidad de imprimir tantos dólares para pagar la insuperable deuda y déficit en trillones de dólares en cuestión de días. De acuerdo a cálculos realizados por Shadow Statistics aún si cada ciudadano norteamericano pagara 30,000 dólares anuales para cubrir esa deuda tomará más de 60 años en pagarla. Como resultado, el dólar de EE.UU. caerá precipitadamente al abismo de la banca rota. Eso es inevitable, solo es cuestión de cuando.

En años recientes, la enorme inflación del dólar ha sido manifestada por una gigantesca burbuja de la bolsa, que ha hecho desaparecer sobre $22 trillones de dólares en capital de los accionistas desde que George Walker Bush está en la presidencia de EE.UU. Ahora estamos viendo que la inflación se manifestó en el enorme aumento de precios de las propiedades inmobiliarias, sin embargo el problema es tan grande que ahora se esta sintiendo efectos deflacionarios que obligan a la caída de los precios de las viviendas. Eso es una distorsión económica notable, Estados Unidos trata de vender el concepto de que es necesario reajustar los precios porque eran solo el producto de una burbuja financiera. Eso es mentira pues los precios necesitaban elevarse para compensar la devaluación enorme del dólar y la pérdida de valor adquisitivo. Al bajar los precios y reducirlos a precios de hace una década, significa el empobrecimiento organizado de la riqueza de sus ciudadanos y patrocinado por el mismo gobierno norteamericano. No obstante, cuando el dólar se estrelle, se llevará consigo las propiedades inmobiliarias sin importar si son sobre valuadas o devaluadas, junto con una gran cantidad de bancos, hipotecarios accionistas e inversionistas en bienes raíces.

Lejos de estar buscando soluciones, la Reserva Federal ha contribuido a la burbuja más grande de la historia, haciendo la situación mucho peor. Demasiada liquidez condujo inicialmente a la sobre valoración de viviendas, compañías, y aún productos. Demasiada liquidez al inicio del siglo hizo que las tasas de interés sean tan bajas, que corporaciones e individuos adquieran obligaciones financieras inmanejables. Demasiada liquidez impulsó a crear las burbujas que ahora el gobierno alude son el problema de bienes inmuebles. Demasiada liquidez contribuyó esencialmente a la devaluación del dólar. En cierta forma, el principio básico de la economía le cobró al dólar un alto precio por inundar el mercado de los billetes verdes de la Reserva Federal (sin importar su lema impreso de Nuevo Orden Mundial-Novus Ordum Seclorum). La adición de más liquidez no solucionó nada porque la prosperidad clamada por Bush al inicio de su gobierno era financiada a crédito y se convertía en un problema fundamental para la economía, esto apenas retrasa el inevitable desenlace.

Sin embargo, la Reserva Federal ha estado ocupada asumiendo el control de pequeñas naciones, de hecho estando en posible violación de la Ley de la Reserva Federal, puesto que la misma estipula claramente, que el **FED debe funcionar solamente dentro de los territorios de**

Conspiración en Latinoamérica

EE.UU. Sin embargo, en un evidente movimiento desesperado, han chantajeado a esos países a entregar todas sus reservas de oro a la Reserva Federal, como es el caso de Ecuador y El Salvador, han dolarizado esas naciones sin la autorización del Congreso de EE.UU., que se supone debe regular sus acciones.

Al igual que el acto desesperado de tratar de controlar la situación, el nuevo director Ben Bernanke inició un proceso de incrementar las tarifas de intereses, bajo el pretexto de detener la inflación. En realidad nunca hizo eso porque al mismo tiempo que se le vendía esa mentira al pueblo norteamericano y al mundo, se inició la guerra de Irak y cifras enormes nunca declaradas bajo el manto de seguridad nacional eran apropiadas y entregadas al Pentágono para la guerra de Irak. Las consecuencias fueron frenar la economía y entrar rápidamente en una aguda recesión que nunca admitió ni Bush ni Bernanke hasta que la evidencia era tan grande, que iniciaron nuevamente el proceso de bajar las tasas de interés por dos motivos. Sin impulsar la economía los republicanos no tienen ninguna posibilidad de ganar las elecciones, y sin la baja de intereses el colapso sucedería en el mismo gobierno de Bush. En pocas palabras están comprando tiempo.

Se podría debatir que el derrumbamiento ya ha comenzado. El enorme aumento de precios del petróleo acelerará la inflación en la mayoría de las naciones, imponiendo una presión enorme sobre las economías de países del tercer mundo ya de por sí acosadas por el monto de deuda extranjera, recesión, hambre y desempleo. La deuda sigue acumulándose. El mercado sigue siendo sobre valorado. El dólar sigue decreciendo. Y desgraciadamente, en vez de buscar soluciones, la Secretaría de Haciendas de Estados Unidos, tan solo hace tres meses pretendía que la economía "es más fuerte que nunca". La administración de Bush está mintiendo y la mentira es más grande *que armas de destrucción masiva en Irak,* la verdad está frente a sus ojos.

Los catalizadores ya están en movimiento. El desastre de Irak es un lío que ha puesto una enorme carga financiera sobre Estados Unidos, pagando **\$2.32 mil millones de dólares diarios** en intereses a una deuda que sigue en aumento, ya que gasta cerca de dos mil millones de dólares por día en Irak y Afganistán. Estados Unidos ya estuvo muy cerca del desastre con la desvaluación del dólar el año pasado en el mercado de obligaciones. Corea del Norte se está aprovechando de la situación, y cada vez está vociferando más alto en contra de EE.UU. China está muy ocupada estableciendo relaciones de lado a lado y de norte a sur, haciendo acuerdos desde económicos, estratégicos y geopolíticos para su defensa. Mientras que, esta administración clama haber reducido la amenaza del terrorismo. La realidad es que Irak cada vez más se acerca a una guerra civil completa. Igualmente el Talibán esta regresando a controlar ciertas zonas de Afganistán. El flujo de drogas en opio y heroína sigue siendo la única industria de Afganistán. Es solamente una cuestión de tiempo hasta que nuevamente regresen los mismos niveles de desafío del terrorismo organizado.

Con un mercado tan sobre valorado, el potencial para un desplome de la bolsa es más que una posibilidad, es muy probable. La situación de los derivados se está poniendo peor, actualmente suman a más de \$150 trillones de los diez bancos principales de EE.UU., según el contralor de la moneda. Esto equivale a diez veces más que el GDP total de EE.UU.

Si bien se espera que no estalle una bomba atómica pronto, la bomba de los derivados está a punto de estallar y será usada en contra de Estados Unidos de América. Una fusión de derivados se llevará consigo todos los bancos principales. El fracaso financiero del Banco Baring y la falta de capital a largo plazo nos ha demostrado que los derivados pueden causar un desastre financiero. Los principales bancos han abusado del sistema, que no tiene casi ninguna regulación federal sobre derivados. Las bombas de tiempo financieras en derivados están a punto de estallar.

En vano varios bancos asiáticos, europeos y norteamericanos simplemente han borrado enormes cifras de pérdidas tanto en los mercados como en hipotecas. Pero los parches económicos nunca dan resultado porque no son acciones correctivas de la falencia económica, es nada más una falsificación de números entre los trucos financieros que ahora se practican.

Germánico Vaca Michelena

Es obvio que China y Japón, necesitan detener las pérdidas en sus inversiones y eso no es posible mientras mantengan sus reservas en dólares. Es otra bomba de tiempo, tarde o temprano ellos comenzarán a deshacerse de esos derivados. Ya no es una cuestión de que si lo harán o no, sino más bien de cuándo; cuando esto suceda, las tasas de interés de EE.UU. se dispararán. Lastimosamente, esto causará también un efecto de dominó. El desecho de la deuda extranjera de EE.UU. podría elevar las tasas de interés en todo el mundo creando una calamidad sin nombre. Esto probablemente causará el desplome del dólar además de impulsar el deterioro o colapso del mercado. El dólar se ha estado debilitando la mayoría del año en curso, se ha devaluado cerca del 30% de su valor cumulativo superior. Parece ser que algunos países con cerebros pensantes en el gobierno han empezado el desecho de la deuda estadounidense. Pero en el caso de Ecuador, el capitán al mando del barco financiera ha dicho "Ecuador se mantendrá en la dolarización" cual capitán del Titanic, hasta que el bote se hunda por completo, aunque apostaría que Correa termina asilado en algún lugar cerca de Harvard donde podrá dictar clases de cómo ser un caballo de Troya.

Es también preciso entender el tipo de destrucción que conlleva para la economía un mercado en caída a largo plazo. Hay una vieja broma que dice, una recesión es cuando su vecino pierde su trabajo, una depresión es cuando usted pierde el suyo. No existe un fácil arreglo para lo que aflige la economía de EE.UU. La adición de liquidez es la única respuesta del FED, sin embargo, demasiada liquidez es la causa del problema, no la respuesta.

El punto clave es que aquellos que esperan proteger sus recursos van a sufrir enormemente. Este no es el tiempo para jugar con fuego y con el peligroso combustible del colapso económico.

Entonces, ¿qué podría desencadenar el colapso del dólar, contrario a una depresión lenta? Existen una variedad de posibles detonadores.

La Crisis Económica Ya Se Ha Desatado

La crisis económica internacional del 2002 tan solo fue un preámbulo de las cosas a punto de desatarse. En 1997-99 el derrumbe de las economías periféricas, del sureste asiático [Tailandia, Malasia, Indonesia], de Rusia, Colombia o Ecuador, fue capitalizado en la forma de migración masiva de capitales hacia Estados Unidos.

La dolarización de Ecuador y El Salvador transfirió todas las reservas de oro de las dos naciones a las cajas de seguro de la Reserva Federal en Dallas, Texas. Aparte de una enorme deuda para financiar la transferencia del dinero y bajo el pretexto de respaldar la banca ecuatoriana.

Es casi inconcebible que los grandes economistas de las naciones no adviertan el sucio truco de la Reserva Federal. Tan solo basta un incremento del 0.5% en la tasa de interés de los bonos para que súbitamente los especuladores y los bancos centrales compren los bonos de Estados Unidos. Pero dejemos de una vez por todas muy clara la verdad. Los US Securities, bonos de Estados Unidos se les vende como inversión pero son para todo propósito: La deuda, inflación y déficit de Estado Unidos.

Por un lado tanto en Europa como Estados Unidos el 99, 2000 y 2001 fueron años de auge en las apuestas de Wall Street, que aprovechó la desgracia de los demás para jugar con la economía igual que con la ruleta rusa. Pero esta vez la succión de capitales provocada por los escándalos de ENRON, XEROX, TYCO, etc., y varias compañías más, incluyendo la compañía de contabilidad Anderson que desastrosamente era la misma compañía que proveyó servicios de contabilidad a las compañías de Bush y a la compañía de Dick Cheney. Esto aceleró la crisis a desatarse. La recesión no ha podido ser contenida porque la base fundamental de la economía está ausente y es la razón primordial que está acarreando a todo la economía mundial consigo misma.

La próspera economía de apuestas de Nueva York comenzó sin embargo a frenarse por el aumento de los precios del petróleo. A pesar de todo tipo de manipulación de Estados Unidos el oro y la plata finalmente comenzó a disparase de precio. En parte es un requisito para compensar la enorme caída del valor adquisitivo del dólar, por el otro porque es el respaldo intrínsico del valor real de los metales.

A pesar de las pérdidas de más de seis trillones de dólares en la primera administración de Bush, este volvió a ganar las elecciones porque pudo más la propaganda del miedo que sin Bush en el poder los terroristas –reales e imaginarios- atacarían Estados Unidos. Ahora la suma de pérdidas sobrepasa los veinte trillones de dólares. Las repercusiones de ello son la marcada inflación y deflación en diferentes naciones. Pero las grandes transnacionales petroleras multiplicaron sus ganancias como nunca antes. Bush y sus amigos no han perdido nada, el plan les ha salido a pedir de boca porque Exxon y la mayoría de compañías petroleras han percibido ganancias como nunca antes vistas.

Estados Unidos el Responsable del Incremento del Costo De Petróleo.

Las decisiones incoherentes de la administración de Bush que usaron los pretextos del terrorismo para inventarse que Irak poseía armas nucleares y armas de destrucción masiva, todo para iniciar una guerra unilateral en contra de Irak con el propósito muy claramente delineado en el documento de PNAC de apoderarse del petróleo y recursos ha sido un fracaso rotundo a pesar de haber logrado su propósito de establecer bases militares en Irak, Kosovo y otros países para controlar el "mundo".

Así lejos de lograr incrementar el flujo de petróleo para influenciar la caída de su precio fue un fracaso, lejos de lograr 100 mil millones de dólares en ventas de petróleo Iraquí anualmente para recuperar los costos de la guerra, como lo anunciaba el ahora ex arquitecto de la guerra de Irak, ex director del Banco Mundial Paul Wolfowitz.

El resultado es todo lo contrario, el costo del petróleo ha subido a precios nunca antes vistos y con ello la inflación y desastre económico que conlleva. No solamente la elevacíon de costos, producida por los altos precios del petróleo, sino fuerzas más poderosas del interior de la misma economía han empezado a desatarse.

La desenfrenada "globalización" producto de la ola de privatizaciones de áreas estratégicas en todos los países incrementó la explotación de los trabajadores de todo el mundo, al mismo tiempo que disminuyó los empleos debido a la utilización tecnológica: electrónica, automatización, computadoras, Internet, telefonía celular, telecomunicaciones. Esto significó drástica reducción de empleos aunque se haya visto mayor productividad en algunos campos a razón de la tecnología.

Pero las ganancias económicas de las nuevas tecnologías comenzaron a ser decrecientes, los mercados mostraron sus límites y la tasa de ganancia comenzó a descender a finales del 2001.

Además, los fallidos experimentos económicos del Fondo Monetario Internacional (FMI) en Asia, en Rusia, en Argentina, en Ecuador y Turquía han demostrado que dichas instituciones lejos de hacer el bien son la causa de varios desastres económicos, nuevamente se debe definir que el FMI en realidad ha servido para causar las crisis de los países. Su forma de operación es el uso de las reglas de juego de Breton Woods y del dólar estadounidense. Cuando un país es otorgado un préstamo, la moneda local es devaluada directamente proporcional a la cantidad de dólares que reciben debido al incremento de dinero flotante que la nación debe imprimir. Esto permite crear una inflación y devaluación instantánea. Así se puede citar el caso de Ecuador cuando al recibir los préstamos del Fondo Monetario Internacional y de otras instituciones, la moneda nacional de Ecuador, el Sucre, que tenía un intercambio de $25 sucres por dólar y eventualmente llego a $5,000 sucres por dólar. Con estas devaluaciones impuestas por el Fondo Monetario Internacional al igual que otras entidades de préstamos internacionales han logrado cobrar hasta cinco veces el monto real de las deudas nacionales. Por dar un ejemplo lo he puesto en formula a lo que sucedió en Ecuador en 1980.

Monto de deuda x cantidad de intercambio de la moneda= deuda en sucres

200 millones de dólares X $25 sucres= cinco mil millones de sucres.

Solamente días después de recibir el préstamo el FMI designo que el monto del dólar seria valorado en 100 sucres por dólar, en cuestión de días el préstamo en realidad tenía ahora un valor de solamente cincuenta millones de dólares. Pero el Ecuador tendría que pagar los intereses y la deuda en dólares. Creando así en forma automática una enorme deuda de la cual los países nunca pueden salir.

En Argentina, Ecuador, Venezuela, Bolivia, Perú y Chile el FMI ya había matado hace años la gallina de los huevos de oro y no hay ya nada de gran valor que privatizar. Pero como todo evento económico es cíclico, las mismas compañías multinacionales que compraron por nada las compañías estatales de todos esos países ahora se ven enfrentadas a la necesidad de invertir en infraestructura. Su crecimiento se hace imposible sin hacerlo.

La solución es dar la bienvenida a los gobiernos del Socialismo XXI, Chávez, Morales, Correa. Los caballos de Troya pueden hacer que los países hagan el gasto. La nacionalización de los recursos es nada más una fase de su mecanismo de aprovechar al máximo la inversión.

La mediática entre los caballos de Troya será la confrontación, se les permitirá que hablen mal del tal mentado capitalismo y estos hablaran superficialmente de la nueva gran teoría de otro sociólogo alemán, quien se auto titula de tener, "La capacidad mental que solo Einstein y él entienden la dialéctica de Marx" y es que tanto admira a Engels y Marx que si estuviesen vivos muy seguramente les declararía su amor incondicional. Pero sin embargo, los préstamos a Chávez, Morales o Correa no han sido detenidos, muy convenientemente son aprobados porque es así como funciona el plan. Necesitan y desean que construyan la infraestructura para explotar los recursos, tanto como necesitan que las nuevas empresas estatales creadas por Chávez, Morales y Correa sigan incrementando sus deudas, porque así se irán madurando para el momento perfecto donde estén en la quiebra y Exxon, Texaco, Mobil, Chevron, Conoco, Occidental entonces regresarán a comprar por centavos de dólares devaluados las grandes falacias inventadas por los caballos de Troya.

Pero mientras eso sucede se mantiene el circo y el lavado mental. Mientras pudo el FMI impuso recetas a la Argentina de rebajar los salarios de los trabajadores, nada novedosa en el menú del FMI, se le agregó la realización de maniobras de tropas norteamericanas en territorio argentino y una base estadounidense en Tierra del Fuego.

En Ecuador el decreto ilegal de Jamil Mahuad, un graduado y actual profesor de la Harvard University, declaró la dolarización unilateral de la pequeña nación Sur Americana. Más allá de la ilegalidad de que una institución independiente de Estados Unidos, creada por una ley del congreso norteamericano como una corporación independiente y regulada bajo leyes federales y creando distritos bancarios haya asumido control completo de la economía de una nación soberana, los resultados de un gobierno manipulado por la Reserva Federal han dado como resultado el 70% de ecuatorianos viviendo bajo la pobreza, en un país que vende sobre 400,000 barriles de petróleo diario y eso significa 146,000.000 barriles al año, lo cual a un sólo dólar debería representar una enorme bonanza para el país, pero el dinero se esfuma por obra y gracia del Todopoderoso.

Conspiración en Latinoamérica

El dinero se esfuma a so pretexto de gasto, los presidentes ecuatorianos desfilan y más duran en campaña que en el puesto presidencial. Así entre 1999 hasta 2006 Ecuador tuvo seis presidentes: Abdalá Bucaram, Fabián Alarcón, Jamil Mahuad, Gustavo Noboa, Lucio Gutiérrez, Alfredo Palacio. Todo fue un proceso de preparación para dar la bienvenida al Caballo de Troya. Las masas no saben y desconocen como funciona la "diplomacia norteamericana" y las organizaciones como la OEA y la ONU, que fueron creadas supuestamente para defender contra estos abusos de una nación poderosa contra una débil, han mantenido el pleno silencio.

Con todo, fueron por las propias empresas privatizadas de Latinoamérica por donde se derrumbaron las esperanzas de estabilidad perpetua. La crisis Argentina, por ejemplo, derribó la Bolsa de Valores de Madrid en razón de las inversiones españolas devaluadas en Buenos Aires. Las caídas de las Bolsas han bajado las barreras numéricas, de 10 mil puntos del índice Dow Jones en Wall Street el 6 de abril y el 7 de septiembre del 2007; los de 8 mil del IBEX en Madrid el 6 de septiembre de 2007; los 5 mil del FTSE de Londres y los 300 de MerVal de Buenos Aires, 10 de septiembre del mismo año; y el nivel más bajo en 17 años del Nikkei de Tokio.

Todas estas crisis son las que siembran la semilla del descontento y la desesperación humana, lamentablemente la fruta que han dado en últimas décadas es el terrorismo, las guerrillas, el narcotráfico, los refugiados, la migración de nuestra gente a trabajar de sirvientes del mismo sistema capitalista que alimento su desgracia. Nuestra juventud crece con un sentimiento de pesimismo social y una creciente resistencia contra el capitalismo, las transnacionales, los monopolios y la globalización.

Desafortunadamente, pocos saben que los grupos izquierdistas, los marxistas y comunistas de hoy en muchos casos son agentes infiltrados o simplemente oportunistas que se aprovechan de ideologías caducas para destruir las vidas de varias generaciones.

Quizás el descubrimiento y revelación de cómo se conduce esta política de intervencionismo por parte de Estados Unidos, es un llamado a nuestros pueblos de reconocer que estamos en un cruce de cuatro esquinas.

Es quizás la encrucijada histórica que nuestros pueblos han necesitado para reconocer que necesitamos nuestro propio latinoamericanismo. Una ideología autóctona y propia que busque el progreso de nuestros pueblos sin la explotación de nuestros ciudadanos. El inicio de un acto conciente de todos en lanzar el desarrollo de nuestras naciones usando la creatividad y capacidad de nuestra gente.

Es el momento de convertir las esperanzas de nuestros pueblos en el combustible que alimente el motor del cambio.

Es hora de desplegar nuestras energías en busca de un cambio radical pero humanista, revolucionario pero pacífico, agresivo pero justo, completo pero no absoluto.

Es momento que nuestras nuevas generaciones inicien un nuevo movimiento político y económico donde puedan articular catalizar y revitalizar esos movimientos dispersos de cada nación y como bloque latinoamericano cuestionar el orden impuesto por esos organismos que sirven intereses de esa élite financiera encarnadas en las políticas globalistas, neoliberales y usurpadoras de la riqueza de nuestras naciones.

Colapso Económico Mundial

Las crisis del sistema financiero mundial están a punto de desatarse y pueden causar daños mucho más grandes que los vividos en la Gran Depresión de 1930. Las continuas pérdidas de los mercados financieros norteamericanos y del resto del mundo sobrepasan el 20% desde octubre del año pasado. Miles de millones de dólares se han esfumado en los mercados y a esto se suma las cuantiosas pérdidas en préstamos de hipotecas, préstamos comerciales y préstamos de autos. Cuando en Enero 22 los mercados asiáticos perdieron entre el 4% al 8% en un solo día, la junta de la Reserva Federal actuó de inmediato para recortar la tarifa de interés. En parte para prevenir una caída similar en Estados Unidos. Pero debemos analizar qué significa esto y que se debe hacer al respecto. Los efectos para el sistema global y específicamente para Ecuador deben ser estudiados de inmediato.

En la mañana del 22 de enero la Reserva Federal bajó los fondos federales y las tasas de interés de descuento como acción de emergencia por primera vez desde 2001. Esta también es la primera vez en toda la historia que la tarifa de fondos federales se ha bajado ¾ de un punto en la base, desde que la tarifa de fondos del FED se convirtió en la herramienta de las políticas fiscales. Así el interés es ahora del %3.50. Y los préstamos para los bancos es %4.

La pregunta ahora es, ¿cómo le afectará a Ecuador?

¿Por qué en Ecuador también no bajan los intereses?

Primero, leamos detenidamente la declaración del FED: "El comité llevó esta acción en vista del debilitamiento de las perspectivas económicas y del incremento en las desventajas al crecimiento. Mientras que las tensiones en mercados de financiamiento a corto plazo se han calmado en parte, las condiciones del mercado financiero a largo plazo han continuado a deteriorarse y el crédito se ha contraído para los negocios y casas. Por otra parte, la información entrante indica una profunda contracción de la vivienda así como cifras blandas en mercados de trabajo."

La sabiduría convencional es pensar que el FED respondió y uso este mecanismo para evitar la caída de sus propios mercados financieros, después de las enormes pérdidas en Asia y Europa en Enero 21 y 22. Pero debemos analizar por qué los mercados están perdiendo tanto dinero. La respuesta está en el enorme riesgo de las instituciones bancarias que han perdido miles de millones de dólares. La declinación en los mercados financieros es solamente un síntoma de la enfermedad, pero no la enfermedad.

No es la bolsa de valores.

Aunque la relación es fácilmente confundida a que la Reserva Federal reaccionó así debido a las enormes pérdidas de los mercados financieros en todo el mundo. La realidad es que la enfermedad es la "deflación" económica debido a la enorme deuda de Estados Unidos. La combinación de sobre nueve trillones de dólares en deuda fiscal (9,195,402,488,662.48) oficialmente, aunque las responsabilidades fiscales sobrepasan los 75 trillones de dólares. A esto se suma las enormes pérdidas de crédito de hipotecas de prestamistas secundarios, y se debe adicionar las pérdidas no solo en viviendas pero las propiedades inmobiliarias comerciales, las tarjetas de crédito y a los préstamos de automóvil.

Si bien es cierto que las compañías con fuertes balances comerciales pueden adquirir préstamos, según el diario The Wall Street, las compañías se ven confrontadas con tarifas más altas, más colaterales y menores préstamos.

Todos estos factores en conjunto apuntan a un inevitable Colapso Financiero en todo el mundo. El inicio de esta deflación monetaria puede acarrear todo el sistema consigo.

La situación no será limitada a Estados Unidos pero será una crisis global porque la economía flota en dólares. Una caída del dólar por tanto significa el colapso abrumador en todo el mundo. El déficit comercial de Estados Unidos sobrepasa los 700 billones de dólares. El déficit al igual que la deuda norteamericana que increíblemente es comprada como "INVERSION" en su versión de bonos, es por tanto financiado por los bancos centrales de los países que siguen comprando Bonos.

Conspiración en Latinoamérica

China y Japón se encuentran prisioneros del sistema, porque son los principales actores en la prolongación del esquema imperante, al ser quienes siguen financiando la deuda y el déficit. Si dejan de comprar bonos los norteamericanos dejan de comprar productos chinos y japoneses. El ejemplo más claro de esta situación es exactamente el colapso de las hipotecas y préstamos de vivienda. Lo que Estados Unidos no admite es que fue precisamente cuando los bonos de Fannie Mae y Freddy Mac (los dos mayores prestamistas de hipotecas) fueron prohibidos de vender dichos bonos en Europa y Asia, cuando se acabó el dinero para hacer préstamos de hipotecas y fue el inicio del problema hipotecario.

Si el dólar se colapsa entonces millones de gente quedaran en desempleo en China, y en varios países asiáticos porque miles de fábricas se cerrarán.

Como si fuese poco, la pesadilla para Hong Kong y China es que una recesión en Norteamérica significa un fuerte golpe para los exportadores. El índice de Hang Seng sufrió perdidas del 8.7%, o 2,061.23 puntos a 21,757.63 puntos en un solo día. Los inversionistas continuaron a desechar sus inversiones de bancos temiendo cuantiosas perdidas y las posibles pérdidas de de bancos asiáticos envueltos en los prestamos hipotecarios de Estados Unidos.

Una cosa poco entendida en el resto del mundo es que los japoneses, chinos y de hecho todos los países que compran BONOS americanos son los verdaderos perdedores del colapso y desfalco de préstamos de hipotecas. Todos los países que tienen fondos en dólares están perdiendo en tres frentes:

1.- La devaluación del dólar.- Cuando en este mes de Enero de 2008 la Reserva Federal por un lado emite cien mil millones de dólares para los bancos norteamericanos y el gobierno de George W. Bush anuncia otros ciento cuarenta mil millones para créditos, este dinero es creado de la nada, pues no existe respaldo alguno a dicho dinero inventado. Debido a que no existe respaldo económico se necesita una devaluación del dólar. La pérdida del valor adquisitivo significa muchas menos ganancias para todos los países, mientras que los norteamericanos pagan más por sus importaciones perciben menos por sus exportaciones.

2.- Los desfalcos y colapso del sistema de crédito en Estados Unidos afecta directamente a quienes hayan comprado bonos. Los perdedores al final son quienes facilitaron los préstamos por intermedio de comprar la deuda norteamericana como inversión.

3.- La deflación monetaria en Estados Unidos causa un acelerado desbalance en los mercados, enormes pérdidas del valor de la moneda y enormes pérdidas a los inversionistas y a los bancos. Esto da como resultado la hiperinflación que puede ser vista en los siguientes meses.

En Asia por ejemplo, El Banco **Industrial y Comercial de China** cayó el 11.11%. o 54 centavos. El **Banco de China** perdió el 8.6%, o 29 centavos. Después de pérdidas de más del 6% el día lunes. Todo esto a consecuencia de reportes en los periódicos de que se anunciaran cuantiosas pérdidas en las inversiones de hipotecas en Estados Unidos. Igualmente **HSBC Holdings** (nyse: HBC - news - people) cayó el 6.3%, o (92 centavos de dólar), de acuerdo a Forbes los mercados financieros asiáticos no tendrán una recuperación hasta llegar a niveles de Agosto 2007. Mientras tanto en Estados Unidos el **Bank of América** (nyse: BAC - news - people) reportó pérdidas de sobre el 95% de ganancias anteriores, o $268 millones, lo cual representa cinco mil millones de dólares en pérdidas. La compañía necesitará levantar capitales especialmente para completar su compra de **Countrywide Financial** (nyse: CFC - news - people), que está al borde de la banca rota por enormes pérdidas en préstamos. El Banco de **Wachovia** (nyse: WB - news - people) también reportó una caída del 98% en sus ganancias, o $51 millones en pérdidas y nada menos que $1.7 mil millones de pérdidas en préstamos.

Germánico Vaca Michelena

La pregunta es cuanto tiempo tiene el dólar y aunque se hace difícil pronosticar porque se están jugando todo tipo de trucos financieros para detener ese evento, la verdad es que el colapso del dólar es inevitable. Solamente que nadie sabe cuando. Por un lado se hace imposible el comprender por qué los países asiáticos siguen comprando dólares. La explicación quizás es el hecho que el mundo está inundado de dólares, haciendo imposible una alternativa ya que todas las monedas del mundo no pueden cubrir la cantidad de dólares que existen y sigue subiendo con las "apropiaciones" diarias del gobierno norteamericano. Nadie sabe qué cantidad realmente existe y Estados Unidos sigue imprimiendo dólares sin hacer excusas del fraude siendo perpetrado en el mundo. Las condiciones actuales de Estados Unidos son verdaderamente alarmantes: Colapso de hipotecas; millonarias pérdidas de los bancos; gigantescos gastos en la guerra de Irak y Afganistán; enormes caídas y pérdidas en los mercados; colapso de Hedge funds, lo cual será mucho peor que las pérdidas en préstamos de viviendas; enorme deuda del gobierno norteamericano; enorme devaluación del dólar.

Sin duda que China está conciente del peligro y por eso ha estado diversificando sus fondos monetarios y aumentados sus reservas en otras monedas e incrementando sus reservas de oro. Caso similar sucede con países como Dubai, Suecia y Noruega. Países como Rusia e India vienen por años reduciendo sus reservas en dólares y han evitado incrementar su comercio con Estados Unidos. Pero bancos centrales de otros países como varios países suramericanos incluyendo Chile, mantienen grandes reservas en dólares. Quizás el mayor peligro lo sufre Ecuador por estar bajo un sistema de dolarización que pueden convertir a la pequeña nación en el más grande perdedor del colapso a venirse.

Ecuador puede quedar enfrentándose a los siguientes problemas:

- Sus reservas monetarias (el oro) secuestrado en la caja fuerte de la Reserva Federal de Dallas Texas.
- No tener moneda alguna en el eventual colapso del dólar.
- Ser partícipe de la deuda norteamericana pues al estar dolarizado la deuda del dólar es deuda ecuatoriana.
- No tiene política económica propia y ésta es dictada en Estados Unidos ya que el acuerdo de dolarización no le concede ningún derecho a Ecuador.
- Colapso bancario de bancos ecuatorianos que tienen todas sus reservas en dólares.

CAPÍTULO XIV

LA VERDAD DEL DÓLAR

Por cientos de años, el oro fue utilizado como moneda circulante y para saldar deudas entre naciones. Los billetes se originaron como certificados de depósitos para el oro y su primo, la plata.

La ceguera en que vive el mundo es asombrosa y aunque la verdad está ante sus ojos, el mundo rehúsa ver lo que es tan evidente. La Reserva Federal es **una entidad legal independiente** de Estados Unidos de América. Es una realidad lastimosamente no muy bien comprendida que, así como Estados Unidos carece de moneda propia, a la vez carece de poder propio. De hecho, la Reserva Federal, que es una institución independiente de Estados Unidos de América, es quién imprime y emite el dólar. **Para todo efecto, la Reserva Federal es una entidad falsificadora omnipotente.** El poder de Estados Unidos de América **es aquel que la sociedad le da, además de lo que puede confiscar de tiempo en tiempo con algún pretexto u otro. No existe ninguna otra fuente de la que se pueda derivar el poder de Estados Unidos.** Debido a estas circunstancias varios presidentes norteamericanos han llamado a la Ley de la Reserva Federal él más enorme fraude de la historia. Porque precisamente gracias a esa Ley, Estados Unidos en realidad usa la Nota de la Reserva Federal como moneda pagando interés por usarla y dejando en manos de la Reserva Federal su destino económico.

Pero como si eso fuese poco, existe un problema estructural de la economía de Estados Unidos. Una de las peores decisiones económicas que alguna vez se haya hecho ocurrió el 15 de agosto de 1971, cuando el Presidente Richard Nixon cerró la llamada "ventana de oro", eliminando los últimos vestigios de respaldo del oro para el dólar. Hasta ese momento, el dólar había estado, al menos parcialmente, respaldado por oro y hasta entonces podía llamarse legítimamente "MONEDA" ya que al estar respaldada por oro y con las debidas restricciones en la capacidad que la Reserva Federal pueda inflar la fuente monetaria. Pero, una vez que el respaldo del oro fue eliminado completamente, todos los límites internos desaparecieron y se abrió la puerta para la creación de enormes cantidades de deuda con simplemente imprimir bonos y certificados de garantía. Mientras que existieran inversionistas dispuestos a comprar esos certificados y bonos, Estados Unidos puede beneficiarse vendiendo y exportando su deuda y su inflación. Sin embargo, la burbuja está a punto de estallar. Sencillamente, no se puede seguir imprimiendo papel para respaldar papel. Aunque eso es exactamente lo que está haciendo Estados Unidos cuando tiene un Director del FED que sin tapujos dijo que *"EE.UU. tiene las maquinas de imprenta para imprimir el dinero que les de la gana".* El desplome se tiene que detener en cierto punto pero serán las otras naciones del mundo quienes detengan el fraude no EE.UU.

La cruel realidad es que sin oro u otro respaldo, no existe nada que pueda detener a cualquier moneda circulante de papel de su devaluación. Pero, aunque el destino final de cada moneda que es respaldada por papel ha sido un colapso total, nunca aprendemos de la historia. Por ejemplo, el derrumbamiento en Francia en 1720 e incluso, la primera moneda de Estados Unidos, el continental y renombrado dólar confederado. Los gobiernos siempre están tentados a crear grandes cantidades de crédito, puesto que es más fácil y más popular que aumentar impuestos. Solamente el oro y la plata los puede restringir.

Estados Unidos ha creado la burbuja más grande de la historia mientras aparenta una ilusoria prosperidad. Haciendo desaparecer el respaldo de la moneda, EE.UU. creó prácticamente una extensión de crédito tácitamente ilimitada. En los últimos 34 años desde que Nixon cerró la ventana de oro, EE.UU. ha estado en una complacencia desenfrenada sin precedentes de crédito y despilfarro, mientras han estado obligando a los países que convenientemente llaman "tercermundistas" a mantener oro que respalde sus monedas. Estados Unidos simplemente imprime papel respaldado por papel y lo vende como inversión exportando así su deuda, su inflación y su déficit.

A la vez usando tácticas para devaluar las monedas de esos países a través de la manipulación de mercados y medidas emitidas por el FMI y el Banco Mundial, instituciones controladas por los mismos intereses que controlan el gobierno de la sombra de Estados Unidos, y los propietarios de la Reserva Federal han mantenido a los países del tercer mundo sumidos en la deuda y la pobreza pese a que la mayoría de estos países siempre han mantenido "oro" respaldando su moneda. Aquí existe otro suceso y debo decir otro acto insólito de nuestros grandes economistas. Si las reservas de los países latinoamericanos están en oro, cuando el precio del oro sube entonces dicha reserva monetaria debería subir directamente proporcional a la subida del precio del oro. En otras palabras, las monedas latinoamericanas deben ganar valor y el dólar debería ser devaluado directamente proporcional en reverso por su falta de respaldo a su moneda con algo de valor intrínseco.

La Reserva Federal ha estado generando activos a un índice de $1.5 trillones al año (en su mayoría electrónicamente), o cerca de $10,000 al año por cada ciudadano americano empleado. De hecho, EE.UU. ha creado una tarjeta de crédito para sí mismo sin tener fondos para respaldarlo, y al parecer, sin intención alguna de sufragar o pagar ningún dinero.

Los Bonos norteamericanos son la deuda, el déficit y la inflación de Estados Unidos vendidos como inversión. Cuando la Reserva Federal baja el interés con el propósito de incrementar el crédito domésticamente, al mismo tiempo obliga a asumir las perdidas a quienes tienen bonos, pues se les está forzando a que asuman las pérdidas de la devaluación del dólar, y las pérdidas de los incumplimientos de pagos de todos esos prestamos (hipotecas, carros, tarjetas de crédito). Al mismo tiempo, se imprime 260 mil millones adicionales sin respaldo alguno, entonces aunque se crea una "liquidez" de dinero en Estados Unidos orientada a motivar el crédito y el consumo, este dinero fue creado de la nada, por tanto bajo las mismas reglas de Bretton Woods la moneda será devaluada.

El problema financiero del mundo se hace cada vez más complicado. China se encuentra en una grave situación al estar inundados de dólares que llegan a los puertos de China a pagar por el 15.5% de las importaciones a Estados Unidos.

Igual situación vive Canadá (16.4% de importación) y México (10.7% de importaciones) países que para mantener el nivel de "exportaciones" deben mantener sus monedas desvalorizadas adquiriendo mas dólares en sus reservas. Otro país que se ha visto obligado a hacer lo mismo es Brasil. Todos estos países en sus absurdos intentos de mantener sus monedas bajas ante la desvalorización del dólar y mantener las exportaciones a Estados Unidos.

Las compañías exportadoras chinas son pagadas en dólares pero dicho dinero no puede ser usado en la República China. El hacerlo causaría enormes problemas de carácter hiperinflacionario que podrían contaminar toda la economía. La solución por parte del Banco de la República China para tratar de esterilizar el influjo de dólares sin intercambiar por yuans es emitir bonos gubernamentales chinos. El problema con ese esquema es que China debe pagar intereses en dichos bonos.

De acuerdo a datos publicados recientemente por el economista Hong Liang de Goldman Sachs, el Banco de China está perdiendo $4 mil millones de dólares al mes tratando de cubrir las pérdidas entre los bonos emitidos y la montaña de bonos norteamericanos.

El mes de Marzo 2008, el Banco de China vendió 5 mil millones de renminbis' en un sólo día tratando de esterilizar el dinero que entra de Estados Unidos. Pero al emitir bonos de corto plazo, el banco se encuentra con enormes obligaciones que están a punto de vencerse. De echo, este mes de enero se vencerán un trillón de RMB's y eso antes de que se figure las pérdidas de 4 mil millones que pierde mensualmente en intereses por la disparidad y pérdidas de la desvalorización del dólar.

La Reserva Federal elevó sus intereses ocho veces desde el inicio del 2006. Manufacturando así la inflación que tanto dicen querer frenar. Aún así la economía ha crecido un total del 11% en los años de Bush, lo cual significa un crecimiento anual comparativo a un país tercermundista. Mientras la inflación ha incrementado aún cuando ha obligado que los otros bancos chinos mantengan el 15% de sus depósitos en reservas del Banco de China en un atentado de mantener el control en la circulación del dinero y la cantidad de préstamos.

Ahora, tratando de evitar el pago de intereses el Banco de China también está obligando a los bancos a mantener parte de sus reservas en dólares. Pero con la continua desvalorización del dólar es el imponer a que el sector privado comparta las pérdidas con el sector público, incrementando las presiones del valor monetario del yuan. Así China se encuentra ante una sería situación a punto de desatarse. Para colmo, cuando Estados Unidos baja aún más sus intereses solamente se incrementa las pérdidas en China, la inflación puede ser aún mayor, Los intereses a pagar son más grandes, el Banco de China deberá hacer más remates de bonos y se incrementará las pérdidas que por ahora sobrepasan los 4 mil millones mensuales.

La Oficina de Auditoria del Gobierno de Estados Unidos Predice el Colapso Fiscal de Estados Unidos

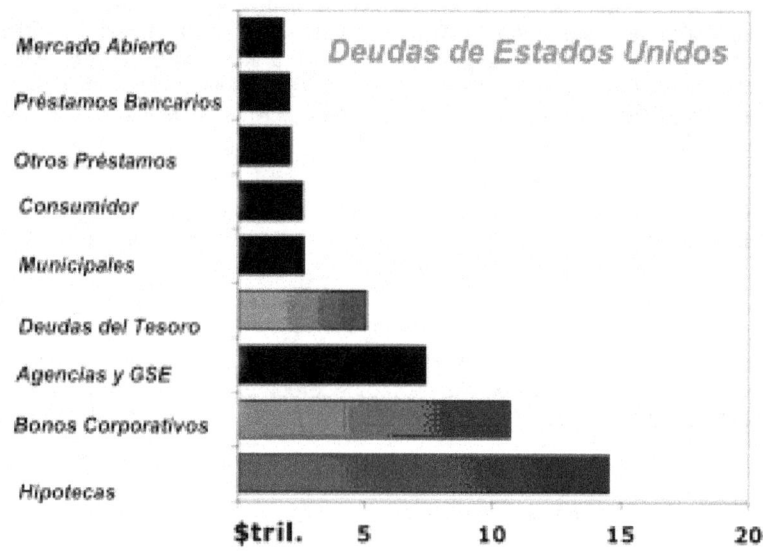

La Oficina de Auditoria del Gobierno de Estados Unidos predice el colapso fiscal de Estados Unidos, la misma que sirve al Congreso, previene que el déficit y deuda de la nación es tan abrumadora que el colapso fiscal es irremediable. Como el gráfico demuestra, la suma de las deudas de los norteamericanos, sin sumar siquiera las deudas y obligaciones del gobierno sobrepasa 55 trillones de dólares.

Germánico Vaca Michelena

Desafortunadamente, al igual que mis predicciones y análisis desde el año 2004, muchos de los cuales fueron enviados a varios presidentes de países latinoamericanos caen en oídos sordos. Categóricamente puedo decir que el único gobierno que inició un verdadero proceso de cambio fue Chile y Brasil en menor grado. Pero otros países no se dignaron ni contestar. Todas las indicaciones son demasiado evidentes. Así tenemos los siguientes factores:

1. La trayectoria del déficit del gobierno norteamericano sobrepasa el 20% del GDP, si a esto se adiciona la deuda nacional que sobrepasa el 85% de GDP no puede existir otra respuesta que la realidad, que Estados Unidos de Norteamérica está en la quiebra total.

2. La combinación de déficit del gobierno federal y déficit de Estados es tan grande que no se puede transferir la deuda del gobierno central a los gobiernos locales.

3. El crecimiento devastador y astronómico de la deuda no es un resultado directamente proporcional a los ciclos de crecimiento económico. Es más bien el resultado del sistema económico donde el crédito y responsabilidades asumidas por el estado y el gobierno federal no pueden satisfacer la capacidad productiva de sus habitantes y el retiro de sus trabajadores.

4. Las obligaciones futuras del gobierno norteamericano son astronómicas. La combinación de pagos de seguro social, pagos del medicare serán totalmente insolventes en el futuro.

5. Estados Unidos necesitará crecer al menos 10% anualmente por los próximos 75 años para poder solventar los problemas a venirse.

6. Si acciones no son tomadas rápidamente el gobierno norteamericano tendrá que cortar el 60% de su presupuesto. O tendrá que doblar los impuestos.

7. Los gastos del gobierno federal incluyendo responsabilidades del Seguro Social, Medicare y otras responsabilidades son un total de $50,5 trillones de dólares, o $400,000 por cada ciudadano. Esto no incluye las obligaciones futuras ni la deuda de sus ciudadanos, el hecho que Estados Unidos se está endeudando 2 mil millones de dólares por día y pagando 20 mil millones mensuales de intereses en la deuda del gobierno.

Las deudas de las corporaciones en Estados Unidos son igual de enormes que las del gobierno federal y de los ciudadanos norteamericanos. Al comparar la deuda se puede decir que están igual que el gobierno:

- Deudas de Corporaciones suman US. $10.7 trillones.
- Deudas del Gobierno Federal US $9.29 trillones.
- Deudas hipotecarias son aún más grandes. US $14.6 trillones.
- Deudas de los Estados Norteamericanos US $ alrededor de US$8 trillones
- Deudas de Tarjetas de Crédito. US $13.5 trillones

Para crear un número astronómico de deuda norteamericana que sumada sobrepasa fácilmente los $55 trillones — o mucho más que cinco veces el GDP.

Las presiones que estas deudas imponen sobre el verdadero valor del dólar son enormes. Pero son solamente una pequeña parte de la deuda completa de Estados Unidos. Las deudas de derivados es prácticamente otra deuda adicional y esta nadie sabe el número real, pero se considera que puede sobrepasar los 350 trillones. Peor si consideramos las recientes declaraciones de la Oficina del Controlador General de la Moneda (OCC) que expuso ante el Congreso norteamericano y dejó entrever que el colapso era imposible evitar.

Entre los puntos más notables, la misma oficina de contabilidad del congreso (OCC's) declaró que las cantidades precisadas son extremadamente excesivas y que se han convertido en un hongo (referencia al hongo que se forma en una explosión atómica) con alarmantes aceleración en los últimos años. Solamente hace doce años, la nominación total de valores en derivados sostenidos por bancos comerciales norteamericanos era alrededor de $16.8 trillones, para el fin del año 2007 se considera que es alrededor de 164.2 trillones. Pero eso es solamente los derivados sostenidos por bancos y no está calculado los fondos de riesgo Hedge Funds, los cuales pueden sumar un total de sobre cuatrocientos trillones de dólares.

Por tanto, el riesgo asociado con los derivados ha crecido el 67% este año. Al considerar que estos fondos no son regulados en los mercados intercambiarios establecidos es aún más alarmante la situación. Así, los bancos han estado perdiendo seria cantidades de dinero y la mayoría se concentra en los bancos más fuertes del sistema bancario, creando un 87% de exposición al crédito. Esos bancos tienen un porcentaje de riesgo tan elevado que están expuestos a un total colapso, estos son nada menos que JP Morgan (418.7%), HSBC (483.3%), Wachovia (81.4%), Citibank (223%), Bank of America (115.2%). Todas estas deudas están acelerándose rápidamente y los desfalcos de préstamos hipotecarios son pálidos en comparación a lo que puede suceder si cualquiera de estos bancos se tambalea.

Por supuesto que el impacto que todos estos factores tienen sobre el dólar es negativo. La Reserva Federal ha intentado vanamente de inyectar liquidez a un dólar cada vez más devaluado, pero la ausencia de disciplina fiscal, los gastos de la Guerra, las pérdidas financieras en los mercados financieros, los enormes intereses que debe pagar Estados Unidos en su deuda continúan deteriorando al U.S. dólar. Así enfrentamos una crisis de derivados, más graves crisis en vivienda, y el posible desfalco del dólar.

El decreto de dolarización en Ecuador establece un monopolio de poder extranjero en Ecuador. El mismo que se convierte en un gobierno invisible sobre Ecuador, el cual controla el destino del país manipulando el dinero. Así los banqueros del FED son quienes deciden qué cantidad de inflación y de crédito se impone sobre Ecuador. A pesar de que el momento que Ecuador asumió el dólar debería haber asumido exactamente la misma tasa de interés que en Estados Unidos, pues se vuelve tácitamente miembro de la Reserva Federal. Pero el acuerdo de dolarización firmado por Jamil Mahuad es un crimen por decreto, es el acto más atroz y criminal que haya sido perpetrado por un Presidente contra su propio país, bajo el cuento de ser un rescate económico.

La simple realidad es que el dólar es una "Nota de la Reserva Federal" y de esos intereses que la poseen. Poniendo el dólar como la moneda de reserva del mundo desde finales de la Segunda Guerra Mundial, ha permitido que EE.UU. pueda exportar su deuda, su inflación y su déficit al resto del mundo, y venderla a esos países (principalmente a Bancos Centrales de Japón, China y Rusia) quienes ingenuos la compran sin tener conocimiento alguno sobre el estado "entidad privada e independiente" de la Reserva Federal de EE.UU. En mi honesta opinión, esto trasciende a ser el mayor fraude de la historia.

Fraude de la Reserva Federal en Ecuador

Existe la posibilidad de que Ecuador tenga un recurso legal para salir de la dolarización. He revisado exhaustivamente los documentos del Federal Reserve Bank de Dallas Texas el cual es el Banco de la Reserva Federal que realizó las negociaciones con el país, he revisado los documentos que se han publicado con respecto a la dolarización y en todos encuentro un

FRAUDE. Creo que es de suma importancia para el país compartir esta información con los senadores, congresistas, estudiantes y con todo ecuatoriano. Pero no sólo en Ecuador sino también con los otros países que han sido dolarizados ilegalmente.

EN TODOS los documentos que he revisado se menciona la adopción del "currency of the United States of America" se menciona como un convenio. He ahí la clave. Estados Unidos de Norteamérica de hecho no tiene "currency" alguno. Por favor revise cualquier "dólar" dice que es a "FEDERAL RESERVE NOTE". Nota de la Reserva Federal.

La Reserva Federal es una entidad independiente de Estados Unidos, es tácitamente una corporación establecida por el Congreso de Estados Unidos, este estatuto dice: " La Reserva Federal es una entidad independiente....teniendo propósitos públicos y privados"

Por tanto, Ecuador debe usar todos los recursos legales a su alcance y de hecho demandar a Estados Unidos por fraude, daños y perjuicios porque a menos que el congreso de Ecuador haya aprobado que Ecuador sea una colonia de Estados Unidos, o que hayan creado y aceptado una acta creando una sucursal del Federal Reserve que desconozca, la dolarización es un fraude.

Debido a que el Federal Reserve Board opera partiendo de una ley del Congreso de Estados Unidos de Norteamérica, sin duda no tiene derecho alguno a ejercer dentro de un país soberano como es Ecuador. El Federal Reserve Board debía primero registrarse para conducir NEGOCIOS en Ecuador y de hecho ser autorizada tanto por el Congreso de Estados Unidos para "enmendar" la constitución de Estados Unidos. Como igualmente debía haber una ley por parte del Congreso de Ecuador autorizando permitir que Ecuador se anexara a Estados Unidos para que fuese legal que The Federal Reserve Board pueda operar. De lo contrario, el tratado de dolarización debe ser anulado de inmediato porque de acuerdo a la ley de Estados Unidos la LEY que creó el FED dice:

"Federal Reserve Act Dispersed throughout 12 USC; ch. 6, 38 Stat. 251 (December 23, 1913)

"Para proveer y establecer los Bancos de la Reserva Federal, para crear una moneda elástica, para tener los medios de redescontar el papel comercial y establecer una más efectiva supervisión de los bancos en Estados Unidos, y para otros propósitos".

Estoy seguro que el Ecuador no es "otros propósitos".

Es por esta razón que siendo La Reserva Federal una entidad legal independiente y sin autoridad de entrar en negocios con un país soberano, excepto si el congreso norteamericano hubiese cambiado y enmendado la ley, lo cual nunca ha sucedido, al estar compuesto de doce Bancos en ocho distritos independientes en Estados Unidos, para crear la dolarización legal existiría la necesidad de que el FED sea aprobado como una entidad gubernamental de otro país y de hecho anexar dichos países a Estados Unidos, antes de que se pueda aplicar la Ley 12 USC:ch 6,38 Stat 251.

La Reserva Federal funciona por intermedio de una Ley legislativa del Congreso de Estados Unidos. Ya que dicha ley legislativa no tiene jurisdicción dentro de Ecuador, por tanto sus actividades quedan en sí tácitamente nulas e invalidas y constituyen un fraude por parte de Estados Unidos. La decisión y leyes del Congreso de EE.UU. no aplican dentro del Ecuador, por tanto la dolarización en efecto es ilegal.

El dólar está a punto de caerse con trillones de dólares en deudas. Estados Unidos está pagando 2.32 billones diarios de deuda y en apenas cuatro años ha acumulado una deuda de 4 TRILLONES de dólares. Estados Unidos mantiene el dólar respaldado por solamente "US securities", papel respaldando papel. El momento que impone que Ecuador respalde el dólar con oro esta cometiendo un FRAUDE de increíbles proporciones.

Lo que menos necesita Ecuador es ser acarreado al fango cuando el colapso del dólar es eminente. Ecuador fue obligado a poner 'RESERVAS DE ORO" CUANDO EL DOLAR DE HECHO SIEMPRE HA SIDO RESPALDADO POR "US securities". Es imperativo que Ecuador contrate expertos en el asunto y establezca una demanda LEGAL inmediatamente para establecer su propia moneda y separarse de inmediato del dólar.

Tres características del esquema de dolarización en Ecuador son las bases legales que merecen revisarse y de énfasis particular. Primero, la dolarización legal tenía que realizarse con aprobación del Congreso Norteamericano porque es quien manda sobre el FED por medio de una ley. La dolarización unilateral por parte de Ecuador por medio de un decreto ilegal del entonces Presidente de Ecuador Jamil Mahuad, no tiene validez alguna al no haber sido aprobado por el Congreso de Estados Unidos ni por el Congreso de Ecuador. Ecuador no pidió al gobierno norteamericano la aprobación. Sin el permiso LEGAL para poner dicho esquema de la dolarización en ejecución, en cierta forma es un contrato ilegal entre el ex presidente Jamil Mahuad quien debe ser demandado inmediatamente y el Banco de la Reserva Federal de Texas, quienes actuaron ilegalmente ya que la Ley aprobada por el congreso norteamericano no permite al FED operar fuera de Estados Unidos. Por tanto, el contrato es ilegal y debe ser abolido de inmediato. En segundo lugar, el contrato y decreto de Jamil Mahuad conceden y ceden toda autoridad e independencia de Ecuador y poder del gobierno a la Reserva Federal para conducir la política monetaria y acepta implícitamente las decisiones de política monetaria de la Reserva Federal de Estados Unidos, en plena violación de la Constitución del Ecuador y en plena violación de la Ley de la Reserva Federal -"Federal Reserve Act"- emitida por el congreso de Estados Unidos. La decisión de Ecuador de dolarizarse tenía que ser negociada con el gobierno norteamericano. Bajo el decreto de dolarización de Jamil Mahuad, Ecuador no tiene ni voz ni voto. Ecuador por tanto no tiene así ninguna participación en el control y destino del país ni dentro del país ni en el mercado abierto. Tercero, la moneda ecuatoriana fue substituida totalmente por el dólar, no apenas por un equivalente del dólar. Eso va en contra de la Ley del Federal Reserve Board.

Estos aspectos son significativos porque fijan la dolarización aparte de algunas alternativas consideradas por otros países. La dolarización no podía ser hecha unilateralmente porque por un lado, la Reserva Federal ni siquiera estaba involucrada en la junta directiva, pero aparentemente Ecuador lo hizo con el Banco Central de Texas. Está en plena violación de la Ley Federal de EE.UU. Lo lógico era negociar un tratado de asociación monetaria con Estados Unidos. Tal tratado daría derecho al país para dolarizarse y al confiar como ha hecho Ecuador de todas sus reservas de oro. Esto puede constituir un robo por parte del Banco Federal de Texas y se debe poner una demanda legal de inmediato por parte del Ecuador y debe encontrar justicia legal en Estados Unidos.

Para hacer esa acción válida, el decreto de Jamil Mahuad debe ser abolido de inmediato. Ecuador simplemente no podía ceder todas sus reservas de oro y convertirse en contribuyente de Estados Unidos sin tener derecho alguno. Además debe demandar de inmediato al Banco de la Reserva Federal de Texas ya que al haber depositado todas sus reservas de oro, pierde la remuneración que significa tener reservas de oro de su propia independencia, sin contar que no tiene poder absoluto en la política monetaria. De lo contrario, la única alternativa para Ecuador es exigir a Estados Unidos la ciudadanía estadounidense para todos los ecuatorianos, y que el Banco Central de Ecuador se convierta en un Distrito más de la Reserva Federal porque de lo contrario, está en plena violación de la ley. Una alternativa que abarca más, sería negociar una unión monetaria similar al sistema monetario europeo actual. En una unión monetaria, Estados Unidos y el país en vías de desarrollo acordarían tener una moneda común, lo cuál podría ser el dólar, pero debido a que el dólar está a punto de quebrarse la solución para Ecuador es abolir el sistema de inmediato. Ecuador necesita recobrar su independencia y tiene que usar la prensa, la ley, la Organización de Estados Americanos para defenderse de este fraude cometido por el presidente Jamil Mahuad y el Banco de la Reserva Federal de Texas.

Es demasiado evidente que el tratado de dolarización de Ecuador es ilegal ya que el Congreso de Ecuador jamás fue informado ni tenía conocimiento que la Reserva Federal es **una corporación y entidad independiente de Estados Unidos,** que funciona bajo una Ley de Estados Unidos y que no tiene recurso legal de operar en otro país. Sin autoridad del congreso norteamericano su intervención es ilegal. Dicha autorización nunca ha sido dada. Igualmente, el congreso de Ecuador jamás ha autorizado ceder la independencia y soberanía de Ecuador a un Banco de Texas.

Por tanto, dicho tratado monetario de Ecuador y la unión monetaria decretada por Jamil Mahuad no es factible sin negociaciones prolongadas y complejas entre el gobierno de Ecuador y de Estados Unidos y sin aprobación compleja del congreso norteamericano.

El 4 de junio de 1963, un decreto presidencial casi desconocido, el Decreto Ejecutivo Nº 11110, fue firmado con la autoridad básicamente para despojar a los Banco de la Reserva Federal de su poder para prestar dinero con intereses al gobierno federal de Estados Unidos. De un plumazo, el Presidente Kennedy declaró que el Banco de la Reserva Federal de propiedad privada estaría pronto fuera del negocio.

Cuando el Presidente John Fitzgerald Kennedy firmó esta Orden, devolvió al gobierno federal, específicamente al Departamento de Tesoro, el poder constitucional para crear y emitir divisas - el dinero - sin pasar por el Banco de la Reserva Federal que es de banqueros internacionales y por ende poseído privadamente.

Aunque se pasa por alto el esfuerzo de Kennedy por reformar la sociedad americana, Kennedy al parecer razonó que el retorno a la constitución, donde esta establecido que solo el congreso acuñará y regulará el dinero, la creciente deuda nacional podría reducirse al no pagar intereses a los banqueros del Sistema de la Reserva Federal que imprimen el papel moneda y luego lo prestan al gobierno con intereses.

El decreto Ejecutivo del Presidente Kennedy Orden Nº 11110 dio la autoridad explícita al Departamento de Tesoro: *"para emitir certificados de plata contra cualquier lingote de plata, o dólares en metal tanto de oro como de plata existentes en la Tesorería."* Esto significa que por cada onza de plata en la bóveda de la Tesorería americana, el gobierno pudiera introducir el nuevo dinero en circulación basado físicamente en la plata en lingotes que estuviesen allí. Como resultado, más de $4 mil millones de dólares en billetes de Estados Unidos entraron en circulación en denominaciones de $2 y $5 dólares.

Kennedy fue asesinado antes de que eso pueda suceder. Nunca circularon los billetes de Estados Unidos de $10 y $20 dólares que estaban impresos por el Departamento del Tesoro. Se puede conjeturar que el Presidente Kennedy sabía que el dinero de la Reserva Federal usado como el supuesto dinero legal de Estados Unidos, era contrario a la constitución de Estados Unidos de América.

Los billetes de Estados Unidos "fueron emitidos como divisas libres de interés" y deudas avaladas por las reservas de plata en la Tesorería americana. Comparamos un "billete (note) de la Reserva Federal" emitida por el privado Banco Central de Estados Unidos (Banco de la Reserva Federal a/k/a Sistema de la Reserva Federal), con un "billete (note) de Estados Unidos" de la Tesorería de EE.UU. emitida por la orden ejecutiva del presidente Kennedy. Parecen iguales, excepto que uno dice "Federal Reserve Note" en la parte superior mientras que el otro dice "United States Note". Asimismo, el billete de la Reserva Federal tiene sello y el número de serie color verde mientras que el billete de Estados Unidos tiene un sello y el número de serie en rojo.

El Presidente Kennedy fue asesinado el 22 de noviembre de 1963 y los billetes de Estados Unidos que él había emitido se sacaron inmediatamente de circulación. Los billetes de la Reserva Federal continuaron sirviendo como el dinero legal de la nación. Según el Servicio Secreto de Estados Unidos, el 99% de todo el papel "moneda" americano que circula en 1999 son billetes de la Reserva Federal.

Kennedy sabía que si los billetes de Estados Unidos avalados en plata circulaban ampliamente, ellos eliminarían la demanda de billetes de la Reserva Federales. Ésta es una cuestión muy simple de economía. El USN (billete de EEUU) se avalaba en metal plata y el FRN (billete de la Reserva Federal) no está avalado con algo de un valor intrínsico. Es papel respaldado por papel.

El decreto ejecutivo 11110 podría haber impedido que la deuda nacional crezca en semejantes proporciones (virtualmente se han creado trillones de deuda federal desde 1963). Si Lyndon B. Jonson, sucesor de Kennedy o cualquiera de los posteriores presidentes le hubiesen dado curso, esto habría permitido al gobierno norteamericano casi inmediatamente la capacidad de rembolsar su deuda sin ir a los Bancos de la Reserva Federal privada a quien tiene que pagarles intereses por crear el sistema de falsificación monetaria.

El Decreto 11110 le devolvía a EE.UU. la habilidad para crear su propio dinero avalado en metal-plata y dominio del valor digno de algo. En la actualidad cada nota de la Reserva Federal está respaldada por cuatro centavos de oro, que son de Estados Unidos y no de la Reserva Federal.

Sólo cinco meses después de que Kennedy fuese asesinado, ni un solo "Certificado de Plata" de la Serie 1958 fue emitido y los circulantes fueron rápidamente sacados de circulación. Quizás el asesinato de JFK fue una advertencia a todos los futuros presidentes de no interferir con el control de la Reserva Federal privada sobre la creación de dinero. Quizás por eso Correa no se atreve a hacer lo correcto.

Parece muy claro que el Presidente Kennedy desafió a la élite financiera que controla el mundo. Kennedy mejor que nadie sabía la verdad porque su familia ha sido parte de esa élite financiera. Nunca se sabrá la verdad, pero no puede caber duda que realizó esfuerzos para sacar a las tropas norteamericanas de Vietnam en 1965 y su decreto ejecutivo 11110 habría destruido las ganancias y el control de los banqueros.

Decreto Ejecutivo 11110

ENMIENDA DEL DECRETO EJECUTIVO NO. 10289 SEGÚN ENMENDADO, RELACIONADO A CIERTAS FUNCIONES QUE AFECTAN EL DEPARTAMENTO DEL TESORO. En virtud de la autoridad investida en mí por la Sección 301, Título 3 del Código de Estados Unidos, se ordena:

SECCIÓN 1. Decreto Ejecutivo No. 10289 del 19 de septiembre de 1951, según enmienda, se enmienda por la presente más allá - (a) agregando al final de párrafo 1 el sub-inciso siguiente (j): "(j) La autoridad investida en el Presidente por el párrafo (b) de la Sección 43 de la Ley del 12 de mayo de 1933, según enmienda (31 U.S.C. 821 (b)), para emitir certificados de plata contra lingotes de plata, metal plata, o los dólares estándar de plata existentes en la Tesorería no retenidos para el rescate de cualquier certificado de plata excepcional, para prescribir denominaciones de tales certificados de plata y acuñar dólares normales de plata dinero de plata subsidiario para su rescate, y (b) revocando los sub incisos (b) y (c) del párrafo 2 del mismo. SECCIÓN 2. La enmienda ejecutada mediante este Decreto, no afectará cualquier ley establecida o cualquier derecho que aumenta o aumentó o cualquier pleito o procedimiento en curso o comenzaron en cualquier causa civil o criminal anterior a la fecha de este Decreto, pero tales

obligaciones todas, continuarán y pueden aplicarse como si las enmiendas no hubieses sido realizadas.

JOHN F. KENNEDY

THE WHITE HOUSE,

El 4 de junio de 1963

Una vez más, el DECRETO Nº11110 todavía es válido. Según el Título 3, Código de Estados Unidos, Sección 301 fechado el 26 de enero de 1998:

Decreto Ejecutivo (EO) 10289 fechado 17de Sep, 1951, 16 F.R. 9499, fue enmendada por:

EO 10583, fechado el 18 de diciembre de 1954, 19 F.R. 8725;

EO 10882 fechado el 18 de julio de 1960, 25 F.R. 6869;

EO 11110 fechado el 4 de junio de 1963, 28 F.R. 5605;

EO 11825 fechado el 31 de diciembre de 1974, 40 F.R. 1003;

EO 12608 fechado el 9 de septiembre de 1987, 52 F.R. 34617

Las enmiendas de 1974 y 1987, agregadas después de la enmienda de Kennedy de 1963, no cambiaron o alteraron parte del EO 11110 de Kennedy. Una búsqueda de los decretos del ejecutivo y directivas presidenciales de Clinton de 1998 y 1999 no han mostrado ninguna referencia a cualquier alteración, suspensión o cambios al EO 11110.

El Banco de la Reserva Federal, también conocido como el Sistema de la Reserva Federal, es una Corporación Privada. Black's Law Dictionary define el "Sistema de la Reserva Federal" como: *"La red de doce bancos centrales a la que pertenece la mayoría de los bancos nacionales y a la cual bancos estatales alquilados pueden pertenecer. Las reglas de los miembros requieren inversión en acciones y reservas mínimas"*. Los bancos privados poseen las acciones del SRF (Sistema de la Reserva Federal). Esto se explicó en más detalles en el caso de Lewis vs. Estados Unidos, Reporte Federal, 2da Serie, Vol. 680, Páginas 1239, 1241 (1982), dónde la corte dijo: *"Cada Banco de la Reserva Federal es una corporación separada de propiedad de bancos comerciales en su región. Los bancos comerciales con tenencia de acciones elijen dos terceras partes de los nueve miembros de la Junta Directiva de cada Banco'.*

Los Bancos de la Reserva Federales son controlados localmente por sus bancos miembros. Una vez más, según el Black´s Laws Dictionary, encontramos que estos bancos privados emiten actualmente dinero:

"Ley de la Reserva Federal la cual creó Bancos de la Reserva Federales que actúan como agentes en mantener las reservas de dinero, emitiendo dinero en forma de billetes (notes), prestar dinero en forma de billetes bancarios y dirigir los bancos. Administrado por la Junta de la Reserva Federal (q.v.)".

Los Bancos de la Reserva Federal de propiedad privada (FED) actualmente emiten (crean) el "dinero" que nosotros usamos.

En 1964, el Comité de la Cámara de Bancos y Dinero, el Subcomité en Finanzas Domésticas (hacienda), en la segunda sesión del 88º. Congreso, publicó un estudio titulado "Money Facts" que contienen una buena descripción de lo que es el FED: *"La Reserva Federal es* *una máquina lucrativa total. Puede emitir dinero o cheques. Y nunca tiene problemas para convertir sus cheques porque puede obtener los billetes necesarios de $5 y $10 dólares para cubrir sus cheques, simplemente pidiéndole a la Oficina de grabarlos para imprimirlos."*

Cualquier persona o cualquiera grupo estrechamente unido que tiene mucho dinero, tiene mucho poder. Ahora imagine un grupo de personas que tienen el poder para crear el dinero. Imagínese el poder que estas personas tendrían. Esto es exactamente lo que el Sistema de la Reserva Federal es.

Ningún hombre hizo más para demostrar el poder de FED que Louis T. McFadden quien fue Presidente del Comité Bancario de la Cámara en los años treinta. Describiendo el FED, comentó en los Registros del congreso, páginas de la Cámara 1295 y 1296, el 10 de junio de 1932:

"Sr. Chairman, nosotros tenemos en este país una de las instituciones más corruptas que el mundo ha conocido alguna vez. Me refiero a la Junta de la Reserva Federal y a los Bancos de la Reserva Federales. La Junta de la Reserva Federal, una Junta Gubernamental, ha estafado al Gobierno de Estados Unidos y a los ciudadanos de Estados Unidos con el dinero suficiente para pagar la deuda nacional. Las depredaciones y las iniquidades de la Junta de la Reserva Federal y los Bancos de la Reserva Federales que actúan juntos, han costado a este país bastante dinero como para pagar varias veces la totalidad de la deuda nacional. Esta perversa institución ha empobrecido y arruinado al pueblo de Estados Unidos; se ha arruinado a sí mismo y prácticamente ha arruinado a nuestro Gobierno. Ha hecho esto a través de la administración deshonesta de esa ley por la que la Junta de la Reserva Federal fue creada y a través de las prácticas corruptas de los buitres adinerados que la controlan."

Algunas personas piensan que los Bancos de la Reserva Federales son instituciones gubernamentales de Estados Unidos. No son instituciones, departamentos, o agencias gubernamentales. Son **monopolios privados de crédito que rapiñan del pueblo de Estados Unidos** para el beneficio de ellos mismos y sus socios extranjeros. Estos 12 monopolios privados de crédito fueron falsamente creados en Estados Unidos por banqueros que vinieron de Europa y se apoderaron de instituciones norteamericanas.

La Reserva Federal trabaja básicamente así:

El gobierno otorgó su poder para crear el dinero a los bancos de la Reserva Federal.

Ellos crean el dinero, luego lo prestan al gobierno cargando intereses.

El gobierno recauda impuestos sobre los ingresos para pagar los intereses de la deuda. En este punto, es interesante notar que la Ley de la Reserva Federal y la decimosexta enmienda que dieron poder al congreso para recaudar impuestos por los ingresos fueron aprobadas ambos en 1913.

El increíble poder del FED sobre la economía se admite universalmente. Algunas personas, sobre todo en las comunidades bancarias y académicas incluso lo apoyan. Por todo lo expuesto en este estudio las razones son obvias, sea porque reciben dinero del FED como sus representantes o agentes, sea porque pertenecen a logias masónicas, sea por ignorancia de no saber verdaderamente qué es la Reserva Federal. De lo contrario ninguna persona puede cabalmente apoyar a una institución como la Reserva Federal.

Germánico Vaca Michelena

La Verdad del Porque Ecuador Debe Salirse de la Dolarización

Estados Unidos de Norteamérica discute la creación del AMERO como reemplazo del dólar y varios economistas apuntan al 'eventual colapso del dólar", razón por la cual, Ecuador debe trabajar arduamente para salirse de la dolarización, las razones son obvias pero aquí expongo las razones más importantes y algo de verdad que se oculta. No puede caber duda alguna que quien quiera que proponga mantener al Ecuador dentro de la dolarización o trabaja para los intereses del FED, o ignora las verdades económicas del mundo.

Seguramente ha escuchado recientemente que los prestamistas de hipoteca en Estados Unidos se han estado yendo a la quiebra más vertiginosamente que la reputación de George Bush. Los medios de prensa de Estados Unidos, el FED y el gobierno han dicho que el problema es "prestamistas secundarios," aduciendo además que tales "daños se pueden contener." Sin embargo, debo decirle que el problema con los prestamistas secundarios solamente es un preámbulo a un desastre catastrófico a punto de desatarse en la economía mundial.

Estado Unidos de Norteamérica está a punto de sufrir el derrumbamiento económico más grande de la historia. La verdad trágica es que la deuda verdadera de Estados Unidos está sobre 76 trillones de dólares, lo cual es siete veces más grande que el GDP nacional. Luego de enviar mi carta al periódico TODAY estos realizaron su propia investigación y publicaron que en verdad, la deuda sobrepasa los 59 trillones. Estados Unidos está en completa bancarrota pero han ocultado esta verdad por medio de ingeniosos trucos de contabilidad. Un claro ejemplo es que existes millones de gente desempleada en Estados Unidos que el BLS bureau los reporta como "gente que no están en actividad económica". Si Ecuador usara ese truco sucio prácticamente no tendría desempleados. Después de varias cartas, el mismo periódico de USA Today reportó que en verdad, la deuda es por lo menos 59 trillones. Al mismo tiempo que la misma contraloría de USA anunció que las pérdidas del gobierno de Bush son de 1.3 trillones de dólares al año y no los 230 billones que pretender clamar.

Haciendo un análisis real de la deuda de Estados Unidos se puede concluir que son 15 trillones de dólares en deuda del gobierno. Aunque la deuda Federal de EE.UU. es de 9.19 trillones de dólares, una cifra digna de causar ataques epilépticos, dicha deuda está creciendo en el índice de 1.96 mil millones dólares por día. Estados Unidos está pagando 22 mil millones dólares al mes en interés solamente, y como si fuese poco, esta administración actual está defraudando a la gente norteamericana "tomando prestado" de los varios fondos fiduciarios bajo su control. Unos $2 mil millones han desaparecido de cuentas de fideicomiso de estadounidenses nativos (actualmente demandados los departamentos del interior y de hacienda), y el ¾ TRILLÓN dólares han sido tomados del fondo fiduciario de retiro del Seguro Social en los últimos 6 años de esta administración corrupta.

El control de la prensa y de los medios de comunicación aparte de los inventos y números ficticios que publica el gobierno ha ocultado esta verdad. El propósito y la razón son muy claros. Estados Unidos necesita vender una cantidad de por lo menos 75 billones de dólares en BONOS o US securities para ser capaces de imprimir dólares. Los clientes de dichas promesas de pago han sido principalmente los bancos centrales de los países, principalmente China y Japón. Nunca deja de asombrarme como los economistas de otras naciones parecen ignorar que están comprando la deuda, inflación y devaluación del dólar. Dicha deuda es por ahora un mínimo de 76 trillones de dólares. Puede hacer la matemáticas usted mismo. Déjeme advertirle que si usted agrega la deuda del país en su totalidad, los alcances de la deuda van más allá de 300 trillones. Pero veamos la deuda nacional:

- $9.19 Trillones de dólares de la deuda del gobierno federal.

- $7 trillones de dólares de todos los 50 estados de EE.UU.: estados, municipios, condados, deudas de las ciudades.

- Seguro Social: 77 millones de personas se están retirando en los 20 años próximos...lo cual de acuerdo a la misma oficina de contraloría del congreso vendrá a un costo para los contribuyentes de $74 trillones sin calcular la inflación.

- El Nuevo programa de Subsidio a la Prescripción de Drogas: Etiqueta a los contribuyentes: $1.2 trillones.

- Pagos de Beneficios a empleados federales y a los veteranos: 17 millones mensuales. Se cree que anualmente los costos totales son de 430 mil millones.

- Costos de la guerra contra el terrorismo: Han sobrepasado ya $440 mil millones - y otro $120 mil millones se solicita para el año próximo. Eso significa que sobrepasará $560 mil millones.

- El gasto interminable para la seguridad de la patria: Desde Septiembre 11/2001. $130 mil millones.

- Costos del huracán Katrina: Cerca de 90.000 millas cuadradas del golfo la costa se vio afectado, con centenares de millares de gente desplazada y una ciudad entera para reconstruir. $300 mil millones.

Todas esas cifras no mencionan la deuda de los norteamericanos. Si agregáramos deuda de las tarjetas de crédito, deudas de hipoteca, deuda comercial, y sin siquiera tocar el tema de los derivados para no causar infartos cardiacos, pero podía sobrepasar fácilmente 400 trillones de dólares.

El gobierno de Estados Unidos está creando el dinero como si fuese un acto de magia simplemente declarando cualquier cifra como un "déficit presupuestario", que no es nada más que una clase de tarjeta de crédito, con crédito al parecer ilimitado para el gobierno norteamericano que sigue pidiendo dinero prestado lo que conduce los intereses para arriba! El mundo entero está pagando MÁS intereses en hipotecas, préstamos de coches, y tarjetas de crédito, porque Estados Unidos está inundando el mundo de liquidez en dólares por ser incapaz de pagar sus deudas y no puede balancear sus libros, y con ello, está creando un déficit, una deuda y una inflación tan masiva que el único resultado será un colapso masivo del sistema porque el dólar es la moneda que el mundo ha estado usando para sus transacciones monetarias. Lamentablemente, no existen soluciones fáciles pues todo el dinero de todos los países del mundo no puede cubrir la liquidez de tantos dólares que han sido impresos como si fueran boletos de lotería.

Pero la deuda de Estados Unidos es tan masiva que usted debe entender que un trillón de dólares tomaría sesenta y siete camiones de 18 llantas para cargar el enorme volumen de billetes en cifras de cien dólares. Así tomaría más de mil camiones en cargar la deuda de Estados Unidos.

Ha habido algunas maneras creativas de encubrir de los estadounidenses y del mundo la verdad sobre el alcance verdadero del problema. En los últimos años, el gobierno federal ha estado reduciendo los fondos que se supone deben ser enviados a los gobiernos estatales y estos a su vez, simplemente han estado recortando toda clase de programas que se suponen deben ser financiados por el gobierno federal. Esto significa que cada estado individual tiene que pedir prestado MÁS dinero para cubrir sus obligaciones. La situación es tan mala que estados tales como Nueva Jersey tendrán que vender el NJ Turnpike para poder mantener sus bibliotecas y las escuelas funcionando; algunos estados están estimulando la creación de casinos y loterías para conseguir el dinero para pagar sus obligaciones. Sin embargo, el beneficio neto es que una nueva

Germánico Vaca Michelena

DEUDA AMERICANA se está creando para encubrir su tamaño verdadero. Si agregáramos la deuda total de todos los estados de la unión y la deuda federal, no podemos sino concluir que Estados Unidos de América está ya en completa bancarota porque su deuda sobrepasa el GDP total. El gobierno admite que fácilmente existe $3 trillones de deuda pública, a regañadientes concede que es una "responsabilidad flotante" y la cantidad verdadera podría ser tan grande como la deuda federal de $9.19 trillones. La trágica realidad es por tanto que la deuda total del gobierno, estado y federal, ahora está sobre $15 trillones de dólares, o cerca de $55.000 para cada hombre, mujer, y niño dentro de Estados Unidos. Este año solamente, Estados Unidos deben pagar sobre $30 mil millones de dólares en interés a Japón. Usted no puede culpar a los japoneses cuando es EE.UU. que vende bonos como inversión y transfiere simplemente nuestra deuda, inflación y déficit a ellos. Es irresponsable defraudar al mundo y después culparlos por la mala gestión de nuestros recursos, dinero y por tener un falsificador de dinero a cargo del sistema monetario del mundo, pues la política monetaria es dictaminada por el FED en Estados Unidos.

Es un hecho que la mayoría de los estadounidenses son inconscientes del este ardid contra ellos. El banco de la Reserva Federal emplea al Departamento del Tesoro de EE.UU. para imprimir el dinero. La Reserva Federal paga los costos de impresión, pero le cobra a Estados Unidos el 6% por valor de senoriage. Pero no paga un dólar por cada dólar. Mientras exista una cifra impresa de IOU (seguridades de EE.UU.) y mientras vendan dichos bonos entonces ellos pueden imprimir tanto como desean y usted tiene que pagar por ellos. No me cabe duda que sería más adecuado llamarle al FED Hogwarts escuela de magia y brujos: Bernanke es Dumbledore y solamente porque Lord Voldemort es Alan Greenspan.

Así la Reserva Federal toma ese dinero y presta dicha moneda (o da línea de crédito) a los bancos en el valor impreso de la moneda, esos bancos que han agotado sus depósitos entonces le piden dinero de fíat prestado a la Reserva Federal, y usted debe compensarlo en el valor completo del dólar (más interés), aunque la Reserva Federal imprimió ese dinero por centavos, o simplemente como números que asoman la pantalla de computadora del FED. La liquidez de esos dólares hace el dólar menos y menos valioso. Sin embargo, puesto que el dólar es un sistema monetario basado en la fe solamente, la opinión que el dólar es fuerte es lo que ha permitido que se encienda esta locura, solamente el momento que la fe en el dólar se derrumbe, en ese momento el dólar sufrirá un colapso que acarreará al mundo entero consigo.

Se debe entender que es esa inflación creada por la Reserva Federal cuando sobre imprimen más dinero que ha causado las condiciones necesarias para un derrumbe de la economía global. La situación está en un momento crítico. Mientras más dinero se imprima la devaluación del dólar es incontenible, pero existen otros factores que están empujando el sistema a su colapso:

Estados Unidos necesita vender al menos 75 trillones de dólares en bonos al mes para poder cubrir sus obligaciones financieras e imprimir más dólares. Apenas está vendiendo unos pocos trillones.

La mayoría de corporaciones norteamericanas reportaron que el 50% de sus ganancias viene ahora de países extranjeros. Si sus ganancias son en monedas extranjeras y dichas monedas están subiendo de valor y el dólar bajando, las ganancias de las compañías es cada vez más inferior.

Con el precio de petróleo subiendo cada vez más, el costo de transporte tanto de recursos, materias primas y productos se demostrará lo errado de la premisa norteamericana de producir en el extranjero, cuando el costo para transportar los productos se vuelve más costoso.

Los Bancos Centrales de varios países (incluyendo China, Japón, Noruega) mantenían sus reservas en dólares y están perdiendo cuantiosas cifras por la devaluación del dólar, en muchos casos están buscando alternativas y manteniendo oro, petróleo y otras monedas como reserva monetaria.

Estados Unidos exige que China incremente el valor del yuan asumiendo que así los pagos de intereses que EE.UU. debe a China representen menos ganancias a China. Pero debido a que el dólar se devalúa, el poder adquisitivo del dólar es menor y por tanto termina pagando más por productos chinos y sigue subiendo el monto de diferencia de Comercio.

Las reservas de petróleo del mundo ha comenzado a declinar, por tanto el costo del petróleo no puede más que seguir incrementándose porque mientras la demanda sigue subiendo mientras el petróleo escasea, costos de producción, exploración y transporte siguen subiendo.

La deuda de Estados Unidos es tan gigantesca que tomaría varios siglos en que pueda pagarla, los costos de intereses son cada vez mayores. El valor del petróleo hace imposible que muchos países puedan ajustar sus presupuestos y mientras más escasez de petróleo haya más posibilidades de hostilidades entre países existe.

Ecuador no puede seguir sumergido en rencillas ideológicas. Las ideas que se necesita para cambiar el país son diferentes. Esto ayudaría a traer progreso al país. Estados Unidos o más bien debería decir el gobierno de Bush sigue clamando que "la economía es fuerte" y el Banco de la Reserva Federal clama que la economía no caerá en recesión y que gracias a su política inflacionaria pueden lograr un "aterrizaje suave". Pero si eso fuese verdad entonces jamás podría entenderse que una economía fuerte produzca más de 1.3 trillones de dólares en pérdidas y déficit y tenga que pagar 2.9 billones de dólares diarios en intereses. La economía norteamericana creció apenas el 0.6% en todo el primer trimestre. Esto representa el crecimiento más bajo desde el año 2002, pero hay algo que nadie menciona, la caída del dólar ha sido tan vertiginosa que si se ajusta ese 0.6% a euros como exhibo más abajo, el verdadero crecimiento de Estados Unidos es negativo.

Otra de las grandes mentiras que se viene promulgando en Estados Unidos es que la caída del dólar es de hecho ventajosa para el país ya que sus productos pueden ser más atractivos para exportación. Pero la simple realidad es que EE.UU. ya no tiene muchos productos para exportar y prueba de ello es que las exportaciones han caído el 1%, la mayor caída desde el 2003. Todo eso mientras el déficit de intercambio comercial a subido a 223 billones y los gastos del gobierno se han incrementado el 1%, los precios de las viviendas han caído el 11.2% por casas nuevas. Increíblemente la prensa norteamericana parece ignorante al respecto y siguen clamando que la economía es fuerte y que "hay optimismo" en la bolsa de valores. Es demasiado extraño que no haya más desempleo cuando hay tan poco crecimiento en el GDP.

Pero si analizamos la verdad de las cosas podemos ver que lo que se clama como "record" del Dow y S&P debemos cuestionar la lógica pues si ajustamos a la inflación y ponemos esos números en EUROS nos damos cuenta de una terrible verdad. Que mientras el euro ha subido desde 83 centavos en 2001 a $1.35 de dólar en Mayo 2007 entonces el valor del petróleo y el oro en euros no ha subido el 100% como sucede en el dólar, que de un valor de $32 dólares por barril en el 2001 ha subido a $65. En términos de euros el precio solo se ha incrementado el 25%. Se debería analizar cuidadosamente cuánto ha perdido Ecuador por mantenerse en el dólar. Ya que si analizamos que si fuese un inversionista europeo y tuviese el dinero en dólares las pérdidas fuesen cuantiosas. Aquí el gráfico que ilustra la verdad y realidad de las cosas.

Nadie parece percatarse que la enorme "burbuja financiera" que se puede ver en las bolsas de valores es precisamente creada por EE.UU. quien está imprimiendo tantos dólares como pueden vender bonos, de esta forma obligan a otros países a "IMPRIMIR" sus monedas para usar en dichos países. Solamente para pagar intereses, Estados Unidos tiene que imprimir diariamente 2.9 billones. Más 2.3 billones para pagar la guerra de Irak, a eso se adiciona el déficit diario. Eso es lo que esta causando una inundación de "monedas".

La misma deuda ecuatoriana ahora puede ser comprada por centavos de dólar como "securities" en Estados Unidos, ya que esta ha sido transformada a acciones y bonos que pueden ser comprados fácilmente.

Todas estas razones indican claramente que nos estamos acercando a un momento de desmoronamiento del sistema económico mundial. Lamentablemente el FMI en su última reunión declaró unánimemente que todo está perfectamente bien. Así se hace casi imposible preguntarles ¿Cuándo vamos a parar la locura? Y contrariamente a las declaraciones de la Reserva Federal, la inflación no es provocada por la oferta y la demanda. La Reserva Federal puede parar la inflación cualquier momento que lo desea simplemente al parar las maquinas de impresión. Por lo tanto, que no quepa duda que la inflación y la recesión están completamente bajo control de la Reserva Federal. Al igual que la política económica de Ecuador.

En el caso ecuatoriano no se debe olvidar que al Ecuador le cuesta 17 centavos de dólar por cada dólar que circula en el país. Es como pagar el 17% por usar cada dólar. A eso se debe adicionar que desde que Ecuador se dolarizó ha perdido el 42% de su valor. Y a eso se debe adicionar la inflación, devaluación, deuda, déficit, deflación e hiperinflación que sufrirá el dólar. Todo eso sin contar que mientras se mantenga el dólar, Ecuador no tiene ningún control de su política económica. Es un absurdo mantenerse dentro de la dolarización y como dice el manual del Protocolo de Sión "Solo las bestias ignorantes (goims) pueden entregar el derecho de imprimir su moneda y dirigir su propia economía".

Conspiración en Latinoamérica

CAPITULO XIV

CONCLUSIONES

A lo largo de este estudio hemos visto como el Nuevo Orden Mundial desea convertir su poder económico en instituciones permanentes de control social y económico principalmente en Estados Unidos, Europa y ahora en Latinoamérica. Su propósito muy claramente es ejercer su control absoluto en todas las facetas de la vida humana. Las instituciones "globales" como el Banco Mundial, el Fondo Monetario Internacional, el Consejo de Relaciones Extranjeras, etc., fueron creadas por la élite mundial para conducir sus políticas. Pero su poder se basa en el control que ejercen sobre el crédito. Usando así al gobierno norteamericano, a la Unión Europea, y los varios organismo de control como la CIA, NSA, NSC y los varios organismos internacionales como Bildenberg Group, la Mesa Redonda, el CFR, y las fundaciones para controlar todo movimiento y evento en el mundo. Cuando Estados Unidos fue secuestrado en sus finanzas con la creación de la Reserva Federal, el mundo entero eventualmente terminó en la misma situación, porque es la Reserva Federal que ha creado dinero ficticio de la nada. Es la Reserva Federal que ha estado imprimiendo trillones de dólares respaldando esa MONEDA con pagarés que han sido vendidos a todas las naciones. Dichos pagarés no valen ni el papel en el que están impresos pues Estados Unidos tiene acaso un máximo de cuatro centavos de dólar para respaldar dicha moneda. El colapso del dólar es eminente. Sin embargo son la gente, los países y el mundo entero quien verá esfumarse su dinero. Los bonos no serán pagados y Estados Unidos tiene miles de bombas nucleares que garantizar paralizar al mundo a sus propios deseos. La deuda astronómica de Estados Unidos no puede seguir siendo ignorada por los demás países porque por años quienes hemos venido advirtiendo de este eventual colapso hemos sido ignorados, pero las condiciones siguen empeorando.

Al mismo tiempo el mundo entero acaba de llegar a un momento crítico en la historia al haber llegado a peak oil. El significado de eso es que; al haber sobrepasado la mitad de reservas petroleras en el mundo, la producción de petróleo será cada vez más costosa mientras menos recursos haya. Es inevitable que las potencias mundiales controlen esos recursos y por ende se ha iniciado un proceso de control en contra de las naciones que tienen ese recurso. La alternativa es que los Estados Unidos cambien su forma de vida. Es una anomalía económica, política y social que 300 millones de norteamericanos consuma más que los otros seis billones de ciudadanos en el mundo. Es una forma insostenible de vida y si China fuese a adoptar ese estilo de vida de consumerismo, entonces el mundo se verá enfrentado a un siglo de turbulencia y guerra.

Los norteamericanos en su mayoría son tan o más ignorantes de la verdadera situación. Al igual que el mundo ha sido burlado así también los norteamericanos. Mientras la Reserva Federal imprime dinero de la nada, obliga a los ciudadanos de Estados Unidos a pagar impuestos de miles de millones de dólares, intereses en dinero inventado de la nada, sabiendo que es imposible que puedan pagar la deuda ahora creada, porque parten de una deuda del 9% de pago por el solo hecho de usar dicha moneda que ellos crean de la nada. En al caso de Ecuador es el 17%. Entonces debemos entender que la élite financiera mundial controla en esencia la Reserva Federal de Estados Unidos, en forma secreta, anticonstitucional y esta es por ende la principal organización que le permite tener control. A esto se suma el control del Fondo Monetario Internacional quienes han controlado préstamos y devaluaciones de los países triplicando sus deudas, manufacturando medidas de austeridad para avanzar las políticas de la élite financiera y apoderarse de las riquezas y recursos de las naciones. Solo un ciego no puede ver la verdad y solo los necios pueden querer mantenerse dentro de la dolarización. Correa, entrenado en Bélgica donde la influencia de la familia Rothschild ha sido por demás evidente es quien ahora impone las mismas tácticas que usaba el imperio romano instalando títeres de gobernantes que cumplían todo deseo del Imperio. Correa es el Herodes de nuestro país y nuestro tiempo.

Las naciones del mundo ya no tienen alternativa a seguir jugando este juego infernal y satánico que ha sido manufacturado por estas élites bancarias. Los pueblos necesitan despertar a estas realidades. No podemos seguir cegados ante la evidencia científica y las realidades. No podemos mantenernos subyugados a creencias religiosas obsoletas donde dioses ficticios aprobaban el incesto y han prometido poder a un grupo. Sin importar el nombre de estos grupos, lo que importa ahora es que son quienes controlan el mundo. Los países latinoamericanos deberían enjuiciar a estos banqueros, a estas instituciones por el fraude perpetrado contra nuestros pueblos y naciones.

Entonces se vuelve vital que países como Ecuador sean extendidos la asistencia de otras naciones sur americanas para salirse de inmediato del dólar. Ecuador necesita salirse de la dolarización como primer paso a recuperar su soberanía, su libertad política y económica y su autonomía e independencia. Mientras no lo haga se mantendrá secuestrado a los intereses de ese gobierno secreto que existe y que quiere dominar el mundo.

Los bancos centrales de la Reserva Federal por tanto son de propiedad de estas familias que vienen controlando el mundo. Esto significa que la mayoría de estas familias son judías. No se puede llamar de otra manera, si todos fueran ecuatorianos no se podría más que decir las familias ecuatorianas, sin que esto implique ningún tipo de racismo, xenofobia o ningún intención de hablar negativamente de ellos. Simplemente son judíos y al serlo no se puede decir de otra manera.

Convengamos que esas fuerzas de la élite mundial han creado y perfeccionado su plan por casi mil años. Ese plan de dominio mundial centraliza la administración y se apodera de la economía. Las poblaciones mundiales así han sido forzadas a la esclavitud del proletariado, de las masas subyugadas a sistemas creados específicamente para mantenerlos sujetos del sistema. A través de siglos el mundo se viene debatiendo entre guerras religiosas (las cruzadas) y las revoluciones políticas (bolshevistam, nazismo, comunismo etc.). Cuando el mundo se enfrenta al fraude, el desorden, la destrucción moral entonces terminan generando huelgas y protestas para demostrar su descontento, eventualmente se desatan las revoluciones como respuesta a la miseria de los oprimidos.

Así la gran promesa ideológica del socialismo, comunismo, anarquismo, democracia, capitalismo han producido idénticos resultados: La inestabilidad política y económica.

Los pueblos latinoamericanos han vivido sobre 500 años infectados de intrigas políticas, inutilidad de esquemas, ignorancia, guerra, desorden, bancarrota, polución, mentiras, pretensión desvergonzada de poder, vileza, miseria, indigencia absoluta, degeneración, impotencia, hambre, envidia, odio y opresión. Todos los derechos de los pueblos son sólo pancartas políticas

Así debemos entender que Ecuador no puede mantener la dolarización porque la forma mas efectiva de opresión es estar subyugado a tener una moneda extranjera y pagar 17 centavos por usarla. En pocas palabras nunca puede progresar el país si por cada dólar que se usa se paga 17 centavos cuando cada dólar tiene solo cuatro centavos de respaldo económico. En realidad, nadie comprende como funciona el FED, pero lo que no puede caber duda es que la Reserva Federal al ser una organización independiente de Estados Unidos esta operando fraudulentamente en Ecuador. Al mismo tiempo al tener trillones de dólares en deuda norteamericana que ha sido acumulada desde 1912, Ecuador nada tiene que ver con dicha deuda, pero en el eventual colapso del dólar será reducido al país más pobre del mundo. En ningún instante por la falta de recursos en Ecuador, o por el petróleo, oro, plata, uranio, banano cacao o su riqueza humana y cultural, simplemente estará en manos de la Reserva Federal y estos se adueñaran de dicha riqueza y someterán a Ecuador al yugo de la opresión, impuestos del 35% o más cuando Ecuador no tiene el sistema imperante en Estados Unidos, ni tiene enormes armamentos y ejército que mantener.

Germánico Vaca Michelena

Los impuestos que Correa ha aprobado es una muestra absoluta que sirve esos intereses de la Reserva Federal. Estados Unidos de Norteamérica paga menos impuestos que Ecuador cuando tienen que sostener una economía que paga miles de millones de interés en su deuda, gastan miles de millones en servicios de inteligencia, en armamento súper sofisticado. Y Estados Unidos gasta miles de millones en los programas de salud, retiro, educación, subsidios de empresas. En Ecuador no hay ninguna razón ni motivo para pagar semejantes impuestos cuando el estado se ha apoderado de los recursos, de las empresas y ha creado los monopolios de servicios y utilidades del país. Estados Unidos no controla sus recursos naturales, ni percibe ganancias y remesas extranjeras y sin embargo, la tarifa de impuestos Federal es inferior a lo que Correa ha aprobado. En Ecuador pagar los impuestos que se pretende cobrar es un crimen contra la humanidad.

No me cabe duda alguna que las mismas fuerzas que operan detrás de este control mundial intentarán negar estas verdades que son evidentes. Los pueblos latinoamericanos no pueden seguir adoptando una religión a ciegas, ni peor adoptar un sistema político social creado por las fuerzas judías que controlan el mundo, o aceptar literatura opresiva como dogma. Seguirlo haciendo sería el equivalente a las acciones de las tribus indígenas que aceptaron a los españoles como dioses en 1492. No podemos ser los autómatas del tiempo que se dejen doblegar a los mecanismos diseñados por la élite del protocolo de Zión, o de la Comisión Trilateral. Es el momento que los pueblos latinoamericanos se liberen de estas ideologías, políticas y por sobre todo de esta opresión a los pueblos por gobernantes que son la réplica de Herodes.

El sistema socialismo XXI es un sistema mentiroso que se basa en el control absolutista y totalitario desde un gobierno central. Pretende hacer de los ciudadanos simple propiedad del estado sin mantener su individualidad que es el núcleo mismo de cada ser humano. Este sistema mentiroso vende los conceptos de confrontación entre las clases sociales para mantenerlas divididas mientras destruye todo nivel social individual. Este sistema del socialismo XXI se apodera de todos los recursos para explotarlos sin dejar absolutamente ninguna opción a sus ciudadanos para participación alguna, porque es solamente derecho del estado. Este sistema quiere condicionar a la mente de los ciudadanos para hacerles pensar que bajo este sistema pueden liberarse de la oligarquía, de la derecha, de la opresión, prometiendo convertirles en los humanos más libres y más desarrollados del mundo, cuando todo poder se concede solamente al gobierno quien eventualmente decidirá que comida, que ropa, que vivienda, que educación recibe cada ciudadano. ¿Acaso eso es progreso? La simple verdad es que son fáciles las promesas y la demagogia pero los ecuatorianos y venezolanos tienen ahora mucho menos control de sus vidas y están perdiendo control de sus países respectivamente.

Este sistema socialista fue diseñado bajo los parámetros del proyecto Camelot de crear una sociedad controlado y custodiada. Así se crea una enorme burocracia para mantener a mucha de su gente dependiente del gobierno y con ello muchas familias y gran parte de la población defienden al gobierno. El sistema de educación igualmente se convierte es un sistema estructurado de crear comportamiento sub sirviente al gobierno, donde nadie cuestiona ni se opone a las medidas que poco a poco quitan las libertades. En el caso de Ecuador, se llegó al extremo de que los propios miembros del congreso fueron prohibidos reunirse y hasta se les prohibió trabajar a favor de su pueblo. Sin embargo, la mayoría de ecuatorianos actuaron como cual judío siguiendo a Moisés en el éxodo, simplemente aceptaron los postulados de Correa como si este fuese un escogido por Dios. Pero si continúa aceptando un gobierno que solamente obedece intereses extranjeros, entonces su gente eventualmente terminará viviendo en las mismas condiciones que ha vivido la gente cubana desde 1959.

Ecuador debe recuperar de inmediato sus reservas de oro depositadas en la Reserva Federal de Dallas Texas. Eso debe ser devuelto de inmediato y si Estados Unidos rehúsa a hacerlo, sería una clara demostración que ha decidido secuestrar a Ecuador y ha robado la soberanía de la nación.

La manera de operación de la Reserva Federal es un absurdo. Ellos inventan el dinero de la nada, y sin embargo cobran un porcentaje de 17% a Ecuador por utilizar esa moneda que es papel respaldado por papel. Ecuador al aceptar dicho sistema está aceptando la esclavitud que conlleva aceptar ese tipo de moneda.

Los banqueros son quienes han manufacturado las revoluciones socialistas, comunistas, las revoluciones sexuales, feministas, globalización, neoliberalismo, etc. etc. Su único propósito es destruir la fábrica misma de la sociedad y la cultura, la destrucción de la familia y la estructura social como tal, hasta sumir al país en un país donde la gente abandone su propia nación y los demás terminen siendo mantenidos por quienes trabajan afuera y quienes viven adentro vivan luchando entre si en confrontaciones políticas, regionalistas o guerra civil completa. Mientras los banqueros venderán las armas para las guerras, mientras estarán explotando los recursos, mientras Correa esté viviendo cómodamente en Bélgica o Estados Unidos.

Son estos banqueros internacionales quienes han venido manipulando y manejando Estados Unidos a su antojo, e igual se pretende hacer con Ecuador. Ellos controlan los medios de comunicación y la prensa. Ellos controlan las políticas externas, económicas y sociales.

Hoy en día la gente es capaz de lograr enorme poder y ganar grandes cantidades de dinero si se convierten en cómplices de esa élite. La dependencia del crédito y del dinero subyuga a las masas a seguir el mandato supremo de los bancos. Pero el resultado es que estamos viviendo en un sistema fraudulento. Un sistema basado en papel impreso inventado de la nada, mientras el mundo paga intereses por usarlo. El dólar es en realidad el Nuevo Orden Mundial, un sistema corrupto de fraude al mundo entero. Mientras Ecuador se mantenga dentro de la dolarización no podrá haber posibilidades para que los ecuatorianos mejoren sus vidas. Es la dolarización la que ha subyugado al país a la situación actual. Muchos quieren creer que la dolarización ha traído estabilidad. Eso es una mentira que se le vende a la gente con trucos de contabilidad. El dólar está a punto de sufrir un colapso y quien tenga su dinero en dólares terminará con su riqueza reducida a la mitad o menos que eso. Es hora de despertar del letargo y tomar control de la nación.

Ecuador en la última década ha vivido su historia más turbulenta tanto en el aspecto político, social como económico. Nueve presidentes en nueve años, La enorme caída en la tasa de crecimiento del salario mínimo, cifra negativa del PIB, enorme caída en la producción, y en las exportaciones fueron en primer instancia la razón que convencieron al gobierno de Mahuad para adoptar el dólar como moneda de curso legal. A cambio de la pérdida absoluta del control de la política monetaria y cambiaria, pero con el interés de otorgar confianza macroeconómica y estabilidad de precios. Aunque brevemente se parecen haber logrado ciertos objetivos. La inestabilidad del país, la falta de garantías tanto a la inversión como a las mismas leyes han hecho que nuevamente se empiecen a sentir las mismas consecuencias.

Las condiciones del momento impuestas por el gobierno de Correa no sería nada extraño ver un PIB negativo hasta de un -3.5 que fue experimentado a finales del siglo pasado. Una inflación cerca del 40%, aunque la caída del dólar y la perdida de su valor adquisitivo sobrepasa el 42% y por ende cualquier cifra que el gobierno pretenda con respecto a la inflación nunca puede ser cierta sea que digan 2% o 3% anual. Porque sin duda las dos cifras juntas apuntarían a la verdadera inflación del Ecuador, unos 45% desde la dolarización.

Todos estos factores pueden ser los catalizadores del descontento del pueblo y la combinación de inflación, desempleo, falta de competitividad, falta de empleos, cierre de la pequeña industria, bajos salarios no pueden dar otro producto que desorden, descontento popular y huelgas.

Las medidas de Correa están sin duda causando una desaceleración económica en las medianas y pequeñas empresas. Es importante notar que la enorme aceleración en la construcción la infraestructura no traen mayores beneficios al país porque los contratos han sido dados mayormente a compañías extranjeras.

Al mismo tiempo la falta de inversión extranjera y nacional traen graves consecuencias al desarrollo integral del país. El comercio interno es gravemente afectado por la falta de competitividad y el enorme ingreso de productos importados para suplementar la falta de industrias nacionales. El factor de la oferta y demanda se anula cuando el gobierno interviene tratando de imponer medidas contraproducentes de control de precios, que generalmente abren el camino para la especulación y el mercado negro.

Las actividades del comercio exterior siguen en caída cuando Ecuador también ha sido azotado por meses de lluvias y con ello la pérdida de enorme cantidad de cosechas de banano, cacao, arroz, a pesar de que la producción de estos sectores ha sido sorprendente demostrando la enorme capacidad de lucha del pueblo ecuatoriano. No se puede dudar que Ecuador ha estado sufriendo una década de crisis políticas, estructurales y sociales. Ahora con Correa se han incrementado porque no existen soluciones lógicas en parámetros económicos. La tendencia es crear un sistema socialista que ni el mismo Correa sabe a donde va. Ni el mismo Heinz Dieterich parece estar seguro.

Al mismo tiempo, Ecuador mantiene un desequilibrio negativo bastante considerable en la balanza comercial con países asiáticos. Si bien es cierto que el estado no puede estructurar sus políticas en promover exportaciones a los países asiáticos, el estado tiene la responsabilidad de iniciar un agresivo plan de atraer las inversiones de China, Japón y otros países que tienen una enorme balanza comercial y alto poder adquisitivo, combinado con la necesidad de invertir, mientras que Estados Unidos tiene déficit, deuda e inflación.

Bajo el gobierno de Correa existen enormes discrepancias difíciles de entender cuando Correa se cree al menos un economista de rango. Pero cómo explicar entonces los desequilibrios entre la enorme demanda de servicios para construir la infraestructura (edificio de la asamblea, otros edificios, autopistas, puerto de Manta, plantas hidráulicas), todos entregados a multinacionales y sin ningún proceso de contratación mientras las compañías nacionales se ven forzadas hasta importar productos básicos de la industria como cemento y hierro. Esta discrepancia entre la demanda agregada de la economía ecuatoriana (el consumo interno de bienes y servicios que demanda Correa) está en grave desbalance con la demanda que pueden realizar los empresarios en bienes de inversión. Esto afecta la demanda externa neta y la demanda de exportaciones del país.

En otras palabras, la demanda por exportaciones de Ecuador, impulsaría la demanda agregada en forma positiva. Pero si el país comete los mismos errores de Venezuela donde la demanda de bienes y servicios es extrema, que a pesar de las enormes exportaciones de petróleo Chávez se enfrenta a serias complicaciones en su economía. Al mismo tiempo para Ecuador se vuelve imperativo operar libremente con otras monedas, en vez de cambiarlas de debería permitir la circulación de moneda extranjera en la economía local, como medida de protección al desfalco posible del dólar.

El pago de divisas al exterior por las importaciones es extremadamente negativo para el país si sigue creciendo la demanda y aunque cuando es a razón de la inversión en maquinaria y equipos para la industria tienen el potencial de producir y generar productos en el país, pero la demanda por productos de consumo solo agravan la situación económica.

Por lo expuesto, Ecuador necesita expandir el comercio internacional, principalmente las exportaciones a países asiáticos y otros países incluyendo Argentina, México, Paraguay, y a otros países que deberían ganar mayor importancia. Solamente un incremento saludable en las exportaciones puede fomentar el crecimiento de la industria ecuatoriana y así de la economía. Sin embargo, con la enorme subida del petróleo se hace difícil para todos los países reducir los costos de transporte, generadores del incremento de otros gastos y así de la inflación.

Conspiración en Latinoamérica

El nivel de vida no ha mejorado en Ecuador debido a todos estos factores negativos; a la constante confrontación política; a la falta de seguridad por el enorme incremento del crimen; al constante gasto público sin prestar beneficio al país. Factores que influyen principalmente en la inversión extranjera y el escape de capitales. A su vez la falta de exportaciones de otros productos aparte del principal –el petróleo – otros son descuidados como por ejemplo la exportación bananera a países asiáticos.

A pesar de cierto crecimiento del PIB entre el 2001 y el 2006 no se debe menospreciar que la implementación del dólar fue un factor preponderante ya que de alguna manera la Reserva Federal ha manipulado esos números para demostrar un desenvolvimiento progresivo. Sin embargo existen cifras que no tienen sentido alguno como por ejemplo la enorme subida de importaciones de combustibles y lubricantes de US $ 250 millones al año a $2,300.- millones para el 2006. Estas cifras han subido aún más en la administración de Correa en paralelo al incremento del precio del petróleo pero no existe una enorme demanda ni un marcado incremento en autos u otras industrias, por ende no hay explicación a donde está destinado todo ese enorme ingreso de combustibles.

Correa también ha clamado ventaja de iniciativas que fueron iniciadas por el gobierno anterior como en el caso del banano. El gobierno de Palacio denunció la discriminación por parte de Europa al cargarle un arancel al banano ecuatoriano que no cobraba a otros países del Caribe y del Pacífico. Cuando la decisión de Europa fue positiva a favor de Ecuador, Correa clamó crédito que no le correspondía.

Ecuador necesita reducir su dependencia en importar materias primas cuando muchas de ellas existen en el país, tal así como es el cobre y otros materiales que pueden ser producidos o explotados en Ecuador. Es inverosímil que el comercio de Ecuador con algunos países asiáticos no sobrepase ni tan siquiera el millón de dólares. Los principales socios son China y Japón aunque apenas llegan alrededor de US $ 350 millones de dólares. Cuando se considera que China tiene una población de 1.3 mil millones de personas y más de 16.5 mil millones de dinero disponible para la inversión, se deben considerar los beneficios que representaría el incremento de las exportaciones a todos los países asiáticos. Precisamente tal como propuse en mis blog y sito web en el 2004, al mismo que envié cartas a la presidencia de Brasil, se hace imperioso firmar acuerdos bilaterales con Brasil China y los demás países latinoamericanos para establecer una zona libre de exportación e importación en el puerto de Manta. Así este se puede convertir en el Hong Kong de Latinoamérica. Donde se convierta en un centro de importación y exportación para todo tipo de actividades comerciales. Existe una nueva clase media en China donde al menos 300 millones de chinos ahora desean viajar, creando un mercado de turistas impresionante. Igualmente Ecuador debe proveer productos agrícolas a China, es el equivalente de 1.3 mil millones de su población que pueden estar consumiendo bananos, cacao, café, flores etc.

Sin embargo este tema lo he dejado para exponer en otro estudio, ya que nos aleja del tema que corresponde a este libro. Tengo la fe y confianza que mis compatriotas tendrán la capacidad, la valentía de enfrentar este reto y defender la patria cuando más que nunca se necesita defenderla. Thomas Jefferson estuvo absolutamente correcto en decir que mucho más peligroso que cualquier ejército es el banco central de una nación cuando se pone en manos extranjeras. La soberanía de Ecuador no existe mientras la Reserva Federal esté apoderada del país. Mientras Correa sea presidente solo tendremos un caballo de Troya en Carandolet.

Estados Unidos de Norteamérica se ha concedido el derecho de usar todo tipo de armas, invasiones, espionaje, fuerza y su ejército para controlar nuestros países, pero todas las naciones tienen el derecho de exigirle que respete las leyes universales y todas las naciones del mundo deben unirse y exigirle que deje de usar armas que afectan el mundo tales como HAARP HIGH FREQUENCY ACTIVE AURORAL RESEARCH PROGRAM (Programa de Investigación de Aurora Activa de Alta Frecuencia), que opera desde Gakona, Alaska, y es un programa de investigación científica y académica en manos de la Fuerza Aérea y la Marina de EE. UU. A través de este plan pueden controlar eventos climatológicos, crear huracanes, tormentas, ciclones, tsunamis y hasta cambiar las ondas mentales de la gente. Esas antenas y ese estudio deben ser detenidos de inmediato, al igual que el espionaje, y el intervencionismo en todos nuestros países. Nuestros gobiernos deben tener el valor a defender los derechos de todos sus ciudadanos y luchar por verdadera justicia, estamos en el siglo XXI y el desarrollo tecnológico y cultural combinado con el conocimiento científico deben servir para sentar nuevas bases en la relación de los pueblos y los humanos.

No podemos seguir sobreviviendo en las falsedades del pasado, en las religiones inventadas, es postulados de miles de años. La verdad científica debe reinar y prevalecer en todo instante. La realidad debe ser discernida a cualquier costo si es que queremos un futuro de justicia para nuestros pueblos. Si la especie humana desea continuar entonces debemos luchar juntos todos para defender nuestro planeta de todos esos enemigos que intentan establecer un Nuevo Orden Mundial a la fuerza, con opresión económica, con destrucción de nuestras sociedades y culturas. Todos debemos abrir los ojos y mirar bien a nuestros hijos y si nos importan entonces debemos darnos cuenta que esta lucha vale la pena porque de lo contrario no habrá futuro después del 2012. Para que nuestras generaciones futuras vivan en libertad y en sus propias naciones debemos exigir esos cambios ahora.

Objetivos y Propósitos de la Existencia Humana Que la Élite Quiere Destruir

LA RELIGIÓN.- Desde tiempos de Abraham, la religión es el arma de manipulación más letal que se ha usado contra el hombre. El concepto que *los judíos son los escogidos por Dios* es una contradicción absoluta al mismo principio de la creación, pues si Dios es nuestro creador, Dios no pudo haber escogido y hacer un pacto con ninguna raza; tanto el hombre como la mujer somos iguales ante los ojos de Dios, todos los humanos sin excepción alguna aún la raza descendiente del incesto como es la de Abraham. Pero bajo ningún concepto puede haber un pacto con ninguna raza específica. El Humano es creación de Dios al que se le dio libre albedrío, por ende es parte de ese organismo llamado tierra, parte del Universo. El hombre y la mujer son dos seres iguales ante Dios y capaces de vivir en armonía y paz para la preservación de nuestras especies en la tierra.

LA LIBERTAD.- El libre albedrío concedió al humano plena libertad de crear, inventar, contribuir. Pero la libertad que ahora conceden los gobiernos a las masas de la población existe solamente como un concepto, cuando las actividades humanas se concentran en trabajar para esa élite global que esclavizan al mundo. Todo comienza a ser regulado, todo necesita permiso, licencia, supervisión. El humano se está convirtiendo en prisionero del sistema.

EL PENSAMIENTO Y LA LIBERTAD DE EXPRESION.- Los humanos han estado sometidos al *terror, el miedo, el control* de la religión. Por intermedio de la religión se han promovido guerras, invasiones, destrucción, falsos ídolos, subyugación de poblaciones enteras, se han borrado las culturas humanas (cultura griega, maya, azteca), se han erradicado las creencias humanas, se han reemplazado con fábulas, cuentos, leyendas, ficción, fantasías, pornografía, orgías, perdición y homosexualismo. La libertad de pensamiento y expresión ahora es encasillada en las teorías de Marx, Engels, Freud, Adams, Keynes, etc.

LA CIENCIAS Y EL DESARROLLO DE LA FISICA, MATEMATICAS Y OTRAS CIENCIAS HAN SIDO CONTROLADAS.- La élite financiera por medio de la iglesia ha detenido el desarrollo de las ciencias y así el desarrollo del conocimiento humano, evidenciado por la constante oposición de la iglesia en el renacimiento, y a través de todo el tiempo en contra del desarrollo lógico de la Ciencia. Hoy los grandes descubrimientos son apoderados de inmediato por las corporaciones. Toda contribución humana científica se vuelve propiedad patentada privada. Su objetivo es controlar a los científicos y al final la humanidad.

LA INTELIGENCIA HUMANA.- La verdadera razón de la existencia humana es su capacidad mental, el universo nuclear mental donde mente-conciencia- espíritu crean el Universo del conocimiento universal. El Verdadero *TESORO es LA INTELIGENCIA HUMANA.*, la razón misma de la existencia humana es esa contribución humana, cada idea hace y crea, origina, siembra todo lo que existe en el Universo, Todo nace de una idea y por ende es la razón para la existencia humana. Controlar ideas, conceptos, inventos es la raíz del espionaje.

LA LIBERTAD DEL ESPIRITU.- No es libertad política, ideológica, y religiosa, es la libertad del núcleo mismo de cada célula humana compuesta de protones y neutrones que son la esencia donde reside la luz y energía Universal y por ende Dios. Cada átomo contiene una minúscula parte que es energía pura, luz misma que es la vida de cada átomo, todo lo que existe en el Universo está compuesto por átomos, sin importar que sea un organismo biológico, vivo, o inerte todo es átomos, si se pudiese ver el Universo a través de un enorme microscopio se podría apreciar que todo es átomos y por ende su esencia es el espíritu que nos une a Dios y por ende todo es en su esencia lo mismo y parte de Dios.

LA HUMANIDAD ES LLAMADA GENTILES, GOIMS.- En las mismas enseñanzas de los llamados *libros sagrados* Torá, Biblia, etc. se describe a todo humano que no sea descendiente de judíos como gentiles, y los judíos se refieren a los demás pueblos del mundo como goims (bestias); a quienes deben mantenerse en estado de ceguera espiritual intelectual, a quienes abiertamente la Biblia *dice no son parte de su plan*, por ende en la Biblia misma está diciendo claramente, explícitamente que los humanos no somos los escogidos por Dios, no somos parte del gran plan. Por eso los judíos Hitler, Rothschild, Schiff, Marx, Engels, Nietzsche, vienen creando sistemas totalitarios de esclavitud a las sociedades, porque consideran un derecho concedido y entregado por Dios de destruir a los humanos.

EL DERECHO DE LA ÉLITE.- Esta élite bancaria heredera del conocimiento bajo el cual se viene controlando el mundo han venido manipulando, financiando las guerras y destrucción de todos los humanos entre si, las constantes guerras; musulmana, cristina, cruzadas religiosas, etc., tienen un solo objetivo: Destruir los goims (humanos).

EL PODER DE LA ÉLITE.- Ha ido concentrando el poder para controlar Estados Unidos, la Unión Europea, y ahora Sur América es el próximo campo de batalla. Ahora que controlan los organismos mundiales desde donde implementan revoluciones sociales, espionaje, robo de tecnología; guerras como Vietnam, Corea, Irak; hambrunas como en África; crisis económicas como Argentina, México, Ecuador; políticas izquierdistas comunistas como Cuba, Pinochet, Chávez, Correa; destrucción y asesinato de quienes llegan a entender el complot judío. Todo para detener que los pueblos entiendan la manipulación, evitando *así el consejo de los más aptos sobre el planeta.* Sólo ellos tendrían el control.

EL FIN JUSTIFICA LOS MEDIOS.- Cualquier cosa, inclusive el mismo asesinato de miles de su propia gente, como sucedió en la segunda guerra mundial es aceptable para ellos como una medida para impedir el cuestionamiento contra los judíos. La más mínima expresión que los nombre es ahora razón para destruir la vida de una persona, ejemplo claro porque cuando Mel Gibson dijo algo de los judíos, aún en estado de ebriedad dio como resultado que nunca ha vuelto a hacer una película. Hitler era judío hijo de Nathan Meyer Rothschild. Este y los bancos judíos financiaron a Hitler y patrocinaron el genocidio de su propia gente con el único objetivo de motivar a miles de judíos a moverse de regreso a Palestina y después permitir que los mismos científicos judíos como Hitler y otros construyan la bomba nuclear y se rieguen por todos los países del mundo, sin que tengan oposición alguna.

LOS PRECEPTOS LIBERTAD, IGUALDAD Y FRATERNIDAD.- Sólo son conceptos que sirven para avanzar sus políticas. En verdad que libertad tienen los americanos si deben pagar impuestos sabiendo que muchos de estos dineros van a soportar el estado Israelita, que Igualdad existe si a pesar de estar establecido en la constitución desde 1789 las mujeres, los negros, los nativos no podían votar hasta los 1960's. Que fraternidad existe si existen millones de desempleados y homeless en Estados Unidos, y se gastan trillones en toda clase de armas mientras la gente muere en Africa, India, y tantos otros países.

INTIMIDACION.- Esta élite se ha concedido el derecho de intimidar, aterrorizar, esclavizar y doblegar a los pueblos y las naciones hasta controlarlos bajo una sola élite central. El control que ahora ejercen por medio de la manipulación del crédito es por medio de intimidación que continúan manipulando al mundo. China se paraliza y no se atreve a detener la locura de seguir comprando bonos porque temen el colapso de su economía. Japón y Europa igualmente no se atreven a dar los pasos necesarios para resolver la crisis porque los tienen intimidados.

COMPLETO CONTROL FINANCIERO

EL CONTROL Y PODERIO ECONOMICO.- La bolsa de valores regula todas las transacciones, toda commodity, todo banco, todo capital; aseguradoras, importadoras, industrias financieras, hedge funds ahora tienen deudas derivadas de sobre 350 trillones de dólares. Sin embargo quien terminará con las perdidas serán los llamados gentiles y goims, mientras los judíos saldrán libres de todo pecado. Ellos controlan el oro y por ende el poder.

LOS CABALLOS DE TROYA- Son utilizados para dirigir las riquezas de naciones, desde ejecutivos de compañías hasta los presidentes de naciones. Todos aquellos funcionarios serviles de la élite financiera, todos los corruptos, mediocres, deshonestos "peones" de los intereses de la élite. Al igual que en el Imperio Romano se implementaba una política de control de las poblaciones instalando un títere de los romanos hoy los caballos de Troya cumplen esas funciones para preparar a la población al momento necesario de su destrucción total.

DIVIDIR Y CONQUISTAR.- Una de las fórmulas claves del Imperio romano era dividir y conquistar. Al crear divisiones regionales, religiosas, políticas, sociales se logra la división y resquebrajamiento de la cultura y sociedad. Así es más fácil doblegar a las masas. Es lo que ha venido haciendo Chávez y Correa.

LA EDUCACION.- Los Sistemas educativos son tan ineficientes que la mayoría del verdadero conocimiento está fuera del alcance de las masas. Todo el gran conocimiento de microprocesadores, nano-tecnología, procesos químicos, farmacéuticos y demás es protegido con patentes y con secretos. Solamente los privilegiados tienen acceso a la educación superior en Universidades controladas por las élites, en la realidad existe un colapso universal en un nivel de educación donde hay graduados de secundaria en Estados Unidos que no saben ni leer ni escribir en su propio lenguaje. Si sucediera un colapso catastrófico de la sociedad, las masas deberán reinventar todo porque la mayoría de los grandes descubrimientos están en manos de las élites.

TENDENCIAS SUBVERSIVAS.- Las mismas universidades son usadas para impartir las filosofías izquierdistas para promover conceptos que crean la inestabilidad de los pueblos. Los movimientos políticos, las organizaciones humanas, se convierten en tendencias subversivas que son usadas después contra todo el pueblo. Las élites controlan la derecha, la oligarquía, los republicanos, los conservadores mientras con dichas ideologías creadas por judíos mantienen siempre ocupadas a las masas en la supuesta lucha de igualdad que nunca puede ser lograda pues las élites controlan y como se ha visto en este estudio hasta crean sus mismo partidos izquierdistas, comunistas etc.

ENDOCTRINACION.- El hombre tienen una capacidad impresionante de adaptación, pero esta cualidad puede ser usada también para endoctrinar a la masas y aceptar el NUEVO ORDEN MUNDIAL. La gente esta siendo programada. En el libro de los Protocolos de Zión muy claramente la élite financiera admite que ellos son los creadores del comunismo, socialismo, la psicología, la sociología, las fundaciones, las agencias de espionaje y las agencias mundiales globalizadotas. Su propósito es endoctrinar al mundo para el momento en donde el control completo de las masas sea posible. Pero hay verdaderamente un Dios Omnipotente que dio libre albedrío al hombre y la capacidad de detener las fuerzas del mal. El principio para poder curar toda enfermedad es identificar el problema, analizando los síntomas. Una vez que se ha identificado el cáncer que destruye al mundo queda en los humanos luchar contra ese mal y por eso más que nunca antes se hace necesario erradicar a esos caballos de Troya que trabajan para las fuerzas de las élites financieras del mundo.

Claras Soluciones Para Nuestros Países Si Se Cae el Dólar.

#1 Salir de deudas.

Los países deben crear medidas para ayudar a sus ciudadanos por intermedio de la creación de medidas necesarias para proteger a sus bancos e instituciones financieras con estrategias de inversión apropiadas respaldando fondos bancarios con reservas de oro. Para salvar la economía los países latinoamericanos deben tratar de poner la máxima cantidad posible de su dinero en reservas de oro o diversificar en monedas como la libra esterlina, el dólar australiano, el dólar canadiense, el yuan y el yen Japonés. La única forma de salvarse de la caída del dólar y crear medidas de reestructurar la deuda aunque tengan que recurrir a un pleito legal en caso de que sea necesario contra el Banco Mundial, contra el Fondo Monetario Internacional y contra el Federal Reserve Board de los Estados Unidos. Instituciones de los bancarios mundiales quienes han manipulado las devaluaciones para endeudar a las naciones, mientras han comercializado una moneda como el dólar que ha falsificado y creado el dinero de la nada.

Cada nación debería tener una estrategia y plan de ejecución para cuando se den las condiciones de emergencia cuando este acontecimiento dramático llegue a acontecer. Los países también deben aconsejar a sus propios ciudadanos salir de deudas y ahorrar en monedas de oro o monedas de otros países. Se aconseja a países como Ecuador, Chile y otros que deberían de inmediato imprimir monedas de oro y permitir que los ciudadanos inviertan y ahorren en monedas de oro que pertenezca al país. Al mismo tiempo deberían crear reglas a cumplirse por las instituciones bancarias de modo que las compañías de las tarjetas de crédito y otras instituciones no puedan cargar más que una tasa fija de interés (10%) o que lo hagan en manera ordenada para no causar bancas rotas de todo mundo cuando se vean incapacitados de pagar sus cuentas de tarjetas de crédito, y sus pagos del coche, y sus hipotecas. Al mismo tiempo, el gobierno debe crear medidas para mantener sueldos en un nivel donde el país puede funcionar.

#2 Reducir costos y hacer inversiones sabias.

Esos países que pongan medidas de austeridad en ejecución de inmediato y promuevan ahorros tanto de la ciudadanía como del país podrán amortiguar la devastación que traerá consigo la caída del dólar. Las medidas que puedan tomar para evitar el derrumbe de sus bancos. Los países que han invertido en infraestructura y construcción de plantas eléctricas de viento, hidroeléctricas se beneficiarán enormemente. Los gobiernos deben recortar gastos militares y recortar gastos en todo lo que sea posible. Al mismo tiempo deben invertir en minas de oro, minas de plata, y crear el mecanismo inmediato de imprimir monedas de oro y plata para que sus ciudadanos puedan ahorrar en estas "comodities" e igualmente el país lanzar una campaña de mantener cuantas barras de oro sean posibles para incrementar la riqueza del país y evitar así sufrir los enormes daños de la caída del dólar.

#3 Eliminar y Reducir el Consumo de Petróleo.

Cada país debe encontrar la forma de reducir el consumo de petróleo. Parte de incrementar de inmediato las reservas e implementar un proyecto de mantener reservas lo más grandes posibles. Para países que tienen petróleo como Ecuador, Venezuela y Colombia sería aconsejable que empiecen a mantener enormes reservas para su propio consumo interno ya que el petróleo en solo unos meses bien puede alcanzar costos de $180 por barril.

Hay países que están haciendo eso precisamente debido a que se están preparando para el derrumbamiento, una razón clara por la que China está haciendo exactamente eso a pesar de ser el tercer país de mayores reservas en el mundo. Al mismo tiempo, los países deben eliminar o limitar las importaciones de autos (tal como lo hizo Francia) que consumen gasolina en cantidad tales como SUV. Los gobiernos deben comenzar una campaña inmediatamente con los ciudadanos para reducir el consumo de gas. Aumentar el uso de transporte masivo y cualquier mecanismo que reduzca el consumo de petróleo.

También es aconsejable que los gobiernos ofrezcan incentivos a quienes compren autos pequeños desde ofrecer intereses reducidos o bajar tarifas de importación a autos pequeños y subir las tarifas a autos grandes.

#4 Proteger a Bancos, Cooperativas de Ahorro y Compañías de Seguros.

Muchos bancos serán extremadamente vulnerables si se elevan los intereses, particularmente aquellos Bancos que financian grandes volúmenes de propiedades inmobiliarias. Pero algunos bancos son mucho más seguros que otros. Los gobiernos deben crear una comisión para estudiar el mejor mecanismo de la operación bancaria cuando suceda este acontecimiento.

#5 Crear una Agencia de Protección de Negocios.

Cuando el dólar se caiga, millones de negocios se caerán y muchas industrias como el turismo, aerolíneas, la mayoría de negocios despedirán masivamente a trabajadores. Una nación necesita guardar tanto control como sea posible permitiendo que las compañías mantengan la producción de todos los artículos de necesidad básica sin importar los acontecimientos. Es muy posible que si el gobierno invierte correctamente en ciertas industrias tales como minas de oro, las minas de plata e incentivan a las mismas compañías a mantener reservas y ahorros en "oro" (monedas de oro que cada nación debe emitir de inmediato y en el caso de Ecuador que ha sido dolarizado, las monedas deben ser monedas propias, bien pueden crear una moneda de oro de una onza por cada moneda llamada el SHYRI) serán sabios crear un plan de la infraestructura que mantenga a la gente ocupada reconstruyendo la nación. También algún programa de educación y reinstrucción usando cursos gratuitos en la universidad para mantener a la población ocupada y con esperanza hasta que se logre reestructurar la economía mundial.

#6 Crear un acuerdo con otros países para cooperación mutua cuando llegue esa recesión.

Una buena manera de proteger tanto a los ciudadanos, y por sobre todo la paz entre naciones será imprescindible firmar acuerdos entre países para la cooperación mutua. Brasil será vital para mantener la defensa de países más débiles como Uruguay, Ecuador, Bolivia. Sería indispensable el crear medidas para que todos los países de Latinoamérica eliminen en bloque todas las medidas existentes con el WTO y eliminar las reglas impuestas por los Estados Unidos de Norteamérica. Se deben crear los acuerdos que cuando llegue este acontecimiento del derrumbamiento del dólar los países continuarán sus acuerdos y realizar los pagos usando oro o por lo menos certificados de oro para mantener el intercambio entre países tales como comercio de petróleo garantiza con los vecinos. Ecuador podía proporcionar el petróleo a Chile, mientras que Chile proporciona otros productos.

#7 Invertir en monedas extranjeras fuertes.

Monedas extranjeras fuertes, como el franco suizo, el dólar australiano, y el dólar de Nueva Zelanda probablemente ganaran valor considerablemente y directamente proporcional a la caída al dólar de la Reserva Federal.

Sin embargo, se deben evitar el Yen japonés, el Yuan chino y la moneda rusa. Como importantes socios de la Reserva Federal al haberle comprado la mayoría de deuda, inflación y déficit en la forma de U.S securities y continúan apostando sus economías al dólar (Federal Reserve Note) serán muy afectadas en un desplome del dólar.

#8 Acciones e Inversiones en Metales Preciosos.

Si el dólar se estrella, el oro conservará su valor. De hecho, si el dólar se va abajo por 90%, el oro irá para arriba por lo menos esa cantidad, y probablemente mucho más. Depende que tan nerviosos se pongan los inversionistas. Lo cierto es que, una vez que explote la verdad de que Estados Unidos apenas tiene cuatro centavos por dólar de reservas de oro, por cada dólar, aunque no se sabe en realidad cuantos dólares han impreso, es solamente un cálculo de la oficina de auditoria del congreso. La verdad es que ni siquiera tiene su propia moneda y que es la Reserva Federal (una entidad independiente que puede ser eliminada con una ley del Congreso Norteamericano) quien le presta el dinero cobrándole interés al gobierno de U.S. no creo que existan inversioncitas de US securities y bonos norteamericanos. Al no existir más apoyo al papel que respalda el papel de las Notas del Federal Reserve el dólar se colapsa.

#9 Invertir en Petróleo y materias.

Los grandes aumentos en el valor del petróleo van a continuar e igualmente en materias de Recursos Naturales. Esto significa el tremendo crecimiento de los países latinoamericanos quienes tienen precisamente estas materias naturales. Se puede decir que mientras los países latinos tienen materias reales los Estados Unidos quienes hasta ahora han comprado todo imprimiendo papel respaldado por papel tiene que reajustarse a la nueva economía mundial y son los países latinos quienes pueden tomar ventaja de esta situación cooperando todos y conjuntamente sacar a nuestros países de la pobreza. Es imprescindible la inversión en natural-recursos y materias.

#10 Preparar al ejército y a los militares, A la policía y la seguridad para controlar la nación.

Cuando el dólar se desplome, es probable que la gente caiga en el pánico, los profesionales de salud mental deben crear un plan para ayudar a la población a hacer frente a pérdidas financieras enormes. Huelgas, paros, y caos pueden ser incontrolables y muchos gobiernos pueden ser afectados. Pero cada gobierno Latinoamericano debe estar preparado con la voluntad de encontrar soluciones. Los gobiernos deberían tener videos para la difusión inmediata, para informar al país con respecto a las medidas que el gobierno vaya a implementar y que han estado tomando por meses antes del colapso. Eso ayudará a calmar a la población e informar las medidas que entrarán inmediatamente en vigencia y a ser implementadas en el país. Informar todas las medidas que el gobierno tomará y pondrá en efecto para facilitar evitar el colapso en medio del desastre. Es importante que los países incluyan el almacenaje de medicamentos para nervios que se necesitarán para este acontecimiento. Todas las fuerzas policíacas deben ser entrenadas en las medidas a tomarse.

Germánico Vaca Michelena

REFERENCIA

Acta de la Independencia de Centro América: Himno Nacional de Guatemala
Palma, José Joaquín,; 1844-1911; [Guatemala] :; Secretaría de Propaganda y Divulgación de la Presidencia de la República; 1954.

At Last: Guatemala. (possible end to civil war) The Economist (US) Nov 16, 1996.

Agee, Philip.

Apuntes para una Interpretación de la Revolución Guatemalteca y de su Derrota en 1954
Guerra-Borges, Alfredo; Miami, Fla. :; Latin American and Caribbean Center, Florida International University, 1988.

Asturias, Miguel Angel; Weekend in Guatemala Zürich; Rotpunktverlag, 1983

Aybar de Soto, José M.; Boulder, Colo.; Westview Press; 1978.

Birns, L. The End of Chilean Democracy. 1974 (167)

Bitter Fruit: The Untold Story of the American Coup in Guatemala:; Schlesinger, Stephen C. ; Kinzer, Stephen. Publication: Garden City, N.Y. :; Doubleday, Edition: 2nd ed, 1983.

Blakey Robert and Richard N. Billings, *The Plot to Kill the President* (New York: Times Books, 1981);

Blum, W. The CIA: A Forgotten History. 1986 (131)

Borosage, R. Marks,J. The CIA File. 1976 (84, 86)

Cadena Radial. 2007. Presidente Correa. "Aquí lo que estamos teniendo es un socialismo ecuatoriano", Gobierno Nacional de la República de Ecuador, sábado 17 de febrero del 2007, en sitio Web http://www.presidencia.gov.ec, Ecuador.

Chardkoff, Richard Bruce, 1941-; Dissertation: Thesis (Ph. D.)—Florida, State University, 1967.

Chavismo miente sobre Argentina Reelaboración de la tesis de Alberto Benegas Lynch (h) en el libro El Desafío Neoliberal. El Fin del Tercermundismo en América Latina.

Chaitkin, Antón *Treason in America 307,* 319, 344, (1985).

Chernow, Ronald *The House of Morgan* 7 (1990).

CIA and Guatemala Assassination Proposals 1952-1954

CIA History Staff Analysis, Gerald K. Haines, June 1995 (Declassified 1997): http://www.foia.ucia.gov/frame2.htm,

CIA Covert Action Document, December 31, 1953, Declassified May 15, 1997 :http://www.foia.ucia.gov/frame2.htm,

CIA Coup Files Include Assassination Manual. (instructions for the 1954 coup against Jacobo Arbenz Guzman, former president of Guatemala)(Column) Jim Schrider.

Carrión Mena, Francisco et al. 2006. Plan Nacional de Política Exterior 2006-2020 PLANEX 2020, Ministerio de Relaciones Exteriores, Corporación Andina de Fomento, Imprenta mariscal, Quito, Ecuador.

Correa dimitirá si no alcanza mayoría en la Constituyente, en diario El Mercurio, Nº 61.774, p. A4, domingo 18 de febrero del 2007, Santiago de Chile.

Correa habla de posible renuncia, BBC MUNDO.com, portal http://news.bbc.co.uk, domingo 18 de febrero del 2007, Reino Unido.

Correa defiende amistad con Chávez en cierre de campaña en Ecuador, en diario La Segunda, Nº 22.144, p. 72, viernes 24 de noviembre del 2006, Santiago de Chile.

Correa nombra a siete mujeres en su gabinete, en diario La Tercera, Nº 20.654, p. 12, jueves 28 de diciembre del 2006, Santiago de Chile.

Colby, G. Dennett,C. Thy Will Be Done. 1995 (664)

Conspiración en Latinoamérica

Conspiracies, Coverups and Crimes 70 (1992).

Consecuencias tecnológicas de las políticas neoliberales en Argentina por Carlos E. Solivérez.

Corn,D. Blond Ghost. 1994 (252)

Council on Foreign Relations. Annual Report. 1988, 1989, 1990, 1991, 1997, 1998, 2003, 2004, 2007, 2008

Council on Foreign Relations. Membership Roster. 2004, 2006, 2007, 2008

CounterSpy 1975-SU (44)

Covert Action Information Bulletin 1980-#10 (43)

Covert Action Quarterly 2001-#70 (24)

Covert Actions, 35 years of deception: http://www.informationclearinghouse.info/article4069.htm

Dangerous Liaisons: The U.S. in Guatemala. Susanne Jonas. Foreign Policy Summer 1996

Dávalos Guevara, Mauricio. 2006. Perspectivas de las relaciones del Ecuador con el Asia 2006-2020, Ministerio de Relaciones Exteriores, enero 20 del 2006, ponencia, sitio Web

http://mmrree.gov.ec/mre/documentos/ministerios/planex/ponencia_2.pdf, Manta, Ecuador.

Dependency and Intervention : The Case of Guatemala in 1954;

Diálogos con el Coronel Monzón: Historia Viva de la Revolución Guatemalteca, 1944-1954
Sierra Roldán, Tomás. ; Monzón, Elfego H.; Guatemala :; [Editorial "San Antonio"], 1958.

Dinges, J. Landau,S. Assassination on Embassy Row. 1981 (58)

Donoso, Alvaro. 2007. Populismo en Ecuador y lecciones para Chile, en diario La Tercera, Nº 20.704, p. 54, sábado 17 de febrero del 2007, Santiago de Chile.

Dos Yanquis más Contra Guatemala: Pellecer, Carlos Manuel; Guatemala, C.A. 1983.

Edward Howard Hunt, *Give Us This Day* (New Rochelle: Arlington House, 1973),

En Guatemala "Los Héroes Tienen Quince Años" Wer, Carlos Enrique; Guatemala :; Editorial MARPRIN, 1993.

El mito del neoliberalismo por Enrique Guersi. Historia del origen del término "neoliberalismo".

Eric Lichtblau and James Risen, "Spy Agency Mined Vast Data Trove, Officials Report," New York Times, December 24, 2005;

Escaith, Hubert; Hofman, André et al. 2006. América Latina y el Caribe : proyecciones 2006-2007, serie Estudios estadísticos y prospectivos, Nº 42, División de Estadística y Proyecciones Económicas, CEPAL , Santiago de Chile, Naciones Unidas.

Evolución de la Balanza Comercial Enero-Octubre 2006, Dirección General de Estudios, Banco Central del Ecuador.

Felix Rogriquez, *Shadow Warrior* (New York: Simon and Shuster, 1989).

Frazier, H. Uncloaking the CIA. 1978 (25, 61, 130)

French Culture and the Algerian War: Mobilizing Icons. Philip Dine.
Journal of European Studies March-June 1998.

Freed, D. Death in Washington. 1980 (32, 55, 74)

Foster Dulles e a Invasão da Guatemala Ramos, Plínio de Abreu; São Paulo ; Editora Fulgor; 1958.

Fuentes, Fernando. 2006. Desplome de Correa y alza de Noboa llevan a segunda vuelta en Ecuador, en diario La Tercera, Nº 20.581, p. 9, lunes 16 de octubre del 2006, Santiago de Chile.

Georgie Anne Geyer, *Guerilla Prince* (Boston: Little, Brown, 1991).

"Globalización" = Capitalismo + Neoliberalismo por Pedro Montes y Diosdado Toledano.

Gordon L. Bowen *Latin American Perspectives*, Vol. 10, No. 1, Central America: The Process of Revolution (Winter, 1983), pp. 88-102   (article consists of 15 pages)

Germánico Vaca Michelena

Gordon M. et al., "COCON -- counterinsurgency (POLITICA): The Development of a Simulation Model of Internal Conflict under Revolutionary Conflict Conditions," quoted in Carol Cina, "Social Science for Whom? A Structural History of Social Psychology" (Ph.D. diss., State University of New York, Stony Brook, 1981), p. 326.

Guatemala's Insurgency : A Struggle Without End Crisp, David Wayne, 1953-; Dissertation: Thesis (M.A.)--New Mexico State University, 1992.

GUATEMALAN COMMUNIST PERSONNEL TO BE DISPOSED OF DURING MILITARY OPERATIONS OF CIA Covert Action Document, September 17, 1952, Declassified May 15.

Guatemala's Reactionary Reversal : Castillo Armás and the Liberal Restoration, 1954-1957, Chambers, Paul; 1991, Communist Toehold in the Americas : A History of Official United States Involvement in the Guatemalan Crisis, 1954

Guatemala's 1954 Coup d'état: a thesis; Jenkins, David Robert, 1960-; Dissertation: Thesis M.A.)--University of New Orleans, 1986.

Halperin, M... The Lawless State. 1976 (24)

Hartung, W. And Weapons for All. 1994 (53)

Hauser, T. Missing. 1982 (132-3, 149-51, 157-8, 193, 205, 244-5, 249)

Hersh, S. The Price of Power. 1983 (480)

History Másters, 1989 Liberación: Con Sangre, Sacrificos y Heroísmo se Ecribió la Historia d [i.e. de] Nuestra Segunda Independenc [i.e. independencia]: Reporte Gráfico de la Secretaría de Propaganda y Divulgación de la Presidencia de la República Guatemala. Secretaría de Propaganda y Divulgación; 1954 1958.

Hoar, William P. *Architects of Conspiracy* 69, 70, (1984).

Horowitz, *The Rise and Fall of Project Camelot*, p. 20; Subcommittee on Government Research of the Senate Committee on Government Operations, "Hearings on Federal Support of International Social Science and Behavioral Research," p. 20;

Huck, S. Legal Terrorism. 1989 (29-30, 32)

Jean Hardisty Dose, "A Social and Political Explanation of Social Science Trends: The Case of Political Development Research" (Ph.D. diss., Northwestern University, 1976), p. 197.

Joseph McBride, "'George Bush,' CIA Operative," *The Nation*, July 16, 1988.

Joseph McBride, "'George Bush,' CIA Operative," *The Nation*, July 16/23, 1988, p. 42.

Joseph McBride, "Where *Was* George?", *The Nation*, August 13/20, 1988, p. 117.

Katz, Richard y Mair, Peter: "Changing model of party organization and party democracy: Theemergence of the cartel Party", en Party Politics. Vol. I, No. 1, 1995.

Kelly, S. America's Tyrant. 1993 (204, 209-10, 216)

Kruger, H. The Great Heroin Coup. 1980 (211-2)

Kwitny, J. Endless Enemies. 1984 (138-9, 229)

La Apremiante Urgentísima e Impostergable Restauración Constitucional en Guatemala Najera Cabrera, Antonio; Mexico, D.F.; Edition. 1a. ed., 1958.

La posición de la United Fruit Company Frente a los Ataques del Comunismo en Guatemala Whitman, Edmund S.; New York, 1955;

La República de Guatemala ante las Naciones Unidas, el Consejo de Seguridad y la Organización de Estados Centroamericanos. Osegueda, Raúl; Guatemala. Ministerio de Relaciones Exteriores, 1953.

Liberación: Putzeys Rojas, Guillermo; Guatemala :; s.n.,; Tip. Nacional, 1976.

Logros del CORPEI., Folleto promocional publicado en marzo del 2004, documento bajado desde el sitio Web: http://www.corpei.org.

Los Motivos del Derrocamiento del Presidente de Guatemala por La C.I.A. en 1954. Shepard, Laura, Hickory, NC :; The Author, 1997.

Lowell Bergman, Eric Lichtblau, Scott Shane and Don Van Natta Jr., "Spy Agency Data After Sept. 11 Led F.B.I. to Dead Ends," New York Times, January 17, 2006;

Lukas, Anthony "The Council on Foreign Relations - Is It a Club? Seminar? Presidium? 'Invisible Government'? *New York Times Magazine* (November 21, 1971).

Luxemburgo, Rosa: The Rusian Revolution. Ann Arbor, Mich., 1961.

Lyons, John. 2007. Financiamiento de programás de bienestar social: Ecuador descubre que no es fácil imponer una agenda al estilo Chávez, The Wall Steet Journal Americas, Down Jones & Company, en diario El Mercurio, Nº 61.770, p. B8, miércoles 14 de febrero del 2007, Santiago de Chile.

Lyons, Gene *The Uneasy Partnership: Social Science and the Federal Government in the Twentieth Century* (New York: Russell Sage Foundation, 1969), p. 197;

Machado, Quintin Pino: *La Batalla de Giron* (La Habana: Editorial de Ciencias Sociales, 1983), pp. 79-80.

Martínez Lucía, Juan María et al. 1995. Tierras y Gentes. América del Sur y Pequeñas Antillas., Volumen I, Barcelona, España: Editorial Debate S.A., Ediciones del Prado.

Mark Lane, *Plausible Denial* (New York: Thunder's Mouth Press, 1991), p. 332.

McLeod, Marc Christian, 1967- Dissertation: Thesis (M.A.)--University of Texas at Austin, 1993.

Memo from Director of Defense Research and Engineering to Assistant Secretaries for Research and Development of the Army, Navy, Air Force, and the Director, Advanced Research Projects Agency, August 18, 1965, NRC Committee on Government Programs in Behavioral Sciences, Central Policy Files, National Academy of Sciences, Washington, DC.

Miguel Acoca, "FBI: 'Bush' called about JFK killing," *San Francisco Examiner*, August 25, 1988.

Milton Jacobs, "L'Affaire Camelot," letter to the editor, *American Anthropologist* 69 (June - August 1967), pp. 364-66.

Ministerio de Gobierno: http://www.mmrree.gov.ec/mre/documentos/pol_internacional/bilateral/asia_china.htm, Manta, Ecuador.

NACLA. Latin America and Empire Report 1973-10 (5-6, 14, 25)

NACLA. Latin America and Empire Report 1974-08 (7, 8, 13, 27-8)

Neoliberalismo ¿un camino viable? por Dulce María Bazán Canales.

Neoliberalismo. Su significado según el Diccionario Crítico de Ciencias Sociales de la UCM.

New York Times, demasiados para enumerar.

Nisbet, Robert: _Tradition and Revolt_ (New York: Vintage Books, 1966)

Nisbet Robert: _Social Change and History_ (New York: Oxford University Press, 1969).

Nuevo rostro, ¿mismo caos?, BBC MUNDO.com, portal http://news.bbc.co.uk, viernes 22 de abril del 2005, Reino Unido.

9 años, 9 Presidentes, BBC MUNDO.com, portal http://news.bbc.co.uk, jueves 21 de abril del 2005, Reino Unido.

On Pluto, see the East German study by Guenter Schumacher, *Operation Pluto* (Berlin, Deutscher Militaerverlag, 1964).

Operation PBSUCCESS. Publication: Boulder, Colo. :; netLibrary, Incorporated; 1999(1997),

Ordoñez, Martha. 2001. El turismo en la economía ecuatoriana: la situación laboral desde una perspectiva de género, Serie Mujer y Desarrollo, CEPAL-ECLAC, Santiago de Chile, Naciones Unidas.

Our Dad was No Commie: New Statesman (1996), March 26, 1999 v129 i4429 p20(2)
(director Elia Kazan's winning of the 1999 Oscar Lifetime Achievemenaward)
(filmmaker Carl Foreman) Amanda Foreman, Jonathan Foreman.

Palacio, Alfredo. 2005. Presentació del Informe Nacional 1999-2015, Secretaría Nacional Objetivos de Desarrollo del Milenio., Imprenta Monsalve Moreno, Ecuador.

Germánico Vaca Michelena

Parakal, P. Secret Wars of CIA. 1984 (24, 26)

Parapolitics/USA 1981-05-30 (54)

Pell, E. The Big Chill. 1984 (174)

Petras, J. Morley,M. The United States and Chile. 1975 (xvi, 130)

Petróleo: caen precios por llamado a alto el fuego, en diario La Segunda, miércoles 19 de julio del 2006, p. 26, Santiago de Chile.

Political Risk Analysis: The United Fruit Company in the Context of the 1954 Coup in Guatemala Rochowski, Anthony E.; Dissertation: Thesis (M.B.A.)-Hofstra University, 1987.

Post-Camelot research aimed at preventing revolution in Latin America, see Senate Committee on Foreign Relations, "Hearings on Defense Department Sponsored Foreign Affairs Research," May 1968, pts. 1-2, 90th Cong., 2nd sess., pp. 64-65.

Prados, J. Keepers of the Keys. 1991 (154, 183)

Prados, J. Presidents' Secret Wars. 1988 (319-20, 339-41)

Plan Nacional de Promoción de Exportaciones, Corporación de Promoción de Exportaciones e Inversiones PNPE* 2001-2010, (CORPEI), documento bajado desde el sitio Web: http:// www.corpei.org/BPNE.htm, HOJA 1, Ecuador.

Quien financio a Hitler? https://www.cia.gov/library/center-for-the-study-of-intelligence/csi-publications/csi-studies/studies/winter99-00/art7.html.

Railway Workers and Revolution in Guatemala : 1912 to 1954

Ramírez, Gaspar. 2007. Consulta popular en Ecuador: Congreso aprueba referéndum sobre Constituyente y votación será en Abril, en diario El Mercurio, Nº 61.770, p. A5, miércoles 14 de febrero del 2007, Santiago de Chile.

Relación Comercial entre Ecuador y Asia del Este, Ministerio de Relaciones Exteriores de Ecuador, Dirección General de Promoción de Exportaciones e Inversiones Bilaterales (DGPEI), Ecuador. http://www.mmrree.gov.ec/documentos/promocion/comercio/relaciono_asia_este.pdf,

Reforming the CIA, Feb. 2, 1996; The CQ Researcher, http://library.cq.com/cgi .

Report of the Warren Commission on the Assassination of President Kennedy (New York:Bantam, 1964),

Report to the President by the Commission on CIA Activities Within the United States (Washington: US Goverment Printing Office, 1975), pp. 251-267.

Rocca, Marco Antonio et al. 2001. Informe sobre desarrollo humano Ecuador 2001. Las tecnologías de información y comunicación para el desarrollo humano, Programa de las Naciones Unidas para el Desarrollo (PNUD), Impresión Rimana, Quito, Ecuador.

Señor Presidente Constitucional de la República del Ecuador, www.presidencia.gov.ec, Ecuador.

Samuelson, Paul A. y Nordhaus. William D. 1998. Economía, Decimoquinta Edición, Madrid, España, McGraw Hill / Interamericana de España S.A.

Schumacher, *Operation Pluto*, pp. 98-99.

Secret History; The CIA's Classified Account of its Operations in Guatemala, 1952-1954; Cullather, Nick, 1959-; Gleijeses, Piero. ; Cullather, Nick,; 1959.

Senate Committee on Foreign Relations, "Hearings on Defense Department Sponsored Foreign Affairs Research," testimony of John S. Foster Jr., director of defense research and engineering, p. 93.

Schorr, D. Clearing the Air. 1978 (132)

Schlesinger, Arthur: *A Thousand Days* (Boston, 1965), p. 339.

Secret Agenda. For Operation Zapata, see Michael R. Beschloss, *The Crisis Years: Kennedy and Khrushchev, 1960-63*

Sergeyev, F. Chile: CIA Big Business. 1981 (205)

Conspiración en Latinoamérica

Shepardson, Whitney H. *Early History of the Council on Foreign Relations* 1, 8-9 (1960).

Sierra, Enrique y Molina, Osvaldo. 2000. Ecuador: su pueblo. Raíces, drama y lucha., Serie Humanidad XXI, 1ª edición, Quito, Ecuador: Edarsi Cía. Ltda.

Sí se Hizo la Liberación: Putzeys Rojas, Guillermo; Guatemala :; s.n.,; Tip. Nacional, 1976.

Sorenson, Theodore *Kennedy* (New York: Bantam, 1966), p. 329, p.723.

Survivors, Victims Return to Guatemalan villages. (CIA-engineered coup in 1954 set off a brutal 35-year civil war) Lorraine Orlandi. National Catholic Reporter Jan 17, 1997 v33 n11 p15(1)

STUDY OF ASSASSINATION (ESTIMATED PUB DATE) Declassified Covert Action Document, January 22, 1954, Declassified May 15, 1997: http://www.foia.ucia.gov/frame2.htm,

Survivors, Victims Return to Guatemalan villages. (CIA-engineered coup in 1954 set off a brutal 35-year civil war) Lorraine Orlandi.

State Dept. Biographic Register. 1977

State Dept. United States Chiefs of Mission 1778-1973. 1973 (20, 27, 68)

Syrokomsky, V. International Terrorism and the CIA. 1983 (128)

Stephen Schlesinger. The Nation July 14, 1997 v265 n2 p20(3) Mag.Coll.: 89L0097

The 1954 Guatemalan "Revolution" and the American Press: Bucklin, Steven Jay.; Dissertation: Thesis-- University of South Dakota, 1986

The CQ Researcher, http://library.cq.com/cgi

Tarasov, K. Zubenko, V. The CIA in Latin America. 1984 (118-9)

Trento, J. The Secret History of the CIA. 2001 (393)

The Art of the Coup: A Paper Trail of Covert Actions in Guatemala. Kate Doyle. NACLA Report on the Americas Sep-Oct 1997 v31 n2 p34(6)

The New CIA, Dec. 11, 1992,Document #52

They Didn't Need the CIA, Evans-Pritchard, Ambrose; The Spectator (Mar 20, 1999)

Tres Ensayos Universitarios, Federación de Estudiantes Universitarios del Ecuador, Filial de Guayaquil; Guayaquil, Ecuador; 1955.

The 1954 Revolution in Guatemala: A Study of the Roles of the U.S. Department of State, Central Intelligence Agency and the United Fruit Company: a thesis in history Hake, David G.,; Thesis; (M.A.)-- Pennsylvania State University, 1988.

The CIA in Guatemala: The Foreign Policy of Intervention Immerman, Richard H.; Austin, Texas; University of Texas Press; 1982.

The Washington Post. Demasiados para enumerar.

National Catholic Reporter July 18, 1997 v33 n34 p10 (1) Mag.Coll.: 89M6241.

The United States' Role in the Overthrow of Jacobo Arbenz in Guatemala in 1954 : Eisenhower's Latin American Policy Porter, Christopher F., 1986 Thesis (M.A.) - California State University, Dominguez Hills, 1986.

The C.I.A. Censors History. (Central Intelligence Agency and a Guatemala coup)

The 1954 Revolution in Guatemala: A Study of the Roles of the U.S. Department of State, Central Intelligence Agency and the United Fruit Company: a thesis in history Hake, David G.,; Thesis; (M.A.)-- Pennsylvania State University, 1988.

Time The Guatemalan affair : a critique of United States foreign policy: Taylor, Philip Bates; Reprinted from The American Political Science Review vol. L, No. 3, September, 1956.

Un populista de izquierda al poder. Correa es descrito como "trabajador y dogmático", en diario la Tercera, Nº 20.622, p. 9, lunes 27 de noviembre del 2006, Santiago de Chile.

U.S. Foreign Policy toward Radical Change: Covert Operations in Guatemala, 1950-1954

Germánico Vaca Michelena

III Taller, objetivos y temás principales del PLANEX, Ministerio de Relaciones Exteriores, Documento de Trabajo Nº 2, 9 de enero de 2006, Cuenca, Ecuador.

IV Taller, objetivos y temás principales del PLANEX y Ecuador y la Cuenca del Pacífico, Ministerio de Relaciones Exteriores, 20 de enero de 2006, en la dirección Web:

Vega Safrasani, Gonzalo. 2006. Elecciones presidenciales en Ecuador: la difícil tarea de elegir entre polos opuestos, en diario El Mercurio, Nº 61.691, p. A4, domingo 26 de noviembre del 2006, Santiago de Chile.

http://www.librodearena.com/julio-soto-angurel/post/2008/02/17/marxismo-con-futuro-julio-soto-angurel-

Von Beyme, Klaus: La Clase Política en el Estado de Partidos. Alianza Editorial. Madrid, 1995.

Wyden, Peter, *Bay of Pigs, The Untold Story* (New York: Simon and Shuster, 1979.

Warren Hinckle and William W. Turner, *The Fish is Red* (New York: Harper and Row, 1981), p. 112.

Watson Peter, *War on the Mind: The Military Uses and Abuses of Psychology* (New York: Penguin, 1980), p. 319.

Who's Who in America? 1984-1985

Other Works consulted briefly

Jim Marrs, "Widow disputes suicide," *Fort Worth Evening Star-Telegram*, May 11, 1978

Edward Jay Epstein, *Legend: The Secret World of Lee Harvey Oswald* (London: Hutchinson, 1978);

C. Robert Blakey and Richard N. Billings, *The Plot to Kill the President* (New York: Times Books, 1981);

Robert Sam Anson, "*They've Killed The President!*" (New York: Bantam, 1975).

Cina, "Social Science for Whom?, p. 331.

G. William Domhoff, *The Powers That Be* 64 (1978).

Des Griffin, *Fourth Reich of the Rich* 129 (1989).

W. Cleon Skousen, *The Naked Capitalist* 50 (1970)

Eustace Mullins, *The Secrets of the Federal Reserve* 50 (1991).

Cass Canfield, *Outrageous Fortunes* 68 (1981).

B.C. Forbes, *Men Who Made America Great* 42 (1917).

Wickliffe B. Vennard, Sr., *The Federal Reserve Hoax Exposed* 121 (1973).

Henry Thomas and Danna Lee Thomas, *50 Great Americans* 241 (Doubleday & Co.: N.Y. 1948).

Robert Green McCloskey, *American Conservatism In The Age of Enterprise* 146 (1951).

Matthew Josephson, *The Robber Barons* 424-425 (1934).

James Trager, *The People's Chronology* 679 (1979).

Thomas R. Dye and L. Harmon Zeigler, *The Irony of Democracy* 75 (4th Ed. 1978).

William P. Hoar, *Architects of Conspiracy* 69, 70, (1984).

David Tyack & Larry Cuban, *Tinkering Toward Utopia: a Century of Public School Reform* 91 (1995).

Rene A. Wormser, *Foundations: Their Power and Influence* 204 (1958).

William T. Still, *New World Order: The Ancient Plan of Secret Societies* 154 (1990).

C. Gregg Singer, *The Unholy Alliance* 39 (1975).

The Last Will and Testament 16 (RAF Books 1968).

Antony Sutton, *Wall Street And The Bolshevik Revolution* 53 (1974).

Peter Grose, *Continuing The Inquiry* 5-7,8 (1996).

Ferdinand Lundberg, *The Rockefeller Syndrome* 293 (1976).

Conspiración en Latinoamérica

Michael Howard, *The Occult Conspiracy* 165 (1989).

G. William Domhoff, *The Powers That Be* 64 (1978).

Alan Stang, *The Actor* 2 (1968).

Eustace Mullins, *The Secrets of the Federal Reserve* 25 (1991).

Rose L. Martin, *Fabian Freeway: High Road to Socialism in the U.S.A.* 160 (1966).

Sigmund Freud and William C. Bullitt, *Thomas Woodrow Wilson: A Psychological Study* 152, 160 (1966).

G. Edward Griffin, *Creature From Jekyll Island* 239 (1994).

Alan Stang, *The Actor* 2,13, 14 , 16, 43 (1968).

John E. McManus, *The Insiders* 7 (1992).

Vol. I, *The Intimate Papers of Colonel House* 154, 155, 165, 174, 175 (Charles Seymour Ed. 1926).

Robert F. Rifkind, "The Colonel's Dream of Power," *American Heritage* 64 (February 1959).

Wickliffe B. Vennard, Sr., *The Federal Reserve Hoax Exposed* 37 (1973).

Alexander L. George & Guliette L. George, *Woodrow Wilson and Colonel House* 131 (1964).

Rose L. Martin, *Fabian Freeway: High Road to Socialism in the U.S.A.* 158, 159 (1966).

Vol. I, *The Intimate Papers of Colonel House* 153 (Charles Seymour Ed. 1926).

Rupert Norval Richardson, *Colonel Edward M. House: The Texas Years 1858-1912* 264 (1964).

Dan Smoot, *The Invisible Government* 44 (1962).

Paul Stevens, "The Origin of the Federal Reserve Act," Vol. LXXXIV, No. 401, *American Mercury* 10-11 (June 1957).

Rupert Norval Richardson, *Colonel Edward M. House: The Texas Years 1858-1912* 264-265 (1964).

G. Edward Griffin, *Creature from Jekyll Island* 459 (1994).

George Sylvester Viereck, *The Strangest Friendship in History* 36-37 (1932).

Larry Abraham, *Call It Conspiracy* 93 (1985).

Carroll Quigley, *The Anglo-American Establishment* 260 (1981).

Alan B. Jones, *How The World Really Works* 7 (1996).

William Bramley, *The Gods of Eden* 362 (1990).

Daniel Brandt, "Philanthropists at War," *NameBase NewsLine*, No. 15 (October- December 1996).

Peter Grose, *Continuing The Inquiry* (1996).

Robert D. Schulzinger, *The Wise Men of Foreign Affairs: The History of the Council on Foreign Relations* 6 (1984).

Leonard & Mark Silk, *The American Establishment* 186 (1980).

Peter Grose, *Continuing The Inquiry* 5 (1996).

Council on Foreign Relations-Annual Report: 1979-1980.

Leonard & Mark Silk, *The American Establishment* 186 (1980).

A. Ralph Epperson, *The Unseen Hand* 197 (1985).

James Perloff, *The Shadows of Power* 38 (1988).

Thomas R. Dye, *Who's Running America?* 151 1983).

The Sumerian Tablets: http://www.earth-history.com/Sumer/index.htm